Jean Cousteix
Chantal Barrillon
Jacques Gaillard
Agnès Guigon
Robert Weinberg

Salvete!

scodel
NATHAN

 ISBN 2.09.177452.9

Ce manuel devrait se caractériser par la modestie de ses objectifs. À la suite d'observations et de conseils formulés par nos collègues, le nombre des leçons a été ramené à trente-cinq, non pas par un resserrement de la progression, mais en renvoyant l'étude de certains éléments grammaticaux en troisième (formes et emplois du subjonctif notamment).

Comme l'ouvrage antérieur, sa conception repose sur les principes généraux suivants :
- présentation des faits de langue dans des textes suivis;
- appel constant à l'observation et à l'activité inductive des élèves;
- connaissance obligatoire d'un vocabulaire limité (350 mots), fréquemment réemployé;
- subordination de la morphologie à la syntaxe;
- progression rigoureuse et révisions systématiques;
- emploi méthodique de l'image et utilisation orale de la langue;
- exercices simples à difficultés sélectionnées et programmées;
- ouverture sur les faits de civilisation.

Sur ce dernier point, l'ouvrage est organisé en sept thèmes, qui touchent à la vie quotidienne, à l'organisation sociale, à l'histoire... : Pompéi – bestiaire – la société – les étapes de la vie – le voyage – la ville aux sept collines – les crises de la République. Ces thèmes constituent des « ouvertures » sur la civilisation, que maîtres et élèves pourront enrichir de leurs connaissances et de leur réflexion. Cette refonte a permis d'introduire une iconographie plus riche et abondante.

La leçon 1 est consacrée à quelques éléments de phonétique synchronique et historique : on s'y référera souvent dans la suite pour la compréhension de certains traits morphologiques. Les 14 leçons suivantes sont appuyées sur des dessins conçus non comme des illustrations gratuites, mais comme des substituts de situations concrètes.

Dans les autres leçons on trouvera :

• Un texte latin constituant un récit cohérent, de plus en plus étoffé, dont le personnage central est un jeune Romain historiquement situé aux derniers temps de la République. Ce texte, délibérément court, pour un travail efficace, est destiné à être traduit et observé en classe sous la direction du professeur.

Nous avons retenu le plus souvent la forme du **dialogue,** afin de rétablir le latin dans sa **fonction essentielle de communication orale.** Chaque texte a été créé ou adapté spécialement, en fonction de la progression dans l'étude de la grammaire et du lexique, autour d'un centre d'intérêt adéquat. Il sert de base à la recherche grammaticale, et de référence pour l'assimilation du vocabulaire.

• Une liste de vocabulaire : elle comporte chaque fois tous les mots nouveaux rencontrés dans le texte. Les mots en caractères gras, au nombre de 350 environ (y compris les mots dits « grammaticaux »), sont à apprendre cette année. La plupart, sauf besoins contextuels et cas particuliers (*rosa* par exemple), figurent en bonne place dans les listes de fréquence de Liège ou de Mathy. Quelques rares autres mots peuvent apparaître dans les exercices. Leur sens est donné à proximité, ce qui rend, en principe, l'usage d'un lexique inutile. Une liste des mots dont la connaissance est obligatoire se trouve cependant à la fin du manuel, page 228.

• Une **observation du texte :** des questions, que nous espérons précises et rigoureuses, aident l'élève à organiser les paradigmes et à dégager le fonctionnement syntaxique par l'observation et la comparaison interne ou externe; elles lui permettent, une fois seul, de réviser le travail fait en classe.

Mais il ne s'agit que de propositions auxquelles le professeur aura évidemment tout loisir de substituer sa propre didactique.

• Un tableau (Nota Bene) : placé à la fin de chaque leçon, il rassemble les acquisitions nouvelles, et seulement elles. Aussi apparaîtra-t-il quelquefois partiel; il est complété et réajusté au fil des leçons.

À la fin de l'ouvrage, pages 231 à 237, des tableaux récapitulent et organisent la morphologie.

• Des exercices : ils sont prévus pour être faits de préférence en classe et oralement, si possible. Nous avons visé à la variété, qui entraîne une pédagogie vivante et évite la lassitude, et à la simplicité. Les phrases, courtes, présentent peu de difficultés en dehors du point nouveau dont il faut acquérir la maîtrise. Elles excluent les obstacles institutionnels ou historiques. Les types d'exercices sont divers et échappent à l'alternative version/thème : questions en latin sur le texte, rétroversions, exercices structuraux (substitution, transformation, expansion, analyse en groupes fonctionnels...), dialogues, exercices à trous...

• Une recherche étymologique (Rendez à César) montre ce que le lexique français doit au latin.

Des **étapes** apparaissent toutes les cinq leçons. Le vocabulaire appris dans les leçons précédentes est récapitulé et manipulé. Des exercices auto-correctifs permettent de faire le point des acquisitions. Les étapes comportent également des exercices complémentaires correspondant à chacune des cinq leçons précédentes, ainsi que des textes de version.

• Des **éléments de civilisation :** les textes latins suivis couvrent une période qui va de 78 à 61 av. J.-C. Ils reprennent parfois, en les adaptant, des extraits d'auteurs connus. Mais les lectures en français, ainsi que les traductions de textes latins et les enquêtes qu'elles proposent, dépassent cette période et vont des premiers temps de la République à l'Empire du 2e siècle.

Des textes de version sont proposés par intervalles et, à la fin de l'ouvrage, des textes adaptés du *De Viris.* On trouvera également un mémento historique (de Romulus à Romulus), un lexique récapitulatif des termes essentiels de civilisation, et quelques exercices simples portant sur l'indo-européen et la toponymie.

Nous considérons comme utiles les jeux, dessins humoristiques, proverbes et maximes...; ils constituent des supports ludiques efficaces, des instruments pour la mémoire visuelle, l'expression de la sagesse et de l'humour latins.

L'analyse de l'iconographie apporte un complément nécessaire pour la compréhension de la civilisation. Le Guide Pédagogique apporte une aide en la matière.

Susciter la curiosité des élèves, les éveiller à un plaisir intellectuel a été notre perspective essentielle.

L'expérience passée prouve que les utilisateurs, par leurs remarques, à partir des réactions des élèves, ont entraîné une certaine évolution de la méthode, en dépit des contraintes. Nous recevrons avec gratitude toutes les critiques et suggestions qu'ils auraient l'amabilité de nous adresser.

Ostie : Les thermes de Neptune.

Organisation de l'ouvrage

Ouverture

Sur les traces d'Hercule Poirot

Servum asinus spectat : L'âne regarde l'esclave.
Servus asinum spectat : L'esclave regarde l'âne.

Georges Arnaud, auteur du *Salaire de la peur*, a rédigé la préface du célèbre roman policier d'Agatha Christie, *Le meurtre de Roger Ackroyd*, et il écrit : « Le roman me vint dans les mains, je pense, guère plus d'un an après son lancement en 1927. Ma principale occupation d'alors était le latin... On aurait tort de croire qu'il n'y a pas de lien avec Agatha Christie. C'était, au contraire, une assez bonne préparation, en ce que, d'abord, j'y avais pris goût aux jeux de la logique. Et puis, qu'on ne s'y trompe pas : du texte latin au detectiv novel[1], les mêmes mécanismes mentaux sont en cause, qu'il faut conduire par des voies fort semblables. Pour un lycéen de langue française qui aborde le latin, ce qui en constitue la nouveauté et la caractéristique essentielle, c'est que, non seulement les verbes, mais aussi les substantifs prennent différentes formes au gré de la fonction qu'ils assument dans la phrase. De là découlent de remarquables similitudes. Les désinences jouent dans un texte latin un rôle identique à celui des indices dans un problème policier. Une fois ceux-ci relevés, puis correctement interprétés, tout s'enchaîne, tout devient évident... En revanche, pour un indice passé inaperçu, pour une désinence mal comprise, il suffira qu'un seul point reste obscur pour faire obstacle à tout, et que rien n'aboutisse. »

1. Précisez le sens de « les jeux de la logique », « les mécanismes mentaux », « un indice », « des désinences ».

2. Observez les phrases latines situées au début du paragraphe. Quels indices permettent de repérer, à l'audition et à la lecture, la fonction d'un mot en latin ?

3. *Servus asinum spectat.*
Asinum spectat servus. } L'esclave regarde l'âne.
Asinum servus spectat.

Il y a trois phrases latines pour une seule traduction. L'ordre des mots nous donne-t-il un indice quelconque en latin ? Et en français ?

1. Detectiv novel : nouvelle policière ayant pour héros un détective.

Comme vous venez de le faire, Hercule Poirot sélectionne les indices et les relie logiquement entre eux pour découvrir le coupable. Une expression latine constitue donc une sorte d'énigme. À l'élève-détective de repérer les indices, tous les indices, pour en comprendre le sens. Il lui faut de l'attention, de la précision, de l'oreille, le sens de l'observation, les connaissances nécessaires, l'entraînement. Mais il ne s'agit pas d'un jeu purement grammatical. Par exemple, de même qu'un policier tient compte du milieu de la victime et de son environnement, le latiniste prend garde au contexte : dans certaines phrases le mot *ludus* signifie « jeu, amusement », dans d'autres il signifie « école ».

Une solution originale

Marcel Pagnol, dans *Le Temps des amours*, raconte par quel moyen peu recommandable il fit des progrès en latin. Il est en classe de quatrième et son professeur, Monsieur Galeazzi, surnommé Zizi, fait travailler à ses élèves *les Commentaires* de César (ils ont commencé le latin en sixième).

Ce César, c'était la religion de Zizi. Pareil à ces indigènes des îles du Pacifique, qui tirent du même palmier leurs palissades, leur toit, leur vin, leur pain, leurs flèches et leurs costumes, notre Zizi tirait de César nos explications de texte, nos versions, nos analyses grammaticales, nos leçons et nos punitions... Il en avait même fait un nom commun, et disait :

– Monsieur Schmidt, vous me ferez deux heures de retenue, et « un César », ce qui signifiait : « Vous me traduirez un chapitre de César »...

Je fis au début de grands efforts pour participer à la conquête des Gaules : mais il était vraiment pénible de suivre les marches et les contremarches de ces massacrantes légions, à travers des forêts garnies de chevaux de frise, que protégeaient (en avant-postes) des escouades de participes futurs, flanqués de supins et de gérondifs, et dont on ne sortait que pour patauger dans des marécages où coassaient des chœurs d'ablatifs absolus.

Un jour, un camarade de Pagnol, Lagneau, découvre une traduction des *Commentaires* :

Il faut dire, sans modestie, que je sus m'en servir habilement. Après avoir retrouvé le chapitre d'où était extraite notre version latine de la semaine, j'en recopiais la traduction; mais afin de ne pas éveiller la méfiance maladive de Zizi, je crédibilisais nos devoirs par quelques fautes. Pour Lagneau, deux contresens, deux faux sens, deux « impropriétés ». Pour moi, un faux sens, une erreur sur un datif pris pour un ablatif, trois « impropriétés ».

Peu à peu je diminuai le nombre de nos erreurs, et j'en atténuai la gravité. Zizi ne se douta de rien : un jour, en pleine classe, il nous félicita de nos progrès, ce qui me fit rougir jusqu'aux oreilles. Car j'avais honte de ma tricherie et je pensais avec une grande inquiétude à la composition, qui aurait lieu en classe, sous la surveillance de Zizi lui-même : le jour venu, il nous dicta une page de Tite-Live, et je fus d'abord épouvanté. Cependant, en relisant ce texte, il me sembla que je le comprenais assez bien, et j'eus une heureuse surprise lorsque je fus classé troisième, tandis que Lagneau était classé onzième. Je compris alors que mes tricheries m'avaient grandement profité, en développant mon goût au travail, et mon ingéniosité naturelle.

Marcel Pagnol, *Le Temps des amours,* © Éd. de Fallois.

Amour et Psyché : de quand date cette œuvre du sculpteur Canova ?

Paris, Londres, Montpellier, Rome : rendez à chaque ville ce qui lui appartient et recherchez de quand datent ces arcs de triomphe. Le plus ancien fut érigé pour célébrer les victoires de l'empereur Titus dans la guerre de Judée.

1

2

Des siècles séparent la construction de ces édifices, qui gardent cependant un air de famille.
1. Temple d'Auguste divinisé et de Rome (Vienne – an 15).
2. Quartier « Antigone », construit par R. Boffil (Montpellier – 1986).
3. Église Saint-Philippe du Roule (Paris – 1784).

3

Jeux modernes dans un décor antique : l'amphithéâtre de Nîmes.

Représentation au théâtre romain d'Orange, dominé par la statue d'un empereur.

Au fil des siècles : de Romulus à Romulus

AVANT LA FONDATION DE ROME

De Troie aux jumeaux

Selon l'histoire légendaire, Énée, fils d'Anchise et de Vénus, un des survivants de la guerre de Troie (1200 environ av. J.-C.), arrive à l'embouchure du Tibre et épouse Lavinia, fille du roi Latinus. Son fils Ascagne, appelé aussi Iule, fonde la ville d'Albe. Lui succèdent douze rois dont le dernier, Numitor, est détrôné par son frère Amulius, qui oblige sa nièce Rhéa Silvia à devenir vestale, prêtresse vouée au célibat, afin qu'elle n'ait pas d'enfants vengeurs. Mais Rhéa conçoit deux fils du dieu Mars, Romulus et Rémus. Abandonnés sur les flots du Tibre, les jumeaux sont sauvés et nourris par une louve, puis recueillis par un couple de bergers. Devenus grands, ils rétablissent Numitor sur le trône et quittent Albe pour fonder une ville nouvelle, qui sera Rome (voir textes p. 220).

LES ROIS

Légende et histoire

-753 Fondation de Rome.

-753/-717 Règne de Romulus. Pour peupler la cité, il fait enlever les filles des Sabins voisins. Bataille. Les Sabines s'interposent. Réconciliation et union des deux peuples.

-717/-616 Trois rois sabins :
- Numa Pompilius, roi pieux, inspiré par la nymphe Égérie, organise la vie religieuse ;
- Tullus Hostilius, roi guerrier, lutte contre Albe (les Horaces et les Curiaces) ;
- Ancus Martius, roi bâtisseur, crée le port d'Ostie.

-616/-509 Trois rois étrusques :
- Tarquin l'Ancien ;
- Servius Tullius, entoure Rome d'une enceinte, divise le peuple en classes, selon la fortune ;
- Tarquin le Superbe, le tyran, exilé après une révolte menée par Brutus.

Les historiens pensent que Rome ne devint une ville organisée et unifiée qu'une fois conquise par les Étrusques.

LA RÉPUBLIQUE

-509/-264 : Lente expansion en Italie, luttes entre patriciens et plébéiens

-507 Guerre contre le roi étrusque Porsenna. – Exploits d'Horatius Coclès, Mucius Scaevola, Clélie.

-494 **Sécession de la plèbe** sur l'Aventin. Négociations (fable des membres et de l'estomac).
Création des tribuns de la plèbe.

-488/-486 Guerres contre les Volsques (Coriolan).

-458 Guerre contre les Eques (Cincinnatus dictateur).

-449 **Lois des XII Tables,** rédigées par les décemvirs : égalité civile entre patriciens et plébéiens.

-395 Prise de Véies, ville étrusque qui contrôlait le commerce traversant le Tibre.

-390 Raid des Gaulois (les oies du Capitole).

-367 **Lois liciniennes** : égalité politique entre patriciens et plébéiens qui accèdent peu à peu aux magistratures (au consulat en -336).

-343/-304 Guerres victorieuses successives contre les montagnards samnites et entrée en Campanie.

-338 **Soumission définitive du Latium.**

-302 Un plébéien devient prêtre : égalité religieuse.

-281/-272 Guerre contre Tarente, soutenue par Pyrrhus, roi d'Épire.

-264 L'Étrurie, au nord, est entièrement conquise.
L'antique aristocratie (les patriciens) est remplacée par la *nobilitas,* nouvelle oligarchie faite de citoyens riches, patriciens ou plébéiens, accédant aux magistratures.

-264/-112 : Conquête du bassin méditerranéen, conservatisme et problèmes sociaux

-264/-241 **Première guerre Punique.** – Conflit pour la Sicile. – Victoires romaines sur terre et sur mer, puis défaites (débarquement désastreux de Régulus en Afrique), puis victoire navale aux îles Égates. – La Sicile devient la première province romaine.

-241/-218 A Carthage, **Hamilcar** Barca extermine les mercenaires révoltés (voir Flaubert-*Salammbô*) ; il conquiert l'Espagne. – Rome s'empare de la Corse et de la Sardaigne (province *Sardinia-Corsica*), de la Gaule Cisalpine.

-218/-201 **Deuxième guerre Punique. – Hannibal,** parti d'Espagne, passe les Pyrénées et les Alpes, bat les Romains au Tessin, à la Trébie, au lac Trasimène, à Cannes. Il évite Rome et se perd dans « les délices de Capoue ». Rome réussit à l'user et à l'isoler : victoire du Métaure sur une armée de secours conduite par Hasdrubal, frère d'Hannibal. Hannibal est rappelé à Carthage, poursuivi par **Scipion l'Africain.** Victoire définitive de Rome à **Zama.**
La puissance romaine s'étend sur le bassin occidental de la Méditerranée.
La guerre a dévasté l'Italie, ruiné ou endetté les petits propriétaires ruraux.

La conquête entraîne l'apparition d'une nouvelle classe sociale, les **chevaliers**, hommes d'affaires, négociants, banquiers.

-200/-146 Plusieurs guerres contre la Macédoine (Philippe V et son fils Persée). Création de la province de Macédoine-Achaïe.

-148/-146 **Troisième guerre Punique.** – « Il faut détruire Carthage » (Caton). – Scipion Émilien rase Carthage dont le territoire devient la province d'Afrique.

-129 Attale III lègue le royaume de Pergame au peuple romain (province d'Asie).

-125/-118 Conquête de la Gaule Transalpine (province de Gaule Narbonnaise). – Fondation d'Aix et de Narbonne.

-133 Destruction de Numance en Espagne révoltée, qui formera deux provinces.

-133/-121 **Les Gracques.** – Tibérius Gracchus présente une **loi agraire** pour distribuer des terres aux paysans. Après lui, son frère Caius Gracchus propose de faire citoyens romains les Italiens. Ils sont tous deux assassinés. Le parti populaire s'oppose au parti sénatorial, hostile aux réformes. Les chevaliers se situent dans l'un ou l'autre camp.

Les richesses qui affluent des provinces et les contacts avec la Grèce et l'Orient entraînent une révolution spirituelle : le goût du luxe transforme la toilette, la table, les demeures ; les écrivains latins imitent les écrivains grecs ; des divinités étrangères concurrencent les dieux latins ; les traditions se perdent.

LITTÉRATURE : Pénétration de l'hellénisme et naissance d'une littérature gréco-latine (Ennius, Plaute, Térence).

-112/-27 : Guerres civiles, extension de l'Empire

-112/-109 Défaites en Numidie, contre Jugurtha.

-107 **Marius** élu consul avec l'appui du parti populaire.

-107/-105 Victoire de Marius sur Jugurtha. Il réorganise l'armée qui devient permanente, professionnelle, dévouée à ses généraux.

-104/-101 Consulats successifs de Marius.

-102/-101 Marius arrête l'invasion des Teutons à Aix, et des Cimbres à Verceil.

-88 **Sylla** consul. – Il soumet les Italiens révoltés (guerre « sociale ») et leur fait accorder le droit de cité (les droits des citoyens romains).

-87 Mithridate, roi du Pont, envahit l'Asie Mineure, puis la Grèce. Sylla quitte Rome pour le combattre. Marius proscrit ses partisans. Il meurt en -86.

-83 Retour de Sylla. Massacres et proscriptions. Sylla dictateur mène une politique conservatrice.

-77 Pompée combat Sertorius, qui a soulevé l'Espagne.

-73 Révolte des esclaves **(Spartacus)** écrasée par Crassus.

-67 Pompée soumet les pirates.

-66 Pompée vainc définitivement Mithridate.

-63 **Cicéron** consul. – **Conjuration de Catilina.**

-60 **Pompée, Crassus** et **César** se partagent le pouvoir : c'est le **premier triumvirat.**

-59 César consul.

-58 Début de la **guerre des Gaules.**

-55 César en Germanie et en Grande-Bretagne.

-53 Expédition de Crassus contre les Parthes et mort de Crassus.

-52 Soulèvement général de la Gaule, sous la conduite de Vercingétorix. César échoue devant Gergovie, mais l'emporte à **Alésia.**

-49/-47 César franchit le Rubicon pour s'opposer à Pompée. Celui-ci gagne la Grèce et est battu à Pharsale ; il se réfugie en Égypte où le roi Ptolémée le fait assassiner. César installe Cléopâtre sur le trône.

-45 Les fils de Pompée sont vaincus en Espagne.

-44 Aux **Ides de Mars, César** est **assassiné** par Brutus, son fils adoptif *(tu quoque, mi fili)* et d'autres conjurés républicains.

Sans modifier extérieurement les institutions, César a organisé un pouvoir personnel. Hostile au Sénat, il s'appuie sur le peuple (distribution de blé – répartition de terres – règlement du problème des dettes) et sur les provinciaux, qu'il protège et fait entrer au Sénat.

-43/-27 **Second triumvirat : Antoine,** lieutenant de César, **Octave,** son fils adoptif, et **Lépide** luttent contre les républicains (Cicéron assassiné, défaite de Brutus et de Cassius, puis de Sextus Pompée), se partagent l'empire, puis entrent en conflit. Antoine épouse Cléopâtre. La flotte d'Octave est victorieuse à Actium. Antoine et Cléopâtre se suicident. Octave est maître de l'Empire romain.

LITTÉRATURE : 1re moitié du Ier siècle : Lucrèce, Catulle, Cicéron, Cornélius Népos, César, Salluste.
2e moitié du Ier siècle : Virgile, Horace, Tite-Live – Tibulle, Properce, Ovide.

L'EMPIRE

-27/67 : Auguste et les Julio-Claudiens

-27/14 Principat d'**Auguste,** surnom donné à Octave. Il conserve les apparences de la République mais concentre les pouvoirs en tant que *princeps* (premier) des citoyens. Bon administrateur, grand bâtisseur, protecteur des lettres.
L'Empire s'élargit vers le Danube (Rhétie).

14/37 **Tibère.** Mutinerie des légions de Germanie réprimée par Germanicus. Le favori de Tibère, Séjan, fait régner la terreur à Rome.

37/41 **Caligula.** Extravagances et cruautés. Il meurt assassiné.

41/54 **Claude.** Proclamé empereur par les prétoriens (garde de l'empereur). Guerres en Bretagne et en Germanie (fondation de Cologne). Meurtre de Messaline. Claude épouse **Agrippine ;** elle l'empoisonne.

54/68 **Néron.** Détruit sa famille (Britannicus, son demi-frère ; Agrippine, sa mère ; Octavie, sa femme). Guerres contre les Parthes et en Bretagne. Incendie de Rome. Complot de Pison. Proclamé déchu, Néron se suicide.

LITTÉRATURE : Phèdre, Lucain, Sénèque, Pétrone, Quinte-Curce.

69/96 : Les Flaviens

Une grave crise suit la mort de Néron. Appuyés sur les légions, des généraux se disputent l'Empire (Galba, Othon, Vitellius). Vespasien l'emporte. Une **dynastie d'origine italienne** remplace au pouvoir les grands patriciens romains.

68/79 **Vespasien.** Son fils Titus prend Jérusalem et rase la ville (70).
Censure de Vespasien (75), qui veut rétablir la moralité au sein du Sénat.

79/81 **Titus,** fils de Vespasien. Éruption du Vésuve et destruction de Pompéi (79). Inauguration du Colisée (80).

81/96 **Domitien,** frère de Titus. Conquête de la Bretagne par Agricola (82/84). Domitien fait régner la terreur, persécute les chrétiens, meurt assassiné.

LITTÉRATURE (2e moitié du premier siècle) : Martial, Juvénal, Quintilien, Tacite, Pline le Jeune.

96/192 : Les Antonins; l'âge d'or

Les empereurs sont issus de **grandes familles provinciales.**

96/98 **Nerva.**

98/117 **Trajan,** né en Espagne. Guerres contre les Daces, contre les Parthes. Excellent empereur, grand bâtisseur (forum de Trajan, Colonne Trajane, port d'Ostie).

117/138 **Hadrien,** né en Espagne. Grand voyageur (afin notamment d'assurer l'unification de l'Empire), lettré, grand constructeur (Panthéon, mausolée d'Hadrien, villa d'Hadrien). Construction du rempart d'Hadrien, en Bretagne (100 km).

138/161 **Antonin,** originaire de Nîmes. Il double en Bretagne le rempart d'Hadrien.

161/180 **Marc-Aurèle.** Philosophe stoïcien. Les barbares sont difficilement contenus (Parthes en Orient, Quades et Marcomans sur le Danube).

180/192 **Commode.** « Plus cruel que Domitien, plus impur que Néron. » Meurt étranglé.

LITTÉRATURE : Apulée, Aulu-Gelle, Suétone, Tertullien – Débuts de la littérature chrétienne.

193/305 : La crise de l'Empire

Au 3e siècle, l'Empire s'affaiblit : luttes pour le pouvoir, anarchie, invasions (Francs et Alamans sur le Rhin, Goths sur le Danube, Perses sur l'Euphrate), révoltes internes (création éphémère de l'empire des Gaules), problèmes économiques, religieux (païens et chrétiens), épidémie de peste...

212 Caracalla confère le droit de cité à tous les hommes libres de l'Empire.

271/276 Aurélien fait construire une enceinte autour de Rome.

284/305 **Dioclétien.** Essai de redressement. Dioclétien instaure la tétrarchie, en partageant le pouvoir entre deux Augustes et deux Césars, tout en gardant la suprématie. Les quatre associés rétablissent l'ordre et repoussent les barbares. Persécution des chrétiens. Dioclétien abdique.

305/363 : Les Constantins

Après une crise de succession, la tétrarchie est abolie et Constantin s'impose.

313 **L'édit de Milan** accorde la **liberté religieuse aux chrétiens. Byzance** devient, sous le nom de **Constantinople,** la capitale de l'Empire.

337 Mort de Constantin. Elle est suivie de luttes au terme desquelles Constance II, puis Julien deviennent empereurs. Julien tente de restaurer le paganisme.

363/395 : Le partage de l'Empire

379/395 Règne de Théodose. Il soumet les Wisigoths et assure le triomphe du christianisme en déclarant le paganisme illégal. À sa mort, l'Empire est partagé entre ses deux fils; l'un a l'Orient, l'autre l'Occident.

476 L'Empire d'Occident prendra fin sous les coups des barbares : **prise de Rome** par Odoacre, qui détrône le dernier empereur, **Romulus Augustule.** L'Empire d'Orient durera jusqu'en 1453 (prise de Constantinople par les Turcs).

LITTÉRATURE (4e siècle) : Ausone, Claudien, saint Jérôme, saint Augustin, Ammien Marcellin.

Le sol parle

Oubli, pillage, renaissance

POUR connaître la prodigieuse histoire de Rome, qui dura plus de douze siècles, l'historien dispose de nombreuses œuvres d'écrivains latins. Celles-ci le renseignent principalement sur les événements et les mentalités. Il doit utiliser aussi les études faites par les archéologues, qui lui apportent d'autres types d'informations, sur la vie quotidienne ou économique, par exemple, dont les textes parlent peu. L'archéologie est une science relativement récente. Pendant des siècles on se désintéressa des vestiges matériels des civilisations disparues. Le forum de Rome était appelé « le champ des vaches », parce qu'on y menait paître les troupeaux. La ville de Pompéi restait enfouie sous les cendres du Vésuve et la terre arable. À partir de la Renaissance, des érudits recueillent des inscriptions et des médailles ; les princes entreprennent des fouilles anarchiques, uniquement pour récupérer des statues et objets précieux destinés à leurs palais. Les études et les fouilles rationnelles n'auront lieu qu'au 19e siècle.

Localiser

Quand les vestiges de réalisations monumentales (théâtres, arcs de triomphe, temples...) dépassent le niveau du sol, la localisation des sites ne pose pas de problème. Il est plus difficile de découvrir des ruines enfouies. De nombreuses trouvailles sont dues aux hasards de l'activité humaine : constructions, labourage, destructions de la guerre... L'ouverture d'une rue, à Paris, remit à jour les « arènes de Lutèce » ; une opération d'urbanisme permit de dégager les restes du port antique de Marseille. Mais l'archéologue se livre aussi à une recherche systématique. Il interroge les textes, les noms de lieu : le site de Pompéi était appelé par les paysans « la Civita » (la cité). Il scrute le sol à la recherche d'indices, en particulier les fragments de terre cuite. Il fait appel à des techniques modernes de repérage, notamment la photo aérienne, qui permet de détecter des vestiges, invisibles du sol, soit que la lumière rasante dégage de légers reliefs, soit que la végétation présente des particularités de couleur, de croissance, de nature (les coquelicots se plaisent sur les débris de constructions), soit que le sol labouré porte des lignes de rosée ou de gelée blanche sur les murs engloutis. Cette technique révéla dans les déserts de Syrie et d'Afrique du Nord d'immenses lignes de fortifications romaines. En France, elle a décelé un nombre considérable de villas (fermes) et une structure géométrique de l'espace (cadastre, chemins), typiquement romaine, qui montrent la profonde romanisation de la Gaule.

Enquête sur la vie

Après la découverte vient la fouille, qui consiste à décaper méticuleusement le sol au moyen de pioches mais surtout de truelles et de pinceaux, car les moindres vestiges (tessons de céramique, fragments d'os, monnaies...) constituent des éléments d'information. On procède par carrés de creusement de quelques mètres, sur les parois desquels on cherche à déterminer des couches d'occupation. Tout lieu habité tend en effet à s'exhausser, chaque épaisseur correspondant à une époque déterminée. Cette méthode (l'étude stratigraphique) permet d'établir une datation et de remonter le fil du temps. De nombreux plans, croquis et photographies sont réalisés pendant la fouille, car l'archéologie, par le décapage du sol, détruit partiellement son objet d'étude.

Après la fouille vient l'étape tout aussi délicate de l'interprétation, au terme de laquelle on peut tirer quelques conclusions sur le mode d'existence et l'histoire des occupants du site.

Photo aérienne.
Vestiges d'une villa gallo-romaine.

1 Écriture et phonétique

L'écriture latine

Le latin s'écrivait avec 23 lettres, sans aucun autre signe :
A B C D E F G H I K L M N O P Q R S T V X Y Z.

■ Comparez avec le français.

■ Connaissez-vous d'autres alphabets ou d'autres moyens de communiquer par signes dans des langues anciennes ou modernes ?

Dans cet ouvrage, nous emploierons la typographie traditionnelle des manuels destinés à l'enseignement du latin, et en particulier :
– la majuscule pour les noms propres et leurs dérivés : ***Roma*** (Rome); ***populus Romanus*** (le peuple romain);
– les signes de ponctuation;
– deux lettres supplémentaires : **U** et **J** (**u** et **j**).
Vous verrez pour quelle raison en faisant l'exercice 5.

Chacun des signes de l'alphabet latin servait à noter **un phonème** (voyelle ou consonne) et **un seul.** Donc, toutes les lettres se prononcent, en particulier les lettres finales, et toujours de la même façon.

■ L'orthographe du latin sera-t-elle plus facile ou moins facile que celle du français ?

Les phonèmes du latin

1. Les voyelles

Il y a **cinq timbres** (sons) vocaliques essentiels.

lettre	prononciation en français	exemple en latin
i	l**i**re	**similis**
e	**été** – p**e**rmettre	**teneo-pergo**
a	p**a**vé	**ripa**
o	m**o**teur	**moneo**
u	n**ou**velle	**nudus**

Remarque

On trouve dans les mots d'origine grecque la voyelle **y** (prononcée u comme en français dans « mur ») : ***satyrus.***

■ Prononcez les voyelles latines **a, i,** et observez les différentes positions de vos mâchoires.

■ Prononcez les voyelles latines **i, u,** et observez les différentes positions de votre langue.

Vous avez ainsi découvert deux des traits caractéristiques par lesquels les voyelles latines se distinguent les unes des autres. Classez-les d'après ces deux traits.

■ Comparez avec le français.

Un troisième trait caractéristique intervient dans la prononciation de chacune des voyelles. Le latin oppose des **voyelles longues** et des **voyelles brèves.** Cette opposition existe aussi en français, mais elle y joue un rôle bien moins important qu'en latin.

■ Comparez : **pâte/patte empire/firme pôle/poltron.**

Cette opposition, dite **opposition de quantité,** n'était pas notée dans l'écriture latine. Lorsque cela sera utile, nous la noterons cependant ainsi :

voyelles brèves : **ĭ ĕ ă ŏ ŭ**
voyelles longues : **ī ē ā ō ū.**

Deux mots latins pouvaient donc se distinguer dans la prononciation par ce seul trait, tout en ayant la même orthographe :

fŭgit : il fuit
fūgit : il a fui

pŏpulus : le peuple
pōpulus : le peuplier

lĕgit : il lit
lēgit : il a lu

hĭc : celui-ci
hīc : ici

lătus : le côté
lātus : large

2. Les diphtongues

Une diphtongue est formée par deux timbres vocaliques dans une même syllabe, sans hiatus. Le latin en comporte quatre. D'autres langues, que vous connaissez peut-être, possèdent aussi des diphtongues.

Exemple, pour la diphtongue **[au] : cow,** en anglais; **aus,** en allemand.

ae	rip**ae**	(ri/pae)
oe *(rare)*	m**oe**nia	(moe/ni/a)
au	**au**rum	(au/rum)
eu *(très rare)*	**Eu**ropa	(Eu/ro/pa)

3. Les consonnes

lettre	prononciation en français	exemple en latin	attention à
b	bovin	bonus	
c	couleuvre	cura	Cicero
d	douleur	durus	
f	fabrique	fabula	
g	gâteau	ago	gerere - magnus
gu	gouache	lingua	
h	hectare	hora	
j	iode	jeci	
k	kilogramme	kalendae	
l	libraire	libertas	ille
m	maison	malus	imperator
n	nouveau	nomen	non - ante - lingua
p	paquet	pater	
qu	quartz	aqua	
r	ridicule	ripa	
s	parasol	rosa	discipulus
t	tapis	talis	natio
v	ouate	validus	
x	exploit	dixi	exit
z	zone	zona	

Remarques

a) On trouve, dans les mots d'origine grecque, les groupes de lettres :

ch (prononcé comme k) : ***ch**orus*
th (prononcé comme t) : ***th**eatrum*
ph (prononcé comme f) : ***ph**iltrum*

b) Comme les voyelles, les consonnes se distinguent les unes des autres par un ou plusieurs traits caractéristiques. Par exemple, un certain nombre d'entre elles se répartissent en deux séries selon que les cordes vocales vibrent **(consonnes sonores)** ou ne vibrent pas **(consonnes sourdes).**

Imitez l'abeille en prononçant « zzzzz » et le serpent en prononçant « sssss », et dites quelle est la série sonore et quelle est la série sourde :

– b d g **z** r l m n
– p t c **s** f

■ Comment pouvons-nous savoir de quelle façon les Romains prononçaient le latin?

L'accent tonique

L'accent tonique est la mise en relief d'une syllabe par rapport aux syllabes qui l'entourent.

■ Existe-t-il un accent tonique en français?

Règles essentielles pour déterminer la place de l'accent tonique

1. Mots d'**une syllabe :** ils sont accentués, sauf les prépositions, les conjonctions et quelques autres mots dits « enclitiques ».

2. Mots de **deux syllabes :** l'accent est sur la première syllabe :

***pa**ter* ***ro**sa* ***a**qua* ***bo**nus.*

3. Mots de **plus de deux syllabes.**

a) L'avant-dernière syllabe porte l'accent si elle est longue, c'est-à-dire si elle comporte :
– une voyelle longue ou une diphtongue,
– une voyelle suivie de deux consonnes.

*Ro**mā**nus le**gen**tem an**gus**tus nati**ō**nem an**cil**la.*

b) Si l'avant-dernière syllabe est brève (syllabe comportant une voyelle brève, non suivie de deux consonnes), l'accent remonte sur la syllabe précédente :

***a**nĭmus **le**gĭtis phi**lo**sŏphus.*

Remarques

a) Dans la suite de l'ouvrage, nous n'indiquerons la longueur de l'avant-dernière syllabe que si elle est brève. Donc, **lorsque l'avant-dernière syllabe ne portera pas de signe, vous devrez l'accentuer. Lorsqu'elle portera le signe ˘, vous devrez accentuer la syllabe précédente.**

Exemples : ***vi**tĭum* – *Ro**ma**nus* – *a**gri**cŏla* – *ro**sa**rum* – *o**ra**tĭo* – *fa**cil**lĭmus* – *sapi**en**tĭa.*

b) Nous indiquerons, d'autre part, la longueur de telle ou telle voyelle, dans le cas où l'opposition de quantité joue un rôle impor[illegible] ***(rosă / rosā; lĕgit / lēgit).***

À vous de jouer

1. Mettez un trait entre les syllabes des mots suivants. Chaque syllabe ne comporte qu'une voyelle ou une des diphtongues **au, eu, ae, oe.**
Exemple : ro / sae (rosae), ha / be /o (habeo).

statua – saepe – filius – statuae – servus – laetus – consul – turbae – manuum – quaestor – angustus – moenibus – deleo – audio – deinde – neuter – proelium – poenae – laudo – causae – minuo – amoenus – plaudo.

2. Lisez à haute voix en faisant sentir l'accent tonique (la syllabe accentuée est imprimée **en gras**) et en distinguant bien les syllabes :

casus – **Cae**sar – **ce**dit – **ci**bus – **ce**ra – **fa**cies – **re**cipit – ra**di**ces – **Gal**lia – **ge**ro – **di**gitus – **ge**nus – **re**gio – **gem**ma – ves**ti**gium – **gig**no – **ig**nis – **lig**num – **ag**nus – **pig**nus – **pug**na – ig**na**rus – **vi**vo – **flu**vius – **vi**tium – **sil**va – **sal**ve – **ri**vus – **va**dere – **ser**vus – **vo**lo – **in**quit – **quin**que – **quo**que – **at**que – **pin**guis – **lin**gua – **san**guis – **ae**quus – **qua**tio – **ju**venis –

jungere – ma**jo**res – **Tro**ja – **e**jus – **ja**nua – **hu**jus – **je**cur – **val**lis – **vel**le – **vil**la – an**cil**la – **mal**le – fa**cil**limus – **val**lum – **gens** – **tem**pus – **in**sula – impe**ra**tor – **cam**pus – **a**mans – ju**ven**tus – **con**tra – **mon**stro – **um**bram – **un**de – **mun**dus – **le**gunt – le**gen**tem – **a**sinus – **ca**sus – **va**sa – **men**sem – **nas**ci – adu**les**cens – **u**xor – **cres**co – orati**o**nem – sapi**en**tia – pla**ni**ties – rati**o**nibus – malevo**len**tiam.

3. Accentuez les mots suivants avant de les lire à haute voix :

delēre – legĕre – audīre – scribĕre – amāre – amo – amāmus – amabāmus – amabĭmus – amavisti – amavĭmus – facĭlis – imperātor – imperatōris – imperatorĭbus – inimicissimōrum – facĕre – debēre – aqua – aurum – sententĭa – respondet – domĭnus – agricŏla – amantes – adulescens.

4. Lisez à haute voix le texte ci-dessous en observant des pauses plus ou moins longues entre les mots ou groupes de mots. Ces pauses sont signalées par des barres obliques :

Carŏlus / saltu Pyrenaei superāto / omnĭbus quae adiĕrat oppĭdis atque castellis in deditiōnem acceptis / salvo et incolŭmi exercĭtu / revertĭtur / praeter quod / in ipso Pyrenaei jugo / Vasconĭcam perfidĭam / parumper in redeundo / contĭgit experīri. (Eginhard, *Vie de Charlemagne.*)

5. Contrairement à ce qui sera l'usage dans ce manuel, les Romains ne distinguaient pas dans l'écriture :

- **u** (voyelle) et **v** (consonne), qu'ils écrivaient **V** et **V** (en majuscules), **u** et **u** (en minuscules).

Exemple : **VOLVMVS**
uolumus
consonne ↙ ↘ voyelle

- **i** (voyelle) et **j** (consonne), qu'ils écrivaient **I** et **I** (en majuscules), **i** et **i** (en minuscules).

Exemple : **IACIT**
iacit
consonne ↙ ↘ voyelle

Sachant cela, déchiffrez l'inscription qui figure sur l'arc de triomphe de Titus à Rome (photo ci-dessus). La lettre **F** (fin de la troisième ligne) est une abréviation pour ***filĭo.*** Les séparations entre les mots sont marquées par un point, sauf à la deuxième ligne (avant **ROMANVS**).

L'évolution de la langue latine

Toute langue se transforme lentement avec le temps. Ainsi, le latin, progressivement modifié, a donné naissance à plusieurs langues, dites **langues romanes :**

latin

italien – français – provençal – espagnol – portugais – roumain

Mais le latin que nous apprenons (celui qu'utilisaient César ou Cicéron) est lui-même le résultat d'une longue évolution dont on a pu dégager les lois de façon relativement précise. Nous allons, par exemple, étudier certaines modifications de sons, obéissant à des **lois de phonétique historique,** qui ont donné au latin classique ses caractéristiques.

Nous emploierons les abréviations suivantes :
> = devient;
< = vient de;
* = forme qu'on ne trouve pas dans les textes, mais qu'on suppose avoir existé.

Lois phonétiques

Modification de voyelles

a) En syllabe intérieure, terminée par **ă** ou **ĕ,** **ă > ĭ** et **ĕ > ĭ :**

c**a**pit	flum**e**n
ac-c**ĭ**pit	flum**ĭ**nis

Complétez les mots incomplets :

făcilis	cădo	* milĕts	făcit
diff.cilis	cec.di	mil.tis	conf.cit

b) Devant r, toute voyelle brève intérieure a le timbre **e :**
*cinĭris > cinĕris – facĕre – legĕre.

c) Toute voyelle suivie d'une autre voyelle est brève :
vidĕo – filĭus – statŭa – audĭo – Gallĭa – manŭum.

Accentuez les mots suivants oralement, puis par écrit, en mettant en majuscules la syllabe accentuée : facies – fluvius – benevolentia – aliam – planities – filiis – statuit – moneo.

d) Deux voyelles en contact peuvent se contracter en une seule :
*amao > amo.

Modification de consonnes

a) Entre deux voyelles, s > r :
*flosis > floris *legĭse > legĕre.

b) Lorsque deux consonnes sont en contact, **la deuxième peut assimiler (digérer) la première :**
adcurrit > accurrit adfĕro > affĕro.

L'évolution peut aboutir à la disparition de la première consonne ; c'est ainsi que **t** et **d** peuvent disparaître devant **s :**
*milets > *miless > miles
*peds > *pess > pes.

L'étymologie

1. Comparez les mots suivants : oral – buccal – bouche.

Quelle est l'idée commune ? Quels sont les deux mots visiblement cousins du point de vue de leur forme ?

2. Ces trois mots proviennent du latin :
(os), oris mot élégant signifiant « bouche » ;
bucca mot populaire signifiant « bouche », « joue ».
À partir de *oris,* les savants ont formé l'adjectif « oral ».
À partir de *bucca,* les savants ont formé l'adjectif « buccal ».
À partir de *bucca,* le peuple, de déformation en déformation, a fait le nom « bouche ».

3. Pour chaque mot français, on peut se demander quelle est son origine, c'est-à-dire rechercher son **étymologie.**

4. Pour chaque mot latin, on peut se demander quel mot français tire de lui son origine, et analyser le passage progressif du mot latin au mot français, selon les lois de la **phonétique historique.**

5. Les mots français peuvent se grouper en **familles** autour du mot latin qui a été leur ancêtre commun. Sur les 40 000 mots environ que comporte le vocabulaire français, 35 000 proviennent du latin et 5 000 ont été empruntés à d'autres langues, un très petit nombre d'entre eux étant des vestiges du gaulois.

6. La place de l'accent tonique latin joue un grand rôle dans le passage du latin au français. Les voyelles non accentuées disparaissent très souvent en français.

Étudiez, dans les mots suivants, l'évolution des phonèmes soulignés (la syllabe accentuée est imprimée en gras) : ***ta**bula* → *table;* ***sa**bulum* → *sable;* ***ar**borem* → *arbre;* ***ven**dere* → *vendre;* ***vi**vere* → *vivre;* ***pen**dere* → *pendre;* ***an**gulum* → *angle;* *boni**ta**tem* → *bonté.*

Masque de théâtre.
On pense que la bouche, très grande, faisait office de porte-voix.

La mémoire des cendres

La catastrophe

Le 24 août 79, le Vésuve entra en éruption. Le réveil du volcan détruisit, en deux jours, les villes et les villages installés à ses pieds. Pompéi fut recouvert d'une couche de cinq mètres de pierre ponce et de cendres, Herculanum lentement envahi d'une lave boueuse de quinze mètres. Étant donné la rapidité de la catastrophe, ces deux villes, peu à peu fouillées et dégagées à partir du 18e siècle, constituent pour nous un véritable musée de la vie à l'époque romaine.

La ville préservée

Dans la boulangerie de Modestus, quatre-vingt-un pains, enfournés quelque temps avant le drame, ont été retrouvés carbonisés derrière la porte de fer du four. Sur le comptoir du marchand de légumes Auferus, les haricots et les céréales n'ont pas été détruits. La cendre, en durcissant, a conservé la forme des corps des habitants qui n'avaient pas voulu ou pu fuir à temps, et se sont trouvés asphyxiés par les gaz de l'éruption.

À l'aide de plâtre liquide, on a pu faire le moulage des victimes telles que la mort les a surprises. On a même reconstitué un chien mordant désespérément la chaîne qui le retenait prisonnier.

La vie quotidienne est restée, dans ces villes ensevelies, bien mieux préservée que dans n'importe quel autre ensemble archéologique. Les maisons et les édifices publics ont conservé, en grande partie, leur aspect, bien qu'ils aient perdu leurs toits. Sur l'enduit des murs, on peut lire encore les affiches peintes d'une campagne électorale, des inscriptions, des poésies, des commentaires grivois. Les enseignes des boutiques sont restées en place ainsi que les outils de travail, de même que les décorations murales des maisons et les objets utilitaires : ils nous permettent ainsi de pénétrer dans l'intimité de la vie quotidienne d'il y a deux mille ans.

Moulage d'un habitant de Pompéi. Comment s'explique son geste ?

Mort d'un témoin

L'écrivain latin, **Pline le Jeune,** a décrit en partie la catastrophe. Il habitait chez son oncle, Pline l'Ancien. Ce dernier, à la fois naturaliste et chef d'une flotte romaine basée dans la région, voulut porter secours à des amis, et aussi observer de plus près le phénomène. Voici la fin du récit de son neveu : « Les bâtiments, ébranlés par de profondes secousses, donnaient l'impression de vaciller dans tous les sens. Mais dehors, il y avait les pierres qui pleuvaient. Afin de se protéger contre ce qui tombait du ciel, on se coiffa de coussins fixés avec des morceaux de draps... Au lever du jour, on se trouvait encore dans des ténèbres plus épaisses que celles de la nuit. Mon oncle décida de descendre jusqu'au rivage afin de voir s'il était possible de s'évader par mer, mais il constata que les vagues étaient toujours très violentes... L'odeur de soufre incita ses compagnons à s'enfuir ; lui se leva, s'appuya sur deux esclaves, puis s'affaissa brusquement, asphyxié par les fumées. »

Maquette du théâtre de Pompée, à Rome. Remarquez l'importance et la richesse du front de scène.

Amphithéâtre de Pompéi – Ce ne sont pas des gladiateurs qui se battent (cf. p. 42). – En haut, on distingue le *velum* (cf. p. 35).

2

nominatif, accusatif, génitif singuliers des 1re, 2e et 3e déclinaisons

Premiers regards

Avant de lire le texte latin à haute voix, accentuez et lisez isolément les mots de plus de deux syllabes.

Quis spectat?
Qui regarde?
Qui est-ce qui regarde?

Servus spectat.
Un esclave regarde.
C'est un esclave qui regarde.
L'esclave regarde.

Servus equum spectat.
L'esclave regarde un cheval.

Consŭlis equum spectat.
Il regarde le cheval du consul.

Consŭlem spectat.
Il regarde le consul.

Quis spectat?
Qui regarde?

Equus spectat.
Un cheval regarde.
Le cheval regarde.
C'est le cheval qui regarde.

Equus servum spectat.
Le cheval regarde l'esclave

Servum consŭlis spectat.
Il regarde l'esclave du consul.

Spectat consŭlem.
Il regarde le consul.

Quis spectat?
Qui regarde?

Consul spectat.
Le consul regarde.

Asĭnum spectat.
Il regarde un âne.

Servi asĭnum spectat.
Il regarde l'âne de l'esclave.

Servum spectat.
Il regarde l'esclave.

Spectat servus.
L'esclave regarde.

Asĭnum spectat.
Il regarde un âne.

Ancillam spectat.
Il regarde une servante.

Ancillae asĭnum spectat.
Il regarde l'âne de la servante.

Servum ancilla non spectat.
La servante ne regarde pas l'esclave.

Observons

1. Certains mots, nécessaires en français, n'apparaissent pas dans les phrases latines. Lesquels?

2. Relevez dans les phrases latines tous les mots qui signifient :
servante – cheval – esclave – âne – consul.

3. Pourquoi la fin des mots change-t-elle de forme?

4. À quelle fonction grammaticale correspondent les formes :
a) ancilla servus equus consul?
b) ancillam servum equum asĭnum consŭlem?
c) ancillae servi consŭlis?

5. À quelle place se trouve généralement le verbe? Et le complément de nom par rapport au nom qu'il complète?

6. Pourquoi l'ordre des mots est-il plus libre en latin qu'en français?

On appelle **cas** les formes différentes que prennent certains mots (les noms, par exemple, dans ce texte) et qui sont la marque de leur fonction.

On appelle **nominatif** le cas des formes *ancilla, servus, consul.*
Quelle fonction indiquent-elles?

On appelle **accusatif** le cas des formes *ancillam, servum, consŭlem.*
Quelle fonction indiquent-elles?

On appelle **génitif** le cas des formes *ancillae, servi, consŭlis.*
Quelle fonction indiquent-elles?

L'ensemble des cas s'appelle une **déclinaison.**
Décliner un nom, c'est énoncer toutes les formes qu'il peut prendre selon sa fonction, c'est énumérer, dans un ordre conventionnel, les différents cas.

Il y a plusieurs types de déclinaisons.
Revoyez le n° 4 de « Observons » et dites quels noms suivent le même type de déclinaison.

À combien de types de déclinaison avez-vous affaire en définitive? Chaque type de déclinaison porte un numéro traditionnel et est représenté dans les grammaires par un modèle, que vous trouverez dans le Nota Bene; celui de la 1re déclinaison est *rosa.* Les formes en caractères gras représentent les cas que vous savez utiliser.

Les mots du vocabulaire imprimés **en gras** sont **à savoir par cœur.**

Vocabulaire

Comment lire une liste de vocabulaire?

Dans la liste suivante, nous vous indiquons, pour chaque nom, sa forme au nominatif singulier et, en abrégé, au génitif singulier. Vous savez donc immédiatement à quelle déclinaison appartient chaque nom.

■ Pour les noms de la 1re et de la 2e déclinaison (génitif *-ae* et *-i*), la terminaison du génitif vient remplacer la terminaison *-a* et *-us* du nominatif. On lit donc :
agricŏl **a,** agricŏl **ae** – asĭn **us,** asĭn **i.**

■ Pour les noms de la 3e déclinaison (génitif *-is*), nous indiquons, au génitif, les dernières lettres du radical : **orator,** (orat)**oris** – **mulĭer,** (muli)**ĕris.**

agricŏla, ae *m : (le, un) paysan*
ancilla, ae *f : (la, une) servante*
asĭnus, i *m : (l', un) âne*
consul, ŭlis *m : (le, un) consul*
domĭnus, i *m : (le, un) propriétaire, maître*
equus, i *m : (le, un) cheval*
mulĭer, ĕris *f : (la, une) femme*
non : *ne... pas*
orator, oris *m : (l', un) orateur*
philosŏphus, i *m : (le, un) philosophe*
puella, ae *f : (la, une) jeune fille*
quis? : *qui?*
rosa, ae *f : (la, une) rose*
servus, i *m : (l', un) esclave*
spectat : *(il, elle) regarde*

■ Que signifie l'indication *m* ou *f?*
Donnez le radical des noms du vocabulaire ci-dessus (en enlevant les terminaisons du génitif : *-ae, -i, -is*) et indiquez à quelle déclinaison ils appartiennent.

A vous de jouer

1. Regardez les dessins de la page 22; cachez le texte latin, et essayez de le reconstituer.

2. D'après l'exemple ci-dessous, transformez les expressions suivantes :

Servus ancillam spectat.
L'esclave regarde la servante.
→ Servum ancilla spectat.
La servante regarde l'esclave.

Ancilla puellam spectat – Ancillam agricŏla spectat – Philosŏphus asĭnum spectat – Domĭnus servum spectat – Asĭnum equus spectat – Consul muliĕrem spectat – Orator consŭlem spectat – Ancilla philosŏphum spectat – Puellam servus spectat – Agricŏla asĭnum spectat – Orator ancillam spectat – Puella consŭlem spectat – Mulĭer agricŏlam spectat – Servus oratorem spectat – Consul equum spectat – Muliĕrem philosŏphus spectat.

3. Modifiez l'expression suivante en y introduisant tous les propriétaires possibles d'un cheval parmi les mots du vocabulaire que vous connaissez :

Consul | **agricŏlae** | equum spectat.

4. Transformez les expressions suivantes selon l'exemple ci-dessous :

Domĭnus philosŏphi equum spectat.
→ Philosŏphus domĭni equum spectat.

Ancilla agricŏlae asĭnum spectat – Consul oratoris ancillam spectat – Ancilla servi asĭnum spectat – Domĭnus agricŏlae equum spectat – Puella muliĕris ancillam spectat – Consul agricŏlae equum spectat – Domĭnus equum oratoris spectat – Mulĭer philosŏphi ancillam spectat.

5. L'une des deux phrases suivantes est absurde. Laquelle?

Domĭnus consŭlis equum spectat.
Consul equi philosŏphum spectat.

6. Faites un dessin et rédigez-en la légende en latin.

NOTA BENE

■ Chaque cas de la déclinaison d'un nom est caractérisé par une **terminaison** qui vient s'ajouter à la partie stable du nom que l'on appelle le **radical.**

Apprenez le nom de tous les cas :
Nominatif (N.) – Vocatif (V.) – Accusatif (A.) – Génitif (G.) – Datif (D.) – Ablatif (Ab.).

■ La **terminaison du génitif singulier** permet de reconnaître à quel **type de déclinaison** appartient un nom. Il y a cinq sortes de terminaisons de génitif singulier pour les noms, donc cinq types de déclinaisons (plus simplement : **cinq déclinaisons**). Nous avons vu aujourd'hui les trois premières : terminaison en *ae* (1re déclinaison), en *i* (2e déclinaison), en *is* (3e déclinaison).

■ Pour isoler le **radical** d'un nom, le plus simple est d'enlever la terminaison caractéristique du génitif singulier :

le radical de *consul, consŭlis* est ***consul-***
le radical de *domĭnus, domĭni* est ***domin-***
le radical de *rosa, rosae* est ***ros-***.

Cas	singulier		
	1re déclinaison	2e déclinaison	3e déclinaison
N	**ros ă**	**domĭn us**	**consul**
V	ros a	domĭn e	consul
A	**ros am**	**domĭn um**	**consŭl em**
G	**ros ae**	**domĭn i**	**consŭl is**
D	ros ae	domĭn o	consŭl i
Ab	ros ā	domĭn o	consŭl e

Pompéi, suivez le guide!

Le forum de Pompéi : restes de la colonnade qui l'entourait. Au fond se trouvait le temple de Jupiter, bordé de deux arcs. Que distingue-t-on à l'horizon ?

Quartiers monumentaux

On retrouve sur le plan de Pompéi les édifices caractéristiques d'une ville romaine. Le forum, place piétonnière, en constitue le cœur religieux, politique et commercial. Entouré d'une galerie à colonnes, il est bordé de temples (Jupiter, Apollon, empereurs divinisés), de basiliques, grandes salles couvertes pour les activités judiciaires, commerciales et sociales, d'un marché à ciel ouvert pour les comestibles, de bâtiments municipaux pour les magistrats. Vous pouvez repérer sur le plan deux quartiers consacrés aux loisirs, celui du théâtre, qui avait une capacité de 5 000 spectateurs, et celui de l'amphithéâtre, où s'affrontaient les gladiateurs. Tout à côté de ce dernier se trouve la palestre, lieu des exercices sportifs. Près des grandes voies de circulation se dressent des thermes (cf. leçon 4) où les habitants viennent se baigner et se délasser. Une enceinte, du IIe siècle av. J.-C., devenue inutile, ceinture la ville.

Quartiers de résidence

Les rues, assez étroites, donc ombreuses, sont pavées de dalles où s'inscrivent des ornières de chariots; de grosses pierres plates surélevées permettent de les traverser sans se salir. À de nombreux croisements coulent des fontaines; la ville dispose d'un système d'adduction d'eau très élaboré, alimenté par un aqueduc (cf. leçon 27).

Les rues des morts

L'inhumation et l'incinération qui constitue le rite le plus fréquent et le plus noble, sont interdites à l'intérieur de la ville. Les tombes se situent hors les murs, mêlées aux maisons de banlieue, le long de deux routes, sous les cyprès. Les notables se font édifier de vastes monuments funéraires, qui portent des inscriptions chantant leurs qualités et sont ornés de bas-reliefs et de statues des défunts. ▷

Maquette de la maison du poète tragique.

Intérieurs

Les maisons particulières présentent une structure commune qui n'empêche pas de multiples variations. Par un large seuil, on entre dans l'*atrĭum,* couvert d'un toit percé d'une grande ouverture centrale qui apporte la lumière et permet de recueillir l'eau de pluie dans un bassin. Des pièces entourent l'atrium : le *tablinum,* salon de vie et de réception, le *triclinĭum,* salle à manger, pourvue de trois divans sur lesquels s'étendent les convives pour prendre les repas. Les sols sont décorés de mosaïques, les murs de magnifiques peintures et de stucs polychromes.

Sous l'influence grecque, une autre partie est venue s'ajouter à ce premier ensemble. Par un passage, on accède à un espace à ciel ouvert, entouré d'un **péristyle** (galerie couverte à colonnes), qui fait penser à un cloître, sur lequel donnent de nouvelles pièces (chambres, salle à manger d'été, salle de bains...) Au centre , un jardin d'agrément, pourvu de bassins, de fontaines, de tonnelles, qui manifeste la passion des habitants pour les plantes et pour l'eau. Des statues, des vasques, des vases mêlent l'art à la nature. Nous serions étonnés par l'absence de cheminée : la cuisine se faisait à l'extérieur ou dans une pièce aérée par une fenêtre, dans des fours ou sur des braseros qui servaient aussi au chauffage.

Nous serions surpris aussi par la rareté et la petitesse des fenêtres donnant sur l'extérieur, pourvues de volets et, très rarement, de panneaux de mica ou de verre très épais : dans les pièces, la lumière, qui n'est pas très vive, vient surtout de l'intérieur; la maison est centrée sur elle-même et constitue un hâvre de fraîcheur et de paix.

Plan d'une maison de Pompéi :
1. *atrium* – 2. *tablinum*
3. *triclinium* – 4. péristyle.

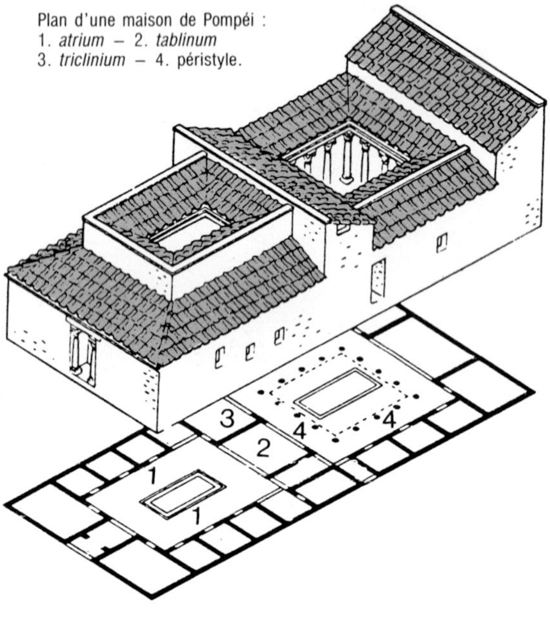

Un musée englouti

Les murs des pièces d'apparat sont recouverts de fresques dont les styles et les sujets présentent une grande variété : paysages, scènes bucoliques, perspectives architecturales en trompe-l'œil, végétaux, natures mortes, portraits, motifs exotiques, représentations mythologiques, vie quotidienne; dans la maison des *Vettĭi,* de petits amours miment l'activité des échoppes (l'orfèvre, le pharmacien, le forgeron).

Fil à suivre

– Le tracé des rues de Pompéi répond-il à un plan organisé?
– Fabriquez une maquette de maison romaine : renseignez-vous chez le libraire.

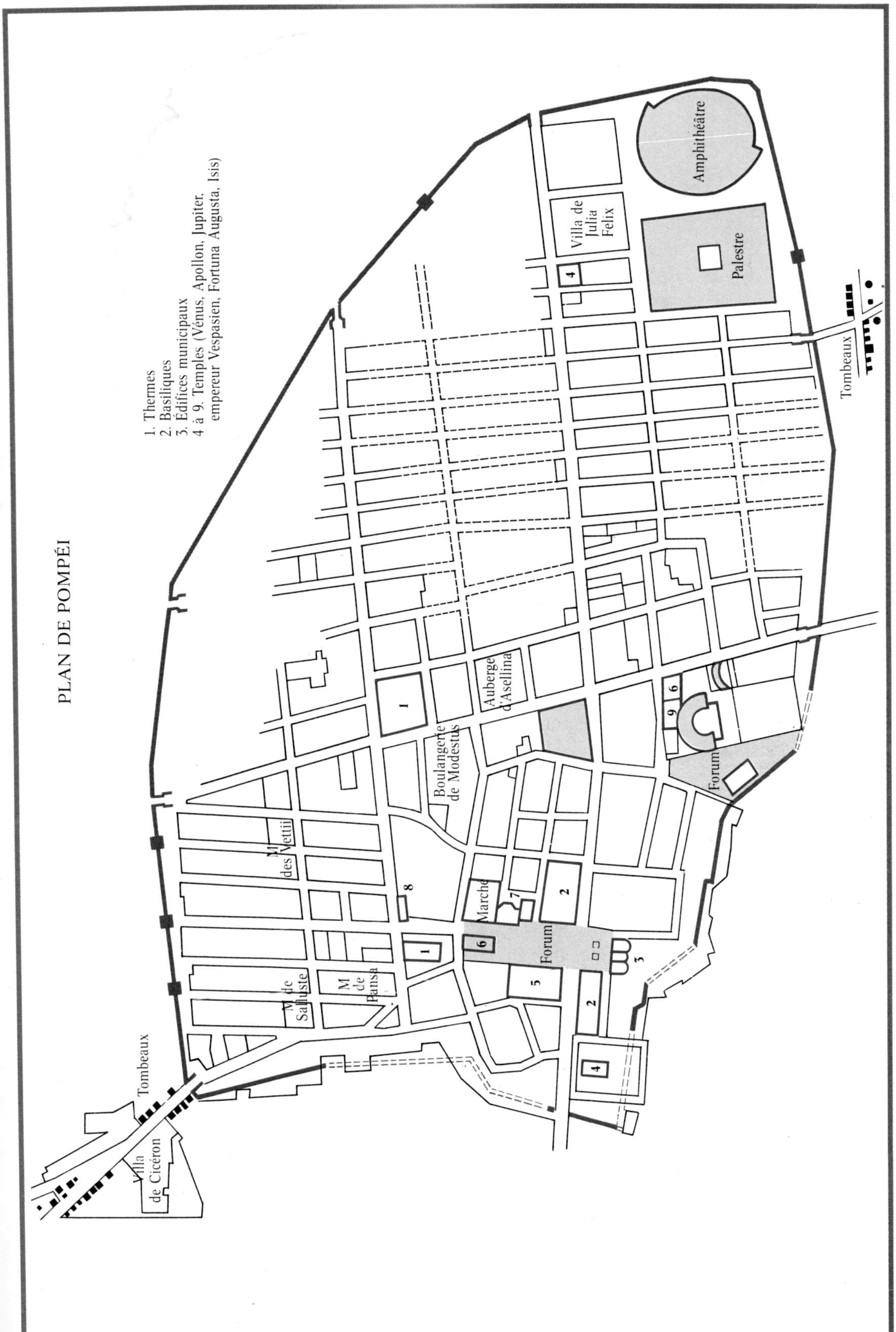
PLAN DE POMPÉI
1. Thermes
2. Basiliques
3. Édifices municipaux
4 à 9. Temples (Vénus, Apollon, Jupiter, empereur Vespasien, Fortuna Augusta, Isis)
Amphithéâtre
Villa de Julia Felix
Palestre
Tombeaux
Auberge d'Asellina
Boulangerie de Modestus
Forum
M des Vettii
Marché
Forum
M de Salluste
M de Pansa
Tombeaux
Villa de Cicéron

3

accord de l'adjectif attribut (1re classe)

le nominatif, cas de l'attribut du sujet

Question de taille

① Servus parvus est.
L'esclave est petit.

② Consul magnus est.
Le consul est grand.

③ Consul servi domĭnus est.
Le consul est le maître de l'esclave.

④ Ancilla parva est.
La servante est petite.

⑤ Mulĭer magna est.
La femme est grande.

⑥ Equus magnus est.
Le cheval est grand.

⑦ Agricŏla parvus est.
Le paysan est petit.

⑧ Agricŏla equi domĭnus est.
Le paysan est le propriétaire du cheval.

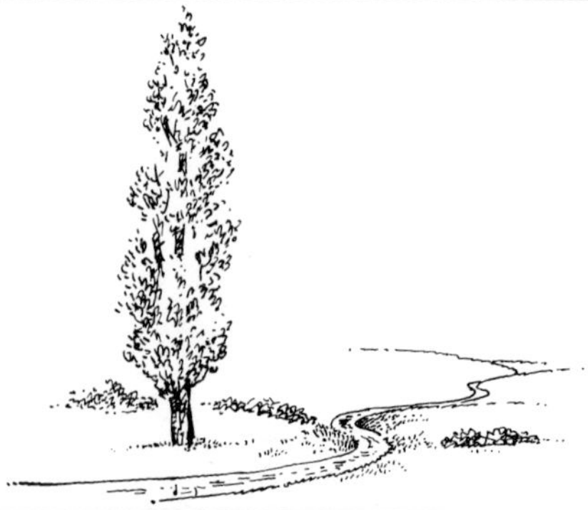

⑨ Popŭlus est alta.
Le peuplier est élevé.

⑩ Rivus non latus est.
Le ruisseau n'est pas large.

Observons

1. Comparez les expressions ① et ④, d'une part, ② et ⑤ d'autre part. Pourquoi l'adjectif change-t-il de forme, en latin comme en français?

De quelle façon peut-on reconnaître dans une phrase le genre d'un nom en latin?

2. Quelle est la fonction du mot **domĭnus** dans les phrases ③ et ⑧ ? A quel cas est-il?

Quelle est la fonction des **adjectifs** employés dans les autres phrases? Ils ont la même fonction et sont au même cas que *domĭnus*. A quel cas sont-ils?

Quel est le cas de l'attribut du sujet?

3. À quelle déclinaison appartiennent :
– les adjectifs masculins?
– les adjectifs féminins?

4. Voyez le texte correspondant au 4e dessin. Le genre du nom est-il toujours le même en français et en latin?

5. De quel genre sont en général :
– les noms de la 1re déclinaison?
– les noms de la 2e déclinaison?

Vocabulaire

altus, a : *haut, élevé; profond*
amicus, a : *ami*
amicus, i *m : (l', un) ami*
ancilla, ae *f : (la, une) servante*
asĭnus, i *m : (l', un) âne*
bonus, a : *bon*
clarus, a : *célèbre, illustre*
dea, ae *f : (la, une) déesse*
est *(forme du verbe* sum : *je suis) : (il, elle) est*
filĭa, ae *f : (la, une) fille*
filĭus, ĭi *m : (le, un) fils*
latus, a : *large*
magnus, a : *grand*
murus, i *m : (le, un) mur*
parvus, a : *petit*
philosŏphus, i *m : (le, un) philosophe*
popŭlus, i *f : (le, un) peuplier*
rivus, i *m : (le, un) ruisseau*
statŭa, ae *f : (la, une) statue*
villa, ae *f : (la, une) ferme, maison de campagne*

Remarque
Vous constatez que les adjectifs se distinguent des noms dans la présentation. On vous donne le nominatif masculin, puis le nominatif féminin. Il faut lire, par exemple : ***altus*** (masculin), ***alta*** (féminin).

A vous de jouer

1. Lisez le vocabulaire en suivant les conseils qui vous ont été donnés dans cette leçon (pour les adjectifs) et dans la précédente (pour les noms).

2. Retrouvez le texte latin correspondant à chacun des dessins.

3. Complétez les expressions suivantes avec un adjectif qui convienne. Attention à l'accord en genre du nom et de l'adjectif. (p11 c)

Villa .... est.
Equus .... est, asĭnus .... (est).
Consŭlis filĭa .... est; philosŏphi filĭus .... est.
Consul .... est; ancilla non est ....
Popŭlus .... est; murus non est ....

4. Complétez les expressions suivantes avec un nom qui convienne (dans certains cas, plusieurs solutions sont évidemment possibles).

.... bonus est.
.... non asĭnus est.
Consŭlis .... alta est.
Oratoris amicus .... filĭus est.
Consul clarus est; consŭlis .... clarus non est.
Agricŏlae .... parva est.
Consul servi .... est.
.... non consul est.

5. Faites des phrases de 3 mots.
Faites des phrases de 4 mots.
Faites des phrases de 5 mots.

6. Introduisez dans l'expression suivante tous les compléments possibles de *amicus* en choisissant dans le vocabulaire que vous connaissez :
*Consul **philosŏphi** amicus est.*

7. En lisant ou en fabriquant oralement des phrases latines, vous ne devez pas oublier de mettre en relief les syllabes accentuées. Dans les phrases de l'exercice suivant (« Les enquêtes de Barbatus »), soulignez les syllabes que vous aurez accentuées.

NOTA BENE

L'attribut **du sujet** est au **nominatif**.

L'**adjectif attribut** du sujet s'accorde **en genre** avec le sujet.

L'adjectif **masculin** a la même terminaison que *domĭnus*.

L'adjectif **féminin** a la même terminaison que *rosa*.

Servus parvus est.	*Ancilla parva est.*
Consul magnus est.	*Mulĭer magna est.*

Attention à :

Popŭlus alta est.
Agricŏla parvus est.

Les enquêtes de Barbatus

L'édile[1] Barbatus est perplexe. Des phrases absurdes sont cachées parmi les expressions suivantes. Aidez-le à retrouver les coupables.

Philosŏphi filĭus orator est.
Popŭli murus non asĭnus est.
Consŭlis statŭam ancilla spectat.
Villae domĭnus equus est.
Asĭni amicus rivus est.
Oratoris amicus consŭlis filĭus est.

Proverbe

GUTTA CAVAT LAPIDEM

Que signifie ce proverbe ? Trouvez une expression qui traduit en français la même idée, en cherchant dans la fable de La Fontaine « Le lion et le rat ».

gutta, ae f : goutte d'eau ; *cavo, as :* je creuse ; *lapis, ĭdis* m : pierre.

1. *Édile : magistrat chargé, entre autres choses, de la police urbaine.*

Quels instruments voit-on au-dessus de l'amour orfèvre ? Que font les amours forgerons ? (Pompéi, Maison des Vettii).

Au travail!

Classes possédantes

On estime que 20 000 habitants, dont 8 000 esclaves, peuplaient la cité de Pompéi. Les riches tirent leurs revenus des domaines agricoles (vignes, oliviers, amandiers, céréales, miel, élevage, cultures maraîchères). Ils ont aussi des intérêts dans des activités qui entraînent d'importants investissements : commerce de gros, boulangeries industrielles, briquetteries, transports maritimes... La ville dispose en effet d'un port proche; on a retrouvé en Dalmatie des tuiles pompéiennes exportées et, dans une maison de Pompéi, une statuette en ivoire provenant de l'Inde. Un des membres de la grande famille locale des *Umbricĭi* s'est enrichi dans la production du ***garum,*** sauce faite de poissons pilonnés, fermentés, aromatisés, à l'odeur très forte.

Industries

Le travail de la laine s'effectue dans des fabriques où se déroulent de nombreuses opérations : lavage, cardage, filage, teinture, tissage, foulage; les toiles obtenues doivent être peignées et soufrées, pour obtenir de l'éclat. Tout ce processus ressort de l'analyse des fouilles, mais aussi de peintures retrouvées sur les murs d'une entreprise. Les boulangeries présentent parfois de grandes dimensions; elles comportent non seulement les salles à pétrir et le four, mais aussi des meules à grain actionnées par des esclaves ou un âne. Pompéi possède aussi des teintureries, pour le nettoyage des vêtements, des tanneries, des fabriques de briques, de tuiles, d'amphores et de récipients de terre cuite, qui servent à la conservation et au transport de nombreux produits : vin, huile, grains...

Artisans, boutiquiers

Le long des rues s'ouvrent des échoppes et des boutiques de forgerons, barbiers, orfèvres, parfumeurs, cordonniers, menuisiers, marbriers, brocanteurs, charrons, plombiers, prêteurs... Ces artisans sont parfois organisés en corporations qui participent à l'embellissement de la cité en offrant des statues. Pour les comestibles, on se rend au marché. Des charretiers, muletiers, portefaix assurent les transports. Des marchands ambulants proposent de l'ail, de petits pains chauds sur des fours portatifs, de quoi boire. Si l'on est pris par une grosse faim, on peut s'arrêter au ***thermopolĭum,*** qui propose à son comptoir des plats cuisinés et des boissons chaudes. Dans les auberges, on peut boire, manger, jouer aux dés – malgré l'interdiction –, trouver une chambre ou un lit dans un dortoir, et même s'isoler quelque temps avec une serveuse : Aglae, Maria, Palmyre, esclaves venues de Grèce, de Judée, d'Orient.

Quelle est cette opération concernant la fabrication des étoffes?

Le rôle des femmes

Les femmes ont acquis un début d'émancipation et ne restent pas reléguées à l'intérieur de leur domicile; elles fréquentent la rue et font leurs achats. Elles jouent leur rôle de maîtresses de maison, les possibilités d'emploi n'abondant pas. Les épouses d'artisans reçoivent les clients. Plusieurs auberges sont tenues par des patronnes, mais cette activité n'est pas considérée comme très honorable. Les peintures montrent aussi des ouvrières et des servantes au travail. À un niveau social plus élevé, de riches héritières gèrent leur patrimoine. L'une d'entre elles, Eumachia, a su le faire prospérer et elle détient une grande importance sociale; elle a fait bâtir, sur le forum, une splendide basilique destinée au commerce de la laine et de l'habillement.

Fil à suivre

– À quel condiment vietnamien vous fait penser le *garum?*
– Quel récipient, inventé par les Gaulois, a remplacé les amphores pour le transport des liquides?

4

accord de l'adjectif épithète (1re classe)

Sans paroles

Clarus consul servum spectat.
L'illustre consul regarde l'esclave.

Servus clarum consŭlem spectat.
L'esclave regarde l'illustre consul.

Servus clari consŭlis equum spectat.
L'esclave regarde le cheval de l'illustre consul.

Parva ancilla statŭam spectat.
La petite servante regarde la statue.

Ancilla parvam statŭam spectat.
La servante regarde la petite statue.

Ancilla deae clarae statŭam spectat.
La servante regarde la statue de l'illustre déesse.

Observons

1. Analysez dans chaque phrase le nom qui est accompagné d'un adjectif. Donnez sa fonction et son cas.

2. Quelles remarques faites-vous sur la forme de l'adjectif qui accompagne le nom en tant qu'épithète?

3. À quelle place se trouve généralement l'adjectif épithète en latin? Et en français?

4. On désigne le groupe nominal en fonction de sujet par la notation **GNs.** Le groupe nominal en fonction d'objet **(GNo)** forme avec le verbe un groupe verbal noté **GV.** Le schéma type d'une phrase simple **(P)** est donc :

P → GNs + GV

dans lequel : **GV → V + GNo**

Ancilla	***statŭam***	***spectat.***
GNs	GNo	V

• **GNs** et **GNo** ne sont pas obligatoirement exprimés dans la phrase :

∅	***Consŭlis equum***	***spectat.***
(GNs)	GNo	V

Servus	∅	***(non) spectat.***
GNs	(GNo)	V

• L'attribut, noté **A,** fait partie d'un **GV** comportant une forme du verbe *sum* (je suis) :

Magnae deae statŭa	***clara***	***est***
GNs	A	V

• Sans changer la structure de la phrase, nous pouvons grossir chaque élément :

Parva ancilla	***bonae deae statŭam***	***non spectat.***
GNs	GNo	V

• Il est parfois utile de détailler le contenu de chaque ***GN,*** en y repérant :

– un adjectif épithète,
– un groupe complément de nom au génitif.

Parva ancilla	***bonae deae statŭam***	***spectat.***
GNs	GNo	V
épithète / N	c. du nom / N	

Habituez-vous dès maintenant à bien distinguer, dans la lecture et dans l'analyse, les groupes de mots ***GNs, GNo*** et **V.**

Vocabulaire

ancilla, ae *f : (la, une) servante*
asĭnus, i *m : (l', un) âne*
latus, a : *large*
philosŏphus, i *m : (le, un) philosophe*
popŭlus, i *f :* (le, un) peuplier
puella, ae *f : (la, une) jeune fille*
rivus, i *m : (le, un) ruisseau*

A vous de jouer

1. Regardez les dessins de la page 32; cachez le texte latin, et essayez de le reconstituer.

2. Complétez, quand il le faut, les expressions suivantes, et traduisez :

Servus spectat.
Mur... servus spectat.
Vill... mur... servus spectat.
Parv... vill... mur... servus spectat.

Villa magn... est.
Orator... villa magn... est.
Clar... orator... villa magn... est.

Agricŏla spectat.
Agricŏla statŭ... spectat.
Agricŏla consŭl... statŭ... spectat.
Agricŏla clar... consŭl... statŭ... spectat.

Mulĭer spectat.
Mulĭer popŭl... spectat.
Mulĭer riv... popŭl... spectat.
Mulĭer parv... riv... popŭl... spectat.
Mulĭer alt... parv... riv... popŭl... spectat.

3. Transformez les phrases ci-dessous selon le modèle suivant :
Statŭa parva est.
→ Servus parvam statŭam spectat.

Consul clarus est. – Popŭlus alta est. – Murus est altus. – Rivus altus est. – Equus magnus est. – Ancilla parva est. – Domĭnus bonus est. – Villa est magna. – Philosŏphus clarus est. – Asĭnus parvus est. – Dea bona est. – Orator clarus est.

4. Complétez le tableau ci-dessous en accordant **en genre et en cas** un adjectif qui convienne au sens du nom : un ou deux accords par ligne (ou aucun !)

	parvus	magnus	bonus	altus	latus
agricŏla					
agricŏlae					
statŭam					
statŭa					
popŭlum					
popŭli					
filĭi					
filĭus					
filĭa					
filĭam					
mulĭer					
muliĕris					
oratorem					
orator					

5. En vous référant au n° 4 de « Observons », faites le schéma des phrases suivantes :

Clarus consul servum spectat. – Ancilla parvam deae statŭam spectat. – Rivus latus non est. – Clarus philosŏphus bonae deae statŭam spectat.

Les enquêtes de Barbatus

Aidez Barbatus à trouver, parmi les expressions suivantes, celles qui sont absurdes :

Clari consŭlis filĭus bonus orator est.
Clarus philosŏphus bonae deae statŭam spectat.
Bonae popŭli filĭus asĭnus est.
Rivi filĭus altus est.
Altum villae murum agricŏla spectat.
Parvi muri magna villa bona est.

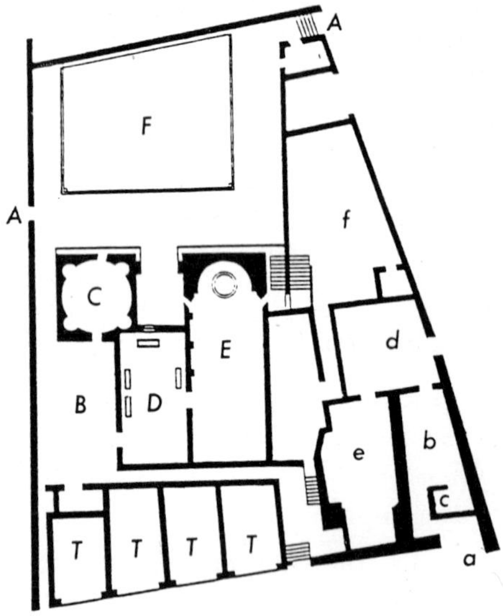

Plan de thermes de Pompéi.
Bain des hommes : A. entrée – B. vestiaire – C. *frigidarium* – D. *tepidarium* – E. *caldarium* – F. palestre – T. boutiques.
Bain des femmes : a. entrée – b. vestiaire – c. *frigidarium* – d. *tepidarium* – e. *caldarium* – f. aire découverte.

NOTA BENE

■ **L'adjectif épithète** s'accorde en **genre** et en **cas** avec le nom auquel il se rapporte.
N. *bon**us** domĭnus* – *alt**a** popŭlus*
A. *parv**um** asĭnum* – *bon**am** deam*
G. *clar**i** oratoris* – *magn**ae** villae*

■ L'adjectif du type ***bonus, bona*** se décline comme ***domĭnus*** au masculin et comme ***rosa*** au féminin.

	singulier	
	masculin	féminin
N	bon **us**	bon **a**
V		
A	bon **um**	bon **am**
G	bon **i**	bon **ae**
D		
Ab		

Le temps des loisirs

Le spectacle de la rue, avec son animation, constitue la première possibilité de distraction : c'est un lieu de flânerie, de rencontres, de bavardages. Sur les trottoirs ou dans les tavernes, on peut jouer aux dés, aux osselets, à tête ou croix (pile ou face)... Des combats de coqs s'organisent, des affiches attirent les regards.

Bains publics

Se rendre aux bains publics constitue une obligation d'hygiène, mais surtout un plaisir social et un passe-temps. Les thermes publics (il y en a trois à Pompéi) sont en effet de vastes et magnifiques édifices où l'on trouve la détente dans un cadre superbe, et l'agrément des échanges entre amis. Quelques modestes établissements privés, dont l'un est spécialisé dans les bains d'eau de mer, accueillent aussi les Pompéiens. Les femmes disposent de sections réservées ou viennent à des heures particulières. Dans une première salle, le vestiaire, on abandonne ses habits, sous la garde d'un esclave. On entre ensuite dans le ***frigidarĭum,*** salle pour les ablutions d'eau froide; on accède ensuite au ***tepidarĭum,*** salle tiède, puis au ***caldarĭum,*** salle chaude, dont le chauffage est assuré par une circulation d'air chaud sous le pavement et dans des conduites de brique placées dans les parois. Ces salles, splendidement décorées et surmontées de hautes coupoles, sont pourvues de bassins et de baignoires en marbre. Une petite pièce renferme les onguents et les huiles parfumées. Un personnel nombreux veille au bien-être des clients : aides-baigneurs, épilateurs, masseurs (souvent des esclaves noirs), parfumeurs...

Spectacles

Le théâtre fait partie de la culture populaire. Les spectateurs sont installés sur les gradins de pierre de la ***cavĕa,*** en forme de fer à cheval. Les acteurs, le visage couvert de masques, jouent sur une scène surélevée *(proscenĭum)* devant un haut mur décoré de marbres et de statues, percé de trois ouvertures pour gagner les coulisses. Une grande toile, le *velum,* manœuvrée par des marins, protège les spectateurs du soleil et des intempéries. Comédies et tragédies, dont les sujets sont empruntés au répertoire grec, alternent. Le public adore aussi les ***atellanes,*** pièces bouffonnes portant sur la vie quotidienne et familiale, aux personnages

De quel jeu s'agit-il? (Naples, Musée national archéologique)

caricaturaux : *Pappus* (Pépé, le vieux paysan balourd), *Bucco* (Grande-Gueule, goinfre et vantard), *Dossenus* (Bossu), *Maccus* (Soudard). La faveur que connaissent les acteurs indique à quel point le théâtre est goûté. Des groupes d'admirateurs s'organisent; des inscriptions célèbrent l'acteur Pâris comme « le prince sans pareil de la scène ».

L'odéon, édifice plus petit et couvert, est destiné aux auditions musicales, aux conférences, aux déclamations poétiques. Des foules enthousiastes et bruyantes se rassemblent pour assister, dans l'amphithéâtre (cf. page 167), aux combats de gladiateurs et aux ***venationes,*** chasses aux bêtes fauves.

Sport

La grande palestre, bordée d'un portique et de platanes parfaitement alignés, accueille les jeunes gens, organisés dans une association, la ***juventus.*** Ils s'entraînent au lancement du disque, à la pratique du saut, à la lutte, à des exercices plus militaires : course en armes, défilé équestre. Une piscine, située au centre, permet la natation.

Fil à suivre

– En Orient, des établissements font penser aux thermes. Quel est leur nom?
– Recherchez les villes françaises où se trouvent des vestiges de thermes gallo-romains.

5

les 4 conjugaisons

indicatif présent (singulier)

sum

Indiscrétions

Vidĕo
Je vois.

Interrŏgat : *Il interroge :*	Pugnasne? *Est-ce que tu te bats?* *Te bats-tu?*	Ridesne? *Est-ce que tu ris?* *Ris-tu?*
Respondet : *Il répond :*	Pugno. *Je me bats.*	Ridĕo. *Je ris.*
Dicit : *Elle dit :*	Pugnat. *Il se bat.*	Ridet. *Il rit.*

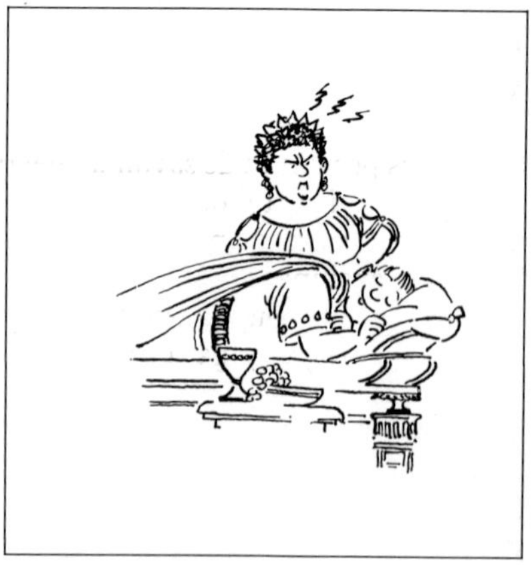

Vidĕo.
Je vois.

Interrŏgat : *Il interroge :*	Currisne? *Est-ce que tu cours?* *Cours-tu?*	Dormisne? *Est-ce que tu dors?* *Dors-tu?*
Respondet : *Il répond :*	Curro. *Je cours.*	Dormĭo. *Je dors.*
Dicit : *Elle dit :*	Currit. *Il court.*	Dormit. *Il dort.*

Observons

1. -ne est un petit mot qui sert à interroger. Cette particule interrogative, sans accent tonique (enclitique), se soude au mot sur lequel porte la question. L'accent de ce dernier est attiré sur sa dernière syllabe :

Dormit Dor**mit**ne?
Curris Cur**ris**ne?

2. Quel est l'élément final commun à la 1re personne du singulier des verbes latins? À la 2e personne? À la 3e personne?

Vous avez ainsi dégagé les marques par lesquelles se distinguent les différentes personnes. On les appelle **désinences personnelles.**

3. Nous appellerons **radical** la partie fixe du verbe à laquelle s'ajoutent les désinences personnelles (au présent de l'indicatif).
Les verbes latins se répartissent en plusieurs types de conjugaison d'après le **phonème final du radical.**

Quel est le radical du verbe à la 1re conjugaison :
pugno < * pugnao
pugnas
pugnat?

Quelle est la voyelle finale du radical caractéristique de la 1re conjugaison?

Faites la même recherche avec les verbes **ridĕo** (2e conjugaison) et **dormĭo** (4e conjugaison).

4. Le cas du verbe **curro** (3e conjugaison) est moins net.

D'après la 1re personne, quel est son radical? Que trouvez-vous entre le radical et les désinences aux autres personnes?

Il s'agit là d'une **voyelle de liaison** qui s'intercale entre le radical (terminé par une consonne) et les désinences, quand celles-ci consistent en une consonne, ou commencent par une consonne.

5. Remarquez la quantité de la voyelle **i** dans les verbes **currĭs** et **dormīs.**

6. Apprenez aussi un verbe simple :

sum je suis
e s tu es
es t il(elle) est.

Vous remarquez que pour ce verbe la désinence de la première personne n'est pas un **o,** mais un **m.**

Vocabulaire

Pour vous permettre de savoir à quel type de conjugaison appartient tel ou tel verbe, nous vous indiquons la 1re et la 2e personne du singulier. Vous lirez, par exemple :
pugno, as (1re conjugaison)
lego, is (3e conjugaison)

amo, as : *j'aime*
audĭo, is : *j'entends, j'écoute*
curro, is : *je cours*
delĕo, es : *je détruis*
dico, is : *je dis*
dormĭo, is : *je dors*
filĭa, ae *f : (la, une) fille*
interrŏgo, as : *j'interroge*
latus, a : *large*
lego, is : *je lis*
-ne? : *est-ce que...?*
popŭlus, i *f : (le, un) peuplier*
pugno, as : *je me bats, je combats*
respondĕo, es : *je réponds*
ridĕo, es : *je ris, je souris*
rivus, i *m : (le, un) ruisseau, (la, une) rivière*
specto, as : *je regarde*
sum, es : *je suis*
vidĕo, es : *je vois*

A vous de jouer

p12

1. Lisez le vocabulaire selon les conseils qui vous ont été donnés p. 23 et dans les leçons précédentes.

Donnez le radical de chacun des verbes et classez-les d'après leur conjugaison.

2. Retrouvez les expressions latines correspondant à chacune des images de la page 36.

3. Répondez aux questions suivantes en regardant les images (p. 36) :

Quis interrŏgat? Videsne puellam? Populumne vides? Altane est popŭlus? Curritne popŭlus? Dormitne agricŏla?

4. Complétez et traduisez :

Ancillam domĭnus interrŏg... ; ancilla respond....
Rivum puella spect... , agricŏla popŭlum.
Consul clarum oratorem aud... ; consŭlis servus dorm....
Parvus asĭnus rosam am....
Villae murum servus del....
Asĭnus leg..., philosŏphus curr...
Dea rid... , deae statŭa non rid...

5. Traduisez :

Il dort – elle court – il répond – il combat – il lit – elle voit – il interroge – il entend.
J'entends – je lis – je vois – j'interroge – je dis – je dors – je ris – je cours.
Tu dors – tu dis – tu détruis – tu aimes – tu entends – tu regardes – tu combats.
Dormit – lego – deles – currit – vidĕo – amas – respondet – interrŏgo – dicis – pugnat – audĭo – dormis.

6. Traduisez :

Je suis grand, tu es petit, il est bon. – Je suis grande, tu es petite, elle est bonne. – Entends-tu le célèbre orateur? – La fille du maître aime le petit âne. – Je vois la petite rivière, elle n'est pas large. – L'esclave écoute le maître; le maître n'écoute pas l'esclave. – Aimes-tu la jeune fille? (Oui, j'aime la jeune fille.) – Vois-tu le cheval du consul? (Non, je ne vois pas le cheval du consul.)

7. Avec le vocabulaire latin que vous connaissez, faites des phrases latines comprenant les éléments suivants :

P → V
P → GNs + V
P → GNs + GNo + V
P → A + V sum
P → GNs + A + V sum

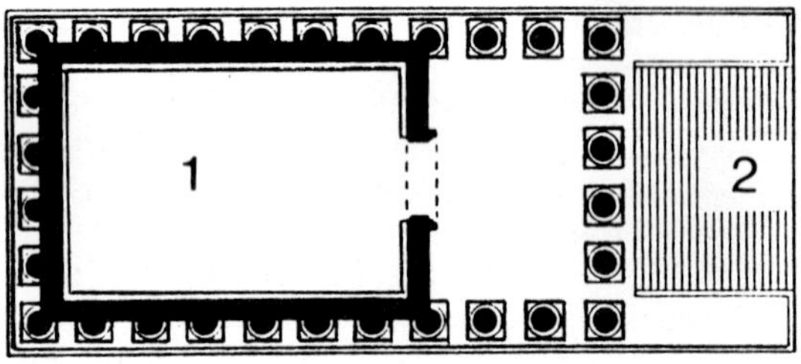

Plan d'un temple :
1. cella – 2. autel.

NOTA BENE

■ On distingue les personnes des verbes par leur élément final (désinence personnelle) :

1re pers. sing. **-o/m**
2e pers. sing. **-s**
3e pers. sing. **-t**

■ On distingue les conjugaisons par l'élément final de leur radical :

1re conj. :	a	pugna-
2e conj. :	e	vide-
3e conj. :	consonne (+ voyelle de liaison)	curr-( )-
4e conj. :	i	audi-

Le tableau suivant vous indique les verbes traditionnellement choisis comme modèles.

Indicatif présent				
1re conj.	2e conj.	3e conj.	4e conj.	SUM
am **o**	delĕ **o**	leg **o**	audĭ **o**	su **m**
amā **s**	delē **s**	leg ĭ **s**	audī **s**	e **s**
ama **t**	dele **t**	leg i **t**	audi **t**	es **t**

Pompéi la pieuse

Dieux de la cité et du foyer

Les habitants de Pompéi honorent les dieux du panthéon gréco-romain. Dans leur état actuel, les fouilles ont révélé une dizaine de lieux de culte. Au bout du forum, se dresse la façade du temple de **Jupiter,** dont les six colonnes de neuf mètres soutiennent un vaste fronton; comme à Rome, Junon et Minerve lui sont associées. On rend aussi un culte à Apollon, dieu de la lumière et de la paix, à Hercule, considéré comme le fondateur mythique de la cité... Mais la patronne de la cité est **Vénus,** déesse de la fécondité et de l'amour; un grand sanctuaire lui est consacré, non loin du forum, et ses images se trouvent un peu partout, sur les peintures intérieures des maisons comme sur les enseignes. Le culte impérial est venu s'ajouter à ces cultes traditionnels. Un temple est dédié à la **Fortuna Augusta,** « la sauvegarde d'Auguste »; un autre monument est consacré au Génie (l'âme protectrice) de l'empereur Vespasien. C'est à travers ces cultes que le monde romain prend conscience de son unité.

Le Pompéien accomplit également des devoirs religieux au sein de sa propre maison où se dresse le laraire, autel des dieux domestiques (cf. page 113); tous les jours on vient demander la protection des Lares et leur apporter de l'encens, des guirlandes, du vin et d'autres présents.

Le temple

Le temple est un espace sacré, sur lequel se dresse l'édifice rectangulaire abritant la statue du dieu. Il est construit sur une plate-forme *(podĭum),* d'une hauteur de plusieurs mètres, précédée d'un escalier. Devant celui-ci se trouve l'autel, décoré de bas-reliefs. Un vestibule, très profond, entouré de colonnes, précède la *cella,* salle où se trouve la statue. Le culte se déroule devant le temple.

Dieux importés

Rome a toujours été ouverte aux religions nouvelles; des dieux d'origine orientale s'y sont peu à peu installés, d'autant plus aisément que les rites officiels ne répondaient plus aux besoins spirituels nouveaux. Des Pompéiens, d'abord des esclaves, puis des gens de toute origine sociale, s'attachent à des divinités qui leur apportent une sérénité personnelle et une promesse de félicité après la mort. La plus populaire est **Isis,** originaire d'Égypte, dont le sanctuaire, abrité des regards, est le cadre de cérémonies quotidiennes (notamment l'adoration de l'aube, symbole de renaissance), de fêtes passionnées et de rites secrets d'initiation qui amènent les adeptes à « renaître » à une vie plus pure.

Une longue et magnifique fresque, sur trois murs d'une maison (la villa dite « des mystères »), témoigne d'un autre culte, celui de Dionysos **(Bacchus),** dieu du vin, dieu libérateur, qui procure une évasion hors du monde par une communion mystique à travers une série d'étapes et d'épreuves.

Déesse à la sandale : quel est son nom?
(Naples, Musée archéologique national)

ÉTAPE 1

RÉCAPITULATION DU VOCABULAIRE OBLIGATOIRE

- agricŏla, ae *m : (le, un) paysan*
  ancilla, ae *f : (la, une) servante*
  dea, ae *f : (la, une) déesse*
  puella, ae *f : (la, une) jeune fille*
  rosa, ae *f : (la, une) rose*
  statŭa, ae *f : (la, une) statue*
  villa, ae *f : (la, une) ferme, maison de campagne*

  amicus, i *m : (l', un) ami*
  asĭnus, i *m : (l', un) âne*
  domĭnus, i *m : (le, un) maître*
  equus, i *m : (le, un) cheval*
  filĭus, ĭi *m : (le, un) fils*
  murus, i *m : (le, un) mur*
  philosŏphus, i *m : (le, un) philosophe*
  servus, i *m : (l', un) esclave*

  consul, ŭlis *m : (le, un) consul*
  mulĭer, ĕris *f : (la, une) femme*
  orator, oris *m : (l', un) orateur*

- amo, as : *j'aime*
  interrŏgo, as : *j'interroge*
  pugno, as : *je me bats*
  specto, as : *je regarde*

  delĕo, es : *je détruis*
  respondĕo, es : *je réponds*
  ridĕo, es : *je ris, je souris*
  vidĕo, es : *je vois*

  dico, is : *je dis*
  lego, is : *je lis*

  audĭo, is : *j'écoute, j'entends*

  sum, es : *je suis*

- altus, a : *haut, profond*
  amicus, a : *ami*
  bonus, a : *bon*
  clarus, a : *célèbre, illustre*
  magnus, a : *grand*
  parvus, a : *petit*

- -ne ? : *est-ce que... ?*
  non : *ne... pas*
  quis ? : *qui ?*

Mémoire auditive

Lisez à haute voix les mots suivants et dites sur quelle syllabe porte l'accent.
statua – amicus – dominus – filius – consulem – respondet – orator – oratoris – rideo – agricolae.

Le nombre des syllabes d'un mot n'est pas toujours le même, selon les formes de la déclinaison (ou de la conjugaison). Qu'en résulte-t-il en ce qui concerne l'accent ? Comparez *orator/oratoris*.

Les enquêtes de Barbatus

Il vient de recevoir un message secret dont voici la clé :

r o s a = s p t b

Souvenez-vous que l'alphabet latin n'a que 23 lettres et décryptez ce message :

B T K O X T F T
QBSXBF BODKMMBF
BNKDXT TXN

Rendez à César

Recherchez les ancêtres latins des mots français suivants :
altitude – serf, servage – vilain, vilenie – Charlemagne, magnificence – spectacle, spectateur – auditeur, auditif – servile, servitude – équitation, équidés – domaine, don Camillo, dom Pedro.

Rébus

La voyez-vous ?

(Les éléments sont des mots français, le mot à reconstituer est latin.)

Essayez votre force

Faites l'exercice ci-dessous, puis comparez votre traduction avec le corrigé qui se trouve plus loin. Comptez vos erreurs. Si c'est nécessaire, recommencez l'exercice jusqu'à ce que vous arriviez à la perfection du champion.

Thème

1. Je vois le maître de l'esclave. – 2. Vois-tu l'esclave du maître ? – 3. Le philosophe écoute le bon orateur. – 4. La servante aime la bonne déesse. – 5. Il détruit la statue du philosophe. – 6. Le petit âne regarde le grand cheval. – 7. Le peuplier de la rivière est grand. – 8. Le fils du consul est illustre. – 9. La servante n'aime pas le cultivateur. – 10. Je suis grand, tu es petite.

Version

1. Servus altum villae murum delet. – 2. Parvus asĭnus dormit. – 3. Quis respondet ? Filĭi amicus respondet. – 4. Consŭlis filĭa parvum asĭnum amat. – 5. Agricŏla rivi popŭlum spectat. – 6. Equus domĭnum audit. – 7. Curro, pugnas, dormit. – 8. Latusne est rivus ? Non est. – 9. Quis ridet ? Philosŏphus non ridet. – 10. Villae murus non altus est.

---

curro, is : *je cours* – dormĭo, is : *je dors* – filĭa, ae *f* : *fille* – latus, a : *large* – popŭlus, i *f* : *peuplier* – rivus, i *m* : *rivière*.

Devinette

(Tous les mots à découvrir sont des mots latins de cette étape.)

Mon premier peut être en bronze ou en pierre.
Mon second a un galop rapide.
Mon troisième le fait quand on l'interroge.
Mon quatrième n'est pas aveugle.
En répétant mon cinquième, on imite le cri du hibou.
Mon sixième regarde avec intérêt.
Mon tout est fait de la première lettre de mes six premiers et rend bien des services à son propriétaire.

Exercices

1. Mettez le premier nom de la liste de la p. 40 au nominatif, le second à l'accusatif, le troisième au génitif, le quatrième au nominatif et ainsi de suite jusqu'au bout de la liste.

2. Mettez le premier verbe à la 1re personne du singulier, le second à la 2e personne, le troisième à la 3e personne, le quatrième à la 1re personne, et ainsi de suite, de bas en haut, puis de haut en bas.

3. Déclinez (nominatif, accusatif, génitif) les groupes de mots suivants : bonus agricŏla – clarus orator – parva popŭlus – altus murus.

4. Traduisez en utilisant les mots du vocabulaire obligatoire.

Je vois la statue de la déesse. – Tu vois la statue de la bonne déesse. – Il voit la célèbre statue de la bonne déesse. – L'ami rit. – L'ami de l'orateur rit. – L'ami de l'illustre orateur rit. – Le petit cheval ne combat pas. – Le maître interroge le fils de (son) ami. – L'ami interroge le fils du maître. – L'esclave détruit un mur élevé. – Le mur est-il haut ? – Lis-tu ? – Qui écoute ? – Le consul regarde la femme, la femme le consul.

Proverbe

Traduisez le proverbe suivant et trouvez son correspondant en français :

PHILOSOPHVM NON FACIT BARBA

facit : *(il, elle) fait* – barba, ae, *f* : *la barbe*.

Essayez votre force : corrigé

• 1. Servi domĭnum vidĕo – 2. Videsne domĭni servum ? – 3. Philosŏphus bonum oratorem audit. – 4. Ancilla bonam deam amat. – 5. Philosŏphi statŭam delet. – 6. Parvus asĭnus magnum equum spectat. – 7. Rivi popŭlus alta est. – 8. Consŭlis filĭus clarus est. – 9. Ancilla agricŏlam non amat. – 10. Magnus sum, parva es.

• 1. L'esclave détruit le haut mur de la ferme. – 2. Le petit âne dort. – 3. Qui répond ? L'ami du fils répond. – 4. La fille du consul aime le petit âne. – 5. Le paysan regarde le peuplier du ruisseau. – 6. Le cheval écoute le maître. – 7. Je cours, tu combats, il (elle) dort. – 8. Le ruisseau est-il large ? Il ne l'est pas. – 9. Qui rit ? Le philosophe ne rit pas. – 10. Le mur de la ferme n'est pas élevé.

Graffiti

Les murs bavards

De nombreux graffiti couvrent les murs de Pompéi, tracés ou peints par les individus, mais souvent aussi par des professionnels du pinceau et de la publicité, les *scriptores,* qui signent leur travail : « C'est Aemilius Celer qui a écrit. » Ce personnage s'emporte contre les concurrents qui recouvrent ses œuvres : « Toi, le jaloux gribouilleur, attention à ta tête ! » Les inscriptions concernent tous les domaines de la communication sociale : avis officiels, règlements de police, annonces de spectacles, enseignes, affiches électorales, ventes d'esclaves, objets perdus, publicité, gribouillis personnels, qui vont de la plate obscénité ou de l'aide-mémoire aux vers raffinés.

En 59, une rixe violente éclata à l'amphithéâtre entre gens de Pompéi et de Nucera, ville voisine. L'empereur Néron décide de fermer les arènes, pour dix ans. Mais l'impératrice Poppée, originaire de la région, intervient et les jeux sont rétablis quelque temps après, ce qui entraîne une explosion d'enthousiasme sur les murs : « Vive les décisions de l'empereur et de l'impératrice ! – Garde-toi toujours en fleur, Poppée ! » Cependant, alors qu'on rend un véritable culte aux empereurs divinisés, un contestataire a le courage d'écrire : « La mère d'Auguste était un être humain. »

Le vin, l'amour, le jeu

Un aubergiste essaie d'attirer les chalands : « Beau militaire, on boit ici pour un as; avec deux, on boit mieux. » Un des clients ne s'estime pas satisfait : « Cabaretier du diable, meurs noyé dans ta bibine ! »; un autre écrit : « J'ai gagné 855 sesterces aux dés, sans tricher ! » Les amoureux déclarent leur passion ou leurs déceptions : « Vive celui qui aime, périsse celui qui ne sait pas aimer, périsse doublement celui qui empêche d'aimer ! – À Fortunatus, mon doux chéri, mon grand mâle – Si tu ressentais les feux de l'amour, muletier, tu te hâterais davantage. Tu as fini de boire. Allons ! – À quoi bon avoir une Vénus, si elle est de marbre ? – Vibius Restitutus a dormi ici, tout seul ! » Les héros de l'amphithéâtre sont célébrés : « À Celadus, prince et guérisseur des belles de nuit. » Mais on comptabilise aussi les résultats des combats : « 3 tués, 6 épargnés, 9 victorieux ».

Le travail quotidien inspire moins de déclarations. Un esclave s'exprime sur la paroi d'une boulangerie : « Travaille, travaille, cela vaut mieux pour toi. » Un artisan proclame : « Le gain, c'est la joie. » Un maître d'école, du nom de Cicéron, expose sa méthode pédagogique : « Qui n'aimera pas Cicéron recevra une fessée. »

Votez pour lui !

On a relevé 3 000 affiches électorales. Deux magistrats élus détiennent le pouvoir, les **duumvirs,** qui gèrent les affaires locales, rendent la justice, tiennent les registres électoraux. Ils sont assistés de deux **édiles,** qui s'occupent des problèmes matériels : voirie, marchés, jeux, hygiène publique... Les affiches ne sont pas des programmes rédigés par les candidats, mais des appels laconiques à voter pour un tel, vantant parfois brièvement ses mérites et sa moralité, exprimés par des personnes ou des groupes sociaux parfois surprenants : « Le professeur Sema et ses élèves recommandent Julius Simplex »; ailleurs ce sont les gens du quartier, des joueurs de dés, des prostituées, la corporation des teinturiers, un individu : « La petite amie de Clodius s'acharne pour qu'il soit élu duumvir. »

Le nombre considérable des graffiti sur les murs des édifices publics et privés, et même sur les monuments religieux et les tombes, n'était pas du goût de tout le monde. Mais était-ce un remède d'en rajouter en écrivant : « Je m'étonne, mur, que tu ne t'écroules pas sous le poids de toutes ces bêtises. »

Fil à suivre

– Comment s'explique, pour une part, l'abondance des graffiti ?
– Quel autre nom peut-on donner aux conseillers municipaux de votre commune ?

M HOLCONIVM
PRISCVM·IIVIR·I·D·
POMARI·VNIVERSI
CVM·HELVIO·VESTALE·ROG

Inscription électorale tracée sur un mur de Pompéi.
Il s'agit d'élire un magistrat municipal, le duumvir. Vous pouvez lire en grande partie cette inscription :

M(arcum) Holconium Priscum II vir(um) pomari(i) universi cum Helvio Vestale rog(ant).

Tous les marchands de fruits, d'accord avec Helvius Vestalis, demandent comme duumvir Marcus Holconius Priscus.

Exercices complémentaires

Pour ces exercices supplémentaires, nous utilisons soit le vocabulaire obligatoire, soit le vocabulaire donné dans la leçon correspondante.

Leçon 1 p15

1. Complétez les phrases suivantes :

– dans le mot *agricŏla,* le signe qui surmonte la voyelle *o* indique que cette voyelle est une voyelle...

– dans le mot *orātor,* le signe qui surmonte la voyelle *a* indique que cette voyelle est une voyelle...

2. Soulignez les diphtongues dans les mots suivants, dont les syllabes sont séparées par des barres obliques à l'intérieur des parenthèses :

audĭo (au / di /o) – pauci (pau / ci) – rosae (ro / sae) – saepe (sae / pe) – neuter (neu / ter) – proelĭum (proe / li / um) – autem (au / tem) – (lae / tae) – causae (cau / sae) – aequus (ae / quus).

3. Dans les mots suivants, soulignez la syllabe qui porte l'accent tonique :

consul – servus – asĭnus – agricŏla – filĭus – orator – spectare – ingenti – spectat – amicus – legĕre – respondet – consŭlem – audĭo – domĭnus – ancilla – rosa – asinorum – respondere – delĕo.

Leçon 2 p15

1. *Servus* ***equum*** *spectat :* remplacez le mot en gras par chacun des mots suivants (donnés au nominatif), en les mettant à la forme voulue. Écrivez les phrases obtenues.
Exemple : *Asĭnus* → *Servus asĭnum spectat.*

agricŏla – ancilla – domĭnus – servus – consul – mulĭer – philosŏphus – puella – orator – rosa.

2. Dans les expressions suivantes :

a) ancilla spectat – servus spectat – consul spectat

les mots *servus, ancilla, consul* sont au cas appelé ...... qui est le cas correspondant à la fonction ......

b) servus ancillam spectat – ancilla servum non spectat – servus consŭlem spectat

les mots *servum, ancillam, consŭlem* sont au cas appelé ...... qui est le cas correspondant à la fonction ......

c) ancillae asĭnus – servi asĭnus – consŭlis equus

les mots *ancillae, servi, consŭlis* sont au cas appelé ...... qui est le cas correspondant à la fonction ......

3. Traduisez en latin.

Le paysan regarde le cheval. – Le paysan regarde le cheval du propriétaire. – Le consul regarde la servante. – Le consul regarde la servante du philosophe.

Traduisez en français.

Servus oratorem spectat. – Orator servum non spectat. – Servus ancillam spectat. – Servus consŭlis ancillam spectat. – Servum ancilla spectat. – Ancilla philosŏphi servum spectat.

Leçon 3

1. Donnez le genre des noms figurant dans les phrases suivantes, et justifiez votre réponse.

1. Servus parvus est. – 2. Popŭlus est alta. – 3. Agricŏla clarus non est. – 4. Puella parva est. – 5. Orator clarus est. – 6. Dea bona est. – 7. Statŭa est alta. – 8. Consŭlis filĭus parvus est. – 9. Rivus parvus est. – 10. Consul clarus est.

2. Donnez le génitif des noms suivants, et dégagez leur radical.
Exemple : *domĭnus* – génitif : *domĭni* – radical : *domin* –

statŭa – villa – amicus – filĭus – consul – mulĭer – dea – servus – orator – equus – murus.

3. Traduisez en latin.

Le mur n'est pas haut. – Le mur de la ferme n'est pas haut. – La statue est haute. – La statue du consul est haute. – Le fils du consul est (tout) petit. – La fille du consul est (toute) petite. – Le fils du consul est l'ami de la servante.

Traduisez en français.

Philosŏphi filĭus orator est. – Servus villae domĭnus non est. – Oratoris amicus consŭlis filĭus est. – Oratoris filĭus consŭlis amicus est. – Puella ancillae amica est.

Leçon 4

1. Mettez les mots ou groupes de mots dans la colonne correspondant à leur cas :

philosŏphus – murum – villae – rivi – puellam – statŭa – consul – oratorem – mulĭĕris – magnus philosŏphus – altum murum – bonae mulĭĕris – magnae villae – magnum oratorem – lati rivi – clarus consul – parvam puellam – alta statŭa.

nominatif	accusatif	génitif

2. Mettez à la forme voulue l'adjectif entre parenthèses en l'accordant au nom qui suit le pointillé, puis traduisez :

(bonus) Consŭlis filĭus ... orator est.
(parvus) ... puella consŭlis equum spectat.
(clarus) Agricŏla ... consŭlis statŭam spectat.
(magnus) Servus ... villae murum spectat.
(altus) Philosŏphi servus ... murum spectat.
(parvus) Equus ... asĭnum non spectat.

3. Enclavez entre le nom et l'adjectif un complément de votre choix au génitif.
Exemple : parva statŭa → parva ***deae*** statŭa.

magna statŭa – parvus filĭus – magnus murus – magna villa – parva ancilla – bonus domĭnus.

Leçon 5

1. Traduisez.

a) J'interroge – tu interroges – il interroge – je réponds – tu réponds – elle répond – je cours – tu cours – il court – je dors – tu dors – elle dort – je suis – tu es – il est.

b) J'entends – tu aimes – il lit – je ris – tu regardes – il voit – elle entend – tu lis – il détruit – tu dis – je lis – il regarde – tu vois – tu entends – elle aime.

2. Retrouvez des formes de verbes connus de vous en utilisant les finales ci-dessous.

Exemple : **-o, -as** → am**o**, am**as**.

1. -o, -as.	3. -o, -is.	5. -eo, -es.	7. -o, -as.
2. -eo, -es.	4. -io, -is.	6. -io, -is.	8. -o, -is.

3. Faites 4 phrases correctes et ayant un sens en prenant successivement un mot dans chaque colonne. Chaque mot ne sera employé qu'une seule fois.

Puella	domĭni	servus	asĭnum
Servus	murum	ancillae	videt
Villae	clarum	filĭum	delet
Videsne	parvum	oratorem	audit

Bestiaire

Bêtes et gens

L'ÉLEVAGE a connu, à l'origine, la première place dans l'économie romaine : Romulus et ses compagnons sont des bergers, avant d'être des agriculteurs. Les premières guerres, contre les Sabins ou Albe, ont été entreprises pour conquérir de bons pâturages. Au début de la République, les amendes doivent être payées en têtes de bétail et le mot *pecunia* (argent) vient de *pecus* (troupeau). Après les guerres puniques, l'évolution économique entraîne la constitution de vastes exploitations agricoles dont le centre est une ***villa*** (ferme), peuplée de travailleurs esclaves, qui peut servir aussi de « résidence secondaire » au propriétaire et devient un véritable château. En plus des activités agricoles classiques, on y pratique l'élevage du gibier, dont les Romains sont très friands : perdrix, faisans et même paons et loirs. Les rûchers fournissent le miel, essentiel dans l'alimentation, puisqu'il joue le rôle du sucre.

Jupiter
enlève Ganymède.
(Vienne, Musée lapidaire)

La vie rurale idéalisée : lumière, nature, art, piété...
(Naples, Musée national archéologique)

Mais les relations entre l'animal, domestique ou sauvage, et l'homme sont sans doute différentes des nôtres. Outre son importance économique et utilitaire (nourriture, traction, guerre, chasse), l'animal participe au mystère du monde et à la religion : il accompagne les divinités et leur est immolé. Dans les attributs avec lesquels les dieux sont représentés (objet, arbre, fleur...), figure souvent un animal consacré et, dans les sacrifices, il faut offrir à chacun la bête qui lui convient. Le roi des dieux, Jupiter, se métamorphose volontiers en animal dans ses entreprises de séduction des belles mortelles ; il devient cygne pour Léda, taureau pour Europe.

Bêtes et dieux

divinité	animal consacré	animal sacrifié
Jupiter	aigle	taureau
Junon	vache et paon	génisse
Neptune	cheval	taureau blanc
Mars	vautour	taureau blanc
Diane	biche	bélier ou cerf
Minerve	chouette	génisse
Vénus	colombe	verrat, bouc ou lièvre
Apollon	corbeau	taureau blanc
Pluton		taureau noir
Vulcain	lion	taureau noir
Proserpine		génisse noire stérile
Bacchus	panthère	bouc ou lièvre

6

nominatif, accusatif, génitif pluriels des 1re, 2e et 3e déclinaisons

Multiplications

Quid vides?
Que vois-tu? Qu'est-ce que tu vois?

Ancillam vidĕo.
Je vois une servante.

Ancilla currit.
La servante court.

Ancillae domĭnum vidĕo.
Je vois le maître de la servante.

Ancillas vidĕo.
Je vois des servantes.

Ancillae currunt.
Les servantes courent.

Ancillarum domĭnum vidĕo.
Je vois le maître des servantes.

Servum vidĕo.
Je vois un esclave.

Servus ridet.
L'esclave rit.

Servi domĭnum vidĕo.
Je vois le maître de l'esclave.

Servos vidĕo.
Je vois des esclaves.

Rident servi.
Les esclaves rient.

Servorum domĭnum vidĕo.
Je vois le maître des esclaves.

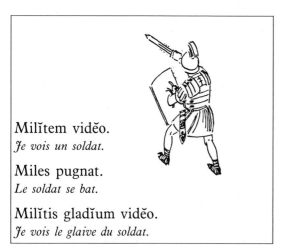

Milĭtem vidĕo.
Je vois un soldat.

Miles pugnat.
Le soldat se bat.

Milĭtis gladĭum vidĕo.
Je vois le glaive du soldat.

Milĭtes vidĕo.
Je vois des soldats.

Milĭtes pugnant.
Les soldats se battent.

Milĭtum gladĭos vidĕo.
Je vois les glaives des soldats.

Observons

1. Relevez les terminaisons caractéristiques des 1re, 2e et 3e déclinaisons au nominatif, à l'accusatif et au génitif pluriels.
Quelles caractéristiques communes retrouve-t-on à l'accusatif? au génitif?

2. Les trois déclinaisons comportent chacune des formes semblables à des cas différents. Lesquelles? Comment, à votre avis, peut-on en général venir à bout de ces ambiguïtés pour comprendre une phrase latine?

3. Examinons les mots *miles, milĭtis* et *consul, consŭlis.* Vous constatez que le nominatif singulier des noms de la 3e déclinaison peut avoir des formes variées : *mulĭer, consul, orator, miles.* En fait, il se caractérise :
– soit par la lettre **s** (désinence **s**) ajoutée au radical : miles < *milet-s ;
– soit par l'**absence de désinence** (radical nu) : orator, consul, mulĭer.

Quelle loi phonétique a joué au nominatif de *miles (*milet-s > miles)?*

Quelle loi phonétique a joué au génitif de *miles (*milĕtis > milĭtis)?*

4. Comprenez-vous pourquoi, dans la leçon 2, nous n'avons pas choisi le nominatif comme cas caractéristique des déclinaisons?

5. Nous savons déjà que les adjectifs s'accordent en genre et en cas avec les noms auxquels ils se rapportent. Que nous apprennent les phrases suivantes?

Asĭn**us** parv**us** est.	Puell**a** laet**a** est.
Asĭn**i** parv**i** sunt.	Puell**ae** laet**ae** sunt.

Vocabulaire

eques, equĭtis *m : (le, un) cavalier*
gladĭus, ĭi *m : (le, un) glaive, (l', une) épée*
laetus, a : *joyeux*
miles, milĭtis *m : (le, un) soldat*
multi, ae : *nombreux, beaucoup de, un grand nombre de*
pedes, pedĭtis *m : (le, un) fantassin*
popŭlus, i *f : (le, un) peuplier*
quid? : *que? quoi? quelle chose?*
rivus, i *m : (le, un) ruisseau*
sunt : *(ils, elles) sont*
turba, ae *f : (la, une) foule*

currunt : *(ils, elles) courent*
pugnant : *(ils, elles) se battent*
rident : *(ils, elles) rient*
vident : *(ils, elles) voient*

A vous de jouer

1. Donnez le radical des noms du vocabulaire.

2. Retrouvez les phrases latines correspondant aux dessins de la page 46.

3. Répondez en mettant le complément d'objet au pluriel.

Videsne agricŏl**am,** ros**am,** statŭ**am,** puell**am?**
→ Agricŏl**as,** ros**as,...** vidĕo.

Videsne asĭnum, equum, philosŏphum, rivum?
Videsne consŭlem, muliĕrem, milĭtem?
Videsne statŭam, murum, equĭtem, equum, agricŏlam?
Videsne servum, pedĭtem, ancillam, milĭtem, rosam?
Videsne clarum consŭlem, altam popŭlum, magnam villam?
Videsne oratoris filĭum, domĭni ancillam, consŭlis servum?

4. Modifiez les expressions suivantes selon le modèle :

Servi multi sunt → Servorum turbam vidĕo.

Ancillae multae sunt. – Puellae multae sunt. – Equi multi sunt. – Milĭtes sunt multi. – Muliĕres multae sunt. – Agricŏlae multi sunt. – Pedĭtes multi sunt. – Popŭli multae sunt. – Equĭtes multi sunt.

5. Mettez les expressions suivantes au pluriel et traduisez.

Puella laeta est. – Villa parva est. – Philosŏphus est clarus. – Asĭnus parvus est. – Equus magnus est. – Popŭlus alta est. – Agricŏla laetus est. –

Orator clarus est. – Mulĭer laeta est. – Equus est magnus, parvus est eques. – Villa est magna. – Eques laetus est, pedes non laetus. – Murus altus est. – Consul clarus est.

Gladiateurs : le rétiaire, à droite, est armé d'un glaive et d'un trident. Au fond, un surveillant.

6. Renversez les expressions suivantes en faisant du sujet le complément et du complément le sujet.

Agricŏlae puellas vident. – Asĭni equos vident. – Milĭtes asĭnos vident. – Equĭtes agricŏlas vident. – Servi ancillas vident. – Puellae milĭtes vident.

7. Sur les schémas suivants, faites des phrases latines avec les mots que vous connaissez (respectez l'ordre dans lequel vous sont proposés les éléments).

P → GNs + GNo + V	P → A + V sum + GNs
P → GNs + A + V sum	P → GNo + GNs + V
P → V + GNo + GNs	P → GNs + A + V sum

Rendez à César

De quels mots latins rapprochez-vous :

gladiateur, militaire, la « *tourbe* » des courtisans, *multitude, multimillionnaire?*

De quel autre mot latin (déjà connu de vous) rapprochez-vous le mot *eques?*

NOTA BENE

NOMS

	singulier			pluriel		
	1re décl.	2e décl.	3e décl.	1re décl.	2e décl.	3e décl.
N	ros a	domĭn us	consul	ros ae	domĭn i	consŭl es
V						
A	ros am	domĭn um	consŭl em	ros as	domĭn os	consŭl es
G	ros ae	domĭn i	consŭl is	ros arum	domin orum	consŭl um
D						
Ab						

ADJECTIFS

	singulier		pluriel	
	m	f	m	f
N	bon us	bon a	bon i	bon ae
V				
A	bon um	bon am	bon os	bon as
G	bon i	bon ae	bon orum	bon arum
D				
Ab				

Du bec et de l'aile

Les oiseaux agrémentent l'existence; ils sont confiés à un esclave spécialisé, sous la surveillance de la maîtresse de maison. Dans des volières, on élève des oiseaux chanteurs, comme le rossignol ou le chardonneret. Le perroquet, venu de l'Inde, est une curiosité rare, mais on apprend à parler aux corbeaux et aux pies. Enfermés dans des cages, près de l'entrée des maisons, ils saluent les visiteurs en leur disant « *ave* » ou « *vale* ». Des perdrix, des cailles et des coqs en liberté picorent sous les tables pendant les repas.

On rencontre aussi, dans les jardins des belles maisons, des paons, des grues à aigrette, des canards, des cygnes et des oies. Les oies sont consacrées à Junon, protectrice des femmes mariées. On en élève un troupeau dans le temple de la déesse, sur le Capitole. Lorsque les Gaulois, en 390 av. J.-C., après avoir pris la ville de Rome, tentèrent par surprise, en escaladant les rochers, de capturer les derniers défenseurs de la citadelle, les oies avertirent ceux-ci juste à temps.

Les Romains élevaient parfois des tombeaux pour leurs bêtes familières, moins par sensiblerie que par respect religieux. L'observation du vol, du cri, de l'appétit des oiseaux, sauvages ou domestiques, donnait des indications aux **augures** sur la volonté divine. Nous avons vu aussi que certains oiseaux étaient associés à telle ou telle divinité. Aussi ne faut-il pas être surpris par cette anecdote significative rapportée par Pline l'Ancien.

Un jeune corbeau, d'une couvée née sur le temple de Castor et Pollux, vint se poser dans la boutique d'un cordonnier voisin, qui l'accueillit avec des égards religieux. Habitué de bonne heure à parler, il s'envolait tous les matins vers les rostres[1] et saluait, par leurs noms, Tibère et ses parents, puis les citoyens qui passaient par là; après quoi il retournait à la boutique et, durant plusieurs années, sa tâche assidue lui valut l'admiration. Le patron d'une cordonnerie proche le tua, soit par jalousie, soit dans une crise de colère, parce que, disait-il, l'oiseau avait sali son étalage. La foule fut bouleversée, au point qu'elle chassa l'homme du quartier et finalement le tua. Un cortège immense assista aux funérailles de l'oiseau; le lit funèbre, précédé d'un joueur de flûte et de couronnes, fut porté jusqu'au bûcher sur les épaules de deux Éthiopiens.

À propos d'oiseaux :
– les Romains connaissaient-ils le dindon?
– lors de la fondation de Rome, quels sont les auspices qui départagèrent Rémus et Romulus?

1. Tribune aux harangues, ornée des éperons pris aux navires ennemis.

7

les 4 conjugaisons
indicatif présent (pluriel)
sum

Réponse à tout

Pugnant.
Ils se battent.

Cur pugnatis?
Pourquoi vous battez-vous?

Pugnamus quia inimici sumus.
Nous nous battons parce que nous sommes ennemis.

Rident.
Ils rient.

Cur ridetis?
Pourquoi riez-vous?

Ridemus quia laeti sumus.
Nous rions parce que nous sommes joyeux.

Currunt.
Ils courent.

Cur currĭtis?
Pourquoi courez-vous?

Currĭmus quia asĭnus currit.
Nous courons parce que l'âne court.

Dormĭunt.
Ils dorment.

Cur dormitis?
Pourquoi dormez-vous?

Non respondemus quia dormimus.
Nous ne répondons pas parce que nous dormons.

Observons

1. En vous inspirant de la leçon 5, dégagez les désinences caractéristiques des trois personnes du pluriel à partir du texte correspondant à l'image 1 ou 2.

2. Quelle particularité constatez-vous à la 4ᵉ conjugaison (voir texte n° 4)?

3. Le latin ignore le vouvoiement. Ainsi, vous pouvez dire, le cas échéant, à votre professeur :
Cur rides? Cur dormis? Cur curris?

Pour éviter de répéter un nom, il est possible de le remplacer en français par un pronom (qui varie en genre et en nombre). La même possibilité existe en latin :

Ancillamne videtis?	**Eam** videmus. *Nous* ***la*** *voyons.*
Servumne videtis?	**Eum** videmus. *Nous* ***le*** *voyons.*
Ancillasne videtis?	**Eas** videmus. *Nous* ***les*** *voyons.*
Servosne videtis?	**Eos** videmus. Nous **les** voyons.

Vocabulaire

cur? : *pourquoi?*
curro, is : *je cours*
dormĭo, is : *je dors*
gladĭus, ĭi *m : (l', une) épée*
inimicus, a : *ennemi*
laboro, as : *je travaille*
popŭlus, i *f : (le, un) peuplier*
quia : *parce que*
scribo, is : *j'écris*
sententĭa, ae *f : (la, une) phrase, pensée, opinion, (l', un) avis*
sum, es : *je suis*
timĕo, es : *je crains*

A vous de jouer

1. Dites à quel type de conjugaison appartient chacun des verbes du vocabulaire. Donnez le radical de ces verbes.

2. Retrouvez les phrases correspondant à chacun des dessins de la page 50.

3. Mettez le sujet au pluriel en effectuant les transformations nécessaires :

Agricŏla laborat. – Puella rosas amat. – Servus domĭnum timet. – Agricŏla murum delet. – Currit asĭnus. – Philosŏphus scribit. – Miles dormit. – Consul oratorem audit. – Asĭnus legit. – Mulĭer respondet. – Puella milĭtes spectat. – Equus oratorem audit. – Domĭnus non laborat. – Milĭtem consul interrŏgat. – Philosŏphus asĭnos timet.

4. Répondez aux questions suivantes :

Amatisne rosas? – Cur pugnatis? – Laboratisne? – Amasne rosas? – Cur ridetis? – Cur non respondetis? – Videtisne villam? – Cur murum deletis? – Cur rides? – Curritisne? – Legitisne? – Scribitisne? – Currisne? – Oratoremne auditis? – Dormitisne? – Dormisne? – Laetine estis? – Laetusne es? – Laetane es?

5. Substituez au groupe complément d'objet le pronom *eam, eum, eas, eos,* suivant l'exemple suivant :
Consul philosŏphum audit
→ Consul eum audit.

Milĭtis gladĭum timĕo. – Videsne agricŏlam? – Videtisne consŭlem? – Asĭnus philosŏphi sententĭam legit. – Popŭlum altam vidĕo. – Audisne ancillam? – Milĭtum gladĭos timĕo. – Agricŏlas videmus multos. – Oratores audimus. – Philosŏphus sententĭas scribit magnas. – Mulĭeres multas videmus. – Milĭtes villas delent. – Consul sententĭam dicit. – Agricŏlas vidĕo. – Asĭnum philosŏphus timet. – Consŭles mulĭerem audĭunt. – Amasne rosas? – Philosŏphi asĭnos timent.

Rendez à César

Que signifient les expressions : être réduit *à quia,* mettre *à quia,* être *à quia?*

De quels mots latins rapprochez-vous les mots : scribe – sentence – labeur, labour, laboratoire – timide, timoré.

Les enquêtes de Barbatus

Dans les mots ci-dessous, les lettres se sont révoltées contre la discipline romaine. Barbatus est chargé de remettre en bon ordre les rebelles.

Aidez-le. Il s'agit de verbes modèles.

UUSSM AANMT TIUUDNA EIUMGSL EEIDLTS

Bonus eques viam spectat.

Laborant. À droite, un cordier. Quel est le métier de l'artisan de gauche ? (Rome, Musée de la civilisation romaine)

NOTA BENE

Les désinences du pluriel des verbes sont :

1re personne **-mus**
2e personne **-tis**
3e personne **-nt.**

Indicatif présent				
1re conj.	2e conj.	3e conj.	4e conj.	*sum*
am o ama s ama t ama mus ama tis ama nt	delĕ o dele s dele t dele mus dele tis dele nt	leg o leg i s leg i t leg ĭ mus leg ĭ tis leg u nt	audĭ o audi s audi t audi mus audi tis audĭ unt	sum es est sumus estis sunt

À chacun sa monture

La plus noble conquête

L'équitation fait partie des études des jeunes Romains, qui doivent savoir diriger parfaitement leur monture. L'exercice présente sans doute plus de difficultés que de nos jours, car les chevaux sont montés à cru et sans étriers. Les solides ferrures à clous pour les sabots, inventées par les Gaulois, restent peu répandues.

On se sert du cheval pour la chasse et la guerre, ainsi que pour la traction, mais la puissance de l'animal est mal utilisée à cause de l'imperfection du mode d'attelage : le collier, une sangle de cuir, serre le cou du cheval, alors que, de nos jours, il porte sur l'ossature de l'épaule. Les Romains connaissent aussi les courses hippiques (cf. p. 177).

Le cheval joue un rôle dans de nombreuses légendes ou anecdotes, grecques ou latines.

Voici celle de Phaéton :

Un jour, Phaéton, fils d'Hélios, dieu du Soleil, supplia son père de lui accorder la permission de guider les rênes de ses coursiers ailés. À peine fut-il monté sur le char que les chevaux s'emballèrent et se ruèrent dans une course désordonnée.

Le char du soleil erre et vagabonde, portant partout l'incendie et la flamme. Où va-t-il? Où est-il? Phaéton ne peut le maîtriser et se laisse emporter au gré des chevaux. Finalement les rênes échappent au cocher. La terre entière et le ciel sont embrasés, les astres cherchent à s'enfuir. Pour éviter une catastrophe, Zeus se décide à foudroyer l'imprudent Phaéton.

« J'aime l'âne si doux... »

Dans les pays romains où il est très répandu, l'âne passe déjà, à tort, pour sot et paresseux. C'est en fait un admirable animal, sobre, résistant et modeste, qu'on utilise pour tous les transports mais aussi comme source d'énergie : il fait tourner les moulins à blé et les pressoirs à huile. Les riches élégantes prennent des bains de lait d'ânesse pour conserver la fraîcheur de leur peau, et l'on raconte que l'impératrice Poppée ne partait jamais en voyage sans se faire suivre d'un troupeau de ces animaux. Les gourmets ne dédaignent pas l'ânon rôti à la broche. Dans les légendes grécolatines, l'âne est le compagnon habituel de certains dieux : Bacchus, dieu de la vigne, et Vulcain, dieu du feu et des forgerons. Votre professeur vous racontera quel rôle joua l'âne de Bacchus dans le combat qui opposa les dieux de l'Olympe et les Titans.

Fil à suivre

Renseignez-vous sur l'histoire de Pégase, des Amazones, du cheval de Caligula, du cheval de Troie.

Aurige de l'équipe des rouges (cf. p. 177). (Rome, Musée des Thermes)

8

le neutre
(2e et 3e déclinaisons)

Neutralité

A

①

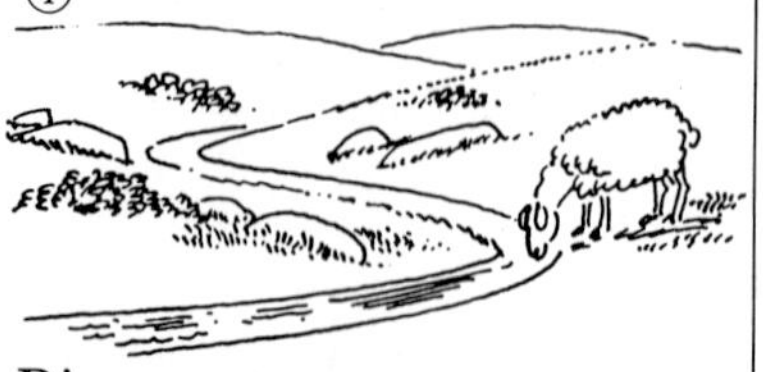

Rivus angustus est.
Le ruisseau est étroit.

②

Via est angusta.
La rue est étroite.

③

Flumen latum est.
Le fleuve est large.

④

Forum latum est.
Le forum est large.

B Rivum angustum videmus. Eumne videtis?
Nous voyons un ruisseau étroit. Le voyez-vous?

Viam angustam videmus. Eamne videtis?
Nous voyons une rue étroite. La voyez-vous?

Latum forum videmus. Idne videtis?
Nous voyons une large place. La voyez-vous?

Latum flumen videmus. Idne videtis?
Nous voyons un large fleuve. Le voyez-vous?

C Lati fori statŭas videmus.
Nous voyons les statues de la vaste place.

Lati flumĭnis popŭlos videmus.
Nous voyons les peupliers du large fleuve.

D Templum vidĕo. Templum altum est.
Je vois le temple. Le temple est haut.

Templa vidĕo. Templa alta sunt. Eane vides?
Je vois les temples. Les temples sont hauts. Les vois-tu?

Flumen vidĕo. Flumen latum est.
Je vois le fleuve. Le fleuve est large.

Flumĭna vidĕo. Flumĭna lata sunt. Eane vides?
Je vois les fleuves. Les fleuves sont larges. Les vois-tu?

Observons

A

1. Comparez les phrases ① et ②.

Rappelez-vous quel est le cas de l'attribut du sujet et quelles sont les règles d'accord du nom et de l'adjectif.

2. Comparez les phrases ① et ② aux phrases ③ et ④ en observant l'adjectif attribut.

Vous constatez que *latum* (adjectif attribut du sujet, donc au nominatif singulier) n'est une forme ni de nominatif masculin, ni de nominatif féminin. C'est qu'il existe en latin un troisième genre grammatical : **le neutre.**

Flumen et *forum* sont des noms de genre neutre. Nous allons progressivement découvrir dans cette leçon les particularités de leur déclinaison.

B

1. En comparant le nominatif et l'accusatif des mots neutres, que constatez-vous ?
2. Quelle est la forme neutre du pronom de remplacement au nominatif/accusatif singulier ?

C

1. A quel cas sont les mots *fori, flumĭnis, lati ?*
2. A quelle déclinaison appartient chacun d'eux ?

D

1. Quelle est la terminaison caractéristique des mots neutres au nominatif et à l'accusatif pluriels ?
2. Quelle est la forme neutre du pronom de remplacement au nominatif/accusatif pluriel ?

Vocabulaire

Par rapport aux listes précédentes, quelle indication supplémentaire comportent ici les adjectifs ?

agmen, agmĭnis *n : (l', une) armée en marche*
angustus, a, um : *étroit*
dormĭo, is : *je dors*
et : *et*
filĭa, ae *f : (la, une) fille*
flumen, flumĭnis *n : (le, un) fleuve*
forum, i *n : (la, une) place publique*
incendĭum, ĭi *n : (l', un) incendie*
laboro, as : *je travaille*
latus, a, um : *large*
longus, a, um : *long*
oppĭdum, i *n : (la, une) place forte*
pericŭlum, i *n : (le, un) danger*
popŭlus, i *f : (le, un) peuplier*
rivus, i *m : (le, un) ruisseau*
scelus, scelĕris *n : (le, un) crime, forfait*
templum, i *n : (le, un) temple*
via, ae *f : (la, une) rue, route*
vulnus, vulnĕris *n : (la, une) blessure*

A vous de jouer

1. Comparez agm**ĕ**n/agm**ĭ**nis, flum**ĕ**n/flum**ĭ**nis. Quelle loi phonétique joue au génitif?

Comparez scel**ŭs**/scel**ĕ**ris, vuln**ŭs**/vuln**ĕ**ris. Quelles lois phonétiques jouent au génitif?

2. Retrouvez les expressions latines correspondant à chacun des dessins.

3. Faites avec chacun des mots suivants, en employant l'adjectif *multi, ae, a,* une phrase du type :
Multos *servos videmus.*

rivus – via – miles – templum – flumen – mulĭer – equus – vulnus – popŭlus – pericŭlum – agricŏla – incendĭum – orator – ancilla – forum – agmen – servus.

4. Mettez au pluriel le sujet des expressions suivantes en faisant les accords nécessaires.

Oppĭdi via est angusta. – Oppĭdum parvum est. – Pedĭtis vulnus est magnum. – Murus templi altus est. – Deae templum altum est. – Clarum servi scelus est. – Laeta est agricŏlae filĭa. – Equĭtum et pedĭtum longum est agmen. – Asĭnus oratoris clarus est. – Magnum incendĭum consŭlis villam delet.

5. L'*angoisse* et l'*angine* serrent la gorge. À quel mot latin pensez-vous ?
De quels mots latins rapprochez-vous : *scélérat* – *vulnérable ?*

6. Complétez le tableau ci-dessous en accordant **en genre et en cas** un adjectif qui convienne au sens du nom : un ou deux accords par ligne.

	clarus	**latus**	**laetus**	**magnus**	**parvus**	**altus**	**angustus**	**longus**
philosŏphus								
villam								
oratoris								
flumen								
templum								
murum								
viae								
flumĭnis								
vulnus								
servus								
templi								
flumĭna								
ancilla								
scelĕrum								
pericŭlum								

NOTA BENE

Le neutre

Il existe des **noms neutres** à la 2e déclinaison *(templum, i)* et à la 3e déclinaison *(flumen, ĭnis; scelus, ĕris)*. Ils se déclinent sur le modèle de *domĭnus* et de *consul*, sauf au nominatif et à l'accusatif où ils ont une forme semblable pour ces deux cas.

Les **adjectifs** que nous connaissons, lorsqu'ils s'accordent à un nom neutre, suivent la même déclinaison que ***templum*** (2e déclinaison).

N/A sg : alt**um** templum – lat**um** flumen
N/A pl. : alt**a** templa – lat**a** flumĭna.

singulier				
	2e déclinaison	adjectif	3e déclinaison	
N	templum	bonum	flumen	id
A	templum	bonum	flumen	id
G	templi	boni	flumĭnis	
D				
Ab				

pluriel				
	2e déclinaison	adjectif	3e déclinaison	
N	templa	bona	flumĭna	ea
A	templa	bona	flumĭna	ea
G	templorum	bonorum	flumĭnum	
D				
Ab				

Amis et cousins

L'ami de l'homme

Dans l'Antiquité comme de nos jours, les chiens étaient utilisés comme chasseurs, gardiens des maisons et des temples, défenseurs des troupeaux, animaux d'agrément. Ils jouaient un rôle non négligeable dans la destruction des ordures ménagères. Dans les jeux du cirque, on les opposait à des bêtes fauves : ours, lions... Ils étaient parfois enrôlés dans les armées comme éclaireurs ou même comme combattants de première ligne. On leur dressait quelquefois des tombeaux, au terme de leurs bons et loyaux services.

À Rome, les races de chiens étaient nombreuses. On distinguait entre autres :
– le molosse : intermédiaire entre le dogue et le loup, puissant et bouillant, utilisé pour la garde ou la chasse au gros gibier;
– le lévrier de Sparte : chien de poursuite dans les meutes;
– le crétois : chien quêteur au flair renommé;
– l'ombrien : un des meilleurs bergers;
– le gaulois : braque fougueux et étourdi, velu, farouche, de mauvais caractère;
– le britannique : bouledogue;
– le maltais : bichon adoré des élégantes.

Le chat est peu répandu dans l'Antiquité. Il n'apparaît en France qu'au Moyen Âge et il restera une bête rare et précieuse jusqu'au 16e siècle. Mais qui poursuit les rats? Ce rôle peut être dévolu aux belettes, tolérées pour cette raison, malgré leurs rapines dans les garde-manger.

Éloge de la petite chienne Issa

« Issa est plus coquine qu'un moineau. Issa est plus pure qu'un baiser de colombe. Issa est plus câline qu'une petite fille. Issa est plus précieuse que les perles de l'Inde. Quand elle se plaint, on croirait qu'elle parle, et elle connaît la tristesse et la joie. Pressée d'un besoin naturel, elle n'a jamais souillé la couverture d'une moindre goutte, mais elle réveille son maître d'une patte caressante. Nous ne trouvons pas d'époux qui soit digne d'elle. Pour que sa mort ne la lui enlève pas tout entière, mon ami Publius a fait faire d'elle un portrait si ressemblant que même Issa ne se ressemble pas autant à elle-même. »

Martial, 43/114 ap. J.-C.

Le cousin primate

La présence de singes *(simĭa)* dans la boutique de cette marchande peut paraître surprenante. Ils ne sont sans doute pas à vendre; par leurs grimaces et leurs bonds, ils attirent les badauds et par conséquent les clients.

Les singes ont été connus à Rome dès une date très ancienne. Ils figuraient dans les maisons parmi les animaux familiers; on leur apprenait à danser, à faire des tours. Ils avaient la même réputation de laideur que de nos jours, et un proverbe disait : « Même bien habillée, une guenon reste toujours une guenon. »

Que signifie : un visage **simiesque,** une allure **simiesque?**

Boutique « A l'escargot ». Quels sont les produits vendus par la marchande? (Ostie)

Fil à suivre

Cherchez à quoi font allusion :
– le chien Argos
– la meute d'Actéon
– le chien d'Alcibiade
– Cerbère.

9

le datif singulier et pluriel (1re, 2e et 3e déclinaisons)

La monnaie de la pièce

①

Domĭnus servo pecunĭam dat.
Le maître donne de l'argent à l'esclave.

Servus domĭno invĭdet.
L'esclave est jaloux du maître.

②

Domĭnus ancillae pecunĭam dat.
Le maître donne de l'argent à la servante.

Ancilla domĭno laborat.
La servante travaille pour le maître.

③

Milĭti pecunĭam quaestor dat.
Le questeur donne de l'argent au soldat.

Miles quaestori paret.
Le soldat obéit au questeur.

④

Domĭnus servis pecunĭam dat.
Le maître donne de l'argent aux esclaves.

Servi domĭno invĭdent.
Les esclaves sont jaloux du maître.

⑤

Domĭnus ancillis pecunĭam dat.
Le maître donne de l'argent aux servantes.

Ancillae domĭno laborant.
Les servantes travaillent pour le maître.

⑥

Militĭbus pecunĭam quaestor dat.
Le questeur donne de l'argent aux soldats.

Milĭtes quaestori parent.
Les soldats obéissent au questeur.

Observons

1. En considérant la première phrase de l'image ① et la première phrase de l'image ②, répondez à ces trois questions :
Quis dat pecunĭam?
Quid dat domĭnus?
Cui pecunĭam domĭnus dat? (cui = *à qui?*)

Les noms *servo* et *ancillae* sont au **datif.** Quelle est leur fonction dans ces phrases?

2. Relevez dans l'ensemble des phrases cinq autres noms au datif (singulier ou pluriel) qui ont la même fonction que *servo* dans la première phrase.

Classez-les en tableau selon leur type de déclinaison, en séparant le radical et la terminaison.

3. Nous avons traduit le verbe latin *invĭdet* par l'expression « il est jaloux de » :
Servus domĭno invĭdet → L'esclave est jaloux du maître.

• Traduisez les phrases suivantes en utilisant le verbe synonyme « envier » :
Milĭti servus invĭdet.
Servi domĭno invĭdent.

• Traduisez : *Servus domĭno paret.*

Quelle est la fonction du nom au datif accompagnant les verbes ***invidet*** et ***paret?***

4. Quelle est la fonction du nom au datif *domĭno* dans la phrase suivante?
*Ancilla **domĭno** laborat.*

5. Au datif, comme aux autres cas, les adjectifs de la 1re classe se déclinent comme *domĭnus* (masculin), *rosa* (féminin), *templum* (neutre).

Vocabulaire

cui? : *à qui? – pour qui? – qui? (avec verbe ayant un complément d'objet au datif)*
curro, is : *je cours*
do, as : *je donne*
dux, ducis *m : chef*
impĕro, as : *j'ordonne, je commande*
incendĭum, ĭi *n : (l', un) incendie*
invidĕo, es (+ *datif*) : *je suis jaloux (de), j'envie*
laboro, as : *je travaille*
monstro, as : *je montre*
parĕo, es (+ *datif*) : *j'obéis (à)*
pauci, ae, a : *peu nombreux, quelques, un petit nombre de*
pecunĭa, ae *f : l'argent, de l'argent, (la, une) somme d'argent*
quaestor, oris *m : (le, un) questeur*[1]

1. *questeur :* magistrat chargé des questions financières.

A vous de jouer

1. Retrouvez le texte latin correspondant à chacune des images.

2. Renversez les expressions suivantes d'après l'exemple ci-après, et traduisez.

p20

*Servus **puellae** viam monstrat.*
→ ***Servo** puella viam monstrat.*
(La jeune fille montre la route à l'esclave.)

Agricŏla domĭni filĭae viam monstrat.
Puella pedĭti viam monstrat.
Asĭnus philosŏpho viam monstrat.
Mulĭer puellae viam monstrat.
Eques duci viam monstrat.
Ancilla domĭni filĭo viam monstrat.
Servus ancillae viam monstrat.
Philosŏphus mulĭĕri viam monstrat.
Miles claro consŭli viam monstrat.
Agricŏla domĭni amico viam monstrat.
Domĭni filĭus parvae ancillae viam monstrat.

3. Transformez les expressions suivantes selon le modèle ci-dessous :
*Domĭnus **servo** impĕrat.*
→ *Servus **domĭno** paret.*

Domĭnus ancillae impĕrat.
Agricŏla asĭno impĕrat.
Duces militĭbus impĕrant.
Equĭtes equis impĕrant.
Domĭni filĭus servi filĭo impĕrat.
Puellae consŭli impĕrant.
Domĭni ancillis impĕrant.
Dux milĭti impĕrat.
Eques equo impĕrat.
Quaestor pedĭti impĕrat.
Puella consŭli impĕrat.
Philosŏphus asĭno non impĕrat.

4. Enrichissez les phrases suivantes en y ajoutant un groupe nominal complément au datif.

Puella viam monstrat. – Ancillae laborant. – Miles respondet. – Quaestor dat pecunĭam. – Equĭtes parent. – Ancilla invidet.

5. Traduisez.

Agricŏla equĭtum duci incendĭum monstrat.
Mulĭer parvam deae statŭam spectat.
Domĭno multi servi et multae ancillae parent.
Incendĭum altos oppĭdi muros delet.
Puella bonae deae rosas dat.

NOTA BENE

Le datif exprime :

– le **complément d'objet second (complément d'attribution)** – noté GNo 2

Domĭnus	ancillae	pecunĭam	dat.	*Le maître donne de l'argent à la servante.*
GNs	GNo 2	GNo 1	V	

– le **complément de destination** – noté GNc datif (groupe nominal circonstanciel)

Servus	domĭno	laborat.	*L'esclave travaille pour le maître.*
GNs	GNc datif	V	

– le **complément d'objet** de certains verbes

Miles	quaestori	paret.	*Le soldat obéit au questeur.*
GNs	GNo	V	

Servus	domĭno	invĭdet.	*L'esclave est jaloux du maître (envie le maître).*
GNs	GNo	V	

Retenez ces exemples par cœur.

	singulier				
	1re décl.	2e décl.		3e décl.	
			neutre		*neutre*
N	rosa	domĭnus	templum	consul	flumen
V					
A	rosam	domĭnum	templum	consŭlem	flumen
G	rosae	domĭni	templi	consŭlis	flumĭnis
D	rosae	domĭno	templo	consŭli	flumĭni
Ab					

	pluriel				
	1re décl.	2e décl.		3e décl.	
			neutre		*neutre*
N	rosae	domĭni	templa	consŭles	flumĭna
V					
A	rosas	domĭnos	templa	consŭles	flumĭna
G	rosarum	dominorum	templorum	consŭlum	flumĭnum
D	rosis	domĭnis	templis	consulĭbus	fluminĭbus
Ab					

Chasse et pêche

Dans les temps anciens, les Romains, pour protéger le bétail, durent faire la guerre aux loups et aux ours qui abondaient dans les forêts; et, dans un pays riche en faune sauvage, il n'est pas étonnant que lièvres, cerfs ou sangliers aient depuis toujours figuré au menu. C'est au 2e siècle av. J.-C. que la chasse devint un divertissement et un sport noble, que même les femmes se mirent à pratiquer. « Chasser, se baigner, jouer, rire, voilà qui est vivre » dit une inscription. Des lois réglementèrent la chasse et plusieurs traités ou poèmes concernant la cynégétique furent rédigés.

Venatĭo

Javelots *(jacŭla)*, arcs *(arcus)*, frondes lançant des pierres ou des balles de plomb, voilà l'équipement des chasseurs. Ajoutons-y un couteau de chasse (déjà censé venir de Tolède), un grand épieu de bois armé de fer pour se protéger ou achever le gros gibier, des chiens destinés à débucher et poursuivre la proie, un cheval pour la chasse à courre. Il faut surtout des esclaves pour tout organiser : dressage des chiens, préparation des filets vers lesquels le gibier est rabattu, pose d'épouvantails qui le déroutent et le font ralentir. La prise d'un lièvre ou d'un sanglier est donc une lutte passionnante, violente, pratiquée par les gens fortunés.

Aucupĭum

Le chasseur d'oiseaux n'a besoin, lui, que de patience et de ruse. Les Romains connaissent toutes les techniques des braconniers d'aujourd'hui : pièges et lacets. Mais l'art consiste surtout à attirer les oiseaux par des appeaux ou des appelants. La tenderie permet des prises abondantes : on étale un filet sur le sol parsemé de graines et on le remonte rapidement à l'aide de cordelettes. Le chasseur utilise aussi de longs roseaux enduits de glu, qu'il dispose dans les branchages.

Piscatus

La pêche, fluviale et maritime, dangereux métier des pauvres gens, a aussi ses amateurs. Leur attirail ne diffère guère du nôtre : une canne de roseau et un hameçon *(hamus)*. L'empereur Auguste ou l'écrivain Pline le Jeune, grands passionnés de la gaule, devaient ressembler fort à un pêcheur d'aujourd'hui.

Ça mord ! (Musée de Djemila, Algérie)

Les Romains font une énorme consommation de poisson, surtout de mer (il était déjà déconseillé de lancer les filets à l'embouchure des rivières polluées par les égoûts !) Les pêcheurs n'épargnent que le dauphin. Les consommateurs apprécient particulièrement le mulet et la sole. L'élevage était pratiqué dans des viviers *(piscinae)* d'eau douce, ou salée, amenée par des canaux. Le premier parc à huîtres fut créé dans le lac Lucrin. La façon dont était accommodé le poisson a de quoi surprendre : prunes, abricots, coings figurent dans les recettes.

Sauce pour les poissons bouillis

Pilez dans un mortier du poivre, de la graine de céleri et de l'origan. Versez du vinaigre, ajoutez des pignons de pin, des dattes en bonne quantité, du miel, du garum et de la moutarde. Amalgamez avant d'employer.

D'après Apicius.

Fil à suivre

– Comment Arion fut-il sauvé de la noyade?
– Quels sont les travaux d'Hercule qui concernent des animaux?

10

l'ablatif singulier et pluriel (1re, 2e et 3e déclinaisons)

Question de circonstances

Quid facit miles? Miles gladĭo pugnat.
Que fait le soldat? Le soldat combat ***avec l'épée.***

Quid facĭunt milĭtes? Milĭtes gladĭis pugnant.
Que font les soldats? Les soldats combattent ***avec leurs épées.***

Eques cum pedĭte in equo iter facit.
Le cavalier fait route ***sur son cheval en compagnie du fantassin.***

Equĭtes cum peditĭbus in equis iter facĭunt.
Les cavaliers font route ***sur leurs chevaux en compagnie des fantassins.***

Ubi currit asĭnus? In via currit asĭnus magna celeritate.
Où court l'âne? L'âne court ***dans la rue à toute allure***
(avec une grande rapidité).

Ubi currunt asĭni? In viis currunt asĭni.
Où courent les ânes? Les ânes courent ***dans les rues.***

Observons

1. Quelle est, en français, la fonction des noms dans les groupes en italique gras? Le latin, pour exprimer ces fonctions, se sert d'un cas particulier : l'**ablatif.**
Dans certains emplois, pour plus de précision, le latin utilise comme le français une préposition. Quelles sont celles qui figurent dans les phrases du texte et quel est leur sens?

2. Relevez un mot de chaque déclinaison à l'ablatif singulier et à l'ablatif pluriel; étudiez les terminaisons.

3. Quels mots français ne se retrouvent pas terme pour terme dans les phrases latines (en dehors des articles)?

4. Dans les schémas des phrases, nous symboliserons le Groupe Nominal complément circonstanciel par les lettres GNc :

Eques	in equo	iter	facit.
GNs	GNc	GNo	V

In via	magna celeritate	currit	asĭnus.
GNc	GNc	V	GNs

5. Constituez le tableau de la déclinaison de ***bonus, a, um.***

Vocabulaire

celerĭtas, atis *f : (la, une) rapidité, hâte*
cum *(+ ablatif) : en compagnie de, avec*
curro, is : *je cours*
facĭo, is : *je fais*
gladĭus, ĭi *m : (le, un) glaive*
in *(+ ablatif) : dans, sur*
incendĭum, ĭi *n : (le, un) incendie*
iter, itinĕris *n : (le, un) voyage, chemin*
iter facit : *(il, elle) fait route*
latus, a, um : *large*
popŭlus, i *f : (le, un) peuplier*
rivus, i *m : (le, un) ruisseau*
turba, ae *f : (la, une) foule, troupe*
ubi? : *où? en quel endroit?*
vulnus, nĕris *n : (la, une) blessure*

A vous de jouer

1. Retrouvez les expressions latines correspondant aux images.

2. Renversez les expressions suivantes selon le modèle ci-dessous et traduisez :
Eques cum pedĭte iter facit
→ **Pedes cum equĭte iter facit.**

Parvus asĭnus cum philosŏphi servo iter facit. – Parva ancilla cum domĭni filĭo iter facit. – Domĭnus cum servorum turba iter facit. – Agmen cum duce longum iter facit. – Miles cum agricŏla iter facit. – Multi milĭtes cum duce iter facĭunt agmĭne longo. – Consul cum claro oratore in equo iter facit. – Altae popŭli cum rivis non iter facĭunt. – Paucae ancillae cum mulierĭbus iter facĭunt. – Consŭlis filĭi cum philosŏpho iter facĭunt. – Clarus dux cum longis agminĭbus iter facit. – Equus cum asĭno magna celeritate iter facit.

3. Répondez aux questions ci-dessous en puisant dans le vocabulaire suivant : **equus – forum – templum – villa – agmen – asĭnus – oppĭdum – via.**

Ubi est agricŏla?	Ubi est statŭa?
Ubi consul est?	Ubi servus est?
Ubi est templum?	Ubi est ancilla?
Ubi sunt statŭae?	Ubi sunt agricŏlae?
Ubi milĭtes sunt?	Ubi est dux?
Ubi sunt ancillae?	Ubi servi sunt?

4. Complétez les expressions suivantes et traduisez :

Domĭnus laet... est.
Domĭnus laet... est quia mult... serv... videt.
Domĭnus laet... est quia mult... serv... et mult... ancill... in vill... videt.

Asĭn... statŭas spectat.
Parv... asĭn... magn... statŭas spectat.
Parv... asĭn... magn... clarorum consŭl... statŭas spectat.
Parv... asĭn... magn... clarorum consŭl... statŭas in lat... for... spectat.

Dux iter fac... .
Clar... dux iter fac... .
Clar... dux cum turb... iter fac... .
Clar... dux cum pedĭt... turb... iter fac... .
Clar... dux cum pedĭt... et equĭt... turb... iter fac... .

Clar... dux cum pedĭt... et equĭt... turb... long... agmĭn... iter fac...
Clar... dux in equ... cum pedĭt... et equĭt... turb... long... agmĭn... iter fac... magn... celeritate.

Domĭn... servi parent.
Domĭn.... servi et ancill... parent.
Domĭn... mult... servi et mult... ancill... parent.

In templ... mulĭer statŭ... spectat.
In templ... mulĭer parv... statŭ... spectat.
In templ... mulĭer parv... de... statŭ... spectat.

5. Mettez au pluriel les compléments circonstanciels qui sont au singulier et au singulier les compléments circonstanciels qui sont au pluriel; traduisez.

in foro – gladĭo – in oppĭdo – cum servo – in via – cum ancilla – cum duce – in flumĭne – in equo – vulnĕre – in villa – in rivo – in agminĭbus – cum consulĭbus – in templis – incendĭis – cum mulierĭbus – gladĭis – cum domĭnis – in rosis – cum militĭbus – in popŭlis.

6. Faites des phrases latines conformes aux schémas suivants :
P → GNs + GNc + V
P → GNs + V sum + A
P → GNs + GNc + GNo + V
P → GNs + GNc + GNc + GNo + V

Étoffez le plus possible chacun des éléments au moyen d'adjectifs, de compléments de noms, de noms ou d'adjectifs coordonnés.

NOTA BENE

■ **L'ablatif** est le cas des compléments circonstanciels. Il est accompagné parfois d'une préposition.
■ Le complément circonstanciel à l'ablatif peut prendre des valeurs différentes selon le contexte :

– moyen : ***gladĭo*** *pugnat.*

– manière : ***magna celeritate*** *currit.*

– accompagnement : ***cum servo*** *iter facit.*

– lieu : ***in via*** *currit.*

	singulier				
	1re décl.	2e décl.		3e décl.	
		neutre			*neutre*
N V	ros ă	domĭn us	templ um	consul	flumen
A	ros am	domĭn um	templ um	consŭl em	flumen
G	ros ae	domĭn i	templ i	consŭl is	flumĭn is
D	ros ae	domĭn o	templ o	consŭl i	flumĭn i
Ab	ros **ā**	domĭn **o**	templ **o**	consŭl **e**	flumĭn **e**

* Comparez la longueur du ***a*** au nominatif et à l'ablatif de *rosa*.

	pluriel				
	1re décl.	2e décl.		3e décl.	
		neutre			*neutre*
N V	ros ae	domĭn i	templ a	consŭl es	flumĭn a
A	ros as	domĭn os	templ a	consŭl es	flumĭn a
G	ros arum	domin orum	templ orum	consŭl um	flumĭn um
D	ros is	domĭn is	templ is	consul ĭbus	flumin ĭbus
Ab	ros **is**	domĭn **is**	templ **is**	consul **ĭbus**	flumin **ĭbus**

Exotisme

Les forteresses ambulantes

Le roi grec Pyrrhus était passé en Italie avec des éléphants de guerre qui jetèrent l'épouvante dans les troupes romaines à la bataille d'Héraclée (280 av. J.-C.). Ces éléphants étaient dressés à tuer, avec leurs défenses et leurs trompes. Protégés par des éléments de cuirasse et revêtus de housses, ils portaient parfois une tour où quelques archers prenaient place. Les Grecs leur donnaient des noms de guerriers tirés des légendes d'Homère : Ajax, Patrocle, Achille... L'emploi militaire de ces « collines en marche » ne garantissait cependant pas la victoire. Blessés ou affolés par le vacarme des combats, les éléphants pouvaient se retourner contre leur propre camp. Pour combattre les éléphants, on utilisait des piques, des balles de fronde, des herses, des chars armés de pointes de fer. On creusait des tranchées au bout desquelles l'animal se trouvait coincé et encerclé.

Les éléphants figuraient parfois dans le défilé de triomphe des troupes victorieuses, où ils tiraient le char du général. On raconte que Pompée en fit atteler quatre, mais ils se trouvèrent trop gros pour franchir une porte, et il fallut les remplacer sur-le-champ par sept chevaux.

César rapporte ainsi le courage d'un soldat romain au cours d'une bataille livrée en Afrique : « Je ne crois pas devoir taire l'exploit d'un soldat de la 5e légion. A l'aile gauche, un éléphant blessé, que la douleur rendait furieux, s'était jeté sur l'un des nôtres, l'avait renversé sous sa patte et l'écrasait, tout en secouant sa trompe dressée et en barrissant avec un bruit terrible. Le légionnaire ne put se retenir de se lancer sur la bête. Quand l'éléphant le vit venir l'arme haute, il lâcha le cadavre, entoura le soldat de sa trompe et l'enleva en l'air. Dans un tel danger, le légionnaire ne perdit pas son sang-froid et se mit à frapper de toute sa force la trompe qui l'enserrait, si bien que l'éléphant, cédant à la douleur, l'abandonna et, avec des hurlements aigus, rejoignit au galop le reste des bêtes. »

La girafe de César

Les conquêtes des Romains leur firent découvrir d'autres bêtes exotiques. Les rois numides, vassaux de Rome, leur servirent d'abord de fournisseurs. Jules César, revenant d'Égypte, étonna le peuple en présentant la première girafe. Un énorme négoce se développa pour répondre à la demande. Les animaux pouvaient être simplement exposés à la curiosité de la foule. Dans l'amphithéâtre, on présentait toute une faune tropicale, dans le décor d'une forêt luxuriante : rhinocéros, hippopotames, tigres, léopards, autruches... Des dompteurs amenaient des animaux dressés : taureaux attelés, éléphants funambules, lions tenant dans leur gueule des lièvres sans les blesser... Mais ces « jeux de bêtes » étaient le plus souvent des combats sanglants opposant hommes et animaux ou animaux entre eux. C'est par centaines que les bêtes étaient massacrées au cours de ces festivités. Des condamnés étaient jetés dans l'arène et opposés aux fauves. On a du mal à concevoir l'excitation de la foule devant ces jeux sanglants, offerts par les puissants. Il faut peut-être les rapprocher des sacrifices religieux d'animaux; ils exaltent aussi le courage et l'adresse des humains face à la force sauvage.

Quel est cet animal, sur la passerelle d'embarquement? (Villa Casale, Piazza Armerina, Sicile)

Fil à suivre

– Renseignez-vous sur l'histoire d'Androclès.

ÉTAPE 2

RÉCAPITULATION DU VOCABULAIRE OBLIGATOIRE

- filĭa, ae *f* : *fille*
  pecunĭa, ae *f* : *argent*
  sententĭa, ae *f* : *opinion, avis, pensée, phrase*
  via, ae *f* : *route, rue*

  incendĭum, ĭi *n* : *incendie*
  forum, i *n* : *place publique*
  gladĭus, ĭi *m* : *glaive, épée*
  oppĭdum, i *n* : *ville forte*
  pericŭlum, i *n* : *danger*
  templum, i *n* : *temple*

  celerĭtas, atis *f* : *rapidité, hâte*
  dux, ducis *m* : *chef*
  eques, ĭtis *m* : *cavalier*
  miles, ĭtis *m* : *soldat*
  pedes, ĭtis *m* : *fantassin*
  quaestor, oris *m* : *questeur*

  agmen, ĭnis *n* : *armée en marche, colonne*
  flumen, ĭnis *n* : *fleuve*
  iter, itinĕris *n* : *voyage, chemin, route*
  scelus, lĕris *n* : *crime*
  vulnus, nĕris *n* : *blessure*

- inimicus, a, um : *ennemi, adversaire*
  laetus, a, um : *joyeux*
  latus, a, um : *large*
  longus, a, um : *long*
  multi, ae, a : *nombreux, beaucoup de*
  pauci, ae, a : *peu nombreux, en petit nombre, peu de, quelques*

- do, das : *je donne*
  impĕro, as : *j'ordonne, je commande à*
  laboro, as : *je travaille*
  parĕo, es : *j'obéis*
  timĕo, es : *je crains*
  scribo, is : *j'écris*
  facĭo, is : *je fais*
  sum, es : *je suis*

- cum (+ *ablatif*) : *avec, en compagnie de*
  cur? : *pourquoi?*
  et : *et*
  in (+ *ablatif*) : *dans, sur*
  quia : *parce que*
  quid? : *que? quoi? quelle chose?*
  ubi? : *où?*

Cur non?

Telle était la devise de Jacques Cœur. Que signifie-t-elle?

Essayez votre force

Faites l'exercice suivant, puis comparez votre traduction avec le corrigé qui se trouve plus loin. Comptez vos erreurs (s'il y en a); dans ce cas, recommencez l'exercice jusqu'à ce que vous arriviez à la perfection.

Version

1. In flumĭne incendĭum non timĕo. – 2. Boni duces scelĕra militĭbus non impĕrant. – 3. Iter facĭmus cum multis amicis. – 4. Ubi est oppĭdi templum? In foro. – 5. Quid facĭunt quaestores? Militĭbus pecunĭam dant. – 6. Quid facit consul? Oppĭdi dux est et militĭbus impĕrat. – 7. Consulĭbus turba paret. – 8. Laboramus, paretis, dormĭunt. – 9. Miles gladĭo pugnat; eques in equo pugnat. 10. Milĭtes in magno pericŭlo sunt.

---

dormĭo, is : *je dors* – turba, ae *f* : *foule.*

Thème

1. Une foule d'esclaves ne craint pas des soldats peu nombreux. – 2. La colonne des soldats obéit à un chef illustre. – 3. Les soldats font route. – 4. Les soldats combattent avec des épées. – 5. La rapidité des fantassins n'est pas grande. – 6. Nous voyons au forum de nombreux temples et de nombreuses statues. – 7. Les bons cavaliers aiment les bons chevaux. – 8. Peu de soldats ne craignent pas les blessures et les dangers. – 9. Les questeurs donnent de l'argent aux soldats. – 10. Les cavaliers font route à cheval avec les fantassins.

Le jeu des associations d'idées

Règle du jeu : un élève lance un mot (exemple : *equus*). Un second élève, désigné par le meneur de jeu, ajoute à ce mot, en le répétant, un second mot, en disant pourquoi il l'associe au premier (exemple : *equus/asĭnus,* parce qu'on peut les voir tous deux dans un pré). Puis vient le tour d'un troisième (exemple : *equus/asĭnus/currit,* parce que l'âne court), etc. Le gagnant est celui qui a précédé l'élève qui ne peut rien ajouter, ou qui se trompe dans l'énumération.

Les déclinaisons en français

Mais oui, il en existe. Pour vous en convaincre, faites le tableau des formes (la déclinaison) du pronom personnel français de la 3e personne et du pronom relatif français (formes simples).

Proverbe

Les Romains se moquaient volontiers des femmes. Un de leurs proverbes dit :

MVLIEREM ORNAT SILENTIVM

Ce proverbe peut être compris de deux façons, dont l'une est particulièrement défavorable pour les femmes. Trouvez en français une expression de même sens.

---

orno, as : *j'orne, j'embellis* – silentĭum, ĭi *n* : *silence.*

Charade

Dans tout théâtre se trouve *mon premier* (en français).
Une moitié d'antenne est *mon second* (en français).
Mon troisième est la moitié d'un titi parisien (en français).
Mon quatrième est une excellente carte (en français).
Nous pouvons lire mon tout dans un livre (en latin).

Rendez à César

■ Reconnaissez-vous l'idée exprimée par :
– la préposition ***cum*** dans le verbe *accompagner?*
– la préposition ***in*** dans le verbe *inscrire?*

■ À quels mots latins vous font penser les mots : *duc? itinéraire?*

Magna celeritate currunt!

Rébus

(Les éléments sont des mots français, le mot à reconstituer est latin.)

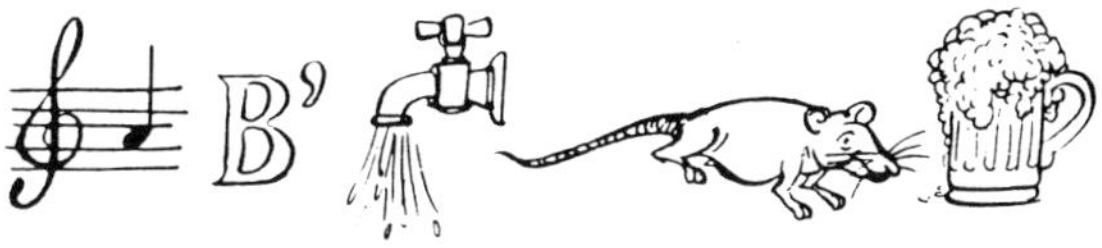

Essayez votre force : corrigé

• 1. Dans le fleuve, je ne crains pas l'incendie. – 2. Les bons chefs n'ordonnent pas de crimes à leurs soldats. – 3. Nous faisons route avec de nombreux amis. – 4. Où est le temple de la ville? Sur la place. – 5. Que font les questeurs? Ils donnent aux soldats une somme d'argent. – 6. Que fait le consul? Il est le chef de la place et il commande aux soldats. – 7. La foule obéit aux consuls. – 8. Nous travaillons, vous obéissez, ils dorment. – 9. Le soldat combat avec le glaive; le cavalier combat à cheval. – 10. Les soldats sont en grand danger.

• 1. Servorum turba paucos milĭtes non timet. – 2. Claro duci milĭtum agmen paret. – 3. Milĭtes iter facĭunt. – 4. Gladĭis milĭtes pugnant. – 5. Pedĭtum celerĭtas non magna est. – 6. In foro multa templa et multas statŭas videmus. – 7. Bonos equos boni equĭtes amant. – 8. Pauci milĭtes vulnĕra et pericŭla non timent. – 9. Quaestores militĭbus pecunĭam dant. – 10. Equĭtes cum peditĭbus in equis iter facĭunt.

Le chant des sirènes

Chimères, phénix, centaures, faunes, satyres, harpies... les animaux fantastiques peuplent les légendes gréco-romaines. Évoquons les sirènes, qui font encore partie de notre univers mythique. C'est à elles que songeait Jean Giraudoux en écrivant *Ondine.* Pourtant les sirènes de la mythologie n'ont rien à voir avec la petite sirène, moitié femme, moitié poisson, du conte d'Andersen. Le poète latin Ovide, dans les *Métamorphoses,* nous les décrit avec leur visage de jeune fille, leurs plumes et leurs pattes d'oiseaux. Il nous raconte qu'elles auraient demandé aux dieux des ailes pour pouvoir survoler les flots à la recherche de Proserpine enlevée par Pluton. Elles sont filles d'Achéloos, fleuve de Grèce, et d'une des Muses : Calliope (poésie épique), Terpsichore (poésie lyrique), Melpomène (chant et harmonie). Elles vivent dans une île que l'on situe au large de Naples et attirent les marins par leurs chants ensorcelants, pour les tuer. Jason et ses Argonautes, lors de la recherche de la Toison d'Or, ne leur échappent que parce qu'ils ont eu la prudence d'embarquer Orphée, qui couvre de sa lyre leur chant redoutable. Ulysse ne se fait pas prendre non plus, grâce aux conseils de la magicienne Circé. Les sirènes peuvent symboliser l'attirance de l'homme pour le rêve, les illusions, son désir de fuir la réalité, à laquelle il faut pourtant s'arrimer, comme Ulysse à son mât.

Circé s'adresse à Ulysse

Vous voilà donc au bout de ce premier voyage ! Écoute maintenant ce que je vais te dire, et qu'un dieu quelque jour t'en fasse souvenir !

Il vous faudra d'abord passer près des Sirènes. Elles charment tous les mortels qui les approchent. Mais bien fou qui relâche pour entendre leurs chants ! Jamais en son logis, sa femme et ses enfants ne fêtent son retour : car, de leurs fraîches voix, les Sirènes le charment, et le pré, leur séjour, est bordé d'un rivage tout blanchi d'ossements et de débris humains, dont les chairs se corrompent... Passe sans t'arrêter ! Mais pétris de la cire à la douceur de miel et, de tes compagnons, bouche les deux oreilles : que pas un d'eux n'entende ; toi seul, dans le croiseur, écoute, si tu veux ! Mais, pieds et mains liés, debout sur l'emplanture, fais-toi fixer au mât pour goûter le plaisir d'entendre la chanson, et, si tu les priais, si tu leur commandais de desserrer les nœuds, que tes gens aussitôt donnent un tour de plus !

Odyssée, livre XII, trad. V. Bérard ; Gallimard (Pléiade).

Ulysse et les Sirènes. (Art grec, Londres, British Museum)

Trois Muses : repérez Melpomène (la tragédie), Uranie (l'astronomie), Terpsichore (la danse).

Exercices complémentaires

Pour ces exercices, nous utilisons soit le vocabulaire obligatoire, soit le vocabulaire donné dans la leçon correspondante.

Leçon 6

1. Mettez chacun des mots ou groupes de mots aux cas indiqués.

	G. sing.	N. pl.	A. pl.	G. pl.
ancilla				
asĭnus				
miles				
orator				
puella				
filĭus				
magnus murus				
clarus orator				
alta statŭa				
bonus agricŏla				

2. Traduisez en latin.

1. Vois-tu les esclaves? Vois-tu les esclaves du consul? – 2. Je vois une grande foule. Je vois une grande foule de soldats. – 3. Les fils des paysans regardent les cavaliers. Les chevaux courent *(currunt)*. – 4. Les servantes sont joyeuses; elles rient. – 5. Je suis le propriétaire des esclaves. – 6. Le maître interroge les servantes.

Leçon 7

1. Faites le tableau des désinences personnelles.

	1re pers.	2e pers.	3e pers.
singulier pluriel			

2. a) Dégagez le radical des verbes suivants.

laboro (laboras) – scribo (scribis) – timĕo (times) – curro (curris) – dormĭo (dormis) – audĭo (audis) – dico (dicis) – delĕo (deles) – lego (legis) – interrŏgo (interrŏgas) – pugno (pugnas) – respondĕo (respondes) – ridĕo (rides) – specto (spectas) – vidĕo (vides).

b) Classez ces verbes d'après leur type de conjugaison :

1re conj.	2e conj.	3e conj.	4e conj.

3. Conjuguez au présent de l'indicatif.

pugno – vidĕo – dico – audĭo – specto – timĕo – scribo – dormĭo – sum.

4. Traduisez.

• je travaille – nous interrogeons – vous combattez – ils regardent.
• je crains – nous répondons – vous riez – elles voient.

• je dis – nous lisons – vous écrivez – elles courent.
• vous travaillez – tu lis – nous voyons – ils sont – vous entendez – ils écrivent – elles interrogent – nous dormons – il rit – elles travaillent.

Leçon 8

1. Faites un tableau, comme ci-dessous, et remplissez-le successivement, avec les formes voulues (singulier et pluriel) de :
magnum pericŭlum; clarum scelus; parvus asĭnus; longum agmen.

	singulier	pluriel
N A G		

2. Traduisez, puis substituez au groupe complément d'objet la forme voulue du pronom *eum, eam, id / eos, eas, ea.*

Alta templa vidĕo. – Philosophorum sententĭas puella legit. – Lata flumĭna servus spectat. – Longum agmen videmus. – Milĭtum gladĭos timĕo. – Domĭni filĭum ancilla amat. – Oppĭdum et templum videtis. – Domĭni filĭus ancillam amat. – Milĭtes muliĕrem vident. – Magna scelĕra facit *(il commet).*

3. Traduisez.

Les crimes de l'esclave sont graves (grands). – Nous voyons les fleuves et la place forte. – La jeune fille contemple *(spectat)* les larges places et les rues étroites et les hautes statues. – De nombreuses colonnes de soldats sont proches *(propinquus, a, um).* – Un grand incendie détruit les temples de la place forte.

4. Soulignez la syllabe accentuée des mots suivants.

agmen – agmĭnis – agmĭna – flumen – flumĭnis – flumĭna – incendĭa – incendiorum – oppĭdum – oppidorum – pericŭlum – periculorum – popŭlus – populorum – rivus – rivorum – scelus – scelĕrum – templum – templorum – via – viarum – villa – villarum.

Leçon 9

Découvrez l'ordre hiérarchique (parfois fantaisiste) qui régit les onze êtres dont il est question dans les phrases suivantes :

Duci ancilla impĕrat. – Milĭti agricŏla paret. – Domĭni filĭus domĭno paret. – Asĭnus equo paret. – Orator puellae paret. – Servi filĭo equus paret. – Agricŏla servi filĭo impĕrat. – Ancilla domĭni filĭo paret. – Domĭno orator impĕrat. – Miles duci paret.

Leçon 10

1. Faites précéder les mots ou groupes de mots suivants des prépositions ***in*** ou ***cum,*** selon leur sens :

a) singulier : agricŏla – ancilla – servus – equus – orator – miles – philosŏphus – puella – dux – mulĭer – oppĭdum – flumen – parvus asĭnus – puella laeta – bonus agricŏla – clarus consul – longum agmen.

b) pluriel : villae – statŭae – amici – philosŏphi – equĭtes – muliĕres – rivi – puellae – milĭtes – viae – oppĭda – flumĭna – altae statŭae – clari philosŏphi – multae muliĕres – boni milĭtes – alta flumĭna.

2. Complétez.

a) Le nominatif est le cas du... et de...
L'accusatif est le cas du...
Le génitif est le cas du...
L'ablatif est le cas des...

b) Le complément de nom est au...
Le complément circonstanciel de moyen est à...
Le complément d'objet est généralement à...
Le complément circonstanciel d'accompagnement est à... précédé de la préposition...
Le sujet est au...
Le complément circonstanciel de manière est à...
L'attribut du sujet est au...

3. Traduisez.

De longues colonnes de cavaliers font route dans la plaine *(campus, i* m*).* – Les paysans frappent *(ferĭunt)* les ânes avec des bâtons *(bacŭlum, i* n*).* – Une femme se promène *(deambŭlat)* au forum avec des servantes. – Le maître contemple sa ferme avec un grand orgueil *(superbĭa, ae* f*).* – Le chef fait route avec des cavaliers. – De nombreux corbeaux *(corvus, i* m) sont sur les arbres *(arbor, ŏris* f*).* – Le paysan montre *(monstro, as)* la route au chef des cavaliers. – L'esclave montre la ferme aux amis de (son) maître.

4. Découvrez en quel lieu ***(in via – in villa – in foro)*** se trouve chacun de ces personnages : *consul – consŭlis filĭus – miles – ancilla – domĭnus – servus.*

Consul in villa non est. – Ancilla milĭti colăphum ducit *(donne une gifle).* – Domĭnus non est cum consŭle. – Equus est in via. – Servus cum domĭno est. – Consŭlis filĭus est in equo. – Consul in via non est. – Miles cum consŭlis filĭo iter facit. – Domĭnus non est in via.

L'échelle sociale

Civis Romanus sum

COMME toutes les sociétés antiques, la société romaine est fondée sur l'inégalité. Elle est composée de deux catégories : les hommes libres et les esclaves. À l'origine, les hommes libres comportaient une caste de privilégiés, les **patriciens,** membres des grandes familles, qui détenaient le droit de citoyenneté ; les **plébéiens** devront lutter pour conquérir l'égalité civile, qu'ils obtiendront en 451 av. J.-C. Les citoyens romains étaient divisés, selon leur lieu d'habitat, en tribus ; ils constituent le ***popŭlus Romanus*** et portent le nom de ***Quirites.*** Tout citoyen romain peut voter, être magistrat, être prêtre, posséder des biens, contracter librement mariage, intenter une action judiciaire, porter la toge. Il doit répondre aux convocations de recensement civil, accomplir le service militaire, payer une contribution pour les dépenses de guerre. Il peut perdre son titre par punition, la *capĭtis deminutĭo.*

La femme, très honorée au foyer, est légalement une mineure, sous la dépendance de son père, puis de son mari.

Cette organisation sociale connaîtra des modifications tout au long de l'histoire romaine, principalement l'extension du droit de citoyenneté romaine, jusqu'à l'Édit de Caracalla, en 212 ap. J.-C., qui fera de tous les hommes libres de l'Empire des citoyens romains.

Patricien portant les bustes de ses ancêtres. (Rome, Palais Barberini)

Deux conditions sociales. (Naples, Musée archéologique national)

Course d'obstacles

Les magistrats sont des citoyens élus pour exercer des charges publiques. Afin d'éviter, en principe, tout pouvoir personnel, elles sont nombreuses et spécialisées, gérées par plusieurs collègues (deux consuls par exemple), en général pendant une seule année. On les exerce dans un certain ordre, le *cursus honorum.* Prenons par exemple la carrière de César jusqu'à la conquête des Gaules.

Après avoir accompli son service militaire, il est **questeur** en 67 (av. J.-C.) : les questeurs sont chargés des finances, gardiens du trésor, payeurs aux armées, trésoriers des provinces. En 64, il obtient l'édilité : les **édiles** s'occupent de l'administration de la ville de Rome (police, voirie, pompiers, organisation des jeux publics). En 62, il accède à la préture : les **préteurs** rendent la justice et peuvent aussi diriger une armée. Il deviendra **consul** (cf. p. 226) en 59.

En sortant de charge, les préteurs et les consuls vont gouverner, comme **proconsuls** et propréteurs, les provinces romaines. En 61, César est envoyé en Espagne Ultérieure (Andalousie et Portugal). Il s'y révèle un habile administrateur, juste et humain : il obtient des cités reconnaissantes assez d'argent pour rembourser ses dettes. Il se montre aussi excellent général et engage une lutte sans merci contre des peuplades incomplètement pacifiées. Ses soldats le saluent du titre d'*imperator* pour avoir mené une flotte sur l'Océan.

Que pensez-vous de la variété des fonctions assumées par un Romain au cours de sa carrière publique ?

11

is, ea, id

sum + datif

Soldat, je suis content de toi!

① Nonne vides parvum milĭtem in imagĭne?
Ne vois-tu pas un petit soldat sur l'image?

② Eum milĭtem vidĕo.
(Oui!) je vois { le soldat (en question).
ce soldat.

③ Eum vidĕo.
Je le vois.

④ Magnus est ejus milĭtis gladĭus!
L'épée { de ce soldat est grande!
du soldat est grande!

⑤ Magnus est ejus gladĭus!
(Oui!) { son épée est grande!
l'épée de celui-ci est grande!

⑥ Is miles ridet.
Ce soldat est souriant.
Le soldat est souriant.

⑦ Milĭti magnus gladĭus est.
Le soldat a une grande épée.

Ei magnus gladĭus est.
Il a une grande épée.

⑧ Dux ei praemĭum dat.
Un chef lui remet une récompense[1].

⑨ Eum ducem laudo qui praemĭa dat.
J'approuve le chef qui donne des récompenses.

⑩ Id laudo.
J'approuve cela.

⑪ Eum laudo qui praemĭa dat.
J'approuve celui qui donne des récompenses.

1. Voir « Petit guide pratique » : soldat, p. 227.

Observons

1. Nous avons déjà utilisé dans les leçons précédentes le pronom *eum, eam, id / eos, eas, ea.* En comparant les phrases ③ et ②, dites quel emploi nouveau de ce mot nous avons ici. Dans les phrases ⑥ à ⑩, relevez deux autres phrases où vous constatez un emploi semblable.

2. Relevez les différentes traductions possibles du pronom/adjectif ***is, ea, id*** (en excluant la phrase ⑦), en fonction de sa nature (pronom ou adjectif).

3. À quoi renvoie le pronom ***id*** employé dans la phrase ⑩ ?

4. Étudiez le mot ***ejus*** dans la phrase ④, puis dans la phrase ⑤. Qu'est-ce qui correspond en latin, dans cette dernière phrase, à l'adjectif possessif *son?*

5. D'une manière générale, à quoi sert le pronom/adjectif ***is?***

6. Étudiez la phrase ⑦.
Traduisez : le soldat a de nombreuses épées.

Vocabulaire

bellum, i *n : guerre*
curro, is : *je cours*
hortus, i *m : jardin*
imago, ĭnis *f*[1] *: image*
laudo, as : *je loue*
nonne? : *est-ce que... ne... pas?*
popŭlus, i *f : peuplier*
praemĭum, ĭi *n : récompense*
qui : *qui*
rivus, i *m : rivière*
vox, vocis *f : voix, parole*

1. Le mot *imago, imagĭnis* a perdu au nominatif le *n* qui termine son radical.

A vous de jouer

1. Retrouvez le texte latin correspondant à l'image.

2. Faites subir aux expressions ci-dessous les modifications conformes à l'exemple suivant et traduisez.
→ *Videsne puellam in horto?*
Eam *puellam vidĕo.* ***Eam*** *vidĕo.*

Videsne statŭas in templo?
Videsne equĭtes in foro?
Videsne consŭlis servos?
Videsne deae templum?
Videsne flumen in imagĭne?
Audisne asĭnos in via?
Amasne philosŏphi filĭam?
Audisne muliĕres in templo?
Videsne equĭtem in flumĭne?
Timesne belli pericŭla?
Videsne ancillas in villa?
Videsne templa in oppĭdo?
Videsne consŭlem in agmĭne?
Videsne flumĭna in imagĭne?
Videsne rivi popŭlos?

3. Répondez aux questions suivantes en remplaçant les mots ou les groupes de mots imprimés en gras par le pronom *is, ea, id* (au genre, nombre et cas voulus) et traduisez.

Imperantne **ducĭbus** milĭtes? – Dantne praemĭa **servis** domĭni? – **Ancillae**ne est pecunĭa magna? – **Consuli**ne sunt multi amici? – Parentne **domĭno** servi? – Imperatne **ancillis** domĭnus? – **Agricolae**ne sunt multi filĭi? – Altine sunt **oppĭdi muri**? – Laborantne **consŭlis ancillae**? – Curritne magna celeritate **agricŏlae equus**? – Altane sunt **oppĭdi templa**? – Clarumne est **deae templum**? – Amatisne **agricŏlae** filĭam? – Timetisne **milĭtum** gladĭos? – Timetisne **belli** pericŭla? – Deletne incendĭum **oppĭdi** templa? – Auditisne **oratoris** voces? – Laudatisne **philosŏphi** sententĭam? – Videtisne statŭam **deae**? – Auditisne **muliĕrum** voces? – Esne in **horto**? – Pugnantne equĭtes cum **peditĭbus**? – Facitne iter cum **ancillis** domĭnus? – Videsne templum in **oppĭdo**? – Estisne in **templo**?

4. Avec le vocabulaire ci-dessous, faites des phrases sur le modèle :
Milĭti *pecunĭa* ***est*** → Le soldat a de l'argent.
ou ***Milităbus*** *pecunĭa* ***est*** → Les soldats ont de l'argent.

consul / multi filĭi – templum / alti muri – mulĭer / multae ancillae – agricŏla / parva villa – domĭnus / multae villae – puella / parvus asĭnus – dux / pauci milĭtes – servus / non magna pecunĭa – philosŏphus / pauci filĭi, multae filĭae – miles / magnus gladĭus – eques / equus bonus – servus / bonus domĭnus – orator / pauci servi.

Rendez à César

Expliquez les mots en gras en fonction de leur origine latine.

Pour tout achat d'un poste de télévision, la maison offre en **prime** un superbe bougeoir.

J'ai lu des articles **laudatifs** concernant cet ouvrage.

Les peuples gaulois étaient très **belliqueux.**

L'arboriculture fait partie de l'**horticulture.**

Soldats en grande tenue.

NOTA BENE

■ *Est* (ou *sunt*), accompagné d'un **complément au datif**, forme une expression verbale qui peut se traduire en français à l'aide du verbe *avoir :*

Milĭti magnus gladĭus ***est*** → *Le soldat* ***a*** une grande épée.
Domĭno multi servi ***sunt*** → *Le maître* ***a*** de nombreux esclaves.

Le complément au datif désigne la personne à qui appartient le sujet.

■ Le pronom/adjectif *is* sert à rappeler un être ou une chose déjà connus ou mentionnés dans le contexte. Il sert aussi à annoncer un pronom relatif. Il n'a pas d'équivalent unique en français, et on utilise pour le traduire différents moyens selon la phrase : article défini **(le, la, les)**; adjectif ou pronom démonstratif **(ce, cette, ces; celui-ci, celle-ci, cela)**; pronom personnel **(il, elle, lui; le, la, les, leur)**; adjectif possessif **(son, sa, ses; leur, leurs).**

Eum milĭtem vidĕo : je vois **le (ce) soldat.**
Eum vidĕo : je **le** vois.
Ejus gladĭum vidĕo : je vois **son** épée.

	singulier			pluriel		
	M	F	N	M	F	N
N	is	ea	id	ei (ii)	eae	ea
A	eum	eam	id	eos	eas	ea
G	**ejus**	**ejus**	**ejus**	eorum	earum	eorum
D	**ei**	**ei**	**ei**	eis (iis)	eis (iis)	eis (iis)
Ab	eo	ea	eo	eis (iis)	eis (iis)	eis (iis)

La république nous appelle...

Soldats sans solde

Rome a grandi par la conquête. Ses victoires s'expliquent par la valeur de son organisation militaire, sans cesse remaniée et perfectionnée, et par les solides qualités des soldats. L'armée romaine n'était pas permanente. Dès la déclaration de guerre, le Sénat ordonne de lever des troupes et fixe l'effectif nécessaire. Les citoyens qui ne répondent pas à l'appel sont punis d'amendes, de prison, de confiscation des biens ou de réduction en esclavage. Les citoyens de 17 à 60 ans sont mobilisés, de 17 à 45 ans dans les troupes d'active et au-delà dans la réserve. Les *prolétaires* (citoyens non-possédants) ne sont pas enrôlés parce qu'ils ne disposent pas des ressources nécessaires pour s'équiper et se nourrir (la solde ne fut instituée qu'en 406), et parce que, pour être bon soldat, il faut avoir des biens à défendre. C'est Marius, en 107 av. J.-C., qui ouvre l'armée à tous; elle devient alors une armée de métier.

Potion magique?

En cas de danger pressant, on avait recours à une procédure d'urgence, le *tumulte.* Ce fut le cas en 387, quand des Gaulois marchèrent sur Rome. Les troupes romaines les attendaient sur les bords d'une rivière, l'Allia; mais quand elles virent ces colosses à cheveux roux, presque nus, tenant leur épée à deux mains et poussant des hurlements de guerre, elles firent retraite dans la panique. Le jour anniversaire de la rencontre (on ne peut parler de bataille!) fut déclaré *néfaste :* les activités publiques étaient interdites. Les Romains se ressaisirent, mais ils gardèrent longtemps la peur des Gaulois et, dès qu'on signalait leur approche, le Sénat décrétait le tumulte.

Le triomphe

Pour un chef militaire romain, la récompense la plus élevée est le *triomphe.* Il faut d'abord qu'après une victoire ses troupes lui décernent, en l'acclamant, le titre d'*imperator* (commandant victorieux). Il faut ensuite que le Sénat ratifie la décision de l'armée et décrète le triomphe. Le jour de la cérémonie, un long cortège traverse Rome, fastueusement décorée, au son des trompettes et des cors. En tête s'avancent les chariots chargés de butin et les prisonniers de guerre. Puis, sur un char doré attelé de chevaux blancs, vient le triomphateur, la tête couronnée de lauriers, vêtu d'une toge de pourpre et tenant à la main un sceptre d'ivoire surmonté d'un aigle. Derrière son char défilent les troupes qui ont le droit, en la circonstance, de lancer des quolibets. Ainsi, lors du triomphe de César, ses soldats criaient : « Bourgeois, cachez vos femmes! Voici venir le séducteur au crâne déplumé. » Par un itinéraire traditionnel, le cortège monte au Capitole, où le général offre un sacrifice devant le temple de Jupiter Capitolin.

Le triomphe de l'empereur Marc Aurèle, surmonté d'une Victoire. (Rome, Musée du Capitole)

Fil à suivre

– Pourquoi l'apparence des Gaulois était-elle si affolante pour les Romains?

12

ager, puer

infinitif présent

Le laboureur et son enfant

Puer in agro cum agricŏla laborat. Agricŏla puĕri laborem non semper laudat.

L'enfant travaille dans le champ avec le paysan. Le paysan ne loue pas toujours le travail de l'enfant.

Pulcher est ager; pulchra est villa. Agricŏla agri pulchri domĭnus est.

Le champ est beau; la ferme est belle. Le paysan est propriétaire d'un beau champ.

Agricŏla non miser est, quia pulchrorum agrorum et pulchrae villae domĭnus est.

Le paysan n'est pas malheureux parce qu'il est propriétaire de beaux champs et d'une belle ferme.

Agricolarum vita non misĕra est, sed semper laborare debent.

La vie des paysans n'est pas malheureuse, mais ils doivent toujours travailler.

Labourage et semailles. Que fait le laboureur de la main gauche?
Comment les bœufs sont-ils attelés? Quels sont ces arbres? (Musée de Cherchell, Algérie)

Observons

1. Relevez les formes du nom ***puer.*** D'après son génitif, à quelle déclinaison appartient-il?
Relevez les formes du nom ***ager.*** À quelle déclinaison appartient-il?

2. Comparez ***pu er*** / ***pu er i*** et ***ag er*** / ***ag r i***

Quelle différence constatez-vous?

3. Relevez les formes des adjectifs ***pulcher*** et ***miser.*** Que se passe-t-il au féminin? Lequel des deux ressemble à *ager/agri?* Lequel à *puer/puĕri?*

4. Qu'est-ce que la forme ***laborare*** (dernière phrase)?

Comparez les phrases :
Agricŏlae pecunĭam debent.
Agricŏlae laborare debent.

Quelle est la fonction de *laborare?*

L'infinitif présent actif latin se forme avec le suffixe ****-se*** qui s'ajoute au radical (on le trouve encore dans ***esse,*** *être*). Quelle loi phonétique explique les formes suivantes?

amā **re** – delē **re** – leg ĕ **re** – capĕ **re** – audī **re**

5. Dans cette liste figure une conjugaison dont nous n'avons pas encore parlé : **la 3e mixte.** On l'appelle ainsi parce qu'elle fait penser à la fois à la 3e conjugaison et à la 4e.

Comparez :			
lego		capĭ**o** →	audĭ**o**
leg**ĭs**	←	cap**ĭs**	audīs
legunt		capĭ**unt** →	audĭ**unt**
leg**ĕre**	←	cap**ĕre**	audīre

Le radical des verbes de la 3e mixte est terminé par un ***i* bref** *(capĭ-).* Quelle est la loi phonétique qui joue à l'infinitif de *lego* et de *capĭo* sur la voyelle qui précède le suffixe?

Vocabulaire

ager, agri *m : champ*
capĭo, is, ĕre : *je prends*
curro, is, ĕre : *je cours*
debĕo, es, ere : *je dois*
discipŭlus, i *m : élève*
dormĭo, is, ire : *je dors*
imago, gĭnis *f : image*
labor, oris *m : travail*
liber, bri *m : livre*
magister, tri *m : professeur, maître*
miser, ĕra, ĕrum : *malheureux*
monstro, as, are : *je montre*
noster, nostra, nostrum : *notre, le nôtre*
nostri, nostrae, nostra : *nos, les nôtres*
piger, gra, grum : *paresseux*
praemĭum, ĭi *n : récompense*
puer, puĕri *m : enfant*
pulcher, chra, chrum : *beau*
sed : *mais*
semper : *toujours*
vester, vestra, vestrum : *votre, le vôtre*
vestri, vestrae, vestra : *vos, les vôtres*
vita, ae *f : vie*

A vous de jouer

1. Classez les mots en *-er* du vocabulaire ci-dessus selon qu'ils appartiennent au type *ager* (ou *pulcher*) ou au type *puer* (ou *miser*).

2. Pour chaque verbe, nous indiquerons désormais dans le vocabulaire la 1re personne du singulier du présent de l'indicatif, la 2e personne, et l'infinitif.

Lisez les terminaisons verbales ci-dessous et dites s'il s'agit de terminaisons de la 1re, de la 2e, de la 3e, de la 3e mixte ou de la 4e conjugaison :

-o, -ās, -āre; -eo, -ēs, -ēre; -o, -ĭs, -ĕre; -io, -ĭs, -ĕre; -io, -īs, -īre

-io, -ĭs, -ĕre; -io, -īs, -īre; -o, -ās, -āre; -o, -ĭs, -ĕre; -eo, -ēs, -ēre

-o, -ĭs, -ĕre; -io, -ĭs, -ĕre; -eo, -ēs, -ēre; -io, -īs, -īre; -o, -ās, -āre.

3. Traduisez.

Eum magistrum laudamus qui praemĭa discipŭlis dat multa. – Miser est is qui non ridet. – Puĕro multi et pulchri sunt libri. – In oppĭdo nostro multa et pulchra templa videmus. – Asĭnus in libro pulchras clari philosŏphi sententĭas legit. – Magister discipŭlos interrŏgat; pigri discipŭli non semper magistro respondent. – Libros nostros legĭmus, libros vestros legĭtis.

4. Traduisez.

Le professeur aime les élèves paresseux. – Les images de nos livres sont belles. – Le professeur a de beaux livres, le consul a de belles servantes, le paysan a de beaux chevaux, le chef a peu de cavaliers. – Les jeunes filles sont belles; la vie est belle. – Les enfants joyeux courent sur la place, les ânes joyeux courent dans les champs.

5. Dans l'exercice 4, mettez au pluriel, quand le sens le permet, les mots qui sont au singulier, et mettez au singulier les mots qui sont au pluriel.

6. Dans les phrases suivantes, remplacez le mot en gras par d'autres mots pris dans le vocabulaire que vous connaissez, au singulier ou au pluriel.

Consul **equi** domĭnus est.
Philosŏpho sunt multi libri.
Puer **milĭtem** timet.
Asĭnus cum **equo** iter facit.

7. Donnez l'infinitif des verbes ci-dessous, en plaçant correctement l'accent tonique :

specto, as – ridĕo, es – curro, is – facĭo, ĭs – dormĭo, īs – impĕro, as – parĕo, es – dico, is – capĭo, ĭs – audĭo, īs – pugno, as – amo, as – debĕo, es – parĕo, es – timĕo, es – interrŏgo, as – curro, is – respondĕo, es – vidĕo, es – facĭo, ĭs – scribo, is – do, as – monstro, as – laudo, as – dormĭo, īs – dico, is.

NOTA BENE

Noms en *-er* (2e déclinaison)

	singulier		pluriel	
N	ager	puer	agri	puĕri
A	agrum	puĕrum	agros	puĕros
G	agri	puĕri	agrorum	puerorum
D	agro	puĕro	agris	puĕris
Ab	agro	puĕro	agris	puĕris

Adjectifs en *-er*

	singulier					
	masculin		féminin		neutre	
N	pulcher	miser	pulchra	misĕra	pulchrum	misĕrum
A	pulchrum	misĕrum	pulchram	misĕram	pulchrum	misĕrum
G	pulchri	misĕri	pulchrae	misĕrae	pulchri	misĕri
D	pulchro	misĕro	pulchrae	misĕrae	pulchro	misĕro
Ab	pulchro	misĕro	pulchra	misĕra	pulchro	misĕro

	pluriel					
	masculin		féminin		neutre	
N	pulchri	misĕri	pulchrae	misĕrae	pulchra	misĕra
A	pulchros	misĕros	pulchras	misĕras	pulchra	misĕra
G	pulchrorum	miserorum	pulchrarum	miserarum	pulchrorum	miserorum
D	pulchris	misĕris	pulchris	misĕris	pulchris	misĕris
Ab	pulchris	misĕris	pulchris	misĕris	pulchris	misĕris

Exemples
N. sing. : pulch**er** miles – pulch**ra** puella – pulch**rum** templum
N. pl. : mis**ĕri** agricŏlae – mis**ĕrae** ancillae – mis**ĕra** praemĭa.

Infinitif présent

1re conj.	2e conj.	3e conj.	3e mixte	4e conj.	sum
amā re	delē re	leg ĕ re	capĕ re	audī re	es se

Du plus haut au plus bas

Les cent familles

Les patriciens sont membres des cent familles, sans cesse en accroissement, qui les premières s'installèrent à Rome. Chaque famille *(gens)* se réclame d'un ancêtre commun dont elle porte le nom *(nomen gentilicĭum)* et auquel elle rend un culte. Le chef de la *gens* est le *pater familĭas,* à la fois prêtre, chef de guerre et juge : il a le droit de vie et de mort sur les membres de la famille; il est le seul propriétaire des biens. Chaque *gens* forme une petite société étroitement solidaire. Tite-Live raconte comment les hommes de la *gens* des *Fabĭi,* au nombre de 306, firent à eux seuls la guerre contre la ville de Véies (479 av. J.-C.). Dans ce nombre il faut sans doute inclure les ***clientes*** de la *gens Fabĭa.* En effet, à chaque famille étaient liés des clients (ceux qui obéissent). Ils sont libres mais sans droits politiques, participent au culte de la *gens,* portent son nom et dépendent d'un membre de la famille, leur *patronus.* Ils lui doivent respect, obéissance et dévouement, payant de leur personne et de leurs biens : doter la fille du *patronus,* verser une rançon... Ce système se perpétuera longtemps. À la fin de la République, les membres de la *nobilĭtas,* classe des notables riches accédant aux magistratures, sont entourés d'une cour de clients. Ceux-ci viennent présenter leurs salutations matinales, reçoivent la sportule (d'abord panier-repas, puis somme d'argent), accompagnent le *patronus* au forum, lui servent de gardes du corps et d'agents électoraux. Le client reçoit en échange protection et soutien (notamment dans les procès), conseils, emploi...

Chose parlante

Les conquêtes amènent des centaines de milliers d'esclaves. Ils étaient propriété des riches Romains ou de l'État (préposés aux bureaux ou aux temples). Juridiquement l'esclave est une chose; il n'a aucun droit. On l'appelle par son nom d'origine : Afer, Graecus, Gallus... Son maître peut disposer de lui à sa guise. L'ensemble des esclaves forme la *famĭlĭa.* Leur traitement est très variable selon la catégorie à laquelle ils appartiennent (*famĭlĭa* domestique, *famĭlĭa* rurale, esclaves d'État) et selon l'époque et le maître. Les plus malheureux sont les esclaves des mines, qu'Apulée décrit ainsi :

Esclave aux fers.

« Quels pauvres petits hommes, la peau livide, mouchetée de coups de fouet...Ils n'ont que des lambeaux de tunique; ils sont marqués au front, la tête rasée, les pieds pris dans un anneau, le corps déformé par le feu, les paupières rongées par la fumée. » Certains maîtres traitaient correctement leurs esclaves, ne serait-ce que par intérêt, puisqu'ils font partie du matériel. Sous l'Empire, certains philosophes préconisent une attitude humaine.

Sénèque écrit à l'un de ses amis : « Cet homme, que tu appelles ton esclave, est né des mêmes semences que toi, jouit du même ciel, respire, vit, meurt comme tout homme. Dans tes relations avec lui, montre de l'indulgence, de la gentillesse même; accepte qu'il parle, qu'il discute avec toi, qu'il vive à tes côtés. »

13

noms parisyllabiques

À la guerre comme à la guerre

Romana navis in mari navĭgat.
Le bateau romain navigue sur la mer.

Romanae naves in mari navĭgant.
Les bateaux romains naviguent sur la mer.

Romanarum navĭum classis in mari navĭgat.
La flotte des navires romains navigue sur la mer.

Consŭlum navis ante classem navĭgat.
Le bateau des consuls navigue devant la flotte.

Hostis arx in monte stat.
La citadelle de l'ennemi se dresse sur la hauteur.

Hostĭum arces in montĭbus stant.
Les citadelles des ennemis se dressent sur les hauteurs.

Arcĭum moenĭa alta sunt.
Les murailles des citadelles sont hautes.

Milĭtum agmĭna ad arces iter facĭunt.
Des colonnes de soldats font route vers les citadelles.

Observons

1. À quelle déclinaison appartiennent les mots :

N consul *G* consŭl**is** consŭl**um**
N navis *G* nav**is** nav**ĭum**

Quelle différence constatez-vous au **génitif pluriel?**

2. Étudions les séries de mots suivantes :

a) *N* navis *G* navis navĭum
N classis *G* classis classĭum
N hostis *G* hostis hostĭum
N mare *G* maris marĭum

Comptez pour chaque mot le nombre de syllabes, au nominatif singulier, puis au génitif singulier. Trouvez-vous un nombre égal de syllabes à ces deux cas?
On appelle ces mots des **parisyllabiques** (le mot latin *par* signifie *égal*).

b) *N* miles *G* milĭtis milĭtum
N consul *G* consŭlis consŭlum
N iter *G* itinĕris itinĕrum

Comptez pour chaque mot le nombre des syllabes, au nominatif singulier, puis au génitif singulier.
Trouvez-vous un nombre égal de syllabes à ces deux cas?
On appelle ces mots des **imparisyllabiques** (le mot latin *impar* signifie *inégal*).

Pour savoir si tel ou tel mot de la troisième déclinaison a son génitif pluriel en ***-um*** ou ***-ĭum***, regardez si ce mot est imparisyllabique ou parisyllabique.

3. Cette règle comporte des exceptions. Certains parisyllabiques ont perdu au nominatif singulier la voyelle qui terminait leur radical avant la désinence ***-s*** et, par conséquent, une syllabe (voir n° 4 ci-après). Ils ont généralement deux consonnes avant la terminaison ***-is*** du génitif singulier :

N mons *G* mo**nt**is mo**nt**ĭum
N urbs *G* u**rb**is u**rb**ĭum

On les appelle **faux imparisyllabiques.**

Trouvez un autre exemple dans le texte de la leçon.

4. Quelle loi phonétique a joué au nominatif du mot : *mons* < **mont(i)s?*

5. Le mot parisyllabique ***mare*** est un nom neutre. Quelle différence sa déclinaison présente-t-elle avec celle des noms masculins ou féminins? Comparez ***in mari*** et ***in monte.*** Examinez le nominatif/accusatif pluriel dans le Nota Bene.

6. De quel cas sont suivies les prépositions ***ad*** et ***ante?***
Il ne faut donc pas penser que tous les mots ou groupes de mots à l'accusatif sont des compléments d'objet.

Vocabulaire

ad *(+ acc.) : vers, en direction de*
ante *(+ acc.) : devant, avant*
arx, arcis (*g. pl.* arcĭum) *f : citadelle*
civis, is *m : citoyen*
classis, is *f : flotte*
curro, is, ĕre : *je cours*
discipŭlus, i *m : élève*
dormĭo, is, ire : *je dors*
hostis, is *m : ennemi*
mare, is *n : mer*
moenĭa, ĭum *n pl : remparts*
mons, montis (*g. pl.* **montĭum**) *m : montagne, mont, hauteur*
navĭgo, as, are : *naviguer*
navis, is *f : bateau, navire*
praemĭum, ĭi *n : récompense*
pulcher, chra, chrum : *beau*
Romanus, a, um : *romain*
sto, as, are : *je me tiens debout, je me dresse*
turba, ae *f : foule, troupe*
urbs, urbis (*g. pl.* **urbĭum**) *f : ville*

A vous de jouer

1. Retrouvez le texte latin correspondant aux images de la page 80.

2. Donnez le génitif pluriel des noms suivants.

consul – orator – mulĭer – miles – scelus – civis – mare – hostis – arx – urbs – classis – agmen – navis – vulnus – mons – agricŏla – civis – discipŭlus – moenĭa – templum – hostis – servus – ancilla – quaestor – mare.

3. Complétez chaque phrase par celui des deux mots qui convient au sens, en le mettant à la forme voulue.
Traduisez.

- *mulĭer / scelus*
  Laetam ... turbam in foro videmus.
- *rosa / hostis*
  ... dux ad oppĭdum cum equitĭbus iter facit.
- *urbs / servus*
  In Romanarum ... foris statŭae multae et pulchrae stant.
- *liber / miles*
  Romanorum ... turba in navĭbus dormit.
- *pericŭlum / eques*
  Dux ... celeritatem laudat.
- *civis / iter*
  ... pecunĭa urbs nostra magna et pulchra est.
- *urbs / oppĭdum*
  Incendĭum ... nostrae moenĭa delet.
- *equus / discipŭlus*
  Bonus magister bonis ... multa praemĭa dare debet.
- *orator / villa*
  Philosŏphi scribĕre, ... dicĕre, equi currĕre, discipŭli dormire debent.

4. Complétez les mots incomplets.

Incendĭum del... .
Incendĭ... moenĭ... del... .
Incendĭ... urb... moenĭ... del... .
Incendĭ... urb... nostr... moenĭ... del... .
Magn... incendĭ... urb... nostr... moenĭ... del... .

Discipŭl... legunt.
Discipŭl... in libr...s legunt.
Discipŭl... in philosoph... m libr...s legunt.
Discipŭl... in philosoph... libr... sententĭ... legunt.
Discipŭl... in philosoph... libr... sententĭ... pulchr... legunt.

Rendez à César

De quels mots latins rapprochez-vous : *antécédent – antérieur – civisme – hostile – urbain?*

De quel mot latin (déjà connu de vous) rapprochez-vous le verbe *sto, stas?*

(Voir le vocabulaire de la leçon 12.)

Qu'est-ce qu'un exposé *magistral?* Une réponse *puérile?* La *puériculture? L'agriculture?* Un *misérable?* Une plaisanterie *sempiternelle?* Un *débiteur?*

Que signifie : *captiver* son *auditoire?*

NOTA BENE

Les noms **parisyllabiques** de la 3e déclinaison ont leur génitif pluriel en *-ĭum.*

Ils ont le même nombre de syllabes au nominatif et au génitif singulier.

Quelques noms de la 3e déclinaison, appelés « faux imparisyllabiques », ont également leur génitif pluriel en *-ĭum.*

	Parisyllabiques				Faux imparisyllabiques	
			neutre			
	sing.	plur.	sing.	plur.	sing.	plur.
N	civis	cives	mare	marĭa	urbs	urbes
A	civem	cives	mare	marĭa	urbem	urbes
G	civis	civ**ĭum**	maris	mar**ĭum**	urbis	urb**ĭum**
D	civi	civĭbus	mari	marĭbus	urbi	urbĭbus
Ab	cive	civĭbus	mari	marĭbus	urbe	urbĭbus

Les affranchis

Les esclaves peuvent espérer l'affranchissement. Ils deviennent alors des *liberti* et prennent le nom de leur maître, leur ancien nom leur servant de *cognomen* : c'est ainsi que Tiro, esclave sténotypiste de Cicéron *(Marcus Tullĭus Cicĕro)* devint *Marcus Tullĭus Tiro.* Sous la République, l'affranchissement *(manumissĭo)* n'est pas une pratique très fréquente. Seuls quelques esclaves très familiers ou qui se sont signalés par des services exceptionnels en bénéficient. Ils restent d'ailleurs attachés à leur maître qui devient leur *patronus.* L'esclave peut aussi parfois obtenir la permission de faire des économies *(pecūlĭum)* avec lesquelles il rachètera un jour sa liberté. Mais un affranchi ne dispose pas encore des droits d'un citoyen libre, pas même celui d'être

légalement marié et encore moins celui d'être magistrat. Il fallait, en principe, attendre la troisième génération pour que les descendants d'un ancien esclave deviennent de vrais citoyens. Sous l'Empire, les affranchissements devinrent de plus en plus nombreux. Les maîtres prirent l'habitude de stipuler sur leur testament l'affranchissement d'un certain nombre de leurs esclaves. Question de mode ? Heureux ceux qui profitèrent de ce snobisme et de cette évolution des mentalités.

La valise pleine de rêves

Dans toute comédie, il y a un esclave, souvent rusé et débrouillard. Dans la pièce *Rudens,* de Plaute, l'esclave Gripus pense surtout à trouver le moyen de sortir de sa condition :

« Je me suis levé vaillamment en pleine nuit, préférant le travail au repos et au sommeil. La tempête faisait rage, mais, dans la misère, il faut bien tenir le coup. Je n'ai pas épargné ma peine. On ne vaut rien quand on est paresseux et quand on attend que le maître vous réveille pour vous envoyer à la tâche. Ceux qui continuent à dormir de bon cœur, ça leur retombe sur le nez, et ils risquent d'être battus. Mais moi, puisque je n'ai pas perdu mon temps, j'ai trouvé ce matin le moyen de le perdre quand j'en aurai envie : j'ai trouvé cet objet dans la mer. Qu'est-ce qu'il y a dedans ? En tout cas, c'est lourd. À mon avis, ce doit être de l'or. Je n'ai mis personne au courant. Ah ! Gripus, voilà l'occasion de te faire affranchir ! Imagine l'avenir, prépare ton plan... J'irai d'abord habilement voir mon maître, sans avoir l'air de rien, et petit à petit, je lui proposerai un prix pour acheter ma liberté. Quand je serai libre, j'achèterai des terres, une maison, des esclaves. Et puis j'aurai de grands bateaux de commerce, je serai le roi des armateurs. Pour mon plaisir, je me ferai construire un voilier et je visiterai le monde, de ville en ville. Quand je serai devenu un personnage connu et important, je bâtirai une vaste cité avec des remparts. Je lui donnerai mon nom, Gripus, pour qu'on se souvienne de ma gloire et de mes exploits. Elle sera la capitale d'un vaste empire...

Hé, je sens ma tête tout enflée de grands projets. En attendant, il faut que je mette cette valise en lieu sûr. Je suis millionnaire, d'accord ; mais mon repas de midi ne sera vraiment pas un festin ! »

14

adjectifs de la 2e classe

Héroïsme!

①

Omnes Romani milĭtes magno timore ingentem hostem spectant. Fortis miles ad eum currit.

Tous les soldats romains regardent avec une grande frayeur un immense ennemi. Un courageux soldat court vers lui.

②

Grave ei forti milĭti est pericŭlum. Ingens hostis telum ingens ad fortem milĭtem mittit.

Le danger est grave pour ce courageux soldat. L'immense ennemi lance un immense javelot vers le courageux soldat.

③

Fugit miles levi pede ante omnĭum milĭtum ocŭlos.

Le soldat fuit d'un pied léger sous les yeux de tous les soldats.

④

Est levis navis in ingenti flumĭne. In ea levi nave miles non jam hostem timet.

Il y a une légère embarcation sur l'immense fleuve. Sur ce léger bateau le soldat ne craint plus l'ennemi.

Observons

1. Relevez les adjectifs de ce texte et classez leurs formes selon le cas, le genre et le nombre.

Vous constatez qu'il s'agit, pour la plupart, d'une catégorie d'adjectifs (appelée 2ᵉ classe) différente de celle que vous connaissez (appelée 1ʳᵉ classe). À quels modèles de déclinaisons des noms vous font-ils penser?

Il y a cependant une différence à un cas. Lequel?

2. Comparez : ***levi pede*** et ***in ea levi nave.***

Y a-t-il une différence de forme entre le masculin et le féminin de cet adjectif?

3. Les adjectifs de la 2ᵉ classe se répartissent en trois types qui **ne se distinguent qu'au nominatif singulier.** Définissez ces différents types d'après les exemples suivants.

ingens hostis	gravis gladĭus	acer puer
ingens vox	gravis statŭa	acris puella
ingens telum	grave pericŭlum	acre bellum

4. Reprenons la phrase ④. Quel est le sujet de ***est?*** Y a-t-il un attribut? Quelle est la place de ***est?***

Dans les constructions de ce type, nous traduirons par le gallicisme (tournure particulière au français) ***il y a :***

Est *navis in flumĭne.*
→ Il y a une embarcation sur le fleuve.
Sunt *naves in flumĭne.*
→ Il y a des embarcations sur le fleuve.

Vocabulaire

Comme pour les adjectifs de la 1ʳᵉ classe, le vocabulaire vous indique les formes de masculin, féminin et neutre des adjectifs de la 2ᵉ classe, sauf pour un des types. Lequel?

acer, acris, acre : *piquant, perçant; vif, impétueux, violent, énergique*
arx, arcis *f : citadelle*
curro, is, ĕre : *je cours*
fortis, is, e : *courageux*
fugĭo, is, ĕre : *je fuis*
gravis, is, e : *lourd, puissant, grave, pénible, accablant*
ingens, entis : *immense, énorme*
levis, is, e : *léger*
mitto, is, ĕre : *j'envoie*
moenĭa, ĭum *n pl : fortifications, murailles*
navĭgo, as, are : *je navigue*
non... jam : *ne... plus*
ocŭlus, i *m : œil*
omnis, is, e : *chaque, tout*
  omnes, nĭum *m pl : tous, tout le monde*
pes, pedis *m : pied*
praemĭum, ĭi *n : récompense*
pulcher, chra, chrum : *beau*
telum, i *n : javelot, arme de jet*
timor, oris *m : peur*
vox, vocis *f : voix, parole*

A vous de jouer

1. Traduisez.

Gravi voce dux milĭtum laborem laudat. – In alto monte stat deae templum. – Philosŏphi timor magnus est quia ingentem videt equum qui ad eum magna celeritate currit. – Quaestor fortĭbus milĭtibus magnum dat praemĭum. – Parvus miles levĭa tela mittit, ingens hostis gravĭa. – Consŭli pulchrae filĭae et acres filĭi sunt. – Ante oppĭdi moenĭa Romani milĭtes telis et gladĭis pugnant.

Les garçons et les filles courent joyeux dans les rues et sur les places de la ville. – Sous les yeux de tous un violent incendie détruit la haute citadelle. – Des flottes romaines naviguent sur toutes les mers. – Les fantassins ne sont pas toujours joyeux parce qu'ils font de longs trajets (voyages) à pied. – L'esclave fait route vers la ville sur un âne, le maître sur un cheval. – Le consul a de nombreux esclaves et peu de servantes. – La citadelle a de longues murailles. – Le soldat doit toujours obéir au chef. – Dans toute ville, il y a un temple, dans tout temple une statue, dans toute ferme un esclave, sur toute mer des navires, dans toutes les citadelles des soldats, dans tout jardin une rose.

2. Expliquez les mots en italique d'après leur origine latine.

du *vinaigre* – une randonnée *pédestre* – une attitude *timorée* – des revenus *grevés* d'impôts – un train *omnibus* – un animal *omnivore* – la *lévitation* est pratiquée par certains fakirs – mon *oculiste* est myope.

3. Accordez les noms avec les adjectifs dont le sens convient. Faites un ou deux accords par ligne.

	magnus	altus	parvus	omnis	fortis	gravis	ingens	acer	levis
agmĭne									
pedĭtes									
telum									
hostem									
muliĕri									
timoris									
statŭa									
oppĭda									
voces									
statuarum									
pede									
ducum									
servis									
scelĕra									
puellam									

4. Avec les noms donnés ci-dessous et les mots du vocabulaire que vous connaissez, faites des phrases de ce type :

Est *levis navis in flumĭne.*
ou ***Sunt*** *multae naves in flumĭne.*
ou ***Sunt*** *multae naves in fluminĭbus.*

ager – agmen – arx – asĭnus – equus – forum – hortus – mare – mons – murus – liber – oppĭdum – templum – urbs – via – villa.

Les enquêtes de Barbatus

Barbatus vient de recevoir un message secret qui lui donne des nouvelles d'une jeune personne de haut rang. Des lettres parasites ont été glissées entre les mots. Enlevez-les pour découvrir le message :

BURICONSULISUBTROFILIAOMAGIN CLAURBEVILESTTRO

NOTA BENE

■ Les **adjectifs de la 2e classe** se déclinent sur le modèle de la 3e déclinaison (parisyllabiques).

■ Ils se divisent en trois types qui se distinguent par le nominatif singulier. L'ablatif singulier est, le plus souvent, en *-i*.

	singulier						
	M F	N	M F	N	M	F	N
N	ingens	ingens	omnis	omne	acer	acris	acre
A	ingentem	ingens	omnem	omne	acrem	acrem	acre
G	ingentis		omnis		acris		
D	ingenti		omni		acri		
Ab	**ingenti(e)**		**omni**		**acri**		

	pluriel					
	M F	N	M F	N	MF	N
N	ingentes	ingentĭa	omnes	omnĭa	acres	acrĭa
A	ingentes	ingentĭa	omnes	omnĭa	acres	acrĭa
G	**ingentĭum**		**omnĭum**		**acrĭum**	
D	ingentĭbus		omnĭbus		acrĭbus	
Ab	ingentĭbus		omnĭbus		acrĭbus	

La révolte des esclaves

Les révoltes serviles jalonnent l'histoire romaine, mais les plus importantes éclatèrent aux alentours de l'année 100, sur les grands domaines de Sicile et de Campanie où travaillait une énorme population d'esclaves de fraîche date, regrettant leur pays et nostalgiques de liberté.

Spartacus

En 73 av. J.-C., un esclave du nom de Spartacus, originaire de Thrace, s'évade, avec quelques compagnons, d'une école de gladiateurs située à Capoue, dans la région de Naples. Réfugié sur les pentes du Vésuve, il constitue une troupe armée qui réussit, par un stratagème, à mettre en déroute une armée romaine. Celle-ci, en effet, chargée de rétablir l'ordre dans la région, cernait la montagne, quand les hommes de Spartacus, se laissant glisser à travers les rochers en s'aidant de cordes faites avec des sarments de vigne, firent irruption dans le camp et s'emparèrent de la tente du général. A la suite de cette victoire, jusqu'à 120 000 esclaves vinrent se joindre à Spartacus et mirent le Sud de l'Italie à feu et à sang. Mais leur chef ne parviendra pas à les entraîner jusqu'au Nord, vers les Alpes, au-delà desquelles ils trouveraient la liberté.

L'extermination

Après avoir remporté d'importantes victoires, les bandes d'esclaves rebelles furent finalement exterminées par **Crassus.** Pris au piège au fond du Bruttium (nom antique de la Calabre), les esclaves affrontèrent la mort avec courage, et Spartacus lui-même périt au combat, « en combattant vaillamment en première ligne, comme un vrai chef » (Florus). Crassus fit crucifier six mille esclaves prisonniers, tout le long de la route qui va de Capoue jusqu'à Rome. La « guerre des esclaves » avait duré presque deux ans, et Spartacus reste le symbole d'une juste révolte où les opprimés, avant de succomber, humilièrent leurs oppresseurs.

Extrait du film *Spartacus*, de Stanley Kubrick (1961).

15

4ᵉ déclinaison

cardinaux

Jeux de mains

① Homĭnis manum videtis.
Vous voyez la main de l'homme.

② Unius manus digĭti sunt quinque.
Les doigts d'une seule main sont (au nombre de) cinq.

③ Digĭti utĭles sunt.
Les doigts sont utiles.

④ Sunt in manu una quinque digĭti.
Il y a cinq doigts dans une seule main.

⑤ Omni homĭni sunt manus duae et pedes duo.
Tout homme a deux mains et deux pieds.

⑥ Equus manus non habet.
Le cheval n'a pas de mains.

⑦ Manŭum duarum digĭti sunt decem.
Les doigts de deux mains sont (au nombre de) dix.

⑧ Sunt in manĭbus duabus decem digĭti.
Dans deux mains il y a dix doigts.

⑨ Quinque et tres sunt octo.
Cinq et trois font huit.

Main ornée de symboles pour éviter le mauvais œil. (Musée romain d'Avenches, Suisse)

Observons

1. Vous trouvez dans le texte des **adjectifs numéraux.** Relevez-les en indiquant leur cas et leur genre.

Les numéraux cardinaux **1, 2, 3** suivent une **déclinaison spéciale.** Les numéraux cardinaux **de 4 à 10** (voir Nota Bene) ne se déclinent pas; ils sont **invariables.**

2. Le mot ***manus*** appartient à la 4e déclinaison. En ne tenant pas compte de la phrase ⑧, dites quelle voyelle caractéristique se retrouve dans la finale du mot.

D'après les phrases ci-contre, faites le tableau de la déclinaison de *manus* (trois cases resteront vides).

3. Quelle remarque phonétique faites-vous sur le mot ***homo, homĭnis?***
Pensez à un mot semblable utilisé dans la leçon 11.

Vocabulaire

arx, arcis *f : citadelle*
cornu, us *n : corne; aile d'une armée*
curro, is, ĕre : je cours
digĭtus, i *m : doigt*
discipŭlus, i *m : élève*
exercĭtus, us *m : armée*
habĕo, es, ere : *j'ai*
homo, homĭnis *m : homme*
impĕtus, us *m : élan, assaut, attaque*
magister, tri *m : professeur*
manus, us *f : main*
navĭgo, as, are : *je navigue*
pes, pedis *m : pied*
piger, gra, grum : *paresseux*
popŭlus, i *f : peuplier*
portus, us *m : port*
pulcher, chra, chrum : *beau*
rivus, i *m : ruisseau*
sumo, is, ĕre : *je prends*
telum, i *n : arme de jet, javelot*
turba, ae *f : troupe, foule*
utĭlis, is, e : utile
vultus, us *m : visage*

A vous de jouer

1. Relevez, dans le vocabulaire, tous les mots qui se déclinent comme *manus, us.*

2. Complétez et traduisez.

Duo digĭti et duo sunt ... digĭti.
Duo templa et quattŭor sunt ... .
Una ancilla et sex sunt ... .
Unum vulnus et septem sunt ... .
Novem statŭae et una sunt ... .
Duae manus et tres sunt ... .
Unus hortus et duo sunt ... .
Unus portus et duo sunt ... .
Quattŭor popŭli et quinque sunt ... .

... et tres sunt quinque exercĭtus.
... et quattŭor sunt septem flumĭna.
... et duae sunt tres naves.
... et tres sunt quattŭor vultus.
... et tres sunt sex exercĭtus.
... et quinque sunt octo ancillae.
... et unus sunt tres servi.
... et tria sunt quattŭor bella.

3. Écrivez en toutes lettres les chiffres romains et traduisez.

I magistrum et II puellas et III puĕros vidĕo. – II pulchrorum equorum et I asĭni et III pigrorum servorum domĭnus sum. – In omni vultu sunt II ocŭli. II ocŭlis homo videt, II pedĭbus currit, I manu telum mittit, I digĭto viam monstrat. – Servi III domĭno parent, domĭnus III servis impĕrat. – Cum II equitĭbus dux ad oppĭdum fugit. – Sunt III templa in foro; ante ea templa sunt III statŭae. – Cum III hostĭbus fortis miles pugnat. – Hostĭum dux I ocŭlum habet.

4. Traduisez.

Equo non sunt cornŭa, navi non sunt pedes. – Magno impĕtu Romani milĭtes ad hostes currunt, tela mittunt, gladĭos sumunt; consul in cornu pugnat. – Muliĕrum et puerorum et puellarum turba fugit quia hostĭum classis ad portum navĭgat. – Una manu scribĭmus, duabus manĭbus pugnamus, uno digĭto viam monstramus. – Laeto vultu amicus amicum laudat. – Magister pigrum discipŭlum digĭto monstrat; is omnĭum ocŭlos fugit. – Quinque milĭtes exercĭtus non sunt, quinque naves classis non sunt.

Les chevaux obéissent aux cavaliers, les cavaliers au chef, le chef à la jeune fille. – Il y a beaucoup de lourds navires dans les ports mais de petits bateaux sur les ruisseaux. – L'ennemi fait de nombreux assauts en direction des murailles de la forteresse. – Le consul lève (fait) deux armées et fait route vers l'ennemi en toute hâte (avec une grande rapidité). – Le paysan montre la route au chef de l'armée.

5. Mettez au nominatif pluriel les mots suivants : attention à leur déclinaison.

discipŭlus – scelus – servus – exercĭtus – hortus – vulnus – portus – domĭnus – vultus.

Rendez à César

De quels mots latins rapprochez-vous les mots français suivants?

un quatuor – un décimètre – novembre – un quinquagénaire – impétueux – des *empreintes* digitales – octobre – un hominien – la manutention – une manette.

Les langues romanes

Nous avons vu (leçon 1) que le latin, progressivement modifié, avait donné naissance aux différentes langues romanes. Vous pourrez constater cette parenté sur l'exemple des numéraux cardinaux.

Complétez le tableau ci-dessous pour les langues que vous connaissez.

latin	italien	français	espagnol	portugais	roumain	provençal
	uno			um	unu	un
	due			dois	doi	dos
	tre			três	trei	tres
quattŭor	quattro			quatro	patru	quatre
quinque	cinque			cinco	cinci	cinc
sex	sei			seis	sase	sièis
septem	sette			sete	sapte	sèt
octo	otto			oito	opt	uèit
novem	nove			nove	noua	nou
decem	dieci			dez	zece	dètz

NOTA BENE

I unus, una, unum — II duo, duae, duo — III tres, tres, tria — IV quattŭor — V quinque — VI sex — VII septem — VIII octo — IX novem — X decem

Il manquait aux Romains un chiffre très utile, qui fut inventé par les Arabes. Lequel?

	unus			duo			tres	
	M	F	N	M	F	N	MF	N
N	unus	una	unum	duo	duae	duo	tres	tria
A	unum	unam	unum	duos (duo)	duas	duo	tres	tria
G	unius			duorum	duarum	duorum	trium	
D	uni			duobus	duabus	duobus	tribus	
Ab	uno	una	uno	duobus	duabus	duobus	tribus	

	4e déclinaison			
	singulier		pluriel	
		neutre		*neutre*
N	manus	cornu	manus	cornŭa
A	manum	cornu	manus	cornŭa
G	manus	cornus	manŭum	cornŭum
D	manŭi	cornŭi	manĭbus	cornĭbus
Ab	manu	cornu	manĭbus	cornĭbus

Nom de nom!

Le nom d'un romain libre est composé de trois éléments, parfois quatre : Caius Julĭus Caesar, Marcus Tullĭus Cicĕro, Caius Plinĭus Secundus Major, Publĭus Cornelĭus Scipĭo Africanus...

Ces éléments sont :
– Le *praenomen.* Il n'y a guère qu'une vingtaine de prénoms latins : Quintus, Sextus, Marcus, Caius, Lucĭus, Aulus, Publĭus, Titus... Dans les textes ils peuvent n'être indiqués que par leur(s) première(s) lettres(s) :
M. = Marcus; Q. = Quintus; P. = Publĭus...
– Le *nomen (gentilicĭum).* Ce nom se termine généralement en *-ius* : Julĭus, Tullĭus, Cornelĭus...
– Le *cognomen* (surnom). Il s'agit souvent d'un sobriquet qui rappelait une particularité physique : Calvus (le chauve), Balbus (le bègue), Cicĕro (celui qui a un pois chiche sur le visage), Caecus (l'aveugle), Cincinnatus (le bouclé), Barbatus (le barbu), Nasica (le grand nez), Brutus (le lent d'esprit), Crassus (le gros), Lentŭlus (la petite lentille)... Le *cognomen* peut aussi rappeler une distinction honorifique ou un épisode dans la vie d'un homme : Marcus Valerĭus *Corvinus,* parce que, dans un combat, ce personnage reçut l'aide d'un corbeau *(corvus);* Caius Mucĭus *Scaevŏla* (le gaucher). Recherchez comment ce dernier perdit sa main droite.

Les filles sont désignées par le nom gentilice de leur père, au féminin : Julĭa, Cornelĭa... La fille de Cicéron s'appelle Tullĭa.

– Un second cognomen : Africanus (le vainqueur de l'Afrique), Major (l'aîné)...

Antoine, Cécile, Laurent, Pauline... et les autres

Un grand nombre de prénoms français viennent du latin. Il peut s'agir :
– De noms d'empereurs ou de familles célèbres : Auguste, Claude, César, Antoine, Constantin; Jules/Julie/Juliette *(Julĭus),* Cécile *(Caecilĭa),* Émile *(Aemilĭus)...*
– D'adjectifs qui donnèrent des noms de baptême chrétiens et dont on sentait la signification : Albain, Albane : *albus* (blanc, pur); Benoît, Bénédicte : *benedictus* (aimé de dieu); Carine : *carus* (chéri); Clément : *clemens* (bon, doux); Dominique : *dominĭcus* (protégé par le Seigneur); Fabrice : *faber* (artisan); Florent, Florence : *florens* (en fleurs); Hortense : *hortus* (jardin); Laurent : *laurus* (ceint de laurier); Marguerite, Magali, Margot : *margarita* (perle)...

Fil à suivre

Retrouvez l'origine des prénoms suivants dans la liste des mots latins qui suit :
– Claire, Béatrix, Léon, Lucien/Luce, Martial, Maxime, Marc, Régine, Silvain, Victor, Rose;
– *beatus* (heureux), *clarus* (lumineux), *Mars* (dieu de la guerre), *leo* (lion), *maxĭmus* (le très grand), *lux* (lumière), *Marcus, silva* (forêt), *regina* (reine), *victor* (vainqueur), *rosa.*

Caius Julius Caesar.

Messalina.

ÉTAPE 3

RÉCAPITULATION DU VOCABULAIRE OBLIGATOIRE

■ vita, ae *f* : *vie*

ager, gri *m* : *champ*
digĭtus, i *m* : *doigt*
hortus, i *m* : *jardin*
liber, bri *m* : *livre*
ocŭlus, i *m* : *œil*
puer, puĕri *m* : *enfant*

bellum, i *n* : *guerre*
telum, i *n* : *arme de jet, javelot*

homo, mĭnis *m* : *homme*
labor, oris *m* : *travail, peine*
pes, pedis *m* : *pied*

civis, is *m* : *citoyen, concitoyen*
classis, is *f* : *flotte*
hostis, is *m* : *ennemi (public)*
navis, is *f* : *navire, bateau*
mare, is *n* : *mer*
moenĭa, ĭum *n pl* : *fortifications, muraille*
mons, montis *m* : *mont, montagne*
urbs, urbis *f* : *ville*

cornu, us *n* : *corne; aile d'une armée*
exercĭtus, us *m* : *armée*
impĕtus, us *m* : *élan, assaut*
manus, us *f* : *main*
portus, us *m* : *port*

■ miser, ĕra, ĕrum : *malheureux*
noster, tra, trum : *notre, le nôtre*
vester, tra, trum : *votre, le vôtre*
Romanus, a, um : *romain*

fortis, is, e : *courageux*
gravis, is, e : *lourd, puissant, pénible*
levis, is, e : *léger*
omnis, is, e : *tout, chaque*
utĭlis, is e : *utile*

acer, acris, acre : *piquant, perçant; impétueux, énergique, violent*
ingens, entis : *énorme, immense*

■ laboro, as, are : *je travaille*
laudo, as, are : *je loue, j'approuve*
monstro, as, are : *je montre*
sto, as, are : *je suis debout, je me dresse*

debĕo, es, ere : *je dois*
habĕo, es, ere : *j'ai*

mitto, is, ĕre : *j'envoie, je jette*

capĭo, is, ĕre : *je prends*
fugĭo, is, ĕre : *je fuis*

■ ad *(+ accusatif)* : *vers, en direction de*
ante *(+ accusatif)* : *devant, avant*
non... jam : *ne... plus*
nonne? : *est-ce que... ne... pas?*
sed : *mais*
semper : *toujours*

■ qui : *qui*
is, ea, id : *pronom/adjectif de rappel*

■ unus, a, um : *un*
duo, ae, o : *deux*
tres, tres, tria : *trois*
quattŭor : *quatre*
quinque : *cinq*
sex : *six*
septem : *sept*
octo : *huit*
novem : *neuf*
decem : *dix*

Les enquêtes de Barbatus

Barbatus recherche les mots intrus (du point de vue du sens) qui se sont glissés dans la série ci-dessous :
fortis – bellum – hostis – agmen – liber – miles – dux – puer – exercĭtus – pugno – impĕtus.

Aidez-le également à trouver le contraire des mots suivants :
inimicus – magnus – multi – levis.

Rébus

(Les éléments sont des mots français, le mot à reconstituer est latin.)

Essayez votre force

Traduisez les expressions suivantes. Comparez votre traduction avec le corrigé (cf. p. 98). Recommencez jusqu'à ce que vous soyez arrivé(e) à la perfection !

Thème

1. L'armée des ennemis se tient devant les murailles de la ville.
2. Le consul envoie cinq soldats courageux en direction de la citadelle.
3. À l'aile (de l'armée), le chef commande aux soldats d'une voix forte.
4. Le maître doit louer le travail des élèves.
5. Une image est une belle récompense pour l'élève.
6. Le soldat a un seul glaive et deux armes de jet.
7. Entendez-vous dans les champs la voix forte de l'âne ?

---

aile d'armée : *cornu, us* n – arme de jet : *telum, i* n – beau : *pulcher, chra, chrum* – citadelle : *arx, arcis* f – élève : *discipŭlus, i* m – image : *imago, ĭnis* f – maître : *magister, tri* m – murailles : *moenĭa, ĭum* n pl – récompense : *praemĭum, ĭi* n – se tenir : *sto, as, are* – voix : *vox, vocis* f.

Version

1. In decem navĭbus Romanus exercĭtus ad portum navĭgat.
2. Omni homĭni sunt vultus unus, digĭti decem, ocŭli duo; misĕro duci sunt ocŭlus unus, digĭti novem.
3. Agricŏla in monte ingentem arcem digĭto monstrat.
4. In agris parvus asĭnus levi pede iter facit.
5. Romanus miles ante hostes non fugit.
6. Ocŭlis videmus, manĭbus capĭmus, pedĭbus iter facĭmus.
7. Consul unius exercĭtus dux non est sed duorum.

---

arx, arcis *f : citadelle* – navĭgo, as, are : *naviguer* – vultus, us *m : visage.*

Rendez à César

Relevez dans le texte suivant les mots français qui vous font penser à des mots latins de cette étape, du point de vue de l'étymologie :

Dans une enquête antérieure, le commissaire avait montré une nette hostilité envers un débiteur qui l'avait dupé. Quand il l'arrêta, il vociféra : « Scélérat ! Misérable ! Inutile de jouer les timorés ! C'est le truc sempiternel. Vous êtes coupable ; il y a des témoins oculaires. Votre affaire est grave. » L'homme reconnut que son attitude était puérile et qu'il regrettait son geste : à force de manipuler l'argent de la caisse, il avait été tenté avec une force impérieuse d'en prendre un peu pour lui. Il le rendrait, c'était juré. Pour l'instant, il était vital que le commissaire ne l'arrêtât pas, et il demandait l'indulgence ; il avait trouvé une place de scribouillard dans un bureau, emploi stable qui lui permettrait de rembourser sa dette et de ne plus être un fugitif. Le commissaire lui dit : « D'après le Code civil, vous méritez la prison. Je vous libère, mais n'y revenez pas ! » Une fois sorti, l'homme dit : « Ouf ! Je m'en suis tiré, mais ce fut laborieux ! »

Des mots et des idées

Groupez les verbes suivants deux par deux, par associations d'idées (exemple : *interrŏgo/respondes*).

1. pugno – do – dico – scribo – timĕo – interrŏgo.
2. audis – times – legis – rides – capis – respondes.

Classez les mots suivants selon l'idée commune à laquelle ils peuvent se rattacher (temps, nombre, terre, eau, ou une autre idée).

multi – ager – flumen – longus – semper – omnes – via – navis – non... jam – pauci – laetus – mare.

Pêle-mêle

1. Formez l'infinitif des verbes suivants.

laudo, as – habĕo, es – mitto, is – capĭo, is – audĭo, is – sto, as – facĭo, is – debĕo, es – scribo, is – specto, as.

2. Remplacez les mots imprimés en gras par la forme voulue du pronom ***is/ea/id,*** et traduisez les phrases obtenues :

Agmĭna duo ad **urbem** iter facĭunt. – Domĭnus **filĭo** magnam pecunĭam dat. – **Puellae** est magna pecunĭa. – Consŭlis statŭa in **foro** stat. – **Duo agmĭna** ad urbem iter facĭunt. – Hostes **urbis nostrae templa** delent. – **Multas et parvas naves** in mari vidĕo. – **Multos servos** in villa nostra vidĕo. – Domĭni **servis** impĕrant. – **Consŭlis statŭa** in foro stat.

3. Complétez.

• Les noms... n'ont pas le même nombre de syllabes au nominatif et au génitif singulier. Leur génitif pluriel se termine en...

• Les noms... ont le même nombre de syllabes au nominatif et au génitif singulier. Leur génitif pluriel se termine en...

• L'ablatif singulier des adjectifs de la 2e classe est le plus souvent terminé par un...

4. Déclinez au singulier et au pluriel les groupes de mots suivants :

magnus exercĭtus – omnis civis – magnum mare.

5. Complétez les mots incomplets et traduisez :

• Asinorum vita non est misĕr... – Agricŏla multorum agr... domĭnus est. – Philosŏpho multi sunt libr...

• Hostes magnum impĕt... facĭunt. – Romanorum exercitŭ... dux consul est. – Omni homĭni sunt man... duae.

• Host... exercĭtus ante urbem stat. – Romani fortes civ... et milĭtes sunt. – Bonus host... semper fugit. – Ante civ... ocŭlos ingens agmen ad oppĭdum iter facit.

6. Accordez avec les mots suivants l'adjectif *omnis.*

in ... navĭbus – ... templa – ... servi – in ... villa – in ... templo – ... milĭti – in ... agro – ... scelus – ... servorum – ... montes.

7. Avec les mots qui vous sont donnés (au singulier ou au pluriel), faites des phrases du type :
Est levis navis in flumĭne.
ou *Sunt leves naves in flumĭne.*
Sunt leves naves in fluminĭbus.

multae statŭae / forum – clara templa / urbs – multi agricŏlae / agri – misĕri servi / villa – fortes milĭtes / naves.

8. Écrivez en toutes lettres les chiffres romains, et traduisez les phrases.

I asĭnum et II ancillas vidĕo. – II filĭos consul habet. – I servi et I ancillae domĭnus sum. – II naves et I sunt tres naves. – I equus et duo sunt III equi. – III templa in foro stant.

9. Donnez le sens des mots suivants, et trouvez un mot français descendant de chacun d'eux.

bellum – puer – ager – debĕo – ante – urbs – omnis – ocŭlus – impĕtus – vita.

10. Traduisez.

Les malheureux chevaux doivent toujours obéir. – Le chef des ennemis n'a qu'un œil (a un seul œil). – Il y a un énorme navire sur la montagne. – Les ennemis lancent (font) de nombreux assauts vers la place forte.

Exercices complémentaires

Leçon 11

1. Traduisez.

1. Militĭbus duces impĕrant. Milĭtes eis parent. – 2. Nonne vides milĭtes? Eos vidĕo. – 3. Domĭnus servos interrŏgat. Servi ei respondent. – 4. Milĭtem videmus. Ejus gladĭum videmus. – 5. Equĭtes videmus. Eorum equos videmus. – 6. Eum laudo qui laborat. – 7. Domĭnus eos servos laudat qui laborant. – 8. Servus ancillae rosam dat. Ea ridet. – 9. Ancilla servo colăphum ducit *(donne une gifle).* Is non laetus est. – 10. Mulĭer opulenta *(riche)* est; ei multi sunt servi. – 11. Philosŏphus non est opulentus. Ei pauci sunt servi. – 12. Parvum templum in foro est. In eo templo est clara deae statŭa. – 13. Equus est in via. In eo est consul. – 14. Domĭnus servis pecunĭam dat. Ei laeti sunt. – 15. Mulĭeri multae sunt ancillae. Cum eis deambŭlat *(elle se promène).* – 16. Milĭtes iter facĭunt, consul cum eis. – 17. Nonne belli pericŭla times? Ea timĕo. – 18. Consŭlem vidĕo et ejus filĭum. – 19. Consŭlem vidĕo et ejus servos. – 20. Dux eos milĭtes non laudat qui non parent.

2. Faites 3 phrases en prenant successivement un mot par colonne à la forme donnée. Chaque mot ne peut être utilisé qu'une seule fois.

pauci	domĭnus	claro	pecunĭam	facĭunt
villae	cum	servis	iter	sunt
milĭtes	servi	duce	philosŏpho	dat

3. Analysez les formes suivantes (cas, genre, nombre). En l'absence de contexte, plusieurs solutions sont possibles.

eam – eos – ei – eorum – ea – eo – ejus – id – eae.

Leçon 12

1. Déclinez au singulier et au pluriel.

pulcher miles	pulchra imago
pulchrum templum	magnus liber
piger puer	

2. Introduisez dans les expressions suivantes le verbe **debet.**
Ex. : Discipŭli non **dormĭunt.**
→ Discipŭli non **dormire debent.**

Milĭtes pugnant. – Miles pugnat. – Discipŭlus scribit. – Discipŭli magistrum audĭunt. – Servus viam duci monstrat. – Ancilla domĭno paret. Equus currit. – Discipŭli magistrum non timent. – Asĭnus currit.

3. Traduisez.

Notre professeur a (*esse* + datif) de nombreux livres. – Le paysan a de beaux champs. – Votre maître a de belles servantes. – Le petit âne court dans les champs. – J'approuve le professeur qui donne des récompenses aux élèves paresseux. – Les élèves mènent (ont : *esse* + datif) une vie malheureuse; ils doivent toujours travailler. – N'écris-tu pas un beau livre?

Leçon 13

1. Remplacez *ante* par ***in*** + ablatif.

ante arcem – ante moenĭa – ante urbem – ante cives – ante hostes – ante montem – ante naves – ante altam arcem – ante alta moenĭa – ante templum.

2. Déclinez au singulier et au pluriel.

magna urbs – alta arx – altus mons.

3. Traduisez.

Le chef des ennemis se dresse sur les remparts de la place forte. – Les citoyens romains écoutent les orateurs avec beaucoup de (un grand) plaisir (*voluptas, atis* f). – De grands navires naviguent sur le fleuve en direction de la mer. – Les soldats redoutent la hauteur (*altitudo, dĭnis* f) des montagnes. – Le consul commande à la flotte romaine.

4. Relevez les phrases absurdes.

Bonus magister multa praemĭa dare debet. – Romana classis in montĭbus navĭgat. – Statŭae multae et pulchrae stant in mari. – Laetam mulierum turbam ante templum videmus.

Leçon 14

1. Dans chacune des séries suivantes, choisissez un adjectif et un nom susceptibles de s'accorder.

• fortem – gravi – levis – ingentem – omnĭbus – pulchrum – misĕrae – vestri – altum – magnus – parvae – laetos – paucarum – multorum – longo – Romanae.

• navis – milĭtem – voce – ocŭlis – labor – classem – mare – puellae – agri – puĕros – montem – villae – bello – villarum – urbes – hostĭum.

2. Déclinez au singulier et au pluriel :

omnis servus – ingens templum – fortis puer.

3. Faites 4 phrases avec les mots suivants, dans l'ordre où ils se présentent, en mettant noms et adjectifs à la forme voulue.

1. Pedes – pes – magnus – celerĭtas – iter – facĭunt.
2. In – altus – mons – ingens – arx – videmus.
3. Pauci – navis – classis – ad – urbs – navĭgat.
4. Domĭnus – multi – equus – et – servus – sunt.

Leçon 15

1. Mettez le mot entre parenthèses à la forme voulue. Dans un cas, plusieurs solutions sont possibles :

duabus (manus) – uni (exercĭtus) – tres (digĭtus); tres... – duorum (cornu) – unius (discipŭlus) – uno (impĕtus) – duos (vultus) – duo (vulnus) – duobus (hortus) – unius (manus) – duo (cornu) – multi (exercĭtus) – laetus (vultus) – magnum (impĕtus) – magnum (portus).

2. Déclinez :

magnus impĕtus – duae manus – tres exercĭtus – pulcher vultus.

3. Qui est ami de qui? Les personnages des phrases suivantes forment deux groupes antagonistes. Mettez chacun d'eux avec ses amis :

1. Servus ancillam laetus spectat. – 2. Miles ad agricŏlam ingens telum mittit. – 3. Puella servi filĭum amat. – 4. Milĭtem domĭnus laudat. – 5. Servi filĭus puellam amat. – 6. Philosŏphus servo librum dat. – 7. Servi filĭus milĭtis amicus est. – 8. Ancilla servum amat. – 9. Servus non est laetus quia cum consŭle iter facĕre debet. – 10. Consŭlis filĭus equĭtis amicus est. – 11. Eques cum milĭte gladĭo pugnat. – 12. Agricŏla philosŏphi inimicus non est. – 13. Consul philosŏphi inimicus est.

Proverbe

Trouvez le correspondant français de l'expression proverbiale latine suivante :

PISCEM IN MARI QVAERERE

---

piscis, is *m* : *poisson* – quaero, is, ĕre : *je cherche.*

Comment on fait un consul romain

Bas-relief très postérieur à l'époque de Cicéron. L'orateur parle depuis les rostres. Comparez le vêtement des personnages de la tribune et celui de la foule. Que distingue-t-on à l'arrière-plan ?

Au cours de l'année 64 av. J.-C., au moment où Cicéron est candidat au consulat, son frère Quintus écrit à son intention un petit manuel de campagne électorale dont voici un bref résumé.

« Puisque tu aspires au plus haut poste de l'État, sois conscient que tu auras à affronter des intérêts et des passions qui te sont contraires ; il importe donc que ta campagne soit, en tout point, méthodique, active et vigilante. Certes, tu es un homme nouveau[1], mais tu bénéficies d'un atout considérable, ta renommée d'orateur, car n'oublie pas que, de tout temps, l'éloquence a été l'objet d'une très grande considération. Un homme jugé digne d'être avocat de personnages qui ont été consuls ne peut être lui-même jugé indigne du consulat. Puisque cette renommée est ton tremplin, apporte le plus grand soin à la préparation de tes plaidoiries, comme si, à chaque cause que tu défends, on allait porter un jugement d'ensemble sur ton talent.

Comme c'est le défaut le plus grave de notre cité que d'oublier la vertu et le mérite, et de laisser agir la corruption, tâche de faire comprendre à ceux qui, comme toi, briguent le consulat, que tu les surveilles, que tu as l'œil sur eux. Inspire-leur la crainte la plus vive d'un procès et des sanctions qu'ils encourent s'ils utilisent des moyens financiers pour obtenir des suffrages.

Tu as beau être un homme nouveau, ta chance c'est d'avoir pour concurrents des nobles, qui n'ont pour tout mérite que leur naissance. C'est parce qu'ils sont sans mérites que ces hommes, même s'ils appartiennent à de grandes familles, ne peuvent t'être comparés. Tu persuaderas les nobles que tu as toujours partagé leurs opinions politiques et que tu as fort peu recherché la faveur populaire.

Quant à Catilina[2], grands dieux, est-il donc si redoutable ? Né dans la misère, il vit dans la compagnie d'histrions et de gladiateurs, trouvant dans les premiers des complices de ses débauches, et dans les seconds des auxiliaires de ses crimes.

Il faut t'assurer le dévouement de tes amis en te montrant obligeant, fidèle, d'un naturel aimable. Manifeste ta libéralité par des banquets que tu dois donner toi-même, et faire donner par tes alliés. N'hésite pas à rendre service. Il faut te prodiguer, être à tout le monde, il faut que les portes de ta maison soient largement ouvertes. Puisque tu t'es acquis, par tes plaidoyers, des amitiés de tout genre, fais en sorte d'assigner à chacun de tes obligés un rôle d'agent électoral bien défini. Amène-les à comprendre que le moment est venu pour eux de te prouver leur reconnaissance.

À ceux qui viendront chez toi pour te saluer le matin, fais bien voir que tu le remarques. Mais qu'ils t'accompagnent au forum est un hommage autrement sérieux. Dans la mesure du possible, tu descendras au forum à heures fixes : le fait d'avoir autour de lui, tous les jours, un cortège nombreux contribue beaucoup au prestige d'un candidat. »

Le cortège qui escorte Cicéron au forum comporte notamment sa clientèle (cf. p. 79). À son époque, le lien moral entre la patron et le client (protection, aide d'un côté, déférence et dévouement de l'autre) n'est pas encore perdu. Une clientèle nombreuse signifie la puissance et la gloire personnelles. Le système politique de l'Empire dégrada cette organisation sociale, en écrasant la classe qui avait besoin de notoriété et de respect pour se maintenir au pouvoir, et les clients deviennent souvent les parasites de riches et méprisants parvenus, comme en témoigne ce texte de Juvénal (60/140 ap. J.-C.). :

« Trebius se réveille en sursaut et s'élance, sans prendre le temps de nouer sa chaussure, de crainte d'être devancé par ses rivaux au lever du patron. Et pourtant, fera-t-il bonne chère? On lui donne un vin tourné à l'aigre, pendant que le patron s'abreuve d'un grand cru mis en réserve depuis le temps de la guerre sociale *(88 av. J.-C., voir p. 13).* Il se sert d'une large coupe d'ambre enrichie de pierreries... et toi, tu n'as qu'un godet ou un verre ébréché. Ne vois-tu pas cet esclave qui te tend en bougonnant un morceau de pain, tellement compact que tu ne saurais l'entamer sans t'ébranler les dents? Mais le pain tendre et blanc comme la neige, fait de la fleur du froment le plus pur, il est réservé à la bouche du maître de maison! »

1. Citoyen dont aucun ancêtre n'a exercé de magistrature.
2. Adversaire de Cicéron.

Buste en argent d'un riche romain.
(Musée de Vaison-la-Romaine)

Version

La puce et le vaniteux

Agricŏla Romanus barbăro hospĭti agros et villam monstrat. Hospes ante villam bestĭas videt et agricŏlam interrŏgat : « Quid est ? » – « Asĭni », respondet Romanus. Tum barbărus dicit : « Parvi sunt asĭni vestri. In patrĭa nostra majores sunt ! » Deinde oves in agro barbărus spectat et dicit : « Parvae sunt oves vestrae. In patrĭa nostra majores sunt ! » Mox omnes cubĭtum eunt sed barbărus magno timore testudĭnem in lecto invĕnit. Ad hospĭtem currit et interrŏgat : « Quid est in lecto ? » Romanus ridet et homĭni respondet : « Pulex est. Cur times ? In patrĭa nostra pulĭces ingentes sunt. »

barbărus, a, um : *barbare, étranger*
barbărus, i *m* : *le, un barbare*
bestĭa, ae *f* : *bête*
cubĭtum eunt : *(ils) vont se coucher*
curro, is, ĕre : *je cours*
deinde : *ensuite*
hospes, pĭtis *m* : *hôte*
invenĭo, is, ire : *je trouve*
lectus, i *m* : *lit*
major, oris : *plus grand*
mox : *bientôt*
ovis, is *f* : *brebis, mouton*
patrĭa, ae *f* : *pays, patrie*
pulex, lĭcis *m* : *puce*
testudo, dĭnis *f* : *tortue*
timor, oris *m* : *peur*
tum : *alors*

À la ferme : quelle est cette opération ?
(Musée de Saint-Germain-en-Laye)

Les enquêtes de Barbatus

Dans les expressions suivantes se sont cachés trois mots intrus (au total) qui n'ont rien à voir avec le contexte. Expulsez-les et donnez la traduction de l'expression correcte.

Non laetus est agricŏla quia milĭtum agmen clari spectat.

Miles bonus pericŭla non timet ; muliĕres timet.

Clarus philosŏphus incendĭum sententĭas magnas scribit.

Agricŏlae asĭnus latum oppĭdi forum et alta templa et statŭas magnas et vias angustas non amat ; villam parvam et rosas multas et altas angusti rivi popŭlos amat.

Clari consŭlis filĭus multa philosŏphi filĭae est amicus.

Bonae ancillae laetae laborant ; equi boni laeti currunt ; milĭtes boni laeti pugnant ; philosŏphi boni laeti dormĭunt.

Essayez votre force : corrigé

• 1. Hostĭum exercĭtus ante urbis moenĭa stat. – 2. Consul quinque fortes milĭtes ad arcem mittit. – 3. In cornu dux milĭtibus magna voce impĕrat. – 4. Magister discipulorum laborem laudare debet. – 5. Imago pulchrum praemium discipŭlo est. – 6. Milĭti unus gladius et duo tela sunt. – 7. Audivisne in agris magnam asĭni vocem ?

• 1. L'armée romaine navigue vers le port sur dix navires. – 2. Tout homme a un visage, dix doigts, deux yeux ; le malheureux chef a un seul œil et neuf doigts. – 3. Le paysan sur la montagne monte l'énorme citadelle du doigt. – 4. Le petit âne fait route dans les champs d'un pied léger. – 5. Le soldat romain ne fuit pas devant les ennemis. – 6. Nous voyons avec les yeux, nous prenons avec les mains, nous nous déplaçons avec les pieds. – 7. Le consul n'est pas le chef d'une seule armée, mais de deux.

Petit Romain deviendra grand

La naissance d'un enfant, à Rome, est un événement familial important, surtout si c'est un fils, garantie de la perpétuité de la famille et gage que le culte des aïeux ne s'éteindra pas. Le nouveau-né est déposé à terre devant son père qui, en le prenant dans ses bras, décide de le reconnaître, de l'élever. La porte de la maison est alors décorée de feuilles et de couronnes de fleurs ; parents et amis se précipitent. Le huitième jour pour les garçons (le neuvième pour les filles) a lieu la purification *(dies lustrĭcus)*, pendant laquelle l'enfant reçoit la bulle d'or *(bulla aurĕa)*, ou de cuir pour les gens modestes, sorte de boîte qui contient des amulettes et des formules magiques contre le mauvais sort. Il est ensuite confié à une nourrice, s'il appartient à une classe aisée, ou à sa mère. Toute une série de divinités veillent sur lui : *Edrea* l'aide à manger, *Potina* à boire, *Statulinus* à se tenir debout, *Fabrilinus* à parler. Il est l'***infans.***

Que porte autour du cou ce jeune Romain ?
(Musée du Louvre)

Les âges de la vie

À l'âge de sept ans, le garçon devient ***puer*** et porte, dans les grandes occasions, la **toge prétexte,** blanche bordée de pourpre. C'est son père qui se charge de son éducation. Caton l'Ancien estimait que ce n'était pas perdre son temps que d'enseigner l'alphabet à son fils et de l'emmener par la main aux processions sacrées ou au forum. Le père est le guide permanent de l'enfant auquel il transmet son savoir et les vertus familiales. Mais, dès la fin de la République, cette éducation paternelle sera complétée par celle du maître d'école.

Vers dix-sept ans, l'adolescent quitte solennellement la prétexte et la bulle qu'il offre aux dieux Lares, les dieux protecteurs du foyer familial. Il revêt la **toge virile,** toute blanche, et il est conduit en cortège au forum, entouré de ses parents et amis. C'est l'occasion d'une grande fête qui a généralement lieu le jour des *Liberalĭa* (fêtes de Bacchus), au mois de mars. Il va alors s'initier aux affaires publiques et suivre la préparation militaire qui est donnée, pendant la République, au Champ de Mars, plaine consacrée au dieu de la guerre, entre les murailles de la ville et le Tibre (voir plan de Rome, page 160). Il est devenu un ***adulescens*** (de 17 à 30 ans). Il sera ensuite un ***juvĕnis*** (de 30 à 40 ans), un ***senĭor*** (de 40 à 60 ans) et enfin un ***senex.*** Mais ces appellations ne sont pas très précises.

Différents noms donnent aussi des indications sur l'âge des femmes. Ils reposent davantage sur leur état civil que sur le nombre des années. ***Puella*** désigne la petite fille et la jeune fille, *virgo* une jeune fille plus âgée ; ***uxor*** s'applique à la femme mariée et *matrona* à la mère de famille.

16

le parfait

les faux parisyllabiques

Sextus à la recherche de son père (1)

Sextus quodam die matri dixit : « Ubi pater est? Num eum vīdisti? » Mater ei risit et respondit : « Non vīdi. » Puer omnes interrogavit : « Vīdistisne patrem? » Omnes responderunt : « Non vīdĭmus. » Una ancilla tamen : « Eum vicinus fortasse vīdit qui in horto laborat. Cave canes! » Is enim senex erat qui duorum ingentĭum canum domĭnus erat. Sextum audiverunt et acri impĕtu ad eum cucurrerunt. Eos vīdit; magnus timor eum cēpit; fugĕre debŭit.

Attention au chien !
(Pompéi, entrée de la maison du poète tragique)

VOCABULAIRE

acer, acris, acre : *impétueux, violent*
canis, is *m : chien*
cave canes! : *prends garde aux chiens!*
curro, is, ĕre : *je cours*
enim : *en effet*
erat : *(il, elle) était*
fortasse : *peut-être*
frater, fratris *m : frère*
juvĕnis, is *m : jeune homme*
laboro, as, are : *je peine, je travaille*
mater, matris *f : mère*
num? : *est-ce que par hasard...?*
pater, patris *m : père*
quodam die : *un certain jour*
senex, senis (*G pl.* senum) *m : vieillard*
Sextus, i *m : Sextus*
tamen : *pourtant*
timor, oris *m : peur, crainte*
vicinus, i *m : voisin*

PARFAITS À CONNAÎTRE PAR CŒUR

audĭo, is, ire, **ivi**
dormĭo, is, ire, **ivi** *(je dors)*
delĕo, es, ere, **evi**
dico, is, ĕre, **dixi**
mitto, is, ĕre, **misi**
ridĕo, es, ere, **risi**
scribo, is, ĕre, **scripsi**
sum, es, esse, **fui**

Observons

1. Vous avez sans doute traduit la forme ***vidit*** de deux façons dans les phrases où elle se présente. Quelles sont ces deux traductions différentes?

Nous rencontrons en effet dans ce texte un temps nouveau, le **parfait de l'indicatif,** qui correspond à trois temps français : le passé simple, le passé composé et le passé antérieur.

Le **présent,** en latin, indique une action présente en train de s'accomplir.
Le **parfait,** en latin, indique une action passée parfaitement achevée.

Dicit = il est en train de parler.
= il parle.

Dixit = il a fini de parler.
= il a parlé.
= il parla.
= (quand) il eut parlé.

2. Que signifie cette inscription gravée sur une pierre tombale?

ESTIS... FUI

3. Le parfait est le **seul temps** qui se caractérise par des **désinences particulières.**

• Dégagez-les en comparant deux à deux les formes suivantes :

vidi	vidisti	vidit
amavi	debuisti	interrogavit

vidĭmus	vidistis	viderunt
cepĭmus	delevistis	cucurrerunt

• Trois de ces désinences présentent un élément commun qui est une marque du parfait et que nous retrouverons ailleurs.

Trouvez cet élément en comparant :

vid**is**ti
vid**is**tis
vid**er**unt

Quelle loi phonétique explique la forme *viderunt?*

4. Le parfait se caractérise également par un **radical particulier.**

• Relevez les verbes du texte qui sont au parfait, et classez-les par conjugaisons en donnant la forme correspondante du présent et en dégageant les radicaux, selon l'exemple donné ci-dessous pour le verbe ***interrŏgo :***

interrŏgo : 1re conjugaison
– parfait → *interrogavit (interrogav-)*
– présent → *interrŏgat (interroga-)*

• Examinez les formes de parfait des verbes appartenant à la 2e et à la 3e conjugaisons : le parfait des différents verbes appartenant à une même conjugaison se forme-t-il de la même façon?

Comparez maintenant, pour chaque verbe, le radical du présent et celui du parfait, et dégagez les caractéristiques du parfait. Vous devez trouver 5 traits caractéristiques différents :

– utilisation du suffixe ***-v- :*** ......
– utilisation du suffixe ***-u- :*** ......
– utilisation du suffixe ***-s- :*** ......
– allongement de la voyelle du radical, ***avec*** ou ***sans*** changement de timbre : ......
– redoublement de la consonne initiale, suivie d'une voyelle : ......

5. Les parfaits latins à redoublement ou à allongement de la voyelle radicale nous semblent bizarres, parce que nous sommes habitués en français à former les temps verbaux soit en modifiant la fin du verbe (je chante/je chantai), soit en employant un auxiliaire (je chante/j'ai chanté). Pourtant, vous connaissez des phénomènes comparables dans d'autres langues (anglais, allemand...).

Comparez :

capĭo/cepi	*to sing/I sang*	*singen/sang*
facĭo/feci	*to come/I came*	*fahren/fuhr*

Trouvez d'autres exemples.

6. Quelle remarque faites-vous sur le génitif pluriel du mot *canis?* Il fait partie d'une courte série de mots dits ***faux parisyllabiques,*** parce qu'ils font exception à la règle et ont leur génitif pluriel en ***-um.*** La plupart d'entre eux sont contenus dans la phrase suivante :

Le *jeune homme* voyageait en compagnie de son *frère,* de sa *mère,* de son *père,* d'un *vieillard* et de son *chien.*

A vous de jouer

1. a) Sachant que le parfait de ***amo*** est ***ama-vi,*** formez de la même façon les parfaits des verbes suivants, qui appartiennent tous à la 1re conjugaison : impĕro – interrŏgo – laboro – laudo – monstro – navĭgo – pugno – specto.

b) En vous reportant au tableau de la formation du parfait, classez selon les différentes catégories de parfait les verbes que vous connaissez, dont le parfait vous est indiqué ci-dessous :
căpĭo, is, ĕre, cēpi – delĕo, es, ere, delevi – dico, is, ĕre, dixi < * dic-si – do, as, are, dedi – dormĭo, is, ire, dormivi – făcĭo, is, ĕre, fēci – fŭgĭo, is, ĕre, fūgi – habĕo, es, ere, habŭi – lĕgo, is, ĕre, lēgi – mitto, is, ĕre, misi < * mit-si – parĕo, es, ere, parŭi – ridĕo, es, ere, risi < * rid-si – scribo, is, ĕre, scripsi < * scrib-si – sto, as, are, steti < * stesti – timĕo, es, ere, timŭi – vĭdĕo, es, ere, vīdi – audĭo, is, ire, audivi.

Relevez ci-dessus deux verbes de la 1re conjugaison qui n'ont pas leur parfait en *-avi.*

2. Dans l'expression suivante :

consŭlum *voces audivĭmus*

mettez à la place du mot en gras les mots ci-dessous.

quaestor – orator – dux – mulĭer – homo
civis – hostis
canis – frater – mater – pater – juvĕnis – senex
pater – magister – frater – puer
hostis – homo – senex – miles – civis
puella – amicus – dux – juvĕnis
clarus consul – fortis agricŏla – bonus civis – piger discipŭlus – acer puer – hostis Romanus – parvus canis.

---

magister, tri, *m : professeur* – piger, gra, grum : *paresseux* – discipulus, i, *m : élève.*

3. Mettez au pluriel les formes verbales suivantes (parfaits en ***-v-*** et en ***-s-*** que vous devez apprendre, parfait de ***sum***).

audivi – delevi – imperavi – dixi – misisti – fuisti – pugnavisti – scripsisti – spectavit – risit – dixit – fuit – laudavisti – fui.

4. Traduisez (au passé composé), puis mettez au présent, en latin, les formes verbales suivantes.

• audivi – delevisti – laudavit – imperavĭmus – interrogavistis – spectaverunt – interrogavit – interrogaverunt – pugnavit – pugnaverunt – spectavi – spectavĭmus – audivisti – audivistis – delevit – deleverunt.
• misi – dixisti – risit – scripsĭmus – misistis – dixerunt – misit – miserunt – dixit – dixerunt – dixi – risi – scripsi – fuerunt – fuit.

Mettez au parfait les formes verbales suivantes et traduisez-les au passé simple.

laudo – interrŏgas – impĕrat – spectamus – deletis – audĭunt – pugnat – pugnant – impĕrant – impĕrat – audit – audĭunt – dicit – ridĕo – scribis – mittĭmus – dicĭtis – scribunt – dicunt – scribit – rides – scribĭmus – mittis – dicĭtis – dico – ridĕo – scribo – mitto – sunt – es.

5. Traduisez.

Canis noster philosophorum semper inimicus fuit. – Dux quinque fortes milĭtes ad hostĭum arcem misit. – Orator magna voce civĭbus dixit : « Num asĭni estis omnes? » – Patri nostro pulcher canis fuit. – Unius filĭi vicinus noster pater fuit. – Misĕro seni ocŭli non jam sunt; cum bono cane iter facĕre debet. – Puĕri ad matres manĭbus, asĭni ad patres pedĭbus scripserunt. – Miles in muro levi manu pulchram sententĭam scripsit : « Puellas ornat silentĭum ». – Milĭtes cum hoste pugnaverunt. – Duo acres juvĕnes et una puella semper acre bellum fuerunt. – Juvĕnum turba laeto vultu oratorem audiverunt. – Magno labore oppĭdi moenĭa delevĭmus. – Senes juvenĭbus digĭto viam monstraverunt. – Senex juvĕni impĕrat, juvĕnis puĕro, puer cani. – Senes gravĭa tela mittĕre non debent sed levĭa.

---

arx, arcis *f : citadelle* – orno, as : *j'orne, j'embellis* – pulcher, chra, chrum : *beau* – silentĭum, ĭi *n : silence* – turba, ae *f : foule, troupe* – vox, vocis *f : vois* – vultus, us *m : visage.*

Rendez à César

Expliquez les mots imprimés en gras :
une **canine** – l'amour **paternel** – une ardeur **juvénile** – un tremblement **sénile** – un chemin **vicinal** – une lutte **fratricide** – une société **matriarcale.**

Les Latins appelaient *patres* leurs ancêtres. Que signifient les expressions : envoyer *ad patres,* aller *ad patres?*

NOTA BENE

La formation du parfait est indépendante du type de conjugaison à laquelle appartient le verbe.

Il existe **cinq types de formation** :

	radical du présent	radical du parfait	désinences
1) suffixe **-v-**	ama-	āmav-	-i
2) suffixe **-u-**	debe-	debu-	-isti
3) suffixe **-s-**	scrib-	scrips-	-it
4) allongement	lĕg- căpi-	lēg- cēp-	-ĭmus -istis
5) redoublement	da-	ded-	-erunt

Quelques noms parisyllabiques de la 3e déclinaison ont leur génitif pluriel en *-um*.

Ce sont : *juvĕnis – frater – mater – pater – senex – canis.*

Envoyer ad patres !
Égypte de fantaisie : les petits personnages sont des Pygmées.

Sortir et recevoir

Le chic discret du drapé

Quitter la toge prétexte et revêtir la toge virile, vous l'avez vu, constitue un grand moment dans la vie d'un jeune homme. Mais la toge reste un vêtement de sortie et de cérémonie, majestueux et peu pratique. C'est une large pièce d'étoffe sans coutures, drapée autour du corps; elle dégage le bras droit et est retenue par le bras gauche en faisant de beaux plis. Le concours d'un esclave spécialiste n'est pas inutile pour la disposer savamment sur le corps. Sa couleur est généralement d'un blanc grisâtre; une bande de pourpre borde les toges des enfants et des sénateurs.

L'empereur aux cinq tuniques

Les hommes portent ordinairement la tunique *(tunĭca)* et le manteau *(pallĭum)*. La tunique est une sorte de chemise, serrée à la taille par une ceinture; on la porte chez soi, ou pour travailler, ou encore à la campagne... Quand les Romains ont froid, ils se couvrent d'un manteau de cuir ou de laine, parfois à capuchon, ou bien ils multiplient le nombre de leurs tuniques : l'empereur Auguste, qui craignait le rhume, en portait cinq superposées.

Les femmes portent la *stola*, tunique très longue, ornée de broderies parfois si compliquées que les Romains de mauvaise humeur traitaient leurs femmes de « fresques ambulantes ». Par temps froid, les Romaines s'enveloppent dans la *palla*, grand châle rectangulaire dont un pan peut recouvrir la tête.

Les dames de qualité sont accompagnées à la promenade par des esclaves qui portent ombrelles, sacs à main et éventails (les plus élégants sont de plumes de paon ou d'autruche). Elles aiment faire étalage de leurs bijoux : bagues, broches, épingles à cheveux, bracelets, anneaux de chevilles, chaînettes, diadèmes, pendants d'oreilles... Plusieurs lois, dites « lois somptuaires», tentèrent sans succès de freiner cette débauche de luxe; elles ne furent pas observées, et les orfèvres n'en continuèrent pas moins à ciseler les métaux précieux et à sertir les pierres rares, ou les perles de l'Océan Indien.

Beauté, noblesse, richesse : une dame de qualité. (Naples, Musée archéologique national)

Au fil des temps et des modes, d'autres types de vêtements sont apparus. À la fin de l'Empire, on emprunta aux Gaulois les braies, longs pantalons serrés sur le bas des jambes. Dans les banquets, on prit l'habitude de revêtir un costume élégant et décoré, la *vestis cenatorĭa*.

« Boire le nom »

Les banquets sont une occasion de distraction et de rencontres familiales et sociales. Pourtant, les Romains ne méritent pas la réputation de gros mangeurs qu'on leur a faite. Le petit déjeuner *(jentacŭlum)* est une simple collation de pain et de fromage. À midi, repas très frugal *(prandĭum)*, pris sur le pouce, où l'on finit les restes de la veille. Le principal repas est la *cena*, dîner pris en fin d'après-midi. Le maître de maison peut retenir ses invités pour bavarder, boire et se distraire : c'est la *comissatĭo*. Allongés sur des lits, les hôtes sont servis par des esclaves. On tire au sort le roi du banquet *(rex mensae)* qui préside et désigne les personnages à la santé desquels les convives sont tenus de boire. L'échanson verse dans les coupes autant de mesures de vin qu'il se trouve de lettres dans son nom : d'où l'expression *bibĕre nomen.* Les distractions sont variées : chanter, jouer aux dés, écouter le joueur de flûte, réciter des poèmes, regarder des danseuses, des acrobates, des bouffons...

Le lait de la vigne

Les Romains connaissent de nombreux crus, dont les plus célèbres sont le Falerne, produit en Campanie, et le Cécube, fait dans le Latium. Le Falerne devait être conservé plus de dix ans dans des amphores pour trouver son meilleur bouquet. La boisson obtenue devait être bien différente des vins modernes. Le vin n'était jamais clair ; il fallait le filtrer. Il n'était pas bu pur mais coupé d'eau, froide ou chaude, et souvent accompagné de miel, d'eau de mer, et d'aromates.

MENU DE RÉCEPTION !

Nous avons introduit dans ce menu un plat ignoré des Romains. Trouvez lequel.

Premiers plats
Poissons salés
Tétines de truies farcies
Médaillons de cervelle au lait et aux œufs
Champignons à la sauce poivrée
Oursins avec épices et miel

Deuxièmes plats
Daim rôti, à la sauce aux oignons parfumée à la rue, aux dattes et raisins
Tourterelle bouillie dans ses plumes
Dinde au coulis de tomates avec pommes noisettes
Loirs farcis au porc et aux pignons
Jambon en croûte avec figues

Desserts
Dattes frites dans le miel et farcies de noix
Pâtisseries chaudes au vin doux

Une Romaine orientale à table.
La multiplicité des points de vue fait penser à la peinture moderne. (Musée archéololgique de Beyrouth, Liban)

17

le pronom *quis*

l'apposition

Sextus à la recherche de son père (2)

Senex magna voce canes vocavit; deinde interrogavit : « Cui canes mei salutem dixerunt? Quis es? Cujus filĭus es?
– Sexto canes tui salutem dixerunt. **Sextus** enim sum, **Quinti Munatĭi Rufi filĭus...**
– Quomŏdo venisti?
– Pedĭbus.
– Cur cucurristi?
– Timŭi.
– Quis te misit?
– Ancilla.
– Quae ancilla?
– Matris.
– Quid aut quem quaeris?
– **Rufum** quaero, **patrem meum.** Nonne eum vidisti?
– Eum vidi. In foro est. »
Sextus deinde rogavit : « Quis es?
– Senex sum, miles fui.
– Quas urbes vidisti?
– Multas.
– Quibus cum hostĭbus pugnavisti?
– Cum multis.
– Quae oppĭda cepisti?
– Multa.
– Quo in bello?
– Multis in bellis.
– Non loquax es sed canes tui loquaces fuerunt. Ad patrem curro. Vale! »

VOCABULAIRE

aut : *ou bien*
curro, is, ĕre, cucurri : *je cours*
deinde : *ensuite*
loquax, acis : *bavard*
meus, a, um : *mon, le mien*
quaero, is, ĕre, quaesivi : *je cherche*
Quintus (i) Munatĭus (ĭi) Rufus (i) : *Quintus Munatius Rufus* (cf. page 91)
quomŏdo? : *comment?*
rogo, as, are, avi : *je demande, j'interroge*
salus, utis *f : salut*
salutem dico (ou **do**) : *j'adresse un salut, je salue*
Sextus, i *m : Sextus*
te *(accusatif) : te*
timŭi : *parfait de* timĕo, es, ere
tuus, a, um : *ton, le tien*
vale! : *au revoir! porte-toi bien!*
venĭo, is, ire, veni : *je viens*
voco, as, are, avi : *j'appelle*
vox, vocis *f : voix, parole*

PARFAITS À RETENIR

capĭo, is, ĕre, **cepi**
facĭo, is, ĕre, **feci**
fugĭo, is, ĕre, **fugi**
lego, is, ĕre, **legi**
venĭo, is, ire, **veni**
vidĕo, es, ere, **vidi**

Observons

1. À partir du texte, dressez le tableau (incomplet) de la déclinaison de ***quis***. À quel type de déclinaison vous fait-elle penser? Quelles sont les formes qui vous semblent à part et vous font penser à la déclinaison du pronom/adjectif de rappel ***is?***

2. Comparez :

Quis te misit?
Quae ancilla te misit?

• Laquelle de ces deux phrases comporte un pronom interrogatif, et laquelle un adjectif interrogatif?

• Relevez dans le texte les expressions qui renferment : **a)** un pronom interrogatif; **b)** un adjectif interrogatif.

La forme du pronom interrogatif et celle de l'adjectif interrogatif sont les mêmes en latin (à deux exceptions près, que vous constaterez dans le Nota Bene).

3. En dehors du pronom/adjectif interrogatif *quis?*, vous connaissez trois particules interrogatives :

-ne? = est-ce que...?
nonne? = est-ce que... ne... pas?
num? = est-ce que par hasard...?

Les deux dernières laissent prévoir une certaine forme de réponse (affirmative ou négative) :
– quelle réponse laisse prévoir la question introduite par ***num?*** (Voir le texte de la leçon 16.)
– quelle réponse laisse prévoir la question introduite par ***nonne?***

4. Dans les expressions qui se trouvent en gras dans le texte, quelle est la fonction de ***filĭus,*** de ***patrem?***
À quels cas sont : ***Sextus*** et ***filĭus, Rufum*** et ***patrem?*** Qu'en concluez-vous?

5. Quels sont le ***praenomen,*** le ***nomen*** et le ***cognomen*** du père de Sextus?

A vous de jouer

1. Faites les réponses de Sextus aux questions du vieillard.

Cui canes mei salutem dixerunt? – Quis es? – Cujus filĭus es? – Quomŏdo venisti? – Cur cucurristi? – Quis te misit? – Quae ancilla? – Quid aut quem quaeris?

Faites maintenant les réponses du vieillard aux questions posées par Sextus.

Quis es? – Quas urbes vidisti? – Quibus cum hostĭbus pugnavisti? – Quae oppĭda cepisti? – Quo in bello?

Ne regardez plus le texte, et essayez de reconstituer les questions du vieillard, puis celles de Sextus. Jouez le dialogue, à deux élèves.

2. En vous aidant de la liste qui se trouve sous le vocabulaire, mettez au parfait les formes verbales suivantes (parfaits à allongement de la voyelle radicale, avec ou sans changement de timbre). **La connaissance de ces parfaits est obligatoire.**

capĭo – facĭo – fugĭo – lego – vidĕo
capis – facis – fugis
legit – videt – capĭmus – facĭmus
fugĭtis – legĭtis
capĭunt – vident – legunt.

Mettez au présent.

cepi – feci – fugi – legi – vidi – cepit – fecit – legit – vidit – fugit – ceperunt – fecerunt – fugerunt – legerunt – viderunt.

3. Dans les phrases suivantes, mettez l'expression *clarus orator* en apposition au nom *Cicĕro.*

Ciceronem vidi. – Ciceronis vocem audivi. – Ciceroni librum dedi *(j'ai donné).* – Cum Cicerone iter feci.

4. Répondez aux questions suivantes.

Nonne Rufus Sexti pater est?
Nonne senex canes vocavit?
Num senex in foro est?
Num Rufi filĭi estis?
Num Rufi filĭae estis?
Num in equo Sextus ad senem venit?
Nonne Sexti pater in foro est?
Asinusne es?

5. Faites des phrases correspondant à chacun des schémas suivants avec le vocabulaire donné, et sans changer la forme des verbes.

a) GNs + GNo + V + GNc (acc.)
fugĕre, ante, miser, debŭit, canis, senex, Sextus, ingens.

b) GNs + GNo + V
Sextus, ancilla, interrogavit, mater, Rufus, filĭus.

c) GV (*est* + dat.) + GNs
hortus, senex, est, parvus.

d) GNo2 (dat.) + GNs + GNc (abl.) + GNo + V
canis, dixerunt, Sextus, magnus, salus, vox.

Rendez à César

De quel autre mot latin (utilisé au début du texte) rapprochez-vous le verbe *voco?*

Expliquez les mots imprimés en gras : Les élèves ne sont guères **loquaces.** – Allons **quérir** Monsieur le Maire ! – Le juge désigna une commission **rogatoire.**

Si, dans un texte latin, vous prenez un *quid* pour un *quod*, cela aboutira à un contresens. Si, dans la rue, vous prenez un agent de police pour un réverbère, cela aboutira à un **quiproquo** fâcheux.

Les enquêtes de Barbatus

Barbatus interroge un inculpé. Il est curieux et un peu dur d'oreille. Jouez son rôle en posant les questions destinées à faire répéter son interlocuteur, ou à lui faire préciser les mots imprimés en gras.

Ex. : ***Rufum*** *vidi* → ***Quem*** *vidisti?*
ou : ***Ancillam*** *vidi* → ***Quam ancillam*** *vidisti?*

Decĭmo Sulpicĭo Galbae salutem in foro dixi. – **Amicos** vocavi. – In **Rufi** horto dormivi. – **Telum** ad inimicum meum misi. – In agro **pulchrum equum** spectavi. – In multis **urbĭbus** fui. – Magnum **scelus** feci. – Pulchras **puellas** in horto vidi. – Romanorum **philosophorum** libros legi. – **Balbus** sum. – In Lucĭi Sextĭi Bacŭli **horto** laboravi. – In **villa** domĭnum vidi. – Deinde cum **servis** iter feci. – Una **ancilla** scelus meum vidit. – Semper **ducĭbus** parŭi. – Parvam **statŭam cepi.**

Balbus, i *m : Balbus* – Decĭmus(i) Sulpicĭus (ĭi) Galba (ae) *m : Decimus Sulpicius Galba* – dormĭo, is, ire, ivi : *je dors* – Lucĭus (ĭi) Sextĭus (ĭi) Bacŭlus (i) *m : Lucius Sextius Baculus* – pulcher, chra, chrum : *beau.*

NOTA BENE

Le nom en apposition est **au même cas** que le nom auquel il est apposé.

Déclinaison de *quis?* (pronom/adjectif interrogatif)

	singulier			pluriel		
	M	F	N	M	F	N
N	quis	quae	**quid/quod**	qui	quae	**quae**
A	quem	quam	quid/quod	quos	quas	**quae**
G	**cujus**	**cujus**	**cujus**	quorum	quarum	quorum
D	**cui**	**cui**	**cui**	quibus	quibus	quibus
Ab	quo	qua	quo	quibus	quibus	quibus

Quis adjectif a deux formes particulières : *qui?* (N. masc. sing.) – *quod?* (N./A. neutre sing.).
Quid *vidisti?* = Qu'as-tu vu ? – **Quod** *templum vidisti?* = Quel temple as-tu vu ?

Particules interrogatives

-ne? = est-ce que ?
num? = est-ce que par hasard ? (réponse attendue négative)
nonne? = est-ce que... ne... pas ? (réponse attendue affirmative)

À toi de jouer!

Je ne joue plus aux noix

Les jeunes Romains jouent aux osselets, aux dés, à la mourre, à la poupée, à la toupie, au cerceau, au cerceau à clochettes, à la balançoire, au cerf-volant, à colin-maillard, à la marelle, à faire comme les grands : au marchand, au gladiateur, à la maman, au soldat... Certains s'amusent à attacher des souris à un minuscule chariot et à les regarder le déplacer en tous sens. D'autres font des courses en montant dans des modèles réduits de chars, traînés par un mouton, une chèvre ou un chien. Le jeu le plus fréquent est celui des noix. Il s'agit de faire écrouler, en lançant une noix, des tas de quatre noix en équilibre, qui deviennent le lot du gagnant. L'expression « depuis que je ne joue plus aux noix » signifie « depuis que je ne suis plus un enfant ». Les gamins aiment aussi les farces et les polissonneries. L'une d'entre elles consiste à coller une pièce de monnaie sur le sol et à attendre les réactions du passant qui cherche vainement à la ramasser sous les quolibets et les rires des enfants.

Dès qu'ils sont assez grands, les garçons font du sport (conçu comme une préparation militaire), au champ de Mars : disque, javelot, escrime, course, course en armes, lutte et boxe, natation dans le Tibre, équitation...

Le danseur fou

Et ils dansent. Après la conquête de la Grèce, il y a une véritable épidémie de danse « à la grecque ». La danse est un spectacle d'adresse et de grâce destiné au plaisir des spectateurs et il faut avoir appris cet art dans des écoles spéciales avant de se lancer devant un quelconque public. Mais l'opinion interdit à un homme sérieux ce divertissement abandonné aux jeunes et aux femmes. Les hommes à la mode s'y risquèrent sous l'Empire. Caligula, l'empereur fou, dansait avec frénésie. Un jour, à l'improviste, en pleine nuit, il convoque trois anciens consuls qui se rendent au palais, terrorisés, croyant leur dernière heure venue. On les fait asseoir. Caligula surgit soudain, magnifiquement vêtu, danse devant eux et se retire. Le spectacle fini, les anciens consuls purent rentrer chez eux et se recoucher.

Les adultes pratiquent aussi certains jeux de réflexion ou de hasard, engageant parfois des sommes d'argent. Nous n'en connaissons pas toujours les règles. Nous savons seulement qu'on utilisait des osselets, des dés, des tables particulières, par exemple dans « le jeu des soldats » ou « jeu des brigands », assez semblable à celui des dames, où il s'agissait de bloquer l'adversaire de façon à ne plus lui laisser la place de bouger.

Visages tendus : cherchez le dé !
(Tunis, Musée national du Bardo)

18

l'imparfait

La défaite de Spartacus

Quintus Munatĭus Rufus, Sexti pater, civis Romanus erat. Cum hostes Romam oppugnabant, Rufus in exercitĭbus Romanis eam defendebat. Saepe filĭo belli servilis itinĕra et labores et pericŭla dicebat :

« Spartăci exercĭtus omnis Italĭae urbes capiebant et delebant. Ad eum multi servi veniebant qui arma sumebant et magna virtute pugnabant. Post Crassi victorĭam sex milĭa servorum in crucĭbus fuerunt. »

Le soldat romain au temps de la République

Retrouvez sur l'illustration certains des éléments de son uniforme et de son armement :
- tunique de laine à manches courtes *(tunĭca)*
- cuirasse de cuir bardée de fer *(lorica)*
- casque de métal à jugulaire surmonté d'une aigrette *(galĕa)*
- bouclier de bois recouvert de cuir et armé d'une pièce de fer *(scutum)*
- glaive court à deux tranchants *(gladĭus)*

Il manque le manteau de campagne en laine qui s'agrafait sur l'épaule et le grand javelot *(pilum)*.

VOCABULAIRE

arma, orum *n. pl. : armes*
crux, crucis *f : croix, gibet*
Crassus, i *m : Crassus*
cum *(conjonction) : quand, lorsque*
defendo, is ĕre, defendi : *je protège, je défends*
Italĭa, ae *f : Italie*
mille : *mille*
milĭa, ĭum (*ou* millĭa) *n. pl. : milliers*
oppugno, as, are, avi : *j'attaque*
post *(+ acc.) : derrière; après*
quando? : *quand?*
Roma, ae *f : Rome*
saepe : *souvent*
servilis, is, e : *d'esclave*
servile bellum : *la guerre des esclaves*
Spartăcus, i *m : Spartacus*
sumo, is, ĕre, sumpsi : *je prends, je me saisis de*
victorĭa, ae *f : victoire*
virtus, tutis *f : courage, valeur, vertu, qualité*

PARFAITS À RETENIR

debĕo, es, ere, **debŭi**
habĕo, es, ere, **habŭi**
parĕo, es, ere, **parŭi**
timĕo, es, ere, **timŭi**
curro, is, ĕre, **cucurri**
do, as, are, **dedi**
sto, as, are, **steti**

Observons

1. D'après les formes verbales du texte, dites quelle est la syllabe caractéristique de l'imparfait de l'indicatif (suffixe), en vous aidant du relevé ci-dessous :

oppugnabant
defendebat
dicebat
capiebant
delebant
veniebant
sumebant
pugnabant.

2. À partir du radical du présent *(pugna-, dele-, defend-, capĭ-, veni-),* précisez le mode de formation de l'imparfait selon les conjugaisons.

L'imparfait du verbe ***sum*** ne comporte comme suffixe que la voyelle ***-a-***. En comparant e***s****-t* à e***r****-a-t,* dites quelle loi phonétique s'est appliquée à l'imparfait.

3. Complétez vous-même la conjugaison des verbes : *pugnabant, delebant, defendebat, capiebant, veniebant,* en plaçant après le suffixe les mêmes désinences personnelles que celles du présent *(-m* à la première personne).

4. Dans un **récit** de la guerre des esclaves, nous dirons :
Spartăci exercĭtus multas urbes ***ceperunt.***
Dans une **description** de la guerre des esclaves, nous dirons :
Spartăci exercĭtus multas urbes ***capiebant.***

Pourquoi y a-t-il en latin (comme en français, en anglais, ou en allemand) plusieurs temps pour exprimer une action passée?

Dans l'expression ***saepe dicebat,*** l'imparfait, renforcé par l'adverbe *saepe,* prend une nuance différente. Laquelle?

5. Le numéral cardinal ***mille*** est **indéclinable.**

Le pluriel ***milĭa*** (ou *millĭa*) est en fait ***un nom*** (*milĭa* = milliers) qui se décline comme le pluriel de *mare (marĭa).* Cela explique sa construction particulière.

Comparez : *mille milĭtes pugnabant*
et *duo milĭa milĭtum pugnabant.*

6. Nous avons rencontré dans ce texte la conjonction ***cum.*** Avec quel homonyme ne faudra-t-il pas la confondre?

A vous de jouer

1. Répondez en latin aux questions suivantes.

Cujus Sextus filĭus erat? Cujus Rufus pater erat? Quando Rufus in Romanis exercitĭbus miles erat? Quid Rufus Sexto saepe dicebat? Quid Spartăci exercĭtus faciebant? Qui homĭnes ad Spartăcum veniebant? Quomŏdo pugnabant Spartăci milĭtes?

Essayez de reconstituer de mémoire le texte de la leçon.

2. a. Mettez les verbes au pluriel dans les expressions suivantes.

Romam spectabam – naves videbas – librum legebat – semper fugiebam – fortasse audiebas.

b. Mettez les verbes au singulier dans les expressions suivantes.

victorĭam laudabamus – saepe ridebatis – sententĭas scribebant – statŭam faciebamus – cur currebatis?

3. a. Mettez à l'imparfait les formes verbales suivantes.

vocat – habent – defendit – capĭunt – venit – rogant – mittit – fugĭunt – stat – debent.

b. Mettez au présent les formes verbales suivantes.

oppugnabant – parebat – defendebat – faciebat – dormiebant – imperabat – mittebant – veniebat – quaerebant – dabat.

---

dormĭo, is, ire : *je dors.*

4. Remplacez ***mille*** par ***duo milĭa*** et traduisez.

Mille cives in foro erant. – Mille milĭtes in monte videbamus. – Cum mille equitĭbus dux veniebat. – Mille juvenĭbus consul gladĭos dedit. – Mille navĭum classis ad Italĭam navigabat. – Erant in Italĭa mille pulchrae urbes. – Hostes mille tela miserunt. – Domĭno sunt mille servi, philosŏpho mille libri.

---

navĭgo, as, are : *je fais voile* – pulcher, chra, chrum : *beau.*

5. Situez les uns par rapport aux autres les dessins ci-dessus en utilisant les prépositions ***ante*** et ***post***.

Ex. : *Senex* ***post*** *asĭnum est.*

6. Traduisez les formes suivantes en vous aidant de la liste qui se trouve à la fin du vocabulaire. **La connaissance de ces parfaits est obligatoire.**

debŭi – habuisti – parŭit – timuĭmus – cucurristis – dederunt – paruerunt – timŭit – habuerunt – cucurrit – dedit – debuerunt – stetit – steterunt – fui.

J'ai dû – tu as eu – elle a craint – nous avons obéi – vous avez donné – ils ont couru – il dut – ils eurent – ils obéirent – il craignit – il courut – ils donnèrent – il se dressa – je fus.

7. Traduisez.

Trois mille fantassins et mille cavaliers se trouvaient (étaient) dans la place forte avec le consul. – La statue de la déesse se dressait devant le temple. – Le père de Sextus racontait (disait) souvent à son fils les périls et les peines de la guerre. – De nombreux esclaves se battirent avec beaucoup de courage dans l'armée de Spartacus.

Rendez à César

A quels mots latins vous font penser les mots : *cruciverbiste – postérieur – servile – vertu?*

Quel est le verbe simple à partir duquel a été formé le verbe composé *oppugnare?*

Par quelle loi phonétique s'explique le nominatif de *virtus?*

NOTA BENE

Indicatif imparfait					
Sum	1re conj.	2e conj.	3e conj.	3e mixte	4e conj.
m	m	m	m	m	m
s	s	s	s	s	s
er a t	ama **ba** t	dele **ba** t	leg **eba** t	capi **eba** t	audi **eba** t
mus	mus	mus	mus	mus	mus
tis	tis	tis	tis	tis	tis
nt	nt	nt	nt	nt	nt

Le serpent du foyer

Regagner ses Pénates

Chaque famille vénère ses Lares, ses Pénates et son *Genĭus,* entre lesquels s'instaure un certain amalgame. Les Lares écartent les influences maléfiques et garantissent la prospérité ; on les représente sous la forme de deux jeunes gens aux mains pleines de fruits. Les Pénates (le mot est à rapprocher de *penus* : garde-manger) assurent l'approvisionnement. Le *Genĭus* manifeste la présence du divin dans les lieux et les hommes ; le « génie » domestique figure l'âme de l'ancêtre, fondateur de la famille. Chaque homme a son « génie », représenté par un serpent ou un homme en toge portant une corne d'abondance ; pour une femme, il s'agit d'une « Junon ».

L'autel de la maison, le **laraire,** est une niche qui abrite des images peintes ou des statuettes des divinités domestiques. Le culte familial se déroule devant lui ; il consiste en prières et en offrandes (gâteaux, fleurs, vin, encens...). On entretient en permanence sur le laraire quelques charbons allumés.

À côté des Lares et des Pénates familiaux, on révère les Pénates publics qui préservent l'État et veillent à l'approvisionnement de Rome, ainsi que des Lares protecteurs de lieux, par exemple les carrefours et les routes.

Laraire : deux Lares et le serpent-génie. (Pompéi, Maison des Vettii)

Un Lare gentil mais rancunier

Dans l'*Aululaire,* comédie de Plaute (254-184 av. J.-C.), un Lare apparaît au prologue pour expliquer aux spectateurs l'intrigue de la pièce. Vous verrez qu'il est au courant de tout.

« Ne me demandez pas qui je suis : en deux mots, je vais vous le dire. Je suis le Lare, le dieu domestique de cette demeure d'où vous m'avez vu sortir. Cette maison, voilà bien des années que j'y ai ma résidence : j'y étais déjà du temps du père et du grand-père de son occupant actuel. Or le grand-père m'a confié jadis en grand secret un trésor : il l'a enfermé au milieu du foyer, m'adjurant de surveiller la cachette. Au moment de sa mort – voyez son avarice ! – jamais il ne voulut révéler son secret à son fils, oui, à son fils ! Il a préféré le laisser sans ressources et ne lui a légué qu'un petit bout de champ, de quoi vivre misérablement avec beaucoup de peine. Je voulus savoir si le fils aurait pour moi plus d'égards que son père n'en avait eu. Ce fut bien pis encore ; chaque jour il se souciait de moins en moins de moi, et retranchait quelque chose aux honneurs qui me sont dus. Je ne lui révélai rien ; il mourut gros-jean comme devant. Il laissait un fils : c'est celui qui habite aujourd'hui la maison ; c'est le portrait tout craché au moral de son père et de son grand-père. Il a une fille unique ; elle, au contraire, m'apporte tous les jours en offrande de l'encens, du vin, quelque chose ; elle m'offre des fleurs. Par égard pour elle j'ai fait découvrir le trésor par son père, pour qu'il puisse la marier plus facilement, si le cœur lui en dit. »

Fil à suivre

D'autres êtres viennent fréquenter les maisons, les Mânes et les Lémures. Que représentent-ils ?

19

5ᵉ déclinaison

ordinaux de 1 à 10

Querelle de générations!

Sextus patris pila tria spectat :

« Pilum res gravis est!

– In acĭe, inquit Rufus, duabus manĭbus, pilum, rem gravem, miles mittit. Omnis miles pilo, re gravi, pugnat.

– Pilum pulchra res non est, inquit Sextus. Res pulchras amo. In urbe nostra multae sunt pulchrae res et pulchrarum rerum copĭam semper vidi. Romani enim pulchris rebus urbes ornant.

– Patri meo, inquit Rufus, primum pilum fuit; secundum meum est; tertĭum tuum erit. Pila enim urbes et civĭum vitam defendunt. Reipublĭcae sunt auxilĭum et salutis spes. »

Miles pilo pugnat.
(Musée du Louvre)

VOCABULAIRE

acĭes, aciei *f : armée en formation de combat, ligne de bataille*
auxilĭum, ĭi *n : secours, aide*
copĭa, ae *f : abondance*
dies, diei *m : jour*
erit : *(il, elle) sera*
inquit : *dit-il, dit-elle*
orno, as, are, avi : *j'orne, j'embellis*
pilum, i *n : javelot*
pulcher, chra, chrum : *beau*
res, rei *f : chose, objet*
respublĭca (res publĭca), reipublĭcae *f : république, affaires publiques*

spes, spei *f : espoir*

primus, a, um : *premier*
secundus, a, um : *second*
tertĭus, a, um : *troisième*
quartus, a, um : *quatrième*
quintus, a, um : *cinquième*
sextus, a, um : *sixième*
septĭmus, a, um : *septième*
octavus, a, um : *huitième*
nonus, a, um : *neuvième*
decĭmus, a, um : *dixième*

Observons

1. À partir des phrases du texte, dressez le tableau (incomplet) de la déclinaison de **res.**

Res est un mot de la 5e déclinaison. Quelle voyelle caractéristique trouve-t-on dans la finale de ce mot, aux différents cas?

2. Comment appelle-t-on, en latin comme en français, les mots : ***primus, secundus, tertĭus?***

La déclinaison de ces adjectifs est la même que celle des adjectifs du type ***bonus, a, um*** (1re classe).

À vous de jouer

1. Répondez aux questions suivantes.

Quas res spectat Sextus? Num pilum levis res est? Quibus rebus milĭtes pugnant? Qua re omnis miles pugnat? Ubi pulchras res Sextus vidit?

Complétez.

Pilum ... gravis est. – Pilum, ... gravem, miles mittit. – Pilo, ... gravi, miles pugnat. – ... pulchras amamus. – In templis multae sunt pulchrae... . – Pulchrarum ... copĭam in urbe semper vidi. – Romani pulchris ... templa ornant.

2. En utilisant un adjectif ordinal, indiquez la place de l'un ou l'autre des éléments figurés en bas de page.
Ex. : In **prima** imagĭne puerum vidĕo. Puer **primus** est.

---

imago, gĭnis *f : image* – popŭlus, i *f : peuplier.*

3. Voici quatre groupes de mots. Introduisez, dans chacune des phrases qui suivent, le mot qui convient, sans en changer la forme.

a) naves, res, pes, virtutes. – Decem hostĭum ... portum oppugnaverunt.
b) grave, classe, virtute, acĭe. – In consŭlis ..., quae *(qui)* ad eos navigabat, cives magnas habebant spes.
c) salute, re, mare, die. – Sed ... omnes Romanae classis naves delevit.
d) consŭles, fortes, acĭes, spes. – Misĕris civĭbus salutis ... non jam fuit.

---

navĭgo, as, are, avi : *je navigue.*

4. Écrivez en toutes lettres les adjectifs numéraux ordinaux dans les groupes de mots suivants.

in I acĭe – in II villa – III bello – IV praemĭum – V exercitŭi – VI classe – VII urbem – VIII laboris – IX die – X filĭus.

---

praemĭum, ĭi *n : récompense.*

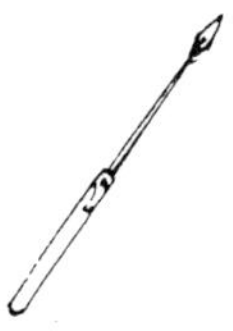
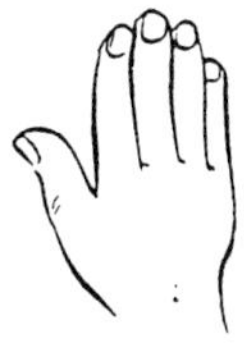

5. Traduisez.

Les jours sont longs lorsque nous sommes malheureux. – Le paysan a de l'argent ; l'âne a dit la chose à l'esclave, l'esclave au maître, le maître au consul, le consul à la jeune fille, la jeune fille à tout le monde (à tous). – Les ennemis avaient bon espoir parce qu'ils étaient nombreux et nos soldats peu nombreux. – Nous devons avoir de l'espoir en nos amis. – Spartacus combattit à l'épée au premier rang de la bataille (à la première ligne). – L'esclave est une chose.

Spartacus : *Spartăcus, i* m.

6. Dans les manuscrits ou les inscriptions, le plus souvent, les mots n'étaient pas séparés les uns des autres, les marques des déclinaisons et des conjugaisons étant suffisantes aux yeux des lecteurs pour les distinguer.

Supposez que vous ayez un manuscrit à déchiffrer : lisez les phrases suivantes, séparez les mots et traduisez.

OMNESROMANIMILITESGRAVIBVSPILISI NACIEPVGNABANT.

INROMANORVMTEMPLISPVLCHRARVMRE RVMERATCOPIA.

7. Les noms de famille français sont à l'origine, comme le *cognomen* latin, des surnoms. Comment expliquez-vous les suivants ?

Lesourd – Meunier – Duruisseau – Chauvel – Masson – Boivin – Lebreton – Tisserant – Lambin – Dauvergne – Loucheur – Poitevin – Lendormi – Dupont – Lenain – Espérandieu.

Rendez à César

De quel mot latin rapprochez-vous les mots français (ou parties de mots) suivants :

prin**temps*, le ***tiers, le ***quart,*** Charles ***Quint,*** le ***Tiers*** État, une ***octave, nona**génaire*, (troupes) **auxiliaires.**

Avec quoi est fait un *rébus ?*

Les noms des jours de la semaine, en français, sont composés de deux éléments : *lundi – mardi – mercredi – jeudi.*

Quel mot latin reconnaissez-vous dans le second élément ?

Les enquêtes de Barbatus

Parmi les mots suivants se cachent :
- 3 verbes au présent de l'indicatif,
- 3 verbes au parfait de l'indicatif,
- 2 verbes à l'imparfait de l'indicatif,
- 2 verbes à l'infinitif présent.

Barbatus est parti à leur recherche. Rapportez-les lui.

deles – consŭles – serviles – domĭnus – dedĭmus – impĕtus – villam – dabam – victorĭam – gladĭo – incendĭo – audĭo – levi – legi – muri – venistis – angustis – digĭtis – puĕris – curris – fortis – laudabamus – discipŭlus – exercitĭbus – muliĕre – vulnĕre – timere – labore – laborare – saepe.

angustus, a um : *étroit* – discipŭlus, i *m : élève.*

NOTA BENE

	5ᵉ déclinaison			
	singulier		pluriel	
N	r es	di es	r es	di es
A	r em	di em	r es	di es
G	r ei	di ei	r erum	di erum
D	r ei	di ei	r ebus	di ebus
Ab	r e	di e	r ebus	di ebus

Le ballet des maîtres

L'État n'intervient pas dans l'éducation des enfants. La salle de classe est une simple pièce ou un portique (galerie couverte) en plein air, dont dispose le ***magister***. Les élèves viennent à l'école en portant leur cartable *(capsa)* qui contient les instruments de travail et le déjeuner, car on reste à l'école tant qu'il fait jour. Ils écrivent sur des tablettes de cire *(cerae)* avec un stylet *(stilus)* d'ivoire ou de métal, pointu à une extrémité (pour graver les lettres), aplati à l'autre (pour les effacer). Pour écrire sur le papier (papyrus ou parchemin), ils utilisent un roseau et de l'encre. Les livres *(volumĭna)*, rares et chers, confectionnés à la main par des esclaves spécialisés, sont faits d'une longue bande de papyrus enroulée sur une baguette. Peu à peu apparurent les cahiers de feuilles de parchemin, ancêtres des livres modernes.

Bilinguisme

De sept à douze ans, le *litterator* enseigne la lecture, l'écriture, le calcul. De douze à seize ans, le *grammatĭcus* apprend à bien parler, en latin et en grec, par la fréquentation des grands auteurs. Les écoliers apprennent par cœur certains passages et doivent savoir les commenter. Le *rhetor* succède au *grammatĭcus;* il est avant tout professeur d'éloquence et il prépare les jeunes gens à la vie publique. Des exercices variés (controverses, discussions...) entraînent au discours et ont lieu en public, sous les applaudissements de la famille, facilement admirative.

N'oublions pas les punitions! La férule, baguette de bois, vient frapper les mains et, dans les cas graves, on se sert de lanières de cuir. N'oublions pas non plus les vacances! Les élèves bénéficient d'un jour de repos tous les neuf jours, mais pas question de longs congés! L'usage veut seulement qu'ils se reposent pendant la canicule.

L'école est fréquentée surtout par les garçons. Les filles restent à la maison, passant leur temps à broder et à pratiquer les arts d'agrément comme la musique. Mais il arrive que des familles aisées confient à des esclaves lettrés le début de l'éducation de leurs enfants et les filles en profitent, puisqu'il n'est pas rare de les entendre parler le grec.

Plaintes d'un enseignant

Le métier de *grammatĭcus* enrichit rarement. Les parents exigent beaucoup et paient peu... **Juvénal** (55-140 apr. J.-C.) proteste ·

« Vous autres, parents, vous imposez des conditions sévères. Il faut que le maître soit familier avec les règles de la langue, qu'il sache l'histoire, qu'il connaisse sur le bout du doigt tous les auteurs, qu'interrogé à brûle-pourpoint il dise qui était la nourrice d'Anchise[1], quelle était la patrie de la belle-mère d'Anchemolus[1], combien Aceste[1] vécut d'années, combien d'outres de vin il donna aux Phrygiens. Vous exigez qu'il façonne, comme avec le pouce, ces caractères d'enfants, ainsi qu'on sculpte un visage dans de la cire. Vous exigez qu'il soit aussi un père, qu'il empêche les jeux déshonnêtes. Ce n'est pas chose facile de surveiller les gestes de tant d'élèves et leurs yeux, qui clignotent vers la fin. Et, l'année révolue, le maître reçoit autant d'argent qu'un conducteur de char vainqueur d'une course. »

1. Ne cherchez pas d'informations sur ces personnages, qui, sauf Anchise, sont peu connus. Il s'agit seulement de se moquer des exigences déraisonnables des parents.

Lecture à la maison. (Pompéi, Villa des Mystères)

Fil à suivre

– Avec quoi faisait-on le papyrus, le parchemin?
– Que veut dire « être sous la férule de quelqu'un »?

20

plus-que-parfait

compléments de temps

Le retour du guerrier

Duos annos Rufus in Italĭa cum Spartăci servis pugnavĕrat. Paucos dies hiĕme cum filĭo et uxore primo belli anno mansĕrat. Quodam die parvam deae Junonis statŭam uxori dedĕrat. Sextus dixĕrat : « Non laetus sum. Cur nullam rem habŭi? » Pater et mater risĕrant : « Quid dicis? Nonne canem accepisti pulchrum paucis ante diebus? »
Tum canis Sexto dixĕrat : « Bau! Bau! », id est « Tuus sum » in Romanorum canum lingua.

JUNON

Junon est la déesse de la lumière nocturne, comme Jupiter est le dieu de la lumière diurne. Épouse du roi des dieux, elle protège à ce titre les femmes, et particulièrement les femmes mariées. En tant que protectrice de l'État romain, Junon a sa statue dans le grand temple du Capitole consacré à la triade capitoline (c'est-à-dire à trois dieux : Jupiter, Junon et Minerve). Sous le nom de Juno Moneta (Junon la conseillère), elle possède également un temple où l'on élève en son honneur les « Oies du Capitole ». Lorsque les Gaulois, en 390 avant J.-C., après avoir pris la ville de Rome, tentèrent par surprise, en escaladant les rochers, de capturer les derniers défenseurs de la citadelle, les oies avertirent ceux-ci juste à temps. Dans les dépendances de ce temple se trouvaient les ateliers de fabrication de monnaie.

• D'où proviennent selon vous les mots *monnaie* et *monétaire?*

Cet oiseau était consacré à Junon.

VOCABULAIRE

accipĭo, is, ĕre, accepi : *je reçois*
annus, i *m : année, an*
ante *(adverbe) : auparavant*
Bau! Bau! *(onomatopée) : Ouah! Ouah!*
hiems, hiĕmis *f : hiver*
id est : *c'est-à-dire*
Italĭa, ae *f : Italie*
Juno, onis *f : Junon*
lingua, ae *f : langue*
manĕo, es, ere, mansi : *je reste*
nullus, a, um (*G :* nullĭus. *D :* nulli) : *aucun... ne, ne... aucun*
quamdĭu? : *combien de temps?*
quando? : *quand?*
quodam die : *un certain jour*
Rufus, i *m : Rufus*
Sextus, i *m : Sextus*
Spartăcus, i *m : Spartacus*
tum : *alors*
uxor, oris *f : épouse*

PARFAITS À CONNAÎTRE
defendo, is, ĕre, defendi
respondĕo, es, ere, respondi

Observons

1. Comment se situent les actions exprimées par les quatre premiers verbes de ce texte, par rapport à l'époque où Rufus raconta à son fils ses campagnes contre Spartacus (texte d'étude de la leçon 18)?
Tous ces verbes sont au **plus-que-parfait.**

2. Le plus-que-parfait est-il formé à partir du radical du présent ou du parfait? Quel est le **suffixe** caractéristique du plus-que-parfait? Reconnaissez-vous dans ce suffixe une marque du parfait que vous avez été amené(e) à dégager dans la leçon 16? Quelles modifications phonétiques cet élément a-t-il subies?

3. Dans le texte se trouvent **six compléments de temps.** Relevez-les. À quels cas sont-ils?

Répondez, en latin, aux questions suivantes :
– Pendant combien de temps Rufus avait-il fait la guerre?
– Combien de temps Rufus était-il resté chez lui?
– À quelle époque précise de la guerre?
Qu'exprime donc le complément de temps à **l'accusatif?**
Qu'exprime le complément de temps à l'**ablatif?**

Le complément de temps est noté CP (complément de phrase).

A vous de jouer

1. Répondez en latin aux questions suivantes en vous reportant au texte de la leçon.

Ubi Rufus pugnavĕrat?
Quamdĭu Rufus pugnavĕrat?
Quamdĭu cum filĭo et uxore mansĕrat?
Quando cum filĭo et uxore mansĕrat?
Cui Rufus Junonis statŭam dedĕrat?
Quid Sextus dixĕrat?
Nonne canem Sextus accepĕrat?
Quando Sextus canem accepĕrat?

2. Traduisez oralement le texte suivant.

Pendant deux années, Rufus avait combattu en Italie. Il était resté quelques jours en hiver avec son fils et son épouse. Un certain jour, il avait donné à sa femme une belle statue de la déesse Junon. Sextus avait dit : « Je ne suis pas content. Pourquoi n'ai-je rien eu? » Son père et sa mère avaient souri : « N'as-tu pas reçu un petit chien il y a quelques jours? » Et le chien avait dit à Sextus : « Ouah! Ouah! », c'est-à-dire « Je suis à toi » dans la langue des chiens.

3. Mettez au présent les formes verbales suivantes (parfaits à connaître).

stetit – defendit – respondit – lēgit – vīdit – fūgit – fecit – manserunt – miserunt – dixerunt – riserunt – scripserunt – defenderunt – responderunt.

4. Mettez au parfait, puis au plus-que-parfait, les formes verbales suivantes.

timĕo, parĕo, habĕo, debĕo, sum – defendis, respondes, es – manet, mittit, dicit, ridet, scribit – imperamus, rogamus, audimus, dormimus, delemus, sumus – statis, datis – legunt, vident, facĭunt, fugĭunt, accipĭunt, sunt.

---

dormĭo, is, ire, ivi : *dormir*

5. Choisissez parmi les compléments de temps qui suivent ceux qui conviennent aux expressions ci-dessous, puis dites si ces expressions répondent à la question ***quando,*** ou à la question ***quamdĭu.***

tertĭa hora – duas horas – hiĕme – decem annos – multos annos – quodam die – bello servili.

... Romani milĭtes non saepe pugnabant. – Sextus ... matri dixit : « Ubi pater est? » – Senex Sexto dixit : « ... miles fui et multas urbes vidi. » – ... Rufus cum filĭo et uxore non saepe mansit. – ... Barbatus homĭnem ante Junonis templum vidit; homo ... ante id templum stetĕrat. – ... Ulixes *(Ulysse)* in omnĭbus marĭbus navigavit.

---

hora, ae *f* : *heure* – navĭgo, as, are, avi : *je navigue* – servilis, is, e : *d'esclave* – tertĭus, a um : *troisième.*

Rendez à César

Expliquez, à partir de leur origine latine, les mots imprimés en gras dans les phrases suivantes :

Le **manoir** était la demeure du propriétaire d'un fief qui n'avait pas le droit de construire un château fortifié.

« Les petits ifs du cimetière frémissent au vent **hiémal** » (Verlaine).

Nul n'est censé ignorer la loi, même les gendarmes.

La **linguistique** est une science en plein développement.

Pendant cette dernière **décennie,** les prix ont régulièrement augmenté.

L'expression *id est* est employée en français (abréviation : *i.e.)* Exemples :

L'A.A.B.B. (*i.e.* Association Amicale des Bretons de Boulogne) invite ses amis à participer à son grand banquet annuel.

Ce navire file 32 nœuds (*i.e.* 59 km/h environ).

Sur l'Olympe siège le roi des dieux et des hommes (*i.e.* Jupiter.)

Les enquêtes de Barbatus

Barbatus interroge un individu suspecté de vol. Celui-ci a passé la nuit, dit-il, dans un jardin. Au petit matin, il est venu au Forum avec un esclave de Munatius. Après avoir flâné une ou deux heures devant le temple de Junon, il y est entré. En sortant, il a croisé la femme d'un questeur; puis il a remis à l'esclave de Munatius une somme d'argent qu'il lui devait. Apercevant Barbatus, il s'est enfui, parce que tout le monde craint celui-ci. Jouez le rôle de Barbatus et de l'inculpé.

Ubi dormivisti? Quando in foro fuisti? Cujus cum servo ad forum venisti? Quamdĭu ante Junonis templum mansisti? Cui mulĭeri salutem dixisti? Quod scelus fecisti? Quid in templo cepisti? Nonne pecunĭam in templo cepisti? Cur servo pecunĭam dedisti? Cum veni, cur cucurristi?

dormĭo, is, ire, ivi : *je dors* – hora, ae *f : heure* – *Munatius :* Munatĭus, ĭi m.

NOTA BENE

Le complément de temps qui exprime la **durée** est à l'**accusatif.**
Il répond à la question : ***quamdĭu?***

Rufus	paucos dies	cum uxore	mansĕrat.
GNs	CP	GNc	V

Rufus était resté ***peu de jours*** *avec son épouse.*

Le complément de temps qui indique le **moment** est à l'**ablatif.**
Il répond à la question : ***quando?***

Rufus	hiĕme	cum uxore	mansĕrat.
GNs	CP	GNc	V

En hiver, Rufus était resté avec son épouse.

Quodam die	statŭam	uxori	dedĕrat.
CP	GNo	GNo2	V

Un jour, il avait offert une statue à son épouse.

Formation du plus-que-parfait de l'indicatif				
radical du parfait	+	suffixes du passé	+	désinences personnelles
amav- debu- scrips- leg- cep- ded- fu-		ĕrā		-m -s -t -mus -tis -nt

—— [pugnavĕrat] —— [filĭo dixit / filĭo dicebat] —— legĭmus ——→

il avait combattu

Ubi tu Gaius, ibi ego Gaia

Quatorze ans pour les garçons, douze ans pour les filles, tel est l'âge légal du mariage. Mais c'est généralement vers trente ans que le *juvĕnis* songe à prendre une épouse, souvent beaucoup plus jeune que lui, et que son père lui présente.

Le mariage est précédé de fiançailles *(sponsalĭa)*. C'est un contrat passé devant témoins, et dont la rupture non justifiée entraîne, pour le fiancé, la perte de la bague qu'il doit offrir à la jeune fille. Nul n'a le droit de se fiancer à plusieurs personnes à la fois.

Le jour des noces, la future épouse revêt une robe blanche, coiffe sa chevelure en bandeaux et se couvre la tête d'un voile de couleur orange; prendre époux se dit en latin *nubĕre :* mettre le voile. Après avoir consulté les dieux et offert un sacrifice à une divinité protectrice du couple (Junon, Vénus, Fides...), on signe le contrat de mariage en présence de dix témoins. Alors vient le moment solennel : une matrone, qui ne doit s'être mariée qu'une seule fois, met la main droite de la femme dans celle du mari, en signe d'engagement mutuel à vivre ensemble. Le repas de noces, toujours célébré chez le père de l'épousée, se prolonge jusqu'à la nuit et se termine par un simulacre d'enlèvement : l'époux feint d'arracher aux bras de sa mère la jeune femme apeurée. Le cortège nuptial se forme et se dirige vers la demeure du jeune homme. La mariée est suivie d'esclaves portant le fuseau et la quenouille, et précédée d'un enfant brandissant une torche d'aubépine blanche dont les restes seront distribués aux assistants comme porte-bonheur. La foule suit en lançant des plaisanteries grivoises. Le mari, qui a pris les devants, attend à la porte du domicile conjugal et demande à sa femme comment elle s'appelle. Celle-ci lui répond : « *Ubi tu Gaius, ibi ego Gaia.* » (Où tu seras Gaius, je serai Gaia.) Alors ses compagnons la soulèvent de terre pour lui faire franchir le seuil et la faire pénétrer dans la maison où son mari lui offre l'eau et le feu, symboles de la vie commune et du culte familial. On jette des noix aux enfants et la fête se termine parfois par un autre banquet.

Les amours de Mars et Vénus, couple presque humain. Vénus, chastement vêtue, retient le geste amoureux du dieu de la guerre. (Fresque de Pompéi)

RÉCAPITULATION DU VOCABULAIRE OBLIGATOIRE

■ copĭa, ae *f : abondance*
victorĭa, ae *f : victoire*

annus, i *m : an, année*

arma, orum, *n pl : armes*
auxilĭum, ĭi *n : secours, aide*

canis, is *m : chien*
frater, tris, *m : frère*
hiems, hiĕmis *f : hiver*
juvĕnis, is *m : jeune homme*
mater, tris *f : mère*
pater, tris *m : père*
salus, utis *f : salut*
senex, senis *m : vieillard*
uxor, oris *f : épouse*
virtus, utis *f : courage, valeur, qualité*
vox, vocis *f : voix, parole*

dies, ei *m : jour*
res, rei *f : chose*
spes, spei *f : espoir*

■ pulcher, chra, chrum : *beau*
meus, a, um : *mon, le mien*
nullus, a, um (*G.* nullĭus, *D.* nulli) : *aucun... ne, ne... aucun*
primus, a, um : *premier*
tuus, a, um : *ton, le tien*

■ milĭa, ĭum *n pl : (des) milliers*
mille *(indécl.) : mille*

■ oppugno, as, are, avi : *j'attaque*
orno, as, are, avi : *j'orne*
rogo, as, are, avi : *j'interroge, je demande*
voco, as, are, avi : *j'appelle*

amavi-dedi-imperavi-interrogavi
laboravi-laudavi-navigavi-pugnavi
spectavi-steti

debŭi-delevi-habŭi-parŭi
respondi-risi-timŭi-vidi

curro, is, ĕre, cucurri : *je cours*
defendo, is, ĕre, endi : *je défends, je protège*
quaero, is, ĕre, sivi : *je cherche*
sumo, is, ĕre, sumpsi : *je prends, je me saisis de*
dixi-legi-misi-risi-scripsi

accipĭo, is, ĕre, cepi : *je reçois*
cepi-feci-fugi

venĭo, is, ire, veni : *je viens*

inquit : *dit-il*

sum, es, esse, **fui**

■ ante *(adv.) : auparavant*
cum *(conj.) : lorsque, quand*
deinde : *ensuite*
enim : *en effet*
fortasse : *peut-être*
num? : *est-ce que par hasard...?*
post *(+ acc.) : après, derrière*
quamdĭu? : *combien de temps?*
quando? : *quand?*
quodam die : *un certain jour*
quomŏdo? : *comment?*
saepe : *souvent*
tamen : *pourtant*
tum : *alors*
quis? quae? quid? *(pour mémoire)*

Le carré magique

C'est un cryptogramme (message secret) du 1er siècle après J.-C., qui servait de signe de reconnaissance aux chrétiens, et que l'on retrouve gravé sur des pierres depuis la Grande-Bretagne jusqu'en Mésopotamie. On peut le lire aussi bien verticalement qu'horizontalement. Son sens caché est de contenir les deux premiers mots d'une prière chrétienne très connue, ainsi que la première et la dernière lettre de l'alphabet grec. Donnez le sens clair du cryptogramme, puis trouvez les deux mots cachés qui apparaissent lorsqu'on dispose les lettres en forme de croix grecque. On vous a aidé(e) en commençant à placer certaines lettres. À vous de continuer.

S	A	T	O	R
A	R	E	P	O
T	E	N	E	T
O	P	E	R	A
R	O	T	A	S

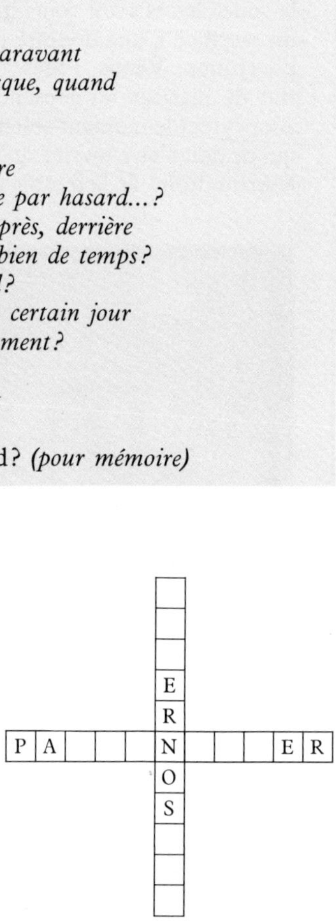

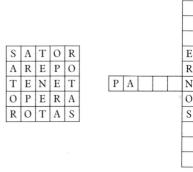

Arĕpo : *nom propre* – opĕra : *avec difficulté* – rota, ae *f : roue* – sator, oris *m : semeur* – tenĕo, es : *je tiens.*

Essayez votre force

Traduisez les expressions suivantes. Comparez votre traduction avec le corrigé. Recommencez jusqu'à ce que vous soyez arrivé(e) à la perfection!

Version

1. Post trium dierum iter exercĭtus noster in Italĭa fuit.
2. Frater meus saepe praemĭum rogavĕrat sed non accepĕrat.
3. Post hostĭum victorĭam salutis spes tamen manebat.
4. Mille anni et mille anni sunt duo milĭa annorum.
5. Senum virtutes juvĕnum virtutes non sunt.
6. Pater noster patri vestro gravem rem dixĕrat.
7. Mulĭĕres Romanae pulchris rebus deae templum ornaverunt.
8. Consul nostrorum amicorum sententĭam fortasse rogavit.
9. Fratrem meum saepe in foro quaerebam et eum magna voce vocabam.
10. Decem annos in omnĭbus marĭbus miles fui.

---

praemĭum, ĭi n : *récompense* – manĕo, es, ere, mansi : *je reste, je demeure.*

Thème

1. La valeur des jeunes gens est le salut des citoyens.
2. Une armée de mille ennemis se tenait *(sto, as, are)* devant la ville mais deux mille citoyens la défendaient.
3. Il y avait sur le fleuve de petites embarcations en grand nombre (une abondance de petites embarcations).
4. D'une seule main la femme jetait (envoyait) vers l'ennemi de lourds javelots.
5. Mon père a deux garçons.
6. Sur toute mer il y a des navires, dans toute ville des citoyens.
7. Pour le philosophe, l'argent est une chose sans importance (légère).
8. Les jeunes venaient après les vieillards, les fils après les pères.
9. La première qualité des chevaux est la rapidité.
10. Le philosophe avait un grand nombre de beaux livres.

---

javelot : *pilum, i* n – premier : *primus, a, um.*

Proverbe

Lorsque quelqu'un bavardera au lieu d'agir, nous exigerons de lui :

RES, NON VERBA

Rendez à César

Relevez dans les phrases suivantes les mots dont vous reconnaissez l'étymologie latine.

Un avocat, requis d'office, prendra la défense du misérable.

Avant mes vocalises, je mange un bonbon acidulé.

Ce libraire sénile prétend avoir été le témoin oculaire de la capture du fugitif près d'une station d'autobus urbaine.

L'année a été réellement fertile en graves événements.

Le singe est quadrumane, mais n'est pas omnivore.

C'est un garçon impétueux, à l'ardeur juvénile, que vous considérez à tort comme arrogant et belliqueux. Nul n'a plus d'esprit civique et de vertu que lui.

Les mots les plus longs

Concours entre équipes : en cinq minutes, chaque équipe établit une liste de cinq mots du vocabulaire obligatoire, les plus longs possibles (à n'importe quelle forme, pourvu qu'elle soit correcte). L'équipe gagnante est celle dont la liste compte le plus grand nombre de lettres.

Mots en escalier

• • • • • •	Être envoyé vers eux n'a rien de réjouissant.
• • • •	Deux + un.
• • •	Mot dont le sens est très vague.
• •	Forme de *sum.*
S	

• • • •	Il fait vivre.
• • •	Utile pour la marche.
• •	Forme de *sum.*
S	

Devinette

Quel adverbe latin reconnaissez-vous dans ce dessin?

« Ça vous gratouille, ou ça vous chatouille? »

Médecins... et charlatans

Jusqu'à la fin du 3e siècle av. J.-C., le *pater familĭas* joue le rôle de médecin de toute la famille. En effet il n'existe ni médecin, ni pharmacien, et chacun se soigne comme il l'entend. La connaissance du corps humain est très imparfaite. On accorde à certaines de ses parties une fonction dans les sentiments : la rate est le siège du rire, la bile de la haine, le foie de l'amour, les poumons de l'orgueil... En 219 av. J.-C. apparaît le premier docteur de profession, naturellement un grec, Archagatos. Après lui, c'est une invasion « d'esculapes » étrangers. Nombre d'entre eux sont des esclaves attachés aux riches familles ou aux corporations (artisans, commerçants, gladiateurs...). D'autres reçoivent chez eux la clientèle et visitent les malades, pratiquant le plus lucratif de tous les arts. Bien avant Molière, Caton les déteste, et Pline l'Ancien les traite d'assassins et de brigands.

Chez le médecin. À droite, une ventouse, à grande échelle. (Rome, Musée de la civilisation romaine)

Thérapeutiques

Un brin de *scientĭa herbarum* (science des herbes) et un brin de sorcellerie, voilà la base de la médecine romaine. On ne recule devant aucun remède de bonne femme, devant aucun onguent miracle vendu par un bonimenteur dans la rue. La panacée est le *laserpicĭum,* suc d'une plante sur laquelle nous ne pouvons mettre de nom, « un des plus grands dons que nous ait faits la nature », dit Pline l'Ancien. Il endort les moutons, fait éternuer les chèvres, cicatrise les plaies, guérit les maux de gorge, l'épilepsie, la jaunisse, la calvitie, mais pas les maux de dents ! C'est avant tout un puissant digestif, dont on se sert même en cuisine. Mais le chou, l'ortie, la moutarde constituent aussi des remèdes souverains, ainsi que l'hellébore, que l'on donne aux fous, et le pain qui, selon Pline, « renferme un nombre presque infini de remèdes ». Il ne faut cependant pas oublier l'efficacité des formules magiques à répéter dans des conditions bien précises. Pour le mal de pieds, dire : « *Terra pestem teneto. Salus hic maneto.* » (Terre, prends le mal. Santé, reste ici.) Une médecine scientifique se développe cependant, encore bourrée d'erreurs, mais constituant un considérable progrès, notamment pour la connaissance du corps humain. Un de ses représentants est Galien (131/201 ap. J.-C.), dont les ouvrages servirent de manuels même pendant le Moyen Age. Ils portaient sur l'anatomie, la physiologie, l'hygiène, la diététique, la théorie du pouls, la pharmacologie. Il pratiquait des dissections selon une véritable méthode expérimentale. Il s'opposa ainsi, par exemple, aux théories d'Aristote, en démontrant que « bien loin que les nerfs eussent leur origine dans le cœur, celui-ci était au contraire sous la dépendance du cerveau par l'intermédiaire des nerfs ».

Spécialistes

Chirurgiens et oculistes méritent une mention spéciale. Si l'on ne sait pas endormir le patient, on tente néanmoins les opérations les plus audacieuses à l'aide d'instruments très variés : réduction de fractures, amputations avec prothèse (on a retrouvé à Capoue une jambe de bois), trépanations, opérations de la cataracte,

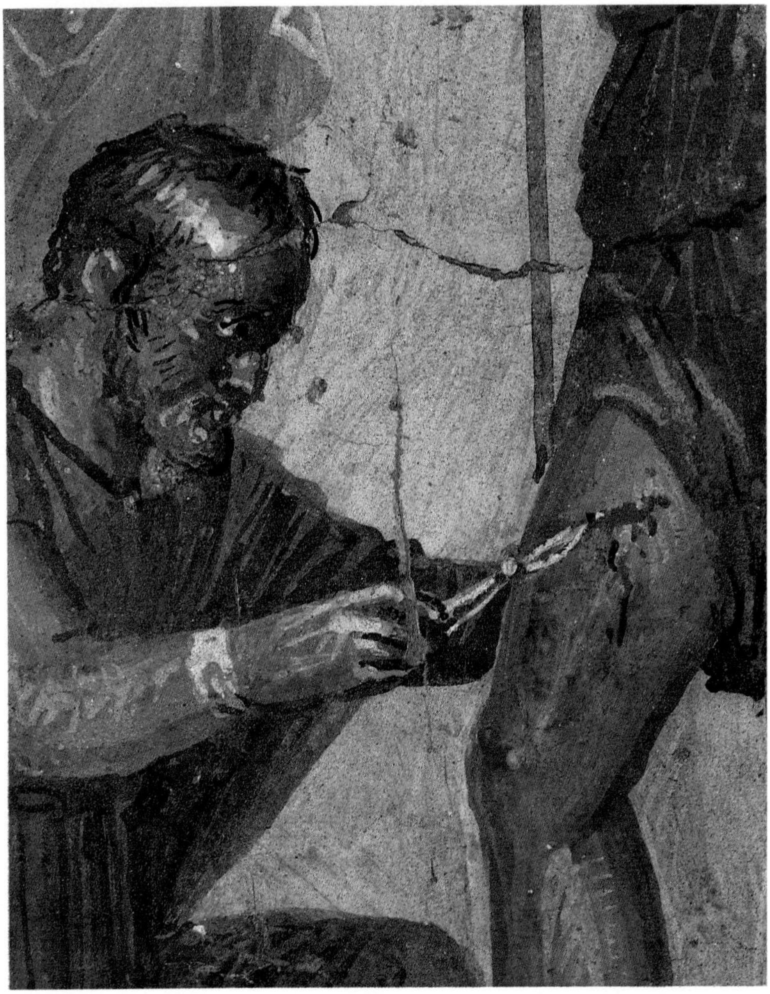

Énée blessé. (Naples, Musée archéologique national)

et même chirurgie esthétique, pour raboter un nez trop long. Les Romains ne connaissaient pas les lunettes et l'on dit que l'empereur Néron, très myope, regardait les combats de gladiateurs à travers une émeraude concave; mais les collyres étaient très employés, pour prévenir comme pour guérir.

L'estomac et les intestins sont entourés par le péritoine, membrane mince et garnie de graisse. À celui-ci se rattache la rate, du côté opposé au foie, avec lequel il arrive qu'elle permute, mais c'est un prodige rare. Elle constitue une gêne particulière pour la course. Certains pensent que son ablation entraîne, chez l'homme, la perte du rire, et que les rires immodérés proviennent de la grosseur de la rate.

Pline l'Ancien

Tous ces médecins grecs, recherchant le succès au moyen de quelque nouveauté, trafiquent de la vie des malades. De là ces misérables batailles de diagnostics autour du lit des patients, personne n'émettant le même avis pour ne pas paraître se ranger à celui du voisin; de là cette inscription sur la tombe d'un malheureux : c'est le nombre des médecins qui l'a tué.

Pline l'Ancien

Fil à suivre

- Quel est le dieu de la médecine?
- Quelle est l'origine du mot « césarienne »?
- Qui est Hippocrate? Qu'est-ce que le serment d'Hippocrate?

Mot caché

Écrivez six numéraux ordinaux correspondant aux chiffres romains en plaçant une lettre sur chaque point. Vous devez voir apparaître verticalement un septième ordinal. (Voir vocabulaire de la leçon 19.)

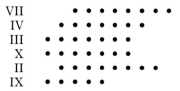

VII • • • • • • • •
IV • • • • • • •
III • • • • • • •
X • • • • • • •
II • • • • • • • •
IX • • • • •

Revoyez vos conjugaisons

• Mettez au présent, à l'imparfait et au plus-que-parfait les verbes suivants.

debŭit – habŭit – defendit – misit – quaesivit – accepit – cepit – venit – ornavit – rogavit – stetit – vocavit.

• Traduisez.

je dois – tu as – il défend – nous envoyons – vous recevez – ils prennent – je suis venu – tu as orné – il a demandé – nous fûmes debout – vous avez appelé – ils ont dû – j'avais – tu défendais – il envoyait – nous cherchions – vous receviez – ils prenaient.

Exercices complémentaires

Leçon 16

1. Conjuguez au parfait de l'indicatif les verbes : *sum – laudo – ridĕo – mitto – scribo.*

2. Traduisez.

• J'ai aimé – tu as entendu – il a détruit – nous avons ordonné – vous avez interrogé – ils ont approuvé.

• J'envoyai – tu combattis – il écrivit – nous rîmes – vous fûtes – ils observèrent.

• Il entendit – ils dirent – tu as écrit – nous avons ri – j'ai entendu – vous avez ordonné.

3. Déclinez au singulier et au pluriel : *juvĕnis – pater – ager – senex.*

Donnez le génitif pluriel des mots : *juvĕnis – frater – mater – pater – senex – canis.*

4. Traduisez.

Les citoyens romains furent-ils toujours courageux ? – Une foule de jeunes gens écouta en grand silence le célèbre orateur. – Notre père eut (*esse* + datif) toujours de nombreux chevaux. – Le chef envoya une colonne vers la place forte des ennemis. – Au prix d'un grand travail (ablatif), nos soldats détruisirent les remparts de la place forte.

Leçon 17

1. Conjuguez au parfait de l'indicatif les verbes : *vidĕo – lego – capĭo – facĭo – fugĭo – venĭo.*

2. Traduisez.

• Je prends – j'ai pris – tu fais – tu as fait – elle fuit – elle a fui – nous lisons – nous avons lu – vous voyez – vous avez vu – ils viennent – ils sont venus.

• Je vins – tu vis – il lut – nous fûmes – vous fîtes – ils prirent.

3. Continuez la ronde des saluts.

Filĭus patri salutem dixit. Pater villae domĭno salutem dixit. Villae domĭnus...

(1) **Filĭus patri salutem dixit.**

(2) **Pater villae domĭno salutem dixit.**

4. Mettez les mots entre parenthèses à la forme voulue, et traduisez.

• *(filĭus)* Nonne vidisti Quintum Munatĭum Rufum et Sextŭm, ejus ...?

• *(pater)* Quinto Munatĭo Rufo, Sexti ..., salutem dico.

• *(dux)* Milĭtes Romani consulĭbus, exercitŭum ..., parent.

• *(clarus orator)* Ciceronem, ..., in foro audivĭmus.

• *(clarus orator)* Ciceronis, ..., omnes libros legi.

5. Traduisez.

Notre professeur a lu de nombreux livres de philosophes romains. – Caius court vers le vieillard qui travaille dans (son) jardin et demande : « N'as-tu pas vu mon frère? » Mais le vieillard ne lui répond pas. – Est-ce que par hasard le père de Sextus se trouve au forum? – Les soldats romains s'emparèrent de nombreuses places dans les montagnes.

---

professeur : *magister, tri* m

Leçon 18

1. Conjuguez, **a)** à l'imparfait, **b)** au parfait, les verbes : *sum – do – sto – debĕo – timĕo – curro.*

2. Traduisez.

• je combattais – je donnais – tu avais – tu obéissais – il envoyait – il cherchait – nous fuyions – nous prenions – vous veniez – vous entendiez – ils étaient.

• je dois – je dus – tu as – tu eus – il obéit – elle a obéi – nous craignons – nous avons craint – vous courez – vous avez couru – ils donnent – ils donnèrent – il se dresse – il se dressa – ils sont – ils furent – ils fuirent.

• il a dû – nous défendions – j'eus – ils appelaient – il a obéi – tu étais – nous craignîmes – je courais – ils donnèrent – il se dressait – nous courûmes – tu fuyais – nous avons obéi – ils riaient – ils ont été – ils ont fui.

3. Les personnes dont il est question se sont rencontrées dans la rue deux à deux. L'une d'entre elles est tout à fait impolie. Laquelle?

Pater filĭo salutem dixit. Agricŏla Barbato salutem dedit. Sextus seni salutem dixit. Civis consŭli salutem dedit. Puer puellae salutem dedit. Puĕro puella salutem dedit. Servus ancillae salutem dedit. Milĭti juvĕnis salutem dixit. Patri filĭus salutem dixit. Ancilla servo salutem dixit. Senex Sexto salutem dedit. Consul civi salutem dedit. Juvĕni miles salutem dixit.

Leçon 19

1. Déclinez au singulier et au pluriel les mots suivants.

• acĭes – miles – dies – pes – parva res.

• gladĭus – portus – scelus – virtus.

2. Rangez les mots suivants par paires.

Ex. : *consŭles, juvĕnes* (nominatif / accusatif pluriel de noms de la 3ᵉ déclinaison).

deles – miles – dies – fortes – rem – classi – fortasse – omnem – aciei – re – graves – levem – civi – vocare – saepe – pedes – times – rei – spe – acĭes – spem – ornare.

3. Mettez à la place du mot en gras les mots suivants :

Servorum copĭa

statŭae – gladĭi – agri – scelĕra – naves – templa – pulchrae puellae – pulchri libri – fortes homĭnes – graves res.

4. Composez des compléments circonstanciels selon le schéma : **préposition / complément de nom / nom,** en utilisant le vocabulaire donné ci-dessous.

Ex. : cum consŭlis filĭo – ante hostĭum oppĭdum – in oratoris libris – ad urbis forum.

servus – equus – amicus – murus – villa – ancilla – philosŏphus – puella – dux – pedes – eques – agmen – miles – statŭa – templum – urbs – via – ager – agricŏla – liber – orator – hostis – classis – ocŭlus – manus – frater – juvĕnis – pater.

Leçon 20

1. Rangez, selon l'ordre chronologique, les faits exprimés dans chacun de ces groupes de trois verbes, en allant du passé vers le présent.

accepĕrant, dant, laeti erant – viderunt, pugnavĕrant, fugĭunt – respondent, interrogaverunt, venĕrant – quaesivĕrant, parent, ceperunt – laudaverunt, spectavĕrant, rident – vidĕrant, timebant, scribunt – imperavĕrant, delent, paruerunt – pugnabant, audivĕrant, accipĭunt – defendunt, misĕrant, fecerunt – currunt, vocabant, ornavĕrant.

2. Traduisez.

J'avais craint – tu avais obéi – il avait eu – nous avions dû – vous aviez été – ils avaient envoyé – j'avais dit – tu avais ri – il avait écrit – nous avions ordonné – vous aviez demandé – ils avaient entendu – j'avais détruit – tu avais donné – il s'était dressé – nous avions lu – vous aviez vu – ils avaient reçu – ils avaient fait – ils avaient fui – ils avaient été.

3. Traduisez.

La colonne des cavaliers avait fait route pendant deux heures *(hora, ae* f *)*. – Les armées romaines ne combattaient pas en hiver, mais restaient dans les villes. – Pendant de nombreuses années le célèbre philosophe était resté dans la maison de campagne et avait écrit de nombreux livres. – À la première heure, les ennemis avaient fait un assaut en direction de notre place forte. – Un certain jour, Rufus avait donné à son fils un petit chien.

4. Version

« Fi du plaisir que la crainte peut corrompre ! »

Parvus mus in agris vitam semper egĕrat quietam. Quodam die tamen ad urbem longum iter fecit. Amicum enim in ea urbe habebat. Urbanus mus murem nostrum magna laetitĭa accepit. In pulchra consŭlis domo vitam agebat et in triclinĭi muro dormiebat. Rustĭcus mus cum urbano mure laetus cenavit; suaves reliquĭas et librum delicatum voravit. Urbanorum murum vitam plurĭmum laudabat. Sed ancillae vocem subĭto audiverunt. Misĕri mures fugĕre debuerunt. Magnum enim erat pericŭlum. Rustĭcus mus amico salutem dedit. Deinde discessit et in urbis viis ad agros cucurrit. Misĕram urbanorum murum vitam non jam laudabat.

Remarque : ne confondez pas les formes de *mus, muris* et *murus, i.*

ago (is, ĕre, egi) vitam : *je passe ma / une vie*
ceno, as, are, avi : *je dîne*
delicatus, a, um : *délicieux*
discedo, is, ĕre, discessi : *je m'en vais*
domo *(ablatif) f : maison*
dormĭo, is, ire, ivi : *je dors*
laetitĭa, ae *f : joie*
mus, muris *m : rat*
plurĭmum *(adverbe) : extrêmement, tout à fait*
quietus, a, um : *tranquille*
quodam *(ablatif) : un certain*
reliquĭae, arum *f pl : restes (d'un repas), reliefs*
rustĭcus, a, um : *de la campagne, des champs*
suavis, is, e : *exquis*
subĭto *(adverbe) : soudain*
triclinĭum, ĭi *n : salle à manger*
urbanus, a, um : *de la ville*
voro, as, are, avi : *je dévore*

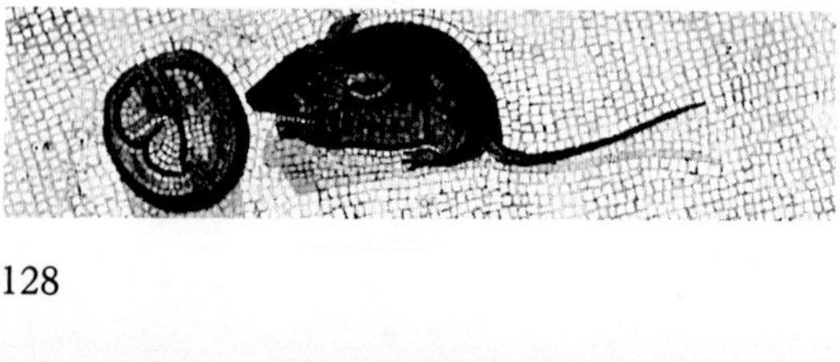

Quis pulsavit ?

pulso, as, are : *frapper.*

Essayez votre force : corrigé

• 1. Après un voyage de trois jours, notre armée se trouva en Italie. – 2. Mon frère avait souvent demandé une récompense mais ne l'avait pas obtenue. – 3. Après la victoire des ennemis, il restait cependant un espoir de salut. – 4. Mille ans et mille ans font deux mille ans. – 5. Les qualités des personnes âgées ne sont pas celles des hommes jeunes. – 6. Notre père avait dit à votre père une chose importante. – 7. Les femmes romaines ornèrent de beaux objets le temple de la déesse. – 8. Le consul a peut-être demandé l'avis de nos amis. – 9. Je cherchais souvent mon frère sur la place et je l'appelais à voix forte. – 10. Durant dix années, j'ai été soldat sur toutes les mers.

• 1. Juvĕnum virtus civĭum salus est. – 2. Mille hostĭum exercĭtus ante urbem stabat sed duo milia civĭum eam defendebant. – 3. Erat in flumĭne parvarum navĭum copĭa. – 4. Una manu gravĭa pila ad hostem mulier mittebat. – 5. Patri meo duo puĕri sunt. – 6. In omni mari sunt naves, in omni urbe cives. – 7. Philosŏpho pecunĭa res levis est. – 8. Juvĕnes post senes, filĭi post patres veniebant. – 9. Prima equorum virtus celerĭtas est. – 10. Philosŏpho multi et pulchri libri erant.

Par terre et par mer

Arrivée à l'auberge. (Rome, Musée de la civilisation romaine)

POUR des raisons personnelles ou professionnelles, les Romains se déplacent beaucoup. Les hommes d'affaires, les marchands, les comédiens, les administrateurs, les soldats voyagent par nécessité. Le snobisme peut aussi emmener les citadins vers les lieux à la mode : il faut être à Tarente en hiver, à Baies en été. Les malades suivent des cures thermales. Les étudiants complètent leur éducation auprès des grands rhéteurs d'Athènes, Rhodes, Alexandrie, Pergame... Les scientifiques explorent des terres lointaines : en 37 après J.-C., Suetonus Paulinus s'enfonce dans le Sahara; l'empereur Néron envoie deux centurions à la recherche des sources du Nil. Et le tourisme est une motivation au voyage, puisque les provinciaux viennent visiter Rome et que les grands sites grecs ou égyptiens attirent déjà les visiteurs. Désir de se cultiver, de combattre l'ennui, chagrin d'amour, simple curiosité ou vrai plaisir, les mêmes raisons que les nôtres poussent les Romains à voyager. Pourtant, vous verrez que ce n'était ni facile, ni exempt de dangers : navires inconfortables, véhicules mal suspendus, hôtels sales, bruyants, mal fréquentés, rencontres de pirates, de brigands, tels sont les risques de celui qui part. Mais les Romains aiment aussi les joies domestiques et la maison tient une place quasi sacrée dans leur vie. Le plaisir de voyager, c'est aussi celui de rentrer chez soi.

Dans une satire, le poète Horace (65/8 av. J.-C.) raconte le voyage qu'il fit de Rome à Brindes.

« Le premier soir, nous couchons à Aricie, car nous ne sommes pas de ces gens pressés qui, dès la première journée, poussent jusqu'à Forum Appii, à vingt-sept milles[1] de Rome. Après notre seconde étape, comme les torrents descendus de l'Apennin détériorent souvent la voie Appienne, nous préférons emprunter le canal creusé à travers les Marais Pontins. La nuit tombe, les moustiques affamés et le bavardage des grenouilles chassent de nous le sommeil; nous maugréons contre le marinier qui a trop ingurgité de piquette et chante à tue-tête pour sa petite amie lointaine. Enfin, nous nous endormons tous, et même la mule sur le chemin de halage. Nous atteignons dans la matinée Terracine. Le cinquième jour, nous faisons halte, au soir tombant, dans un relais officiel réservé aux fonctionnaires, à la limite du Latium et de la Campanie.

C'est un paradis à côté des auberges bruyantes et enfumées, pleines de charretiers braillards, ivres et querelleurs, où le patron vous sert en rechignant un repas médiocre pour un prix exorbitant et où il faut mener une guerre acharnée contre certains insectes. À Capoue, nous faisons reposer nos mules, et tandis que Mécène se détend en jouant à la paume, je vais faire ma petite sieste, car je souffre des yeux et mon estomac me tracasse; Virgile, lui aussi, est fatigué. Le soir, nous avons le plaisir d'être reçus par notre cher ami Cocceius, dans sa riche maison de campagne à l'écart de la ville. Pour nous divertir, il nous offre le spectacle comique d'un combat d'injures entre deux bouffons très laids mais forts en gueule. De là, nous nous rendons à Bénévent, où notre hôte met à rôtir en notre honneur les premières grives du printemps. Catastrophe! Le foyer se renverse et les convives affamés luttent contre le feu qui, déjà, dévore les murs. Il faut ensuite, pour couper au plus court, traverser l'Apulie torride et desséchée par le vent, soit à dos de mulet, soit dans une *raeda*[2] cahotante. Dans ces pays, l'eau se vend, tant le sol est aride et, quand il pleut, cela ne vaut guère mieux, car le voyage sur les chemins détrempés devient bientôt une épreuve épuisante. Enfin, nous arrivons à Brindes, après douze jours de voyage. »

1. Un mille (mille pas) : environ 1 500 mètres.
2. *raeda* : chariot à quatre roues d'origine gauloise, comme de nombreux autres véhicules employés par les Romains.

21

futur

Puerile bellum...

Sextus saepe in foro cum puĕris ludebat. Amicis quodam die dixit : « Belli servilis ludum agemus. Ego dux ero et legioni nostra imperabo.

– Tu dux eris et legioni nostra imperabis.

– Vos Romani milĭtes erĭtis.

– Nos Romani milĭtes erĭmus.

– Cetĕri servi erunt. Urbem nostram oppugnabunt sed non capĭent. Eam magno anĭmo defendemus. Servi fugĭent quia Romani sumus; salutem non habebunt. »

Quidam puer : « Ego Romanus sum, non servus ero!

– Sextus : Tu, malus dux es. Aut servus eris, aut non ludes. Sedebis et dormĭes.

– Non sedebo; ludam... »

Sic puerile bellum incepit.

Etiamnunc !

VOCABULAIRE

ago, is, ĕre, egi : *je mène, je m'occupe de, j'agis, je fais*
vitam ago : *je passe mon temps, je vis*
anĭmus, i *m : esprit, cœur, courage*
aut... aut : *ou bien... ou bien, ou.... ou*
cetĕri, ae, a : *les autres, tous les autres*
dormĭo, is, ire, ivi : *je dors*
incipĭo, is, ĕre, cepi : *je commence, j'entreprends*
legĭo, onis *f : légion*
ludo, is, ĕre, lusi : *je joue*
ludus, i *m : jeu; école*
ludum ago : *je joue au jeu de*
malus, a, um : *mauvais, méchant*
puerilis, is, e : *enfantin, d'enfant*
quidam *(nominatif masc.) : un certain*
sedĕo, es, ere, sedi : *je suis assis*
servile bellum : *la guerre des esclaves*
Sextus, i *m : Sextus*
sic : *ainsi*

ego, **tu**, **nos**, **vos** *(nominatifs)* = *moi, je...*, *toi, tu...*, *nous, nous...*, *vous, vous...*

Observons

1. À partir du texte, dressez le tableau du **futur** du verbe ***sum.***

En comparant *es-t* à *er-i-t,* dites quelle loi phonétique a joué au futur du verbe *sum.*

2. Étudiez les formes de futur :

defendemus fugĭent dormĭes
agemus capĭent
ludes

À quelles conjugaisons appartiennent ces verbes ?

Dégagez le radical et les désinences. Quel est le suffixe caractéristique du futur pour ces conjugaisons ?

Une personne fait exception : vous la trouverez à la fin du texte (dernier mot de la dernière réplique).

Sur le modèle du verbe ***ludo,*** donnez la 1re personne du futur de : *ago – fugĭo – dormĭo.*

3. Étudiez les formes de futur :

imperabo habebunt
imperabis sedebis
oppugnabunt sedebo

À quelles conjugaisons appartiennent ces verbes ?

Dégagez le radical et les désinences. Quel est le suffixe caractéristique du futur pour ces conjugaisons ?

Comparez le fonctionnement de :

leg o	leg ĭ s	leg ĭ t
amab o	amab ĭ s	amab ĭ t
leg ĭ mus	leg ĭ tis	leg u nt
amab ĭ mus	amab ĭ tis	amab u nt

Comment appelez-vous la voyelle *ĭ* (ou *u*) ?

4. Relevez dans le texte des ***pronoms personnels*** (au nominatif). Ces pronoms sont-ils grammaticalement nécessaires ? Pourquoi les emploie-t-on ?

A vous de jouer

1. Répondez en latin aux questions suivantes.

Ubi Sextus saepe ludebat ? Cum quibus ludebat ? Quibus dĭxit : « Belli servilis ludum agemus ? » Quis puerilis exercĭtus dux erit ? Cui exercitŭi Sextus imperabit ? Qui Romani milĭtes erunt ? Qui servi erunt ? Quid servi agent ? Num servi salutem habebunt ?

Retrouvez le texte latin en vous aidant des fragments suivants.

Sextus saepe in ... cum ... . Amicis quodam die dixit : « Belli servilis ludum ... . Ego... ... et legioni nostra ... . » – « Tu dux ... et ... ... imperabis. » – « Vos ... ... erĭtis » – « Nos Romani milĭtes ... » – « ... servi ... ». – Urbem nostram ... sed non ... . Eam magno anĭmo ... – Servi ... quia Romani sumus ; salutem ... .

2. Mettez au pluriel les formes verbales suivantes.

defendam – dicam – scribam – incipĭam – venĭam – ludes – fugĭes – quaeret – accipĭet – rogabo – dabo – delebo – videbo – manebo – laudabis – pugnabis – ridebit – videbit.

3. Mettez au futur et traduisez.

ago – defendis – quaerit – dicĭmus – legĭtis – scribunt – mittunt – venĭo – capis – accĭpit – incipĭmus – fugĭtis – facĭunt – dormĭunt – sedĕo – manes – oppugnat – habemus – laudatis – parent – laborant – manĕo – agis – laudat – capĭmus – pugnatis – legunt – venĭunt – parent – dant – audit – videt.

manĕo, es, ere, mansi : *je reste.*

4. Posez la question suivante à un autre élève, qui interrogera un troisième..., etc. Chacun répondra en utilisant les mots du vocabulaire connu.

Cujus amicus es ?

Ex. : « Consŭlis amicus sum », *ou* « Consŭlis filĭi amicus sum », *ou* « Quaestorum amicus sum ».

5. Traduisez.

impĕrat – imperabat – imperabit – imperavit – imperavĕrat.
timet – timebat – timebit – timŭit – timuĕrat.
scribunt – scribent – scribebant – scripserunt – scripsĕrant.
facĭunt – facĭent – faciebant – fecĕrant – fecerunt – dormĭent – dormĭunt – dormiebant – dormivĕrant – dormiverunt.

6. Jouez avec un(e) autre élève la dispute entre Sextus et son compagnon.

Version

Pyrrhus et Cinéas

Cinĕas regis Pyrrhi amicus erat. Rex ei saepe dicebat : « Quodam die Romanos exercĭtus vincam et Italĭam omnem capĭam. Italĭa mea erit. » – « Deinde, quid ages ? » – « Sicilĭa Italĭae vicina est. Secundo anno Sicilĭae domĭnus ero. » – « Deinde, quid ages ? » – « Ad Afrĭcam iter facĭam. Navĭum copĭam habĕo. Cum fortĭbus militĭbus meis navigabo. » – « Deinde ? » – « Deinde cum Africanis gentĭbus bellum incipĭam et vincam. » – « Deinde ? » – « Deinde quiescemus omnes. » – Cinĕas regi semper dicebat : « Cur nunc non quiescĭmus ? »

Afrĭca, ae *f : Afrique*
Africanus, a, um : *africain*
Cinĕas : *Cinéas (nom propre grec)*
gens, gentis *f : peuple, nation*
Italĭa, ae *f : Italie*
navĭgo, as, are, avi : *je navigue*
nunc : *maintenant*
Pyrrhus, i *m : Pyrrhus*
quiesco, is, ĕre : *je me repose*
rex, regis *m : roi*
secundus, a, um : *second, deuxième*
Sicilĭa, ae *f : Sicile*
vicinus, a, um : *voisin*
vinco, is, ĕre : *je vaincs*

Pyrrhus était roi d'Épire, petit royaume au nord-ouest de la Grèce. Il se heurta aux Romains dans le sud de l'Italie. Grâce en particulier à ses éléphants, animaux que les Romains de l'époque n'avaient jamais vus, il remporta la victoire d'Héraclée en 280 av. J.-C. Mais les meilleurs de ses soldats périrent dans la bataille. Aussi, il déclara : « Encore une pareille victoire et nous sommes perdus ! »

• *Qu'appelle-t-on « une victoire à la Pyrrhus ? »*

Rendez à César

Expliquez les mots imprimés en gras, d'après leur origine latine :

Les lumières s'éteignirent ; les musiciens attaquèrent le **prélude.**

Avec une belle **unanimité,** les assistants entonnèrent la Marseillaise.

J'aperçois un **quidam** coiffé d'un chapeau melon.

Un locataire me dit : « Allumez la minuiterie » **(sic).**

Le **Malin** est **pugnace.**

De quel verbe latin connu de vous rapprochez-vous *incipĭo ?*

Quelle loi phonétique pouvez-vous vérifier à son sujet ?

NOTA BENE

Le futur

sum	1re conjugaison	2e conjugaison
er o	ama b o	dele b o
er i s	ama b i s	dele b i s
er i t	ama b i t	dele b i t
er ĭ mus	ama b ĭ mus	dele b ĭ mus
er ĭ tis	ama b ĭ tis	dele b ĭ tis
er u nt	ama b u nt	dele b u nt

3e conjugaison	3e mixte	4e conjugaison
leg e s	capĭ a m	audĭ a m
leg e s	capĭ e s	audĭ e s
leg e t	capĭ e t	audĭ e t
leg e mus	capi e mus	audi e mus
leg e tis	capi e tis	audi e tis
leg e nt	capĭ e nt	audĭ e nt

Tous les chemins mènent à Rome

Ponts et chaussées

Les Romains ont été les premiers à construire un réseau de voies solides, tracé à des fins essentiellement stratégiques et militaires : les légions doivent se déplacer vite et le ravitaillement en vivres ou en armes doit suivre. Les voies romaines, dont il reste de très nombreux vestiges, sont de construction robuste, faites de plusieurs revêtements superposés, souvent dallées. De mille en mille (1 478,5 m), des bornes milliaires indiquent la distance par rapport aux villes les plus proches. Ces routes, le plus souvent droites, franchissent les obstacles par des ouvrages d'art : remblais au-dessus des zones marécageuses, murs de soutènement, tunnels avec puits d'aération, et surtout ponts et viaducs : sculpteurs et décorateurs parachèvent ces constructions puissantes qui visent à l'harmonie et à l'efficacité.

Une toile d'araignée

La première route construite fut la voie Appia (312 av. J.-C.), qui va de Rome à Capoue, puis à Brindes. Un réseau dense et en bon état couvre l'Italie à la fin de la République. L'Empire va se charger de l'étendre dans tout le monde romain. Auguste fait dresser, sur le forum, le milliaire d'or, haute borne revêtue de bronze doré sur laquelle sont gravées les distances de Rome aux villes les plus importantes de l'Empire.

Des cartes routières et des guides, indiquant la direction des routes, les distances, les gîtes, facilitent le voyage. Lors de fouilles, on a trouvé des gobelets en argent portant sur leur paroi extérieure le nom des principales localités entre Rome et Gadès (Cadix) et leurs distances respectives.

Le service postal

Le long des routes les plus importantes étaient installés des relais où les courriers pouvaient trouver des chevaux de rechange ou faire étape. Cette organisation permettait de couvrir au maximum 150 kilomètres par jour. Mais le service de la poste était réservé aux dépêches officielles. Les particuliers faisaient acheminer leurs lettres par un esclave ou les confiaient à un hôte de passage, à des marchands, aux courriers d'un ami. Les délais de transmission étaient donc assez longs. Les lettres, scellées et sans enveloppe, ne portaient pas d'adresse précise. Les maisons n'avaient pas en effet de numéros et les rues sans nom étaient nombreuses. On localisait approximativement le domicile en indiquant un endroit proche, supposé connu de tous : « sur l'Aventin, près du temple de Diane – rue des Marchands d'ail – près du Pommier, sur le Quirinal – sur le Palatin, près du temple de Bacchus et du temple à coupole de Cybèle, immédiatement à droite quand on vient du temple de Vesta ».

De Rome à Ostie, vers la mer et les marais salants.

Fil à suivre

– Existe-t-il, dans votre région, des vestiges de routes romaines? Elles peuvent parfois être repérées sur une carte routière ordinaire : étudiez par exemple la carte Michelin n° 68 (pli 9, au sud d'Issoudun), ou n° 62 (pli 14, au sud de Vittel).

22

questions de lieu :
ubi, quo, unde

Pompée et les pirates

Vers les années 70 avant J.-C., les pirates se firent de plus en plus nombreux et audacieux à travers la Méditerranée et allèrent jusqu'à capturer toute une flotte à Ostie, le port de Rome. Le commerce était arrêté, les prix montaient. Pompée fut chargé de nettoyer les mers. À l'admiration générale, il vint en quelques mois à bout des pirates (fin 67). Tous les peuples du pourtour de la Méditerranée accueillirent avec soulagement ses victoires.
La puissance des pirates en Méditerranée montre que les Romains n'aimaient pas la mer et négligeaient leur flotte de guerre.

Piratae ex insŭlis veniebant et in Italĭa multa scelĕra faciebant. In insŭlis, portus, oppĭda et arces eis erant : in Sicilĭa, in Corsĭca, in Sardinĭa, in Creta et in multis magnis aut parvis insŭlis. Popŭlus Romanus eos timŭit et Pompeĭum in eos misit. Piratae, cum Romani ducis nomen audiverunt, magno timore in insŭlas fugerunt. Romani laeti dixerunt : « Pompeĭi nomen satis est ad victorĭam. »

Retour à Ostie, sous la protection des dieux. Repérez la grosse rame d'arrière (gouvernail), la louve sur les voiles, le capitaine offrant un sacrifice, le phare à étages, Neptune, les matelots carguant les voiles, le débarquement des marchandises. Le gros œil jette « le bon œil ». (Rome, galerie Torlonia)

VOCABULAIRE

ad *(+ acc.) : vers, en direction de, pour*
arx, arcis *f : citadelle*
Corsĭca, ae *f : Corse*
Creta, ae *f : Crète*
ex/e *(+ abl.) : en sortant de, de*
hora, ae *f : heure*
in *(+ acc.) : dans, sur (avec changement de lieu), en, contre*
in *(+ abl.) : dans, sur, en*
insŭla, ae *f : île*
it : *(il, elle) va*
nomen, mĭnis *n : nom, renom*
pirata, ae *m : pirate*
popŭlus, i *m : peuple*
Pompeĭus, ĭi *m : Pompée*
Sardinĭa, ae, *f : Sardaigne*
satis : *assez*
Sicilĭa, ae *f : Sicile*
timor, oris *m : crainte, peur*

Observons

1. À quel numéro du dessin correspondent les phrases suivantes ?

a) In insŭlis portus erant.
b) Ex insŭlis piratae veniebant.
c) In insŭlas piratae fugerunt.

Quels sont les **cas employés après *in*** dans les phrases **a)** et **c)** ? À quelle différence de sens correspond la différence de cas ?

2. Répondez aux questions suivantes :

Unde piratae veniebant ?
D'où venaient les pirates ?
Ubi erant oppĭda et portus ?
Où se trouvaient les places fortes et les ports ?
Quo piratae fugerunt ?
Où s'enfuirent les pirates ?

Notez pour chaque réponse la préposition et le cas employés.

3. Répondez aux questions suivantes en fonction de l'image ci-contre :

Ubi currit Sextus ?
Quo currit Sextus ?

4. Comparez la façon dont on répond aux questions portant sur le lieu et aux questions portant sur le temps.

Quo iter fecit ?	In Itali**am** iter fecit.
Quamdĭu pugnavit ?	Du**os** ann**os** pugnavit.
Ubi laborabit ?	In agr**o** laborabit.
Quando venĭet ?	Prim**a** hor**a** venĭet.

• Quel **cas** sert à exprimer (avec ou sans préposition) un certain **déplacement** dans l'espace ou une certaine **durée** dans le temps ?

• Quel **cas** sert à exprimer (avec ou sans préposition) une certaine **position** dans l'espace ou le temps ?

5. La préposition ***ex*** peut se réduire à ***e*** selon le phonème par lequel commence le mot suivant. D'après les exemples que voici, dites dans quel cas nous emploierons *e* et dans quel cas nous emploierons *ex*.

ex urbe – ex agro – ex oppĭdo – ex acĭe – ex horto.
e villa – e foro – e Graecĭa – e templo – e portu.

La lettre ***h*** note-t-elle réellement une consonne ?

6. Dites quels sont les deux traits qui distinguent les mots *pōpŭlus* : peuplier et *pŏpŭlus* : peuple.

A vous de jouer

1. Complétez le texte suivant avec des compléments de lieu.

Piratae ... veniebant et ... multa scelĕra faciebant. ... portus, oppĭda et arces eis erant : ... ... Popŭlus Romanus eos timŭit et Pompeĭum in eos misit.
Piratae, cum Romani ducis nomen audiverunt, ... fugerunt.

2. Traduisez en français, puis en latin les expressions :

Er kommt in die Stadt.
Er ist in der Stadt.
Ich gehe in den Garten spazieren.

---

je me promène : ambŭlo, as, are, avi.

3. Transformez les expressions ci-dessous d'après l'exemple qui vous est donné :

Mulĭer in templum it → Mulĭer in templo est.
→ Mulĭer e templo venit.

Puella in urbem it. – Pŭeri in hortum eunt. – Milĭtes in Graecĭam eunt. – Consul in oppĭdum it. – Mulĭĕres in templa eunt. – Piratae in arcem eunt. – Servi in villam eunt. – Civis in forum it. – Agricŏlae in agros eunt. – Naves in portum eunt. – Miles in acĭem it. – In viam mulĭer currit.

it : *(il) va* – eunt : *(ils) vont* – Graecĭa, ae *f : Grèce* – acĭes, ei *f : armée en formation de combat, ligne de bataille.*

4. Complétez chaque phrase avec un des compléments de lieu suivants :
in agmĭne – in hortis – in popŭli Romani classe – in villis – in hostĭum acĭem – e portu – ex omnĭbus insŭlis – in navĭbus – ex incendĭo – in muro – in arcem – in forum – in acĭe.

Cum classis nostra ... navigavit, piratae ... ad eam venerunt. – Hiĕme ... equi et asĭni laeti manent. – Magna celeritate ... omnes fugiebant. – Piratae portum oppugnabant. Spes una ... erat. – Fortis miles ... cucurrit. – Nullum milĭtem Romanum hostes ... ceperunt. – Philosŏphus ... scripsit : « Asĭnus sum. » – Cum piratae venerunt, homĭnes et mulĭĕres et pŭeri et puellae ... cucurrerunt. – Sunt ... multae et pulchrae rosae. – Clarus dux ... pedĭbus iter fecit. – Cives ... eunt et oratores audĭunt.

eunt : *(ils) vont* – navĭgo, as, are, avi : *je navigue* – manĕo, es, ere, mansi : *je reste.*

Rendez à César

Expliquez, d'après leur origine latine, les mots en gras.

L'adjudant chef fit l'appel **nominal** des nouvelles recrues.
Les **insulaires** britanniques portent un chapeau melon.
Dans les quartiers **populaires,** on jouait de l'accordéon.
Il est difficile de **satisfaire** tout le monde et son père.

Retrouvez-vous le sens des prépositions ***in*** et ***ex*** dans les verbes suivants :

inspirer – importer – inhumer – exclure – exondé – expirer – exporter – exhumer – inclure – inondé.

Que signifie : accorder un « *satisfecit* »? Comment est composé ce mot emprunté directement au latin?

NOTA BENE

Compléments de lieu

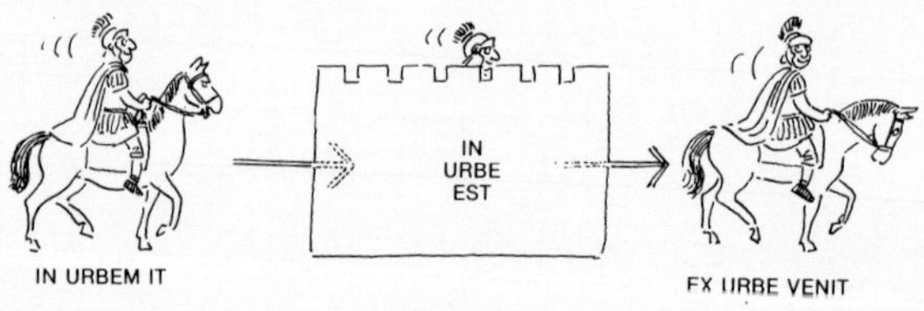
IN URBEM IT
IN URBE EST
EX URBE VENIT

	question	réponse
Lieu où l'on entre	question *quo?* Quo it?	*in* + accusatif In urbem, in Italĭam it.
Lieu où l'on est	question *ubi?* Ubi est?	*in* + ablatif In urbe, in Italĭa est.
Lieu d'où l'on vient, d'où l'on sort	question *unde?* Unde venit?	*ex(e)* + ablatif Ex urbe, ex Italĭa venit.

Contre vents et marées

Écueils et périls

Les Romains, peuple de paysans, manquaient d'expérience pour se lancer sur les flots. La première flotte de guerre date sans doute de la lutte contre Carthage (3e siècle av. J.-C.), et la marine marchande de la conquête du bassin méditerranéen. Naviguer est une entreprise difficile. On ne connaît pas le gouvernail, ni la boussole : de grosses rames d'arrière permettent de diriger le navire , et on pratique le cabotage en utilisant des repères terrestres connus, car phares et balises sont rares. Le gréement n'autorise guère que l'allure vent arrière. Les bateaux sont lourds à manœuvrer et ne transportent pas plus de 125 tonnes de charge utile, à la vitesse de 5 nœuds (9 km/heure). Dans les meilleures conditions, il faut trois semaines pour aller d'Ostie (port de Rome) à Alexandrie, au printemps ou en été, puisque de novembre à mars le temps interrompt la navigation. Les naufrages sont assez fréquents.

Les plongeurs de l'histoire

L'eau restituant presque intacts certains vestiges, en particulier des matériaux organiques, l'archéologie sous-marine, dont les techniques ne cessent de progresser, nous apporte une foule de renseignements. L'examen scientifique des épaves nous permet par exemple de savoir que l'étanchéité des coques s'obtient grâce à des feuilles de plomb, ou à de la filasse goudronnée recouverte de lamelles de plomb, fixées avec des clous de cuivre. La découverte d'amphores contenant encore du vin desséché, et dont le cachet indique le nom et l'origine des commerçants, autorise la reconstitution d'itinéraires commerciaux. Les cargaisons (lingots d'étain ou de cuivre, statues, vases, huiles...) nous renseignent sur les échanges économiques. La présence, sur des navires marchands, d'armes et de casques nous montre que les pirates sont restés un véritable fléau du transport maritime. Au large de Spargi, près de la Sardaigne, dans une épave datée du 2e siècle av. J.-C., c'est un casque encore attaché à une calotte crânienne que l'on a remonté.

Fil à suivre

- Quels autres peuples ont pu, selon vous, enseigner aux Romains l'art de la construction navale et de la navigation ?
- Quelle est l'origine du mot « phare » ?
- Faites une enquête sur Ostie et son histoire.

Amphores trouvées en Méditerranée. (Musée océanographique de Monaco)

23

questions de lieu : noms de villes

question *qua*

Athènes reconnaissante

Après avoir vaincu les pirates du bassin occidental de la Méditerranée, Pompée part nettoyer le bassin oriental et, pour redonner confiance aux peuples riverains, se montre en grande pompe à Athènes, qui l'accueille comme un sauveur.

Popŭlus Romanus Pompeĭum amabat sed consŭles ei invidebant. Romam tamen cum veniebat, Romani cives magno gaudĭo eum accipiebant et consŭles quoque debebant ei gratĭas agĕre. Bello piratĭco non multos dies Romae mansit. Roma abĭit; per Italĭam via Appĭa iter fecit. Brundisĭi classis erat. Brundisĭo Pompeĭus in Graecĭam navigavit et Athenas pervenit. Athenis cives in templi muro scripsĕrant :

ATHENAE TE SPERABANT,
TE VIDENT, TE LAVDANT.

Afrĭca, ae *f : Afrique*
Asĭa, ae *f : Asie*
Brundisĭum, ĭi *n : Brindes*
Carthago, ĭnis *f : Carthage*
Creta, ae *f : Crète*
Delphi, orum *m pl : Delphes*
Cyrenae, arum *f pl : Cyrène*
Gallĭa, ae *f : Gaule*
Graecĭa, ae *f : Grèce*
Hispanĭa, ae *f : Espagne*
Italĭa, ae *f : Italie*
Ithăca, ae *f : Ithaque*
Massilĭa, ae *f : Marseille*
Miletus, i *m : Milet*
Narbo, onis *m : Narbonne*
Numantĭa, ae *f : Numance*
Ravenna, ae *f : Ravenne*
Roma, ae *f : Rome*
Saguntum, i *n : Sagonte*
Syracusae, arum *f pl : Syracuse*
Vesontĭo, onis *m : Besançon*

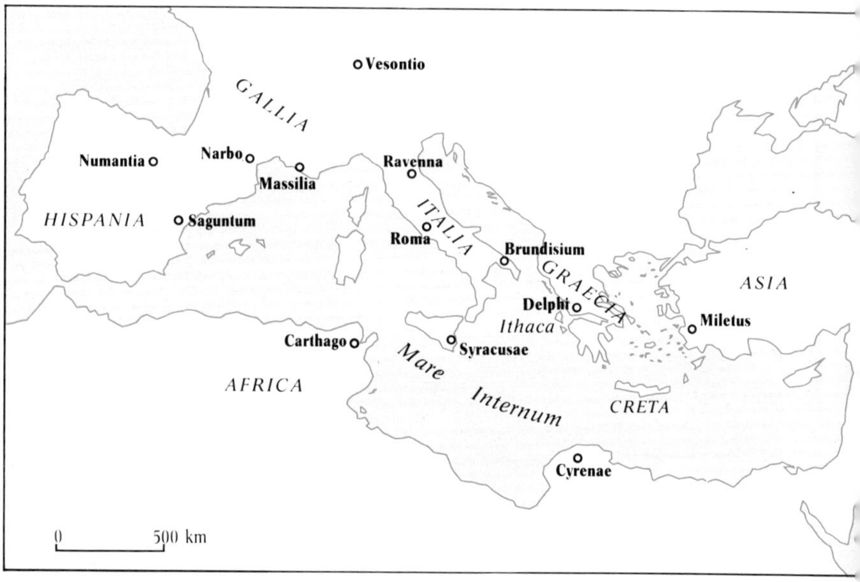

VOCABULAIRE

abĭit : *il partit de, il quitta*
Appĭa, ae via, ae *f : la voie Appienne*
Athenae, arum *f pl : Athènes*
Brundisĭum, ĭi *n : Brindes*
Carthago, gĭnis *f : Carthage*
gaudĭum, ĭi *n : joie*
Graecĭa, ae *f : Grèce*
gratĭas ago *(+ dat.) : je remercie, je rends grâces (à), j'adresse des remerciements*
invidĕo, es, ere, vidi *(+ dat.) : je jalouse, je hais*
it : *(il, elle) va*
manĕo, es, ere, mansi : *je reste*
navĭgo, as, are, avi : *je navigue, je fais voile*
per *(+ acc.) : à travers, par*
pervenĭo, is, ire, veni : *je parviens, j'arrive*
piratĭcus, a, um : *de pirate*
piratĭcum bellum : *la guerre des pirates*
Pompeĭus, ĭi *m : Pompée*
quoque : *aussi*
Roma, ae, *f : Rome*
spero, as, are, avi : *j'espère, j'attends*
te *(accusatif) : te, toi*

Observons

1. Quelles sont les particularités :
– du verbe ***invidĕo?***
– du nom propre ***Athenae?*** (Comparez-le avec des noms de villes ou villages français comme Les Aubrais, Les Essarts,...)

2. Que constatez-vous, lorsque la réponse aux questions de lieu ***quo?*** et ***unde?*** est un nom propre de ville?

3. Répondez aux questions suivantes en vous aidant du texte :
Ubi *Pompeĭus non multos dies mansit?*
Ubi *erat classis?*

À quel cas paraissent être les deux mots répondant à ces questions?

À quelles déclinaisons appartiennent-ils?

Ces formes sont en fait les vestiges d'un ancien cas, **le locatif,** qui **n'existe qu'au singulier.** Le locatif subsiste à la 1re déclinaison et à la 2e pour les noms de villes et quelques autres mots.

4. Répondez à la question suivante :
Ubi cives in templi muro sententĭam scripserunt?

À quel cas est le mot répondant à cette question? À quelle déclinaison appartient-il?

Pourquoi ce mot n'est-il pas au locatif?
Il n'y a pas dans le texte de nom propre de ville appartenant à la 3e déclinaison. À la question *ubi,* ce nom serait également à l'ablatif sans préposition :

Carthagĭne sum.
Je suis à Carthage.

5. Un complément de lieu peut répondre à la question : ***qua?*** (par où?).

Une des expressions du texte nous indique comment le latin exprime ce complément. Laquelle?

6. Pour faire un déplacement, j'emprunte certaines commodités : rues, routes, ponts... Comme tous les **compléments circonstanciels de moyen,** ces compléments sont exprimés par l'**ablatif.** Trouvez un exemple dans le texte.

A vous de jouer

1. Répondez aux questions suivantes.

Num consŭles Pompeĭum amabant? Quomŏdo Romani cives Pompeĭum accipiebant? Cur consŭles ei gratĭas agĕre debebant? Quamdĭu Pompeĭus Romae mansit? Unde abĭit? Qua iter fecit? Quo iter fecit? Ubi Romana classis erat? Unde Pompeĭus navigavit? Quo navigavit? Quo pervenit? Quid Athenis cives in templo scripsĕrant?

2. Traduisez.

Lors de la guerre des pirates, Pompée ne resta pas beaucoup de jours à Rome. Il quitta Rome; il fit route à travers l'Italie par la voie Appienne. La flotte romaine était à Brindes. Il fit voile de Brindes en Grèce et parvint à Athènes. Des citoyens d'Athènes avaient écrit sur le mur d'un temple : « Athènes t'attendait; elle te voit, elle te félicite. »

3. La carte placée à la page précédente comporte des noms de pays et des noms de ville. Imaginez que vous faites un voyage d'un point à un autre, et que vous séjournez à tel ou tel endroit.

Exemple : ***Roma Brundisĭum*** *iter feci.* ***Brundisĭi*** *mansi.*

---

abĭi : *je partis de* – ĭi : *j'allai*

4. Faites des phrases comprenant chacune un des mots ou une des expressions ci-dessous.

in equo – cum asĭno – ex insŭlis – in villa – ante templum – invĭdet – in via – quoque gratĭas egerunt.

5. Faites précéder les expressions ci-dessous de : *debet/debent* (si le verbe est au futur), ou de *incĭpit/incipĭunt* (si le verbe est au présent). Traduisez.

Ex. : *Classis navĭgat.*
→ *Classis* ***navigare incĭpit.***

Classis navigabit.
→ *Classis* ***navigare debet.***

Piratae Italĭae urbes oppugnant.
Equitĭbus pedĭtes invĭdent.
Milĭtes Romae hiĕme manebunt.
Asĭnus ad parvum rivum currit.
Hostes impĕtum facĭunt.
Athenae Pompeĭum laudabunt.
Cetĕri sedebunt.
Popŭlus Romanus Pompeĭo gratĭas aget.
Magister Ciceronis librum legit.
Consul in Graecĭam venĭet.

---

rivus, i *m : rivière* – sedĕo, es, ere, sedi : *je suis assis* – magister, tri *m : professeur.*

Navire marchand.
La voile est fixée à une vergue que l'on hisse en haut du mât. Elle est donc peu maniable et ne permet guère de louvoyer et de remonter au vent. Comment les voiles des bateaux de plaisance sont-elles fixées à notre époque?

NOTA BENE

Compléments de lieu : noms de villes

quo?	accusatif	Romam, Brundisĭum, Carthagĭnem, Athenas it	Toutes déclinaisons
ubi?	locatif	**Romae, Brundisĭi est**	1re-2e déclinaison singulier
	ablatif	Athenis est Carthagĭne est	1re-2e déclinaison pluriel 3e déclinaison
unde?	ablatif	Roma, Brundisĭo, Carthagĭne, Athenis venit	Toutes déclinaisons

Question *qua?*

qua?	*per* + accusatif	Per urbem, per Italĭam, per Romam iter fecit

Levons l'ancre!

De Naples à Pouzzoles, selon Sénèque

Pour être philosophe, on n'en est pas moins homme et sujet au mal de mer! C'est ce que nous raconte Sénèque (4 av. / 65 apr. J.-C.) dans une de ses lettres à Lucilius (cf. ci-contre).

La galère

Les navires de guerre, armés à l'avant d'un éperon (le rostre), étaient mus essentiellement à la rame. La trirème comportait trois étages de rameurs, des esclaves en général, et atteignait, sous l'effort de ses 180 matelots, une vitesse de 15 km à l'heure. Elle transportait aussi une centaine de soldats chargés de prendre à l'abordage les navires ennemis. Sur la photo ci-dessous, vous distinguez l'abri du capitaine *(magister navis)* et les fanions des unités embarquées. Faute de vocation maritime, les Romains abandonnaient le plus souvent à des Grecs la carrière d'officier de marine, et les amiraux n'étaient que des chefs de l'infanterie engagés provisoirement sur un autre terrain de lutte. Regardez bien le bateau du centre. Combien a-t-il de bancs de rames?

(Musée historique de Bucarest, Roumanie)

« À quoi ne me ferait-on pas consentir, puisque j'ai consenti à prendre la mer? Quand j'embarquai, c'était le calme plat. Le ciel, il est vrai, était chargé de ces nuages grisâtres qui finissent presque toujours par de l'eau et du vent. J'espérais cependant couvrir les quelques milles qui séparent ta chère Naples de Pouzzoles, malgré le temps douteux et le ciel bas. Afin donc d'aller au plus vite, je cinglai par le large, de façon à couper court à tous les détours du rivage. Comme j'étais déjà bien avancé, je ne vis plus cette surface unie qui m'avait séduit. Ce n'était pas encore la tempête, mais c'était la houle; la lame était de plus en plus courte. Je demandai au pilote de me déposer à n'importe quel endroit du rivage. Il répliqua que c'était escarpé et sans une seule rade; qu'au reste il ne craignait rien autant que la côte. Cependant, trop mal en point pour prendre conscience du péril, tourmenté d'une de ces nausées paresseuses qui remuent la bile et ne l'expulsent pas, j'obligeai le pilote, bon gré mal gré, à regagner la terre. Une fois à proximité..., je me rappelle mon savoir-faire de nageur et, vieux partisan de l'eau froide, je me jette à la mer, en tenue d'amateur de bain glacé, avec un peignoir de laine. Conçois-tu le mal que j'ai eu à ramper de récif en récif, à chercher un passage? J'ai compris que les marins n'ont pas tort de tant redouter la terre. On ne saurait croire quelles fatigues j'ai eu à soutenir, alors que je ne pouvais me soutenir moi-même. La malédiction d'Ulysse n'était sans doute pas de faire en tous lieux naufrage, c'était d'être sujet au mal de mer. »

24

relatif

vocatif

Nouvelles de Grèce

Sextus littĕras accĭpit in quibus ejus pater Pompeĭi victorĭam narravit :

« Q. Munatĭus Rufus filĭo S. D.

Sexte, mi fili, Athenis littĕras meas scripsi. Bellum quod gesseramus paucis ante diebus ad finem venit. Ităque nunc pacem habemus ! Multi sunt piratae quos interfecĭmus aut cepĭmus. Oppĭda quorum domĭni fuerunt nunc nobis sunt. Pompeĭus cujus nomen magnum est triumphabit. Glorĭa quae Pompeĭo imperatori est quoque ejus militĭbus erit. Gloriosus miles tamen ego non ero. Omnes quas gessĭmus res tibi narrabo. In ea nave in qua semper navigavi et quam in portu videbis Romam redĕo. Laetus ero cum Romae ero. Vale ! »

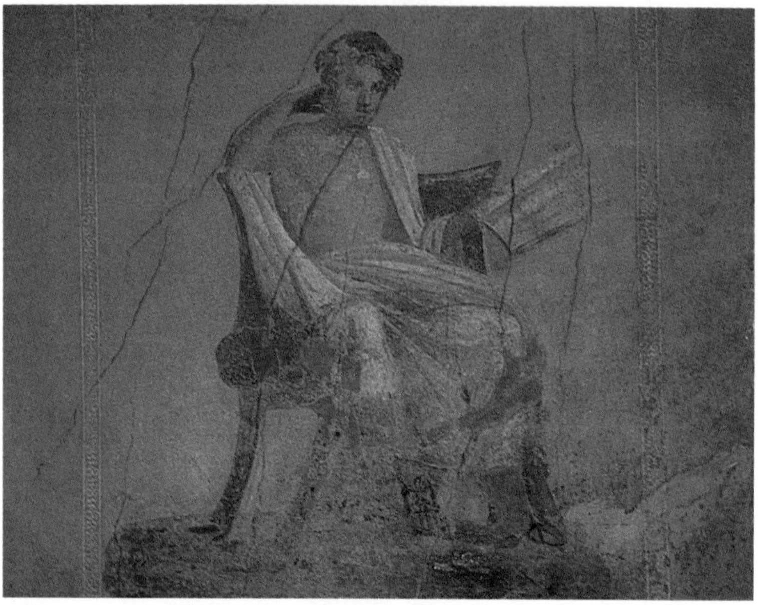

Dans quel sens se déroulait le *volumen ?* Comment se présentaient les pages ? (Pompéi)

VOCABULAIRE

Athenae, arum *f pl : Athènes*
finis, is *m : limite, fin*
ad finem venire : *se terminer, venir à son terme*
gero, is, ĕre, gessi : *je porte; j'accomplis, je fais*
glorĭa, ae *f : gloire*
gloriosus, a, um : *vantard, fanfaron*
imperator, oris *m : général (victorieux), général en chef*
interficĭo, is, ĕre, feci : *je tue*
ităque : *c'est pourquoi, aussi*
littĕra, ae *f : lettre (caractère de l'alphabet)*
littĕrae, arum *f pl : lettre, missive*
narro, as, are, avi : *je raconte*
nobis *(datif) : nous, à nous, pour nous*
nunc : *maintenant*
pax, pacis *f : paix*
pirata, ae *m : pirate*
piratĭcum bellum : *guerre des pirates*
Pompeĭus, ĭi *m : Pompée*
redĕo : *je reviens*
S. D. : *abréviation pour* salutem dicit (*ou* dat)
scribo ad *(+ acc.) : j'écris à*
tibi *(datif) : te, à toi, pour toi*
triumpho, as, are, avi : *obtenir le triomphe, triompher*
vale ! : *salut ! porte-toi bien !*
valĕo, es, ere, valŭi : *se bien porter, être fort*

Observons

1. Cherchez, à partir d'une phrase du texte, ce que dit Rufus lorsqu'il s'adresse à Sextus pour attirer son attention, l'appeler, lui donner un ordre.

Le nom mis en apostrophe est, en latin, à un cas particulier, le dernier cas qui nous reste à étudier : **le vocatif.**

Le vocatif se confond pour la forme avec le nominatif, sauf :

• au singulier pour les noms en ***-us*** de la 2ᵉ déclinaison et les adjectifs en ***-us*** de la 1ʳᵉ classe. Cherchez dans le texte quelle est, dans ce cas, sa terminaison. Complétez le tableau :

N domĭn us bon us
V domĭn... bon...
A domĭn um bon um

• au singulier pour les noms en ***-ĭus*** de la 2ᵉ déclinaison et l'adjectif ***meus.*** Quelle est sa forme dans ce cas? Complétez le tableau :

N filĭ us me us
V ...
A filĭ um me um

2. Supposons que vous soyez à Athènes et que vous écriviez une lettre commençant par ces mots : « J'écris cette lettre à Athènes, où je suis bien arrivé... » Le moment où vous écrivez appartiendra au passé, quand votre correspondant recevra la lettre. C'est pourquoi Rufus écrit, en latin, à Sextus :

« *Athenis littĕras meas* ***scripsi.*** »

On appelle **parfait épistolaire** cet emploi du parfait dans les lettres.

3. En latin, comme en français (moins fréquemment), certains mots n'ont pas le même sens au singulier et au pluriel.

Comparez : *littĕra, ae / littĕrae, arum*
et, en français : le ciseau / les ciseaux.

4. Relevez les **pronoms relatifs** qui se trouvent dans le texte.

Quel autre pronom, déjà connu de vous, a une déclinaison comparable à celle du pronom relatif? Examinez le tableau qui se trouve dans le Nota Bene et dites si vous constatez des différences.

• Pourquoi le relatif a-t-il une forme différente dans les expressions suivantes :

navis in ***qua*** *semper navigavi*
navis ***quam*** *in portu videbis?*

• Pourquoi le relatif a-t-il une forme différente dans les expressions suivantes :

piratae ***quos*** *interfecĭmus*
res ***quas*** *gessĭmus?*

• Pourquoi le relatif a-t-il une forme différente dans les expressions suivantes :

navis in ***qua*** *semper navigavi*
littĕrae in ***quibus*** *pater victorĭam narravit?*

Dites, en conclusion, comment fonctionne le pronom relatif en latin.

• Étudiez dans le texte la place des propositions relatives par rapport au nom qu'elles précisent. Quelle différence constatez-vous avec le français?

5. Comparez *ge**r** o* (présent) et *ge**s** si* (parfait).

Quelle loi phonétique explique la forme du présent?

A vous de jouer

1. Répondez aux questions suivantes.

Ad quem Rufus scripsit? Qua in urbe littĕras scripsit? Quid in littĕris narravit? Quando piratĭcum bellum ad finem venit? Num pauci piratae sunt quos Romani milĭtes ceperunt? Quibus nunc piratarum oppĭda sunt? Quibus glorĭa erit? Num gloriosus Rufus erit? Quas res Sexto narrabit? Qua in nave Romam redit *(il revient)?* Quando Rufus laetus erit?

Les enquêtes de Barbatus

Barbatus est sur une piste. Aux gens qu'il croise et qui lui demandent : « *Quid quaeris?* », il répond : « *Homĭnem quaero.* » Complétez, avec des noms mis en apostrophe, les répliques qu'ils échangent en utilisant le vocabulaire ci-dessous.

Ex. : Sexte, homĭnem quaero!

Barbatus – ancilla – quaestor – Rufus – puellae – miles – puĕri – Pompeĭus – Quintus – frater – milĭtes – servus – amicus – puer – parvus asĭnus – filĭus meus – clarus consul.

2. Traduisez.

La guerre que nous avons menée contre les pirates s'est terminée il y a quelques jours. Nombreux sont les pirates que nous avons tués ou fait prisonniers. Pompée, dont le renom est grand, aura le triomphe. Quand nous serons à Rome, je raconterai toutes les choses que nous avons faites.

3. Mettez un des verbes (ou expressions) donnés en tête de chaque partie de l'exercice dans des relatives qui compléteront les noms ci-dessous (au nominatif). Traduisez le fragment de phrase obtenu.

Ex. : *In foro erat – servus*
→ *Servus* ***qui*** *in foro erat...*

a) *in foro erat / erant – in Italĭa erat / erant.*
canis – urbs – agmen – piratae – muliĕres – oppĭda – agmĭna – mulĭer – pirata – urbes – oppĭdum – canes.

b) *vidĕram / videramus – audivĕram / audiveramus.*
exercĭtus – res – vulnus – servi – voces – templa – vox – vulnĕra – servus – templum – res.

c) *gratĭas egisti / egistis – paruisti / paruistis.*
senex – ancilla – domĭnus – milĭtes – duces – amici – ancillae – miles – dux – domĭni – amicus – senes.

d) *manebis / manebĭtis – eris / erĭtis.*
villa – hortus – forum – agri – naves – oppĭda – navis – horti – fora – villae – ager – oppĭdum.

4. Des couples de propositions indépendantes suivantes, faites une phrase unique en utilisant le **pronom relatif** au lieu du pronom de rappel *is,* selon l'exemple suivant.
Puella pulchra est; eam vidĕo.
→ *Puella* ***quam*** *vidĕo pulchra est.*

Dux triumphabit; ei paremus. – Oppĭda nunc Romanis sunt; eorum piratae domĭni fuerunt. – Pompeĭus triumphabit; ejus nomen magnum est. – Littĕras Athenis scripsi; eas misi. – Pilum grave est; id gero. – Navis in portu est; in ea semper navigavi. – Servi in agris laborant; eos vidĕo. – Quaestor amicus meus est; ei salutem dedi. – Littĕras accipĭo; in eis Pompeĭi victorĭam narravisti. – Agmen ad Brundisĭum cum Pompeĭo iter facit; id vides.

Brundisĭum, ĭi *n : Brindes* – pilum, i *n : javelot.*

5. Traduisez.

Les fantassins envient (leur) chef qui fait route à cheval. – Dans toutes les villes que j'ai vues en Italie, il y avait de belles statues sur les places publiques. – Les ennemis, qui étaient venus sur des navires, attaquaient la ville. – Le temple que j'ai vu appartient à Junon. – Le philosophe, dont la gloire était grande, possédait de nombreuses maisons de campagne. – L'enfant dont tu es l'ami est le fils du consul. – Je n'approuve pas ceux qui fuient le danger. – Le questeur donnera une somme d'argent aux soldats dont je dirai le nom. – La mer détruisit le navire sur lequel était le questeur.

invidĕo, es, ere, vidi *(+ dat.) : j'envie, je hais* – Juno, onis *f : Junon.*

NOTA BENE

Le vocatif est le cas du nom mis en **apostrophe**.

Seuls les noms et adjectifs en *-us* ont une forme particulière au vocatif singulier : *domĭn-e.*

Noms en *-ĭus* et *meus : mi fili.*

Le pronom relatif s'accorde en genre et en nombre avec le nom qu'il représente. Il est au cas voulu par sa fonction dans la proposition relative.

	singulier			pluriel		
	M	F	N	M	F	N
N	qui	quae	quod	qui	quae	quae
A	quem	quam	quod	quos	quas	quae
G	cujus	cujus	cujus	quorum	quarum	quorum
D	cui	cui	cui	quibus	quibus	quibus
Ab	quo	qua	quo	quibus	quibus	quibus

À pied, à cheval, en voiture

Sauf pour des promenades dans les jardins ou sous les portiques, les Romains n'ont pas une passion folle pour la marche à pied, qu'ils ne considèrent généralement pas comme un plaisir, ni comme un sport. Ils préfèrent se faire véhiculer.

En ville

Les rues étroites et sinueuses, les embouteillages célèbres de la ville impériale interdisent de circuler le jour en voiture attelée. Seules les femmes de la famille de l'empereur y sont autorisées. Il ne reste donc que la chaise à porteurs *(sella gestatorĭa)* ou la litière *(lectica)* comme moyen de locomotion. Elles sont garnies de coussins, de rideaux et, sous l'Empire, de vitres. Pour déplacer ces lourds engins, souvent richement décorés, il faut de deux à huit esclaves robustes. Ceux qui ne peuvent s'offrir ce luxe prendront une litière de louage, ancêtre de nos taxis.

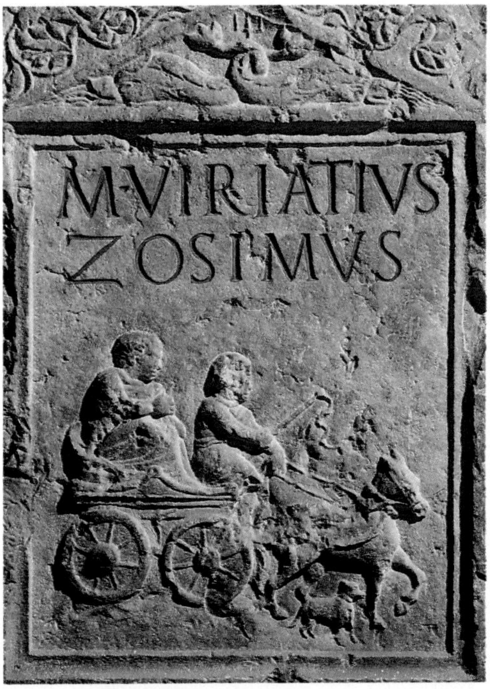

Quel pouvait être le métier de Viriatus Zosimus ? (Rome, Musée de la civilisation romaine)

Hors la ville

Les promeneurs se rendent sur la via Appia, où ils font assaut d'élégance. Ils se déplacent à cheval ou dans un cabriolet rapide et léger, le *cisĭum* . Les voyageurs, embarrassés de bagages, empruntent la *raeda,* sorte de berline à quatre roues, ou la *carruca,* carrosse très confortable, d'un luxe raffiné, dans lequel on peut lire, écrire, jouer aux dés, et même dormir : il est tiré par plusieurs chevaux. La puissance des animaux est mal utilisée à cause de l'imperfection du mode d'attelage : le collier, une sangle de cuir, serre le cou du cheval, alors que, de nos jours, il porte sur l'ossature de l'épaule.

Les embarras de Rome

Dans l'une de ses *Satires,* le poète Juvénal (60/130 apr. J.-C.) considère que la vie à Rome est insupportable pour le citoyen moyen.

« À Rome, les malades meurent en foule, épuisés par l'insomnie... Trouvez-moi un immeuble où il soit possible de trouver le sommeil ! Il faut être un riche pour dormir dans cette ville. Le passage des chariots dans les ruelles sinueuses, les cris des conducteurs de mules prises dans un embouteillage arracheraient le sommeil à Drusus [1] et à des veaux marins ! Si un devoir l'appelle, un riche se fera transporter et la foule lui cèdera le passage ; il ira à toute allure dans son énorme litière, au-dessus de la tête des passants, et, chemin faisant, il lira, écrira, dormira à l'intérieur. Il arrivera avant moi : je me heurte au flot des gens qui me précèdent, et la foule qui me suit en colonnes serrées m'écrase les reins. Celui-ci me donne un coup de coude, cet autre me frappe d'une poutre très dure ; l'un me projette une solive contre le crâne, l'autre une jarre. Mes jambes sont maculées de boue, mes orteils écrasés sous de grandes chaussures, et les clous d'un brodequin de soldat laissent une empreinte sur mon pied. »

1. *cognomen* de l'empereur Claude, dont on raillait la léthargie.

25

hic / iste / ille

infinitif sujet ou objet

Les chiens du voisin

Sextus et ille senex de canĭbus sermonem habent : « Haec est Issa, inquit senex; illi nomen dedi Hylăcem. Haec magna celeritate post feras currit; ille fortis atque acer Cerbĕrum ipsum non timet. Ităque illius officĭum est villam meam custodire.

– Utĭlis quidem est ille!

– Est. Hanc a Gallo illis temporĭbus emi cum miles eram; illum hoc anno amicus mihi dedit. Hoc munus accipĕre mihi jucundum fuit. Iste quidem minor natu est!

– Hoc verum est... Sed cur catena illum canem tenet?

– Quia his ocŭlis in vicini horto illum vidi. Meā quidem sententĭā nimis vicinorum pullos amat! »

VOCABULAIRE

a *(ou* **ab***) (+ abl.) : en venant de, de*
ac *(ou* atque) : *et*
canis, is *m/f : chien / chienne, lice*
catena, ae *f : chaîne*
Cerbĕrus, i *m : Cerbère*
custodĭo, is, ire, ivi : *je garde*
de *(+ abl.) : du haut de / au sujet de*
emo, is, ĕre, emi (a/ab + *abl.) : j'achète (à)*
fera ae, *f : fauve, bête sauvage*
Gallus, i *m : Gaulois*
Hylax, ăcis *m : Hylax (nom d'un chien)*
ipsum *(acc. masc.) : lui-même*
Issa, ae *f :* Issa *(nom d'une chienne)*
jucundus, a, um : agréable
mihi *(datif) : à moi*
minor natu : *plus jeune*
munus, nĕris *n : cadeau*
nimis *(adv.) : trop*
officĭum, ĭi *n : fonction, charge, devoir*
pullus, i *m : poulet*
quidem *(adv) : du moins, certes, en vérité, en tout cas*
sermo, onis *m : conversation, propos*
tempus, pŏris *n : temps, époque*
tenĕo, es, ere, tenŭi : *je tiens, je garde*
verus, a, um : *vrai*
vicinus, i *m : voisin*

Observons

1. Relevez dans le texte les formes du pronom / adjectif démonstratif ***ille, illa, illud.*** À quel type de déclinaison des noms (ou des adjectifs masculins) vous fait penser la forme *illum* (accusatif)? À quel pronom / adjectif font penser les formes *illius* (génitif) et *illi* (datif)? En consultant le tableau dans le Nota Bene, vous constaterez que *ille* se décline comme un adjectif du type *bonus, a, um,* sauf formes particulières au nominatif, génitif et datif singuliers.
Le pronom ***iste, ista, istud*** suit une déclinaison exactement semblable à celle de *ille, illa, illud.*

2. Relevez dans le texte les formes du pronom / adjectif démonstratif ***hic, haec, hoc.*** Il comporte, au singulier, un élément final fixe qui s'ajoute à un élément décliné. Dégagez ces éléments.

Vous connaissez, en français, un phénomène comparable : quelles sont les formes des deux pronoms démonstratifs composés (masculin et féminin)?

Bien qu'elle soit proche de celle des autres pronoms, la déclinaison de *hic, haec, hoc* présente un certain nombre de particularités. C'est pourquoi il faut l'apprendre avec une attention toute spéciale.

3. Par rapport au vieillard (celui qui parle) et à Sextus (celui à qui il parle), situez les trois chiens : ***haec*** *canis,* ***iste*** *canis,* ***ille*** *canis.*
Ille *canis* désigne-t-il le chien qui est loin ou près des deux interlocuteurs?
Iste *canis* désigne-t-il le chien qui est loin ou près de la personne à qui parle le vieillard (Sextus)?
Haec *canis* désigne-t-il l'animal qui est loin ou près de la personne qui parle (le vieillard)?
Le français oppose seulement deux démonstratifs. Quelle différence y a-t-il entre « ce chien-ci » et « ce chien-là »?

4. En vous mettant à la place du vieillard, faites les gestes qui pourraient accompagner les expressions :
Iste *canis minor natu est.*
His *ocŭlis in vicini horto illum vidi.*
Sans faire de gestes, vous pourriez presque remplacer les démonstratifs par des possessifs. Donnez deux traductions différentes des phrases ci-dessus.

5. Par rapport au moment où parle le vieillard, comment situez-vous les dates exprimées par :
illis *tempŏrĭbus*
hoc *anno?*
Quel démonstratif exprime **l'éloignement** dans le temps (comme dans l'espace)?
Quel démonstratif exprime **la proximité** dans le temps (comme dans l'espace)?
Comment se justifie l'emploi de *ille (ille senex)* à la première ligne du texte? (Le vieillard apparaît dans la leçon 16.)

6. Dans la construction de chacune des deux phrases que voici :
Servus ***iter*** *incĭpit :* L'esclave commence son voyage.
Agricŏla domĭno ***pecunĭam*** *debet :* Le paysan doit de l'argent au maître.
vous pouvez remplacer l'un des noms par l'infinitif *laborare* (le sens de la phrase sera évidemment modifié).
Puisque cette substitution est possible, qu'en concluez-vous sur la nature de l'infinitif? Quelle est sa fonction dans les phrases étudiées?
À la ligne 7, trouvez un infinitif (accompagné d'un complément d'objet) qui a une autre fonction. Quel est le genre de l'adjectif qui se rapporte à cet infinitif?

A vous de jouer

1. Répondez en latin aux questions suivantes, en gardant sous les yeux l'image de la leçon.

Qua de re Sextus et ille senex sermonem habent? Quam multi canes seni sunt? Quae nomĭna senex canĭbus dedit? Quem ille canis non timet? Quod illius canis officĭum est? A quo senex hanc canem emit? Quando? Quis illum canem seni dedit? Cui jucundum fuit munus accipĕre? Cur catena illum canem tenet? Num vicinorum pulli canes amant?

2. En vous adressant à un(e) élève de votre classe, faites les gestes qui pourraient accompagner les expressions suivantes :

Hunc librum lego; istum librum legis. – His ocŭlis vidĕo; istis ocŭlis vides; illam viam videmus. – Haec laborat; cetĕri dormĭunt. – Hac manu scribo; ista manu scribis. – Tu istam pecunĭam habes; ego hanc pecunĭam habĕo. – Hic miles erit; ille imperator. – Hic puer magna celeritate currit; ille semper dormit.

---

quam multi, ae, a? : *combien de? combien nombreux?*

3. Complétez les phrases suivantes par la forme voulue du pronom / adjectif *hic, haec, hoc.*

1. (...) agmen ad oppĭdum it; illud agmen ab oppĭdo venit. – 2. (...) sunt multi servi; illi pauci. – 3. In (...) urbe nunc vivĭmus; in illa urbe quodam die vivemus. – 4. (...) paretis; illis imperatis. – 5. (...) officĭum est bellum gerĕre, illius libros scribĕre. – 6. Ille littĕras misit; (...) eas accĭpit. – 7. (...) semper laborant; illi saepe dormĭunt. – 8. (...) arma utilĭa sunt, illa non sunt. – 9. (...) diem magna spe exspectavi quo victorĭam nostram vidĕo. – 10. (...) impĕtu omnes hostes fugĭent. – 11. (...) victorĭae glorĭa semper in memorĭa manebit. – 12. Jucundum est in (...) vita nihil agĕre. – 13. Fessi sumus quia (...) diebus nimis laboravĭmus. – 14. (...) manĭbus, inquit miles, multa tela misi. – 15. (...) mulĭĕrum voces me interficĭunt.

4. Traduisez.

1. Il est agréable de louer un ami (louer un ami est agréable). – 2. Il n'est pas utile de travailler (travailler n'est pas utile). – 3. Il est agréable de lire de beaux livres. – 4. Commander est agréable, obéir ne l'est pas. – 5. Il était agréable de courir dans les champs. – 6. Il est agréable de recevoir une lettre. – 7. Mon devoir est de combattre. – 8. Il n'est pas agréable de travailler. – 9. Il est utile d'avoir dix doigts. – 10. Il est agréable de regarder une belle jeune fille. – 11. Fuir n'est pas courageux. – 12. Il est utile de dormir. – 13. Il n'est pas agréable de faire un voyage en hiver. – 14. Dormir est agréable. – 15. Le seul *(unus, a, um)* salut est de fuir.

---

exspecto, as, are, avi : *j'attends* – fessus, a, um : *fatigué* – me *(acc.) : me* – memorĭa, ae *f : mémoire* – nihil *(N/A) : ne... rien, rien... ne* – vivo, is, ĕre : *vivre.*

NOTA BENE

Pronoms/adjectifs démonstratifs

Hic sert à désigner ce qui est près, dans l'espace ou dans le temps, de la personne qui parle, ou des personnes qui parlent (première personne du singulier ou du pluriel) :

Hic canis : ce chien-ci, mon chien.
In hac urbe : dans notre ville.
Hoc anno : cette année-ci.

Iste sert à désigner ce qui est près de la personne, ou des personnes à qui l'on parle (deuxième personne) :

Iste canis : ce chien qui est à toi.
Iste philosŏphus : le philosophe que vous citez.

Ille sert à désigner ce qui est éloigné, dans l'espace ou dans le temps, des deux interlocuteurs :

Ille canis : ce chien-là, cet autre chien.
Illis temporĭbus : en ces temps-là.

	singulier			pluriel		
N	hic	haec	hoc	hi	hae	haec
A	hunc	hanc	hoc	hos	has	haec
G	hujus	hujus	hujus	horum	harum	horum
D	huic	huic	huic	his	his	his
Ab	hoc	hac	hoc	his	his	his
N	ille	illa	illud	illi	illae	illa
A	illum	illam	illud	illos	illas	illa
G	illĭus	illĭus	illĭus	illorum	illarum	illorum
D	illi	illi	illi	illis	illis	illis
Ab	illo	illa	illo	illis	illis	illis

Fonctions de l'infinitif

L'infinitif joue le **rôle d'un nom.** Il peut être complément d'objet ou sujet. L'adjectif attribut de l'infinitif est au **neutre.**

Maisons de campagne

La mode des résidences secondaires ne date guère, à Rome, que de la fin de la République. Auparavant, les Romains ne vont à la campagne que pour y surveiller le fonctionnement des fermes dont ils sont propriétaires, la vie politique les retenant la plupart du temps à la ville. C'est un peu avant le temps de Cicéron que les *villae urbanae* (maisons de plaisance à la campagne) apparaissent et se multiplient à côté des *villae rustĭcae* (exploitations agricoles). Le grand orateur en posséda jusqu'à neuf, sa préférée étant celle de Tusculum. Au temps de l'Empire, le poète Horace, de condition modeste et de goûts simples, se rendait le plus souvent qu'il le pouvait dans sa villa de Sabine et il en parle volontiers dans ses vers, en s'excusant de n'y avoir ni lambris d'or, ni incrustations d'ivoire, ni colonnes de marbre, ni tentures de pourpre.

Les villas sont, en effet, le plus souvent, des résidences immenses, luxueuses et confortables, comportant des bains, des bibliothèques, des portiques pour la promenade, des salles à manger d'hiver et d'été, des pièces très nombreuses, adaptées à toutes les occupations et ornées de marbre, de mosaïques, de statues, de tableaux. Autour des bâtiments s'étendent les jardins. On aime les allées tirées au cordeau, les arbres taillés et plantés selon une stricte géométrie, les essences rares, les parterres, les statues aux ronds-points, les petites constructions d'agrément : les jardins romains préfigurent les parcs à la française. Les centres de villégiature favoris sont les bords du Tibre, les petites cités de la campagne romaine (Tibur, Ostie...), et le bord de la mer en Campanie. Les occupations à la campagne sont la promenade à pied ou à cheval, le jeu, le sport, la chasse, la pêche, parfois les travaux agricoles, souvent la lecture et l'étude. La villa qui a fourni les restes archéologiques les plus imposants est celle que fit construire à Tibur l'empereur Hadrien. C'était en fait un immense palais, où il avait fait reproduire les monuments et les lieux qui l'avaient frappé durant ses nombreux voyages (cf. p. 152).

Villa Hadriana, à Tivoli *(Tibur)*. Bassin du Canope. À quel pays fait penser le crocodile ?

ÉTAPE 5

RÉCAPITULATION DU VOCABULAIRE OBLIGATOIRE

■ glorĭa, ae *f : gloire*
insŭla, ae *f : île*
littĕrae, arum *f pl : lettre (missive)*

anĭmus, i *m : esprit, cœur, courage*
ludus, i *m : jeu; école*
officĭum, ĭi *n : fonction, charge, devoir*
popŭlus, i *m : peuple*
vicinus, i *m : voisin*

imperator, oris *m : général (victorieux), général en chef*
legĭo, onis *f : légion*
nomen, mĭnis *n : nom, renom*
pax, pacis *f : paix*
sermo, onis *m : conversation, propos*
tempus, pŏris *n : temps, époque*
timor, oris *m : peur, crainte*
finis, is *m : limite, fin*

■ cetĕri, ae, a : *les autres, tous les autres*
jucundus, a, um : *agréable*
malus, a, um : *mauvais, méchant*
verus, a, um : *vrai*
quidam *N. m sing. : un certain*

■ narro, as, are, avi : *je raconte*
navĭgo, as, are, avi : *je navigue*
spero, as, are, avi : *j'espère*

manĕo, es, ere, mansi : *je reste*
tenĕo, es, ere, tenŭi : *je tiens, je garde*
valĕo, es, ere, valŭi : *je me porte bien, je suis fort*

ago, is, ĕre, egi : *j'agis, je m'occupe de, je fais*
emo, is, ĕre, emi (a/ab + *abl.) : j'achète (à)*
gero, is, ĕre, gessi : *je porte; j'accomplis; je fais*

incipĭo, is, ĕre, incepi : *je commence*
interficĭo, is, ĕre, feci : *je tue*
pervenĭo, is, ire, veni : *j'arrive, je parviens*

dormĭo, is, ire, ivi : *je dors*

■ a/ab *(+ abl.) : en venant de, de*
ad *(+ acc.) : vers, en direction de, pour*
aut : *ou bien, ou*
de *(+ abl.) : du haut de / au sujet de*
ex/e *(+ abl.) : en sortant de, hors de, de*
in *(+ abl.) : dans, sur*
in *(+ acc.) : dans, sur, contre*
ităque : *c'est pourquoi, aussi, donc*
nimis : *trop*
nunc : *maintenant*
per *(+ acc.) : à travers, par*
quidem : *du moins, certes, en vérité, en tout cas*
quoque : *aussi*
satis : *assez*
sic : *ainsi*
ubi? : *où?*
quo? : *vers où? où?*
unde? : *d'où?*
qua? : *par où?*
hic – iste – ille *(pour mémoire)*
qui, quae, quod *(pour mémoire)*

Proverbes

Traduisez cette expression latine, que vous pouvez rapprocher du proverbe grec : « De mauvais corbeau, mauvais œuf. »

MALA MALVS MALA MALA DAT

Trouvez en français un proverbe de même sens.

---

mălus, a, um : *mauvais* – mālus, i *f : pommier* – mālum, i *n : pomme.*

À vos montres ! Prêts ?

En cinq minutes, indiquez de mémoire parmi les mots du vocabulaire obligatoire de cette étape :

– 5 mots de trois lettres;
– 5 mots de cinq lettres;
– 5 mots de six lettres;
– 1 mot de dix lettres;
– 3 mots comportant deux i;
– 3 mots comportant deux u.

Rendez à César

De quels mots latins rapprochez-vous les mots en gras dans les phrases suivantes? (Voir le vocabulaire de la leçon 25.)

L'**officier** de justice et l'**officier** de police s'acquittèrent de leur **office** avec enthousiasme. – La concierge était une virago, un véritable **cerbère.** – Je suis **temporairement** Père Noël. – La **caténaire** est le câble qui fournit le courant aux motrices électriques. – La **custode** est un élément de la carrosserie d'une automobile.

Mots en croix

Traduisez les mots imprimés en gras et insérez-les dans la grille :

VERTICALEMENT : 1. Le philosophe méprise **la gloire.** – 2. Ta **lettre** m'a fait plaisir. – 3. **Je raconte** cette histoire dans mon livre. – 4. Il **a** longtemps **espéré.** – 5. Nous dûmes **regarder.** – 6. Je me dirigeai vers **l'école.** – 7. Est-il grand **ou** petit ?

HORIZONTALEMENT : I. Et **nous,** nous... – II. Je ne vois qu'**une** seule ferme. – III. Ils **tuèrent** le cochon. – IV. Il **rend** grâces au consul. – V. **Tous les autres** étaient partis. – VI. **Il était** sur son char.

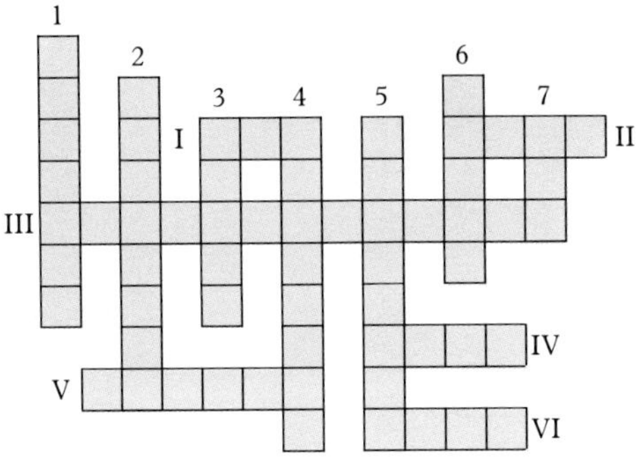

Essayez votre force

Version

1. Glorĭa imperatorĭbus res utĭlis est (erat, erit, fuit). – 2. Cetĕri in illa insŭla cum piratis manent (manebant); ego laeto anĭmo ex insŭla abĕo (abĭi). – 3. Belli finem speramus (sperabamus, speraveramus). – 4. Consul qui in Asĭa bellum gerebat longas littĕras misit (mittebat, misĕrat). – 5. Littĕrae quas pater accepit ei jucundae sunt (fuerunt). – 6. Popŭli Romani nomen semper magnum est (erat, fuit, fuĕrat, erit). – 7. Mi fili, satis dormis (dormivisti, dormĭes). – 8. Quo agmĭna nunc pervenĭunt (pervenerunt)? Ante urbis moenĭa. – 9. Philosŏphus in libri fine res narravit (narrat) quas imperator gessĕrat (gessit). – 10. Gravĭa pila gerĕre non semper jucundum est (erat, fuit, erit).

abĕo (*pf* : abĭi) : *je pars, je quitte*
Asĭa, ae *f* : *Asie*
pilum, i *n* : *javelot*
pirata, ae *m* : *pirate.*

Thème

1. À Rome, les chiens n'enviaient pas toujours les esclaves. – 2. La première année, il est resté dix jours, la dixième année, il est resté un (seul) jour. – 3. La victoire viendra-t-elle avant la fin du jour ? – 4. Les femmes aussi combattirent (combattent, combattaient) avec un grand courage. – 5. Je vais en Grèce, à Athènes; je suis allé en Italie, à Brindes. – 6. Je viens d'Athènes, tu viens de Rome, il vient de Grèce, nous venons des îles, vous venez par la voie Appienne, ils viennent par la Grèce. – 7. Il fit route à travers l'Italie en direction de l'armée du consul. – 8. Toi, tu as raconté la guerre des esclaves; moi, je raconterai la guerre des pirates. – 9. Le consul est peut-être à Rome, moi je suis à Brindes. Toi, où es-tu ? – 10. Quand viendra (sera) la fin de nos (ces) travaux ?

Athènes : Athenae, arum *f pl*
Brindes : Brundisĭum, ĭi *n*
dixième : decĭmus, a, um
j'envie : invidĕo, es, ere, vidi *(+ dat.)*
(d')esclave : servilis, is, e
Grèce : Graecĭa, ae *f*
Italie : Italĭa, ae *f*
(contre les) pirates : piratĭcus, a, um
(je) reviens : redĕo (*pf* : redĭi)
(je) vais : eo (*pf* : ii)
(la) voie Appienne : via, ae Appĭa, ae *f*

Version

Cette leçon vaut bien un fromage, sans doute

Corvus quidam in altis arbŏris ramis sedebat et casĕum magnum tenebat quem e villa rapuĕrat. Vulpes eum in arbŏre vidit ad quam cucurrit. Deinde corvo sic dixit : « Quam pulcher es, corve ! Omnes homĭnes te laudant. Nonne pulchram vocem quoque habes ? Cum vocem tuam audĭam, beatus ero ». Stultus corvus vocem suam ostendĕre volŭit; os aperŭit et casĕum ex ore misit quem avĭdis cepit dentĭbus vulpes.

Nonne vulpis dolus corvo fuit utĭlis ?

aperĭo, is, ire, aperŭi : *j'ouvre*
arbor, ŏris *f* : *arbre*
avĭdus, a, um : *avide, vorace*
beatus, a, um : *heureux*
casĕus, i *m* : *fromage*
corvus, i *m* : *corbeau*
dens, dentis *m* : *dent*
dolus, i *m* : *ruse*
os, oris *n* : *bouche*
ostendo, is, ĕre : *je montre*
quam ! : *comme ! combien !*
ramus, i *m* : *branche*
rapĭo, is, ĕre, rapŭi : *je vole, je dérobe*
sedĕo, es, ere : *je suis assis, je suis installé*
stultus, a, um : *stupide*
suus, a, um : *son*
te *(acc.)* : *te*
volŭit : *voulut*
vulpes, vulpis *f* : *renard*

Petit portrait d'un grand voyageur

Le mur d'Hadrien traverse sur 130 km le nord de l'Angleterre.

L'empereur Hadrien (Publius Aelius Hadrianus) a vécu bien après notre héros Sextus, durant le siècle d'or de l'Empire (2e siècle apr. J.-C.), période où régna la paix intérieure, l'unité et la prospérité et où l'empire atteignit sa plus grande extension. Né en 76, originaire d'Espagne, il est appelé à Rome par l'empereur Trajan, son cousin, qui l'adopte. Il montre très tôt une véritable passion pour la littérature, l'art et la culture grecques. En 117, alors gouverneur de Syrie, il succède à Trajan. Il va régner vingt-deux ans mais, voyageur infatigable, il résidera très peu longtemps à Rome.

Voyager et construire

À la fois contemplatif et actif, Hadrien se fait initier, en Égypte et en Grèce, aux religions à Mystères, qui promettent une forme de survie dans l'au-delà; il s'adonne à la musique, la peinture, la poésie... Il pratique aussi tous les sports et sillonne l'empire pendant des tournées d'inspection qui durent des années, laissant presque partout des traces architecturales de son passage. Il parcourt inlassablement les provinces suivi d'une armée de gens de métier, pour restaurer et embellir les villes de l'empire. À Athènes, il rénove le temple de Zeus Olympien, dont les immenses colonnes se dressent encore, non loin de l'Acropole. Il crée des villes nouvelles, lieux de romanisation. À Cyzique, en Asie Mineure, il élève le temple de Diane, qui sera considéré comme une des merveilles du monde. À Rome il bâtit le Panthéon (temple de tous les dieux), surmonté d'une immense coupole, et fait édifier son mausolée, devenu le Château Saint-Ange : ces deux monuments ont résisté au temps.

Il renonce aux guerres épuisantes et mène une politique défensive contre les peuples « barbares »; il installe l'armée aux frontières et généralise le système du *limes,* ligne de fortifications appuyée sur des forts et des camps (Germanie, Afrique, Orient, Grande-Bretagne). La photographie aérienne, dans les zones désertiques, a révélé la longueur immense de ces travaux.

Le chef-d'œuvre d'Hadrien est son palais, la *Villa Hadriana,* dont il fut sans doute l'architecte, située à Tibur, près de Rome. Utilisant la topograhie autant que ce qu'il avait appris et aimé, il organise un immense ensemble architectural, harmonieusement disposé mais d'une grande variété, mêlant toutes les ressources de la technique et de l'imagination. Fontaines, bassins, gigantesques pièces d'eau jouent un rôle important, qui sera repris en Europe, à partir de la Renaissance.

Exercices complémentaires

Leçon 21

1. Traduisez.

- J'ornerai – il appellera – ils demanderont – je louerai – tu donneras – ils combattront – j'aurai – tu devras – ils obéiront – je détruirai – tu répondras – ils verront.
- Je défendrai – il défendra – je courrai – ils courront – je dirai – ils diront – je recevrai – nous recevrons – je ferai – il fera – je dormirai – tu dormiras.
- Ils appelleront – il viendra – j'obéirai – ils recevront – tu écriras – il sera.
- Il vient – il venait – il viendra – il est venu – il était venu. J'appelle – j'appellerai – j'ai appelé – j'avais appelé – j'appelais. Ils obéissent – ils obéissaient – ils obéiront – ils obéirent – ils avaient obéi. Tu écris – tu écrivais – tu écriras – tu as écrit – tu avais écrit.

2. Donnez de mémoire :

- 10 mots du vocabulaire militaire;
- 4 noms désignant des éléments d'un paysage non urbain;
- 6 noms désignant l'homme (ou la femme) à différents âges ou d'après les liens de parenté;
- 5 adverbes servant à poser des questions.

3. Traduisez :

Quand je serai chef d'une grande armée, je m'emparerai de nombreuses places fortes. – Quand les poules *(gallina, ae)* auront des dents *(dens, dentis)* les ânes seront peut-être consuls. – Avec beaucoup de courage (un grand courage), quelques soldats défendirent le temple de la déesse. – Il n'y aura pour les ennemis aucun espoir de salut quand notre flotte arrivera *(venĭo)*. – Les vieux venaient avec les vieux, les jeunes avec les jeunes, les enfants derrière tous les autres.

Leçon 22

1. Avec le vocabulaire que vous connaissez, faites des phrases plus ou moins absurdes mais correctes, du type :

Classis ingens in monte navĭgat.
Piratae omnes in asĭnum eunt.

2. Déclinez au singulier et au pluriel : *magna arx – clarum nomen – parvus portus.*

3. Traduisez :

Les ennemis ne prendront aucun navire romain dans le port. – Quand les pirates arriveront dans le port, aucun citoyen ne s'enfuira. – Je louerai toujours les qualités de l'âne. – Nous irons *(ibĭmus)* tous en Grèce et nous y verrons des temples illustres. – Quand ils eurent écouté le consul, les citoyens (re-) vinrent du forum.

4. Donnez un ou plusieurs mots français dérivés des mots : *ante – post – vox (vocis) – senex (senis) – juvĕnis – impĕtus – ocŭlus – urbs – puer – bellum – pecunĭa – sententĭa – gravis – altus.*

Leçon 23

1. Substituez au nom du pays celui des villes qui s'y trouvent, en utilisant le vocabulaire et la carte de la p. 138.

E Gallĭa venit. – In Italĭam it. – In Hispanĭa manet. – Ex Asĭa abĭit. – In Afrĭca est. – In Graecĭam it. – Per Asĭam iter fecit. – Ex Italĭa venit. – In Gallĭam it. – In Italĭa est. – In Gallĭa manet.

2. Remplacez la préposition par celle qui est donnée entre parenthèses.

(**in** + *abl.*) post altum murum – **(ex/e)** ante consŭlis villam – **(ad)** in ludo nostro – **(per)** in alto flumĭne – **(post)** ante hostĭum oppĭdum – (**in** + *acc.*) cum pulchris equis – (**in** + *abl.*) per pulchros agros – **(ante)** e parva nave – **(cum)** ad oratoris amicum – **(per)** in Romanis urbĭbus – **(ante)** in alto monte – **(cum)** ad exercĭtum nostrum.

3. Donnez le nominatif singulier des mots suivants après les avoir analysés.

populorum – nominĭbus – ludi – anĭmum – annos – diebus – rem – spe – virtutes – exercitŭum – seni – juvĕne – fratrum – puĕrum.

Leçon 24

1. Mettez au vocatif les mots ou groupes de mots suivants :

imperator – meus frater – asĭnus – cives Romani – parvus puer – homo – fortes homĭnes – meus amicus – domĭnus – amici mei – servus – clarus consul – miles – bonus domĭnus – meus filĭus.

Leçon 25

1. Décrivez en latin l'image ci-dessous. Utilisez la forme de l'adjectif *hic* voulue par chaque phrase où vous désignerez tel ou tel élément.
Hi *milītes pila* (des javelots) *gerunt.*

Servez-vous du vocabulaire suivant (chaque groupe de mots entre deux tirets sert à construire une phrase) : – miles, flumen, transĕunt *(traversent)* – pedes, agmen, flumen, transit *(traverse)* – flumen, altus, non, sum – arbor, ŏris *f : arbre,* palma, ae *f : palmier,* sum – palma, ante, oppĭdum, sto – ante, oppĭdum, palma, altus, sto – in, campus, i *m : plaine,* arbor, multi, non, sum – dux, unus, cum, miles, iter, facĭo – dux, in, equus, non, sum – mons, altus, non, sum – cum, dux, pauci, miles, eunt *(vont)* – hostes, oppĭdum, defendo – miles, in, ripa, ae *f : rive,* nondum : *ne... pas encore,* pervenĭo – flumen, aqua, ae *f : eau,* miles, galĕa, ae *f : casque,* nondum, adtingo, is, ĕre : *atteindre* – dux, pauci, pedes, impĕro – dux, pauci, miles, sum.

2. Version : **Le Sphinx**

En des temps très anciens, un horrible monstre terrifiait la ville grecque de Thèbes. On l'appelait le Sphinx ou, plus exactement, la Sphinge. Il avait le visage et la poitrine d'une femme, le corps et la queue d'un lion, les ailes d'un aigle. Installé sur un rocher, au bord de la route, il proposait des énigmes aux passants, puis il les dévorait, car aucun d'eux n'en trouvait jamais la solution. Créon, roi de Thèbes, promit son royaume à celui qui en débarrasserait la contrée.

Quodam die Œdĭpus, qui Thebas veniebat, Sphingem in via vidit. Ea misĕrum juvĕnem interrogavit. « Anĭmal, inquit, quattŭor pedĭbus mane, duobus pedĭbus meridĭe, tribus pedĭbus vespĕre iter facit. Quid est? Quo nomĭne id vocas? » Sphingi respondit Œdĭpus : « Homo est. Pedĭbus enim et manĭbus, cum infans est, repit. Cum puer et juvĕnis erit, in pedĭbus stabit. Bacŭlum, cum senex erit, in manu semper habebit. » Sphinx statim fugit et Œdĭpus Thebarum regnum accepit.

anĭmal, alis *n : animal*
bacŭlum, i *n : bâton*
infans, ntis : *petit enfant*
mane *(adverbe) : le matin*
meridĭes, iei *m : midi*
Œdĭpus, i *m : Œdipe*
regnum, i *n : royaume*
repo, is, ĕre : *je rampe*
Sphinx, Sphingis *f : le Sphinx*
statim : *aussitôt*
Thebae, arum *f pl : Thèbes*
vesper, ĕris *m : soir*

Quis me momordit?

mordĕo, es, ere, momordi : *je mors*

Essayez votre force : corrigé

• 1. La gloire est (était, sera, fut) chose utile pour les généraux. – 2. Tous les autres restent (restaient) dans cette île avec les pirates; moi je quitte (quittai) l'île d'un cœur joyeux. – 3. Nous espérons (espérions, avions espéré) la fin de la guerre. – 4. Le consul qui faisait la guerre en Asie envoya (envoyait, avait envoyé) une longue lettre. – 5. La lettre que mon père a reçue lui est (fut) agréable. – 6. Le renom du peuple romain est (était, fut, avait été, sera) toujours grand. – 7. Mon fils, tu dors (as dormi, dormiras) assez. – 9. Où les colonnes parviennent-elles (sont-elles parvenues) maintenant? Devant les murailles de la ville. – 9. Le philosophe à la fin du livre raconta (raconte) les choses que le général avait faites (a faites). – 10. Il n'est (n'était, ne fut, ne sera) pas toujours agréable de porter de lourds javelots.

• 1. Romae canes servis non semper invidebant. – 2. Primo anno decem dies, decĭmo anno unum diem mansit. – 3. Venietne ante diei finem victorĭa? – 4. Mulĭĕres quoque magno anĭmo pugnaverunt (pugnant, pugnabant). – 5. In Graecĭam Athenas eo; in Italĭam Brundisĭum ii. – 6. Athenis venĭo, Roma venis, e Graecĭa venit, ex insŭlis venimus, via Appĭa venitis, per Graecĭam venĭunt. – 7. Per Italĭam ad consŭlis exercĭtum iter fecit. – 8. Tu servile bellum narravisti, ego bellum piratĭcum narrabo. – 9. Consul fortasse Romae est, ego Brundisĭi sum. Tu, ubi es? – 10. Quando horum laborum finis erit?

La ville aux sept collines

Ce que tu vois ici, étranger, toute cette immense Rome, n'était qu'une colline et de l'herbe. (Properce)
Première parmi les villes,
demeure des dieux, Rome dorée... (Ausone)
Reine du monde... mère des hommes et mère des dieux... Nul homme ne peut t'oublier... (Rutilius Namatianus)
Rome est de Rome le seul monument. (Du Bellay)

Jadis petit village de cabanes rondes, à toits de chaume percés d'un trou pour l'évacuation de la fumée, installé sur le Palatin, Rome est devenue, à l'apogée de l'Empire, une immense métropole d'environ 1 500 000 habitants. Son accroissement est marqué par deux lignes de fortifications : l'enceinte de Servius, datant du temps de la royauté, et celle d'Aurélien (empereur du 3e siècle). La ville a envahi peu à peu les sept collines entre lesquelles se glissent les étendues du Vélabre, du forum, de l'Argilète, de Subure. Ce site présentait plusieurs avantages : salubrité des collines, contrôle de la traversée du Tibre, intérêt stratégique. Le **Palatin,** berceau de Rome, conservait les souvenirs les plus sacrés : le Lupercal, grotte où furent élevés les jumeaux, et un autel à Roma Quadrata, qui marquait l'emplacement du sillon tracé par Romulus. Il devint un quartier résidentiel (Cicéron y habita), avant d'être couvert par les palais impériaux. Le **Capitole** resta la colline sacrée, puisqu'elle portait les temples majeurs de Jupiter et de Junon. Sur les pentes de l'**Esquilin** s'accrochait le quartier très animé et populaire de Subure. Proche du Tibre, celui du Vélabre comportait deux marchés, celui de la viande *(forum boarĭum)* et celui des légumes *(forum holitorĭum);* au bord du fleuve, une grande plaine, le **Champ de Mars** (cf. p. 160).

L'aspect urbain connaîtra de nombreuses transformations. Auguste disait déjà : « J'ai trouvé une ville de briques, et je l'ai laissée de marbre. » À l'époque impériale, on dénombre : une centaine de temples, 11 grands thermes, 12 forums, 40 arcs de triomphe, 367 bains publics, 11 aqueducs, 9 ponts, 28 bibliothèques, 2 cirques, 2 amphithéâtres, 4 théâtres, 1 352 fontaines, 3 785 statues en pied, 22 statues équestres, sans compter les monuments administratifs (comme le Tabularium), les archives, les casernes de soldats et de gladiateurs, les basiliques, les obélisques, les portiques... et 254 boulangeries!

Fil à suivre

– Certains des noms de lieux de la ville de Rome ont été repris dans des villes modernes. Lesquels?

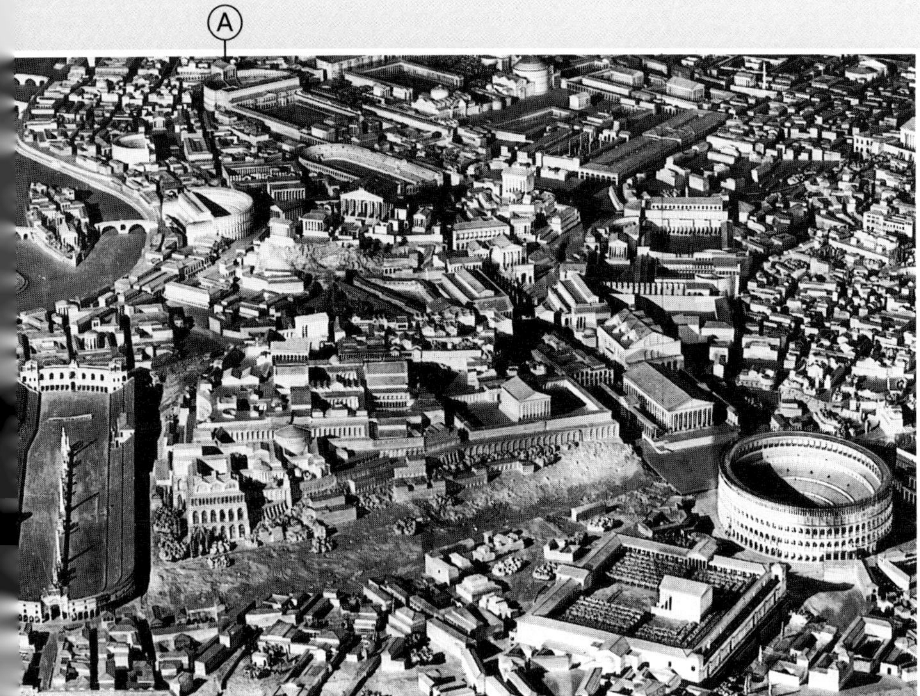

Rome impériale.
En allant du Colisée vers le point A, on traverse le forum, à partir du temple de Vénus (à gauche, les palais du Palatin, à droite, les forums impériaux). On butte sur le Capitole (temple de Jupiter). Derrière, le cirque Flaminius et le théâtre de Pompée. En partant du bas, à gauche, un aqueduc, le Grand Cirque, le Tibre, le théâtre de Marcellus.

26

infinitive

infinitif passé

Arrivée de Caturix (1)

Le père de Caturix, Gaulois de la province romaine de Narbonnaise, est un ami de Rufus. Il envoie son fils à Rome pour parfaire son éducation.

Sextus cum servo ante portam Collinam Caturĭgis, Gallĭci amici, adventum exspectabat. Mox parvam equĭtum manum vidit et dixit : « Equĭtes Gallĭci venĭunt. »
« Quid dicis? » rogavit servus.
« Dico equĭtes Gallĭcos venire. » respondit Sextus.
Cum propinqui fuerunt, puer Caturĭgem magno gaudĭo vocavit : « Catŭrix! ». Respondit Gallĭcus puer : « Salve, Sexte! Gallĭcum meum nomen Catŭrix est quia patres mei reges belli fuerunt sed Romanum nomen Marcus! » Riserunt pŭeri.
« Puto te via fessum esse, inquit Sextus; scio te longum iter fecisse.
– Fessus sum sed laetus quia Romae sum, Romam specto, deorum templa specto. »

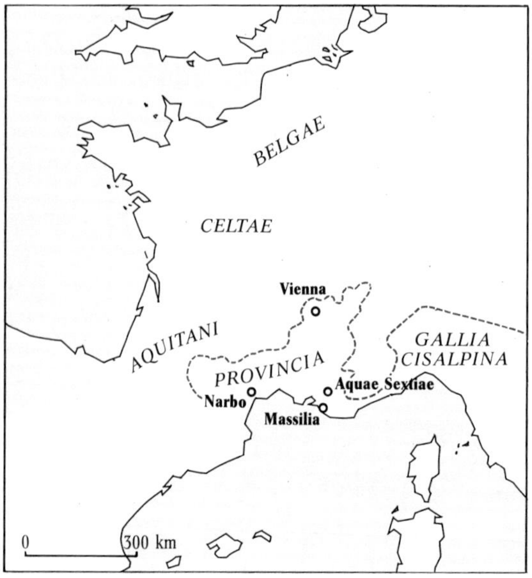

Comment s'explique la présence de Caturix, un Gaulois, à Rome, avant la guerre de César contre la Gaule?

On croit souvent que César fut le premier à combattre les Gaulois. En fait, depuis les temps les plus reculés, ceux-ci ne cessèrent d'envahir l'Italie (ils prirent même Rome en 390 av. J.-C.), et certains groupes s'étaient installés en Italie du Nord, qu'on appelait Gaule Cisalpine (de ce côté-ci des Alpes, pour les Romains) et qui devint province romaine dès le 2e siècle. Rome intervint en Gaule Transalpine à la demande de Marseille, riche cité grecque, et créa peu à peu une nouvelle province dans le sud-est du pays; la ville de Narbonne fut fondée en 118 avant Jésus-Christ. Cette province fut toujours menacée par des invasions, comme celles des Cimbres et des Teutons, exterminés par Marius le jour de la naissance de César (101 av. J.-C.). Bien que vainqueurs, les Romains conservèrent toujours la peur du Barbare venu du nord.

• *D'où vient, selon vous, le nom de la* Provence?

VOCABULAIRE

adventus, us *m : arrivée*
Catŭrix, ĭgis *m : Caturix (nom gaulois signifiant « roi de la guerre »)*
credo, is, ĕre, credĭdi : *je crois*
deus, i *m : dieu*
exspecto, as, are, avi : *j'attends*
fessus, a, um : *fatigué*
Gallĭcus, a, um : *gaulois*
gaudĭum, ĭi *n : joie*
manus, us *f : main – petite troupe*
Marcus, i *m : Marcus (prénom romain dérivé du nom de Mars, dieu de la guerre)*
mox : *bientôt*
patres (*pl. de* pater) : *ancêtres*
porta, ae *f : porte (de ville)*
porta Collina : *la porte Colline* (cf. plan p. 160)
propinquus, a, um : *proche*
puto, as, are, avi : *j'estime, je pense*
rex, regis *m : roi*
salve! : *bonjour!*
scio, is, ire, scivi : *je sais*
te *(accusatif) : te, toi*

Observons

1. Nous savons déjà que certains verbes peuvent être complétés :
– par un nom à l'accusatif : ***consŭlem*** *vidĕo*
– par un infinitif jouant le rôle d'un nom : ***laborare*** *debĕo.*

Trouvez, dans les premières lignes du texte, un verbe qui combine ces deux possibilités (un infinitif et un nom à l'accusatif, compléments de ce verbe). Une telle construction, très fréquente en latin, avec certains verbes, est dite **proposition infinitive.** Le nom (ou le pronom) à l'accusatif est, pour le sens, « sujet » de l'infinitive. Cette proposition est, le plus souvent, l'équivalent en français d'une complétive introduite par *que.* Mais il existe en français également des propositions infinitives. Formez-en une, à partir des éléments suivants :

j'entends les élèves – j'entends crier.

Donnez d'autres exemples.
Trouvez dans le texte deux autres expressions comportant une proposition infinitive.

2. Analysez les constituants de **l'infinitif parfait.**

Comparez :

facĕ ***re***
fecis ***se*** Qu'est-ce que l'élément ***-se?***

fec ***is*** *ti*
fec ***is*** *se* Qu'est-ce que l'élément ***-is-?***

Quel est le **radical** sur lequel se forme l'**infinitif parfait?**

Par rapport au temps de la principale, quelle est la valeur de l'infinitif parfait? Comparez sur ce point les expressions : *puto te fessum esse* et *scio te longum iter fecisse.*

Traduisez maintenant.
Sextus putabat Caturĭgem fessum esse.
Sextus sciebat Caturĭgem longum iter fecisse.

3. L'adjectif s'accordant en général avec le nom auquel il se rapporte, à quel **cas** sera l'attribut du « sujet » d'une proposition infinitive? Vérifiez-le dans le texte.

4. Dans les schémas de phrases, nous considérons la proposition infinitive comme un groupe fonctionnel objet, c'est-à-dire une « phrase-objet » (Po) :

Sextus	sciebat	Caturĭgem longum iter fecisse.
GNs	V	GNo = Po

→ Sextus savait que Caturix avait fait un long voyage.

Nous pouvons isoler l'infinitive, et en faire le schéma interne en symbolisant son verbe par V(inf.) :

Caturĭgem	longum iter	fecisse.
GNs	GNo	V(inf.)

A vous de jouer

Dans les exercices, vous aurez (rarement) à utiliser désormais quelques mots, surtout des noms propres, dont le sens est « transparent » et que vous avez déjà rencontrés :

Pompeĭus – pirata – piratĭcus – Italĭa – Brundisĭum – Pyrrhus – Spartăcus – via Appĭa.

1. a) Répondez en latin.

Quem Sextus exspectabat?
Quis erat Catŭrix?
Cum quo Sextus Caturĭgem exspectabat?
Quorum manum Sextus vidit?
Quid servo Sextus respondit?
Quod Caturĭgis Romanum nomen est?
Longumne iter Catŭrix fecĕrat?
Cur Catŭrix laetus erat?

b) Traduisez.

En compagnie d'un esclave, Sextus attendait devant la porte Colline l'arrivée de Caturix, un ami gaulois. Bientôt, il vit une petite troupe de cavaliers. Quand ils furent proches, il appela Caturix : « Bonjour, Caturix! Je pense que tu es fatigué. Tu as fait, en effet, un long voyage. » « Fatigué, je (le) suis, répondit le jeune Gaulois, mais je suis content parce que je suis à Rome. »

2. Donnez l'infinitif parfait correspondant aux formes verbales suivantes.

• vocavit – putavit – credĭdit – exspectavit – gessit – interfecit – narravit – triumphavit – speravit – incepit – egit – lusit – pervenit.

• putare – sperare – incipĕre – agĕre – vocare – credĕre – pervenire – ludĕre – interficĕre – narrare – exspectare – gerĕre – triumphare.

---

triumpho, as, are, avi : *j'ai le triomphe, je triomphe* – ludo, is, ĕre, lusi : *je joue.*

3. En puisant dans le vocabulaire que vous connaissez, mettez à la place de ***consŭlem,*** dans la phrase suivante, tous les noms ou groupes nominaux possibles.

Credo ***consŭlem*** *venisse.*

4. Faites précéder les expressions suivantes de : ***« Rufus dixit... »,*** et traduisez.

Ex. : *Pompeĭus magnus dux est* → ***Rufus dixit*** *Pompeĭ**um** magn**um** duc**em esse.***

Piratae Italĭae urbes oppugnant. – Piratae puĕros et muliĕres quoque interficĭunt. – Popŭlus Romanus Pompeĭum, clarum ducem, in piratas mittit. – Pompeĭus Brundisĭum via Appĭa venit. – Servĭus Tullĭus magnus rex fuit. – Romani milĭtes ducĭbus semper paruerunt. – Magnae fuerunt regis Pyrrhi virtutes. – Romani cives Spartăci exercĭtus timuerunt. – Romanorum dei multi sunt.

5. Étudions les formes des pronoms dans les phrases suivantes.

Il y va chaque jour – je **l'**ai vu – je **l'**ai vu y aller hier.

He *goes there everyday – I saw* ***him*** *– I saw* ***him*** *go there yesterday.*

Les pronoms ***l'*** (en français) et ***him*** (en anglais) sont, pour le sens, les sujets des infinitives. Ont-ils une forme de pronoms sujets ? Quelle est, en réalité, leur fonction grammaticale ? Comparez avec le latin.

NOTA BENE

■ La proposition infinitive est le complément d'objet de certains verbes *(dico, respondĕo, scribo... / puto, scĭo, credo...).* Son **verbe** est à l'**infinitif** et son **sujet** à l'**accusatif.**

■ Le verbe de la proposition infinitive est au **présent** ou au **parfait** de l'infinitif selon qu'il exprime une action **simultanée** ou **antérieure** par rapport à la principale.

Sextus **dicit** equĭtes Gallĭcos | **venire.** *viennent.*
Sextus dit que des cavaliers gaulois | **venisse.** *sont venus.*

Sextus **dicebat** equĭtes Gallĭcos | **venire.** *venaient.*
Sextus disait que des cavaliers gaulois | **venisse.** *étaient venus.*

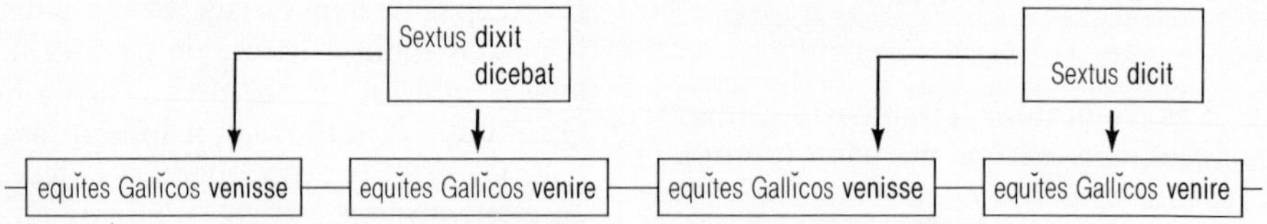

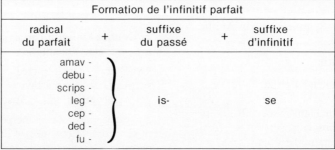

Formation de l'infinitif parfait				
radical du parfait	+	suffixe du passé	+	suffixe d'infinitif
amav - debu - scrips - leg - cep - ded - fu -	}	is-		se

Dieux à l'infini

Anciens et nouveaux

Une multitude de divinités, petites et grandes, entourent les Romains : toute action a son dieu, auquel il faut rendre un culte selon les formes, pour obtenir de lui une bonne entente, en vertu du principe « donnant, donnant ». Par mesure de précaution, certaines prières s'adressent même à « un dieu inconnu ». Des divinités anciennes protègent le monde rural; Cérès se consacre aux moissons, Saturne aux semailles, Pomona aux fruits et aux arbres, Faunus au bétail, Liber au vin. Le culte de **Vesta** est assuré par les Vestales, jeunes patriciennes qui ont l'honneur d'entretenir le foyer de la cité; elles font vœu de virginité et, en cas de défaillance, sont enterrées vivantes. Mais la grande triade est celle de **Jupiter, Junon** et **Minerve.** Les douze principaux dieux grecs furent peu à peu assimilés à des dieux latins. Dès les débuts de l'Empire, d'autres divinités, orientales et égyptiennes (cf. page 39) furent accueillies.

De temple en temple

Le premier temple construit fut celui de Jupiter Capitolin, sur l'esplanade duquel on célébrait les sacrifices solennels, notamment lors du triomphe. Jupiter n'acceptait que les bœufs blancs et, s'ils ne l'étaient pas totalement, on les blanchissait à la craie. Le temple de Saturne, édifié sur le forum, conservait, dans le sous-sol de son podium, le trésor public, ainsi qu'un exemplaire des lois. Le temple de **la Concorde,** situé sur le forum, fut construit pour célébrer la paix enfin revenue entre patriciens et plébéiens après plus d'un siècle de luttes. Dans le temple de Vesta, rond comme une cabane primitive, brûlait le feu de la cité, qui ne devait jamais s'éteindre; il renfermait des objets sacrés, dont la conservation assurait, disait-on, le salut du peuple. Aussi les esclaves qui les sauvèrent lors d'un incendie furent-ils tous affranchis.

Le sacrifice

Après une prière, le prêtre brûle de l'encens sur l'autel et purifie les assistants avec de l'eau lustrale. Puis des aides amènent la victime, le front garni de bandelettes; elle est assommée et égorgée. On examine alors les entrailles pour savoir si le sacrifice est agréé par le dieu. S'il l'est, on lui consacre les viscères en les brûlant

Deux petits temples sur le *forum boarĭum.*

sur l'autel; le reste est laissé aux prêtres et distribué aux assistants. Selon les divinités, on immole un lièvre, un porc (*sus),* un bélier *(ovis),* un taureau *(taurus)...,* et dans les cas très solennels ces trois animaux : c'est le *suovetaurīlia.* Les prêtres ne constituent pas une classe à part dans la société. Leur rôle est seulement d'accomplir correctement le rituel : ils mènent une vie familiale et politique ordinaire, ils peuvent n'être prêtres que pour un temps. Issus des grandes familles, ils sont organisés en collèges spécialisés (Flamines, Augures, Pontifes...) et recrutés par cooptation.

Le culte public comprend des prières et des sacrifices, mais aussi des rites de divination. Tenir une assemblée, livrer une bataille, entreprendre un voyage, construire un monument... rien ne peut se faire sans savoir ce qu'en pensent les dieux. Pour interpréter les signes envoyés par eux, les **augures** prennent les **auspices,** en observant le vol des oiseaux ou l'appétit des poulets sacrés. Les haruspices étudient les entrailles des victimes , mais ils ne jouissent pas d'une grande réputation. Caton dit à leur propos : « Deux haruspices ne peuvent se regarder sans rire. »

Fil à suivre

– Établissez la liste des douze grands dieux grecs et des dieux latins qui leur correspondent.

27

questions de lieu : récapitulation

domus

Arrivée de Caturix (2)

Catŭrix rogat : « Quo nunc imus?

– Domum imus.

– Ubi est domus tua?

– Ad Junonis templum.

– Nonne villa patri tuo est?

– Est; sed rus pater non amat. Ruri vivĕre non cupit. Rus non saepe pater materque eunt. »

A porta Collina discedunt puĕri. Mox ad domus janŭam accedunt cum Sexti canis, qui humi dormiebat, domo in viam ad eos currit latratque. Catŭrix dicit : « Silentĭum canes ornat. » Nunc Catŭrix, Sextus canisque domi sunt et omnĭbus salutem dant.

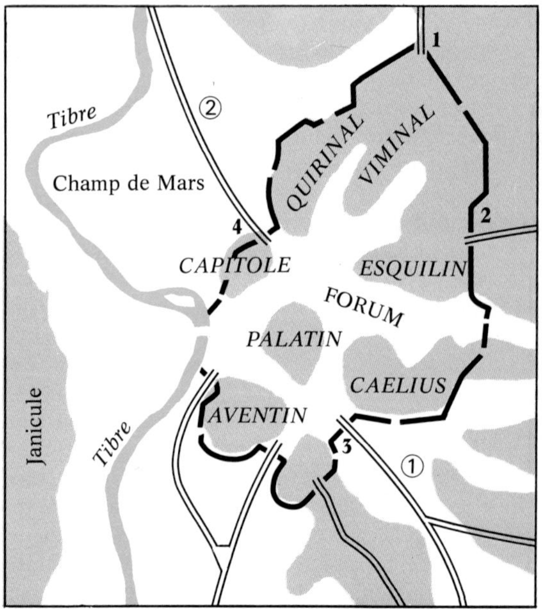

Rome s'étendit peu à peu sur les sept collines à l'est du Tibre et fut entourée d'une enceinte dont les Romains attribuaient la construction au roi Servius Tullius (6ᵉ siècle).
L'enceinte de Rome était percée de 16 portes d'où partaient les principales routes. C'est par la porte Colline que les Gaulois envahissent la ville, en 390 av. J.-C.
1 : Porte Colline. – 2 : Porte Esquiline. – 3 : Porte Capène. – 4 : Porte Ratumène.

① : via Appia – ② : via Flaminia.

VOCABULAIRE

a /ab *(+ abl.) : en venant de, de, depuis*
accedo, is, ĕre, cessi : *je m'approche de, je vais vers; je m'ajoute à*
ad *(+ accusatif) : en allant vers, en direction de, à, près de*
cupĭo, is, ĕre, ivi (ou ĭi) : *je désire*
discedo, is, ĕre, cessi : *je m'éloigne de, je marche à partir de*
domus, us *f : maison*
domi / domum : *à la maison, chez moi, toi, lui, nous, vous, eux* – domo : *de la maison, de chez moi, toi...*
eunt : *(ils, elles) vont*
humus, i *f : terre, sol*
imus : *nous allons*
it : *il va*
janŭa, ae *f : porte d'entrée*
Juno, onis, *f : Junon*
latro, as, are, avi : *j'aboie*
-que : *et*
rus, ruris *n : campagne*
silentĭum, ĭi *n : silence*
vivo, is, ĕre, vixi : *je vis*

Observons

1. La particule ***-que*** est une conjonction de coordination enclitique qui a le même sens que *et*, mais se place après le mot qu'elle coordonne.

Quelle autre **particule enclitique** connaissez-vous déjà?

Quelle conséquence a la présence d'un enclitique sur l'accent du mot auquel il est soudé?

2. Trois noms communs (et trois seulement) suivent la même règle que les noms de villes lorsqu'ils sont compléments de lieu. Trouvez-les dans le texte et inscrivez-les dans le tableau ci-dessous.

Quo?	Ubi?	Unde?

Regardez le vocabulaire. Quel est le genre du mot ***rus?***
À quelle déclinaison appartient-il?

3. À quelles questions de lieu répondent les expressions suivantes?

Sexti domus ad Junonis templum est.
Puĕri a porta Collina discedunt.
Puĕri ad janŭam accedunt.

Quelle différence y a-t-il du point de vue du sens entre les deux groupes d'expressions suivants?

I.	II.
Sextus ad templum est.	Sextus in templo currit.
Sextus a porta discedit.	Sextus e templo currit.
Sextus ad janŭam accedit.	Sextus in templum currit.

4. Le mot ***domus*** suit une déclinaison spéciale qui est un mélange de deux types de déclinaisons que vous connaissez. D'après le tableau qui figure dans le Nota Bene, dites lesquelles.

A vous de jouer

1. a) Répondez en latin.

Quo eunt Catŭrix Sextusque?
Ubi est Sexti domus? Nonne Sexti patri est villa? Cupitne Sexti pater ruri vivĕre? Num Sexti pater materque saepe rus eunt? Unde puĕri discedunt? Quid Sexti canis faciebat? Quid nunc facit? Quid Catŭrix cani dicit? Ubi sunt Catŭrix, Sextus ejusque canis?

eunt : *(ils, elles) vont.*

b) Complétez les mots incomplets.

Catŭrix rogat : « Quo nunc i...? » – « Dom... imus » – « Ubi est dom... tu...? » – « Ad Junonis templ... » – « Nonne villa patr... tu... est? » – « Est; sed rus pater non am...; rur... vivĕre non cupit. R... non saepe pater materque eunt ». A port... Collin... disced... puĕri. Mox ad domus janŭ... accedunt, cum Sext... canis, qui hum... dormiebat, dom... in vi... ad eos curr... .

2. Comme la préposition *ex*, la préposition ***ab*** se réduit à la voyelle devant un nom commençant par une consonne.

Placez-la devant les mots suivants :

urbs – villa – ager – forum – oppĭdum – Graecĭa – Italĭa – templum – domus – portus – hortus – porta – janŭa.

3. Remplacez ***et*** par ***-que*** (et vice versa) dans les groupes de mots que voici :
digĭtus et ocŭlus – equĭtes et pedĭtes – puellae et puĕri – legunt et scribunt – discipŭli et magister – bonus fortisque – senes mulieresque – parva angustaque – laborat dormitque – altus latusque.

angustus, a, um : *étroit* – discipŭlus, i *m : élève* – magister, tri *m : maître, professeur.*

4. Transformez ces expressions sur le modèle suivant :
Puĕri ad portam accedunt → Puĕri ad portam sunt → Puĕri a porta discedunt.

Filĭus ad patrem accedit. Puella ad milĭtes accedit. Ancilla ad regem accedit. Agmen ad Athenas accedit. Hostes ad arcem accedunt. Discipŭlus ad ludum accedit. Domĭnus ad ancillas accessit. Philosŏphus ad asĭnos accessit. Canis ad muliĕres accessit. Mulĭer ad filĭam accessit. Senex ad juvĕnes accessit. Consul ad fratrem accessit. Sextus ad vicinum accessit.

arx, arcis *f : citadelle.*

5. Traduisez.

Sextus attend chez lui la venue d'un ami. – Je ne désire pas rester à Rome ; j'aime la mer, les montagnes et toutes les choses que je ne vois pas à la ville. – Le chef dit que la colonne des ennemis fait route en direction de la Gaule. – À la première heure le paysan sort *(exit)* de chez lui et va dans les champs sur (son) âne. – Les enfants, les femmes et les vieillards s'enfuirent dans les montagnes proches quand les pirates furent dans le port. – Je rentre chez moi parce que je suis fatigué. – La gloire s'éloigne du malheureux général. – Il y a quelques (un petit nombre de) maisons près du large fleuve. – Les cavaliers qui étaient à l'aile déclenchèrent (firent) une grande attaque. – L'homme qui avait pris la statue sortit en courant (courut hors) du temple. – A Brindes, j'ai acheté un cheval.

Brindes : *Brundisĭum, ĭi* n – fatigué : *fessus, a, um* – Gaule : *Gallĭa, ae* f – heure : *hora, ae* f – pirate : *pirata, ae* m.

6. Traduisez en français et en latin les expressions imprimées en gras :

Soldiers marched ***to the town***
into the town
in the town

NOTA BENE

Tableau récapitulatif des compléments de lieu

Questions	Villes	Cas particuliers	Tous autres lieux	Proximité
Quo it?	accusatif *Romam* *Brundisĭum*	accusatif *rus* *domum*	*in* + accusatif *in urbem* *in Italĭam*	*ad* + accusatif *ad urbem* *ad Romam* *ad domum*
Ubi est?	1re et 2e décl. sing. locatif *Romae* *Brundisĭi*	locatif *ruri* *domi* *humi*	*in* + ablatif *in urbe* *in Italĭa*	*ad* + accusatif *ad urbem* *ad Romam* *ad domum*
	Autres noms : ablatif *Athenis* *Carthagĭne*			
Unde venit?	ablatif *Roma* *Athenis*	ablatif *rure* *domo* *humo*	*e(x)* + ablatif *ex urbe* *ex Italĭa*	*a(b)* + ablatif *ab urbe* *a Roma* *a domo*
Qua iter facit?	*per* + accusatif *per urbem* *per Romam*			

	singulier	pluriel
N	domus	domus
A	domum	domus domos
G	domus	domŭum domorum
D	domŭi	domĭbus
Ab	domo	domĭbus
Locatif	domi	

L'eau de vie

Les fontaines de Rome

Le ravitaillement en eau de la ville est confié à un magistrat, le curateur des eaux *(curator aquarum)*. Le censeur Appius Claudius décida, en 312 av. J.-C., la construction du premier aqueduc (Aqua Appia), canal maçonné à même le sol et serpentant pour suivre la pente naturelle du terrain (16,5 km de longueur, pour 11 km en ligne droite). L'eau coulait sans pression dans un bassin où l'on venait puiser. Avec l'accroissement de la population, trois autres aqueducs s'ajoutèrent sous la République (l'Anio, la Marcia, la Tepula), avec des améliorations techniques qui permirent d'amener l'eau sur les collines. A partir de 33 av. J.-C., **Agrippa,** un des collaborateurs d'Auguste, réorganisa complètement le réseau et multiplia les fontaines; Auguste répondit vertement à une foule qui exigeait une distribution de vin : « Mon gendre Agrippa vous a assez donné d'eau pour boire! » Les premiers arcs apparaissent, supportant deux nouveaux aqueducs, la Julia et la Virgo, dont le nom rappelle la découverte de la source, selon la légende, par une jeune fille. Les arcs de l'Aqua Claudia et de l'Anio Novus, construits au temps de Claude et de Néron, s'élèvent, grandioses, à travers la campagne. L'eau ainsi distribuée était un cadeau de l'État et il n'existait pas de concessions privées, mais on vit apparaître des dérivations clandestines, avec la complicité des fontainiers. C'est ce que nous raconte Frontin, écrivain et ingénieur : « Il y a de longues distances où les tuyaux cheminent sous la pierre et je me suis aperçu qu'ils étaient percés, çà et là, par un spécialiste en coupures, et fournissaient ainsi de l'eau à des particuliers, affaiblissant le débit pour l'usage public. »

Comment s'appelle cet aqueduc ? (Paris, musée des Arts décoratifs)

Que d'eau, que d'eau!

Une grande quantité d'eau était nécessaire pour les thermes, les industries, les fontaines, véritable luxe d'une capitale à climat chaud. L'eau joue aussi un rôle dans le nettoyage de la ville. Dès les origines, il est vrai, les Romains creusèrent des égouts, notamment le *cloaca maxĭma,* qui servit aussi à drainer la plaine marécageuse du forum. Mais bien des quartiers en étaient dépourvus; la circulation des eaux de pluie, des immondices, des eaux sales, que les habitants des immeubles *(insŭlae)*[1] jetaient volontiers dans la rue, se faisait sur la voie le long d'un caniveau central. Rome n'était sans doute pas une ville propre et le trop-plein s'écoulant des fontaines était utile au nettoyage. Il fallait aussi lutter contre les incendies, véritable fléau de Rome. Chaque circonscription comportait un poste de garde de vigiles pour la surveillance; quand le feu était déclaré, il fallait puiser dans les bassins et faire la chaîne, parfois détruire des immeubles pour constituer la part du feu.

Fil à suivre

Les aqueducs franchissent les vallées ou gagnent la hauteur nécessaire par des ouvrages qui marquent encore le paysage. Cherchez des exemples en France, en Tunisie, en Espagne...

---

1. La surpopulation a entraîné la construction d'immeubles, à Rome et à Ostie, dont les appartements accueillent une population pauvre. Ils ont parfois belle apparence mais la vie y est souvent difficile et inconfortable (manque d'eau à l'étage, escaliers raides, solidité non garantie...).

28

impératif

***noli* + infinitif**

In ludo

« Catŭrix, in ludum mecum veni!

– Num me, Gallĭcum puĕrum, magister accipĭet?

– Te accipĭet.

– Quid facĕre debebo?

– Cum in ludo erĭmus, magistro salutem da. Cum is te interrogabit, responde. Cum te legĕre jubebit, librum cape et lege. Cum te scribĕre jubebit, stilum cape et in cera scribe. Noli timere. Jam linguam Latinam recte intellĕgis. »

Magister amice eos accĭpit : « Salve, Sexte. Salvete, puĕri. Ceras capĭte, muscas nolite spectare. »

Caturĭgi digĭto in via equum monstrat : « Quid est?

– Caballus est.

– Non recte dixisti. Equus enim est. Urbana verba dicĕre debes. »

L'élève de droite porte deux tablettes accolées (cf. p. 117).

VOCABULAIRE

amice : *amicalement*
caballus, i *m : cheval*
cera, ae *f : tablette pour écrire*
discipŭlus, i *m : élève*
doctus, a, um : *savant*
Gallĭcus, a, um : *gaulois*
intellĕgo, is, ĕre, -lexi : *je comprends*
jam : *déjà, désormais*
jubĕo, es, ere, jussi : *j'ordonne, je donne l'ordre*
Latinus, a, um : *latin*
lingua, ae *f : langue*
ludus, i *m : jeu – école*
magister, tri *m : professeur, maître*
me *(accusatif) : me, moi*
me *(ablatif) : moi*
mecum : *avec moi*
musca, ae *f : mouche*
noli (nolite)! *(+ infinitif) : garde-toi (gardez-vous) de; ne... pas!*
recte : *correctement, bien*
salvĕo, es, ere : *je me porte bien*
salve, salvete : *bonjour*
stilus, i *m : poinçon, stylet*
te *(accusatif) : te, toi*
urbanus, a, um : *de la ville, élégant, poli*
verbum, i *n : mot*

Observons

1. Relevez la 2e personne du singulier de l'impératif des verbes ***dare, respondere, venire.*** Par quoi se caractérisent ces formes?

À la 3e conjugaison et à la 3e mixte, les formes ont été modifiées par l'évolution phonétique. Trouvez des exemples dans le texte.

2. Comparez :
scribe *cape*
scribĭ te *capĭ te*

Quelle est la désinence de la 2e personne du pluriel de l'impératif?

Complétez le tableau ci-après :

2e pers. sing.	**da**	**responde**	**veni**	**lege**	**accĭpe**
2e pers. plur.					

3. Pour interdire à quelqu'un de faire quelque chose (pour exprimer une défense), le latin n'emploie pas l'impératif.

Relevez le procédé utilisé dans le texte.

4. L'impératif en latin ne comporte que les deux personnes que nous venons d'étudier. Quelle différence voyez-vous avec le français?

5. Quelle loi phonétique vérifiez-vous au parfait de ***jubĕo*** *(jussi < *jub-si)?*

A vous de jouer

1. Reconstituez le dialogue entre Sextus et Caturix.

2. Transformez la défense en ordre.

Noli patrem vocare. – Nolite adventum meum expectare. – Noli ante templum stare. – Nolite puellas spectare. – Noli rem narrare. – Noli Romae manere. – Nolite urbem delere. – Nolite ridere. – Noli ab urbe discedĕre. – Noli littĕras mittĕre. – Nolite bellum gerĕre. – Noli librum meum capĕre. – Nolite fugĕre. – Noli Pompeĭum audire. – Nolite Romam venire. – Nolite currĕre. – Noli senĭbus parere. – Noli glorĭam sperare. – Nolite dormire. – Noli glorĭam cupĕre. – Noli fugĕre.

3. Transformez (après les avoir traduites) les phrases suivantes, selon ces exemples :
a) ***Jubĕo cives urbem defendĕre.***
→ ***« Cives, urbem defendĭte! »***

Jubĕo quaestorem pecunĭam militĭbus dare.
Jubĕo servum prima hora (hora, ae, *f : heure)* Romae esse.
Jubĕo puĕros senĭbus salutem dicĕre.
Jubĕo discipŭlos in ceris eam sententĭam scribĕre.
Jubĕo uxorem meam amicos meos amice accipĕre.
Jubĕo equĭtes ex urbe impĕtum facĕre.
Jubĕo Rufum Pompeĭi vitam narrare.
Jubĕo discipŭlos stilos in manĭbus habere.

b) ***Discipŭli urbana verba dicĕre debent.***
→ ***Discipŭli, urbana verba dicĭte! »***

Filĭus meus magistro parere debet.
Gallĭci puĕri linguam Latinam intellegĕre debent.
Cives Romani Pompeĭum laudare debent.
Muliĕres deae templum ornare debent.
Juvĕnes magno anĭmo pugnare debent.

4. A quelle série de finales, données ci-dessous, peuvent correspondre les verbes suivants :
credo – parĕo – puto – venĭo – fugĭo – dico – do – audĭo – cupĭo – jubĕo?

1	-et	-ebat	-ebit	-ere	-sit	-sĕrat	-ete
2	-it	-ebat	-et	-ĕre	-xit	-xĕrat	-ĭte
3	-it	-iebat	-ĭet	-ĕre	-it	-ĕrat	-ĭte
4	-at	-abat	-abit	-are	-avit	-avĕrat	-ate
5	-it	-iebat	-ĭet	-ire	-ivit	-ivĕrat	-ite

5. Traduisez.

Espérez la victoire!
Appelle ton père!
Restez à Rome!
Obéissez aux chefs!
Courez vers la ferme!
Envoie une lettre!
Tuez-les tous!
Fuyez hors du temple!
Venez avec moi!
Écoute l'orateur!
Soyez toujours courageux!
Sois leur chef!
N'attendez pas ma venue!
Ne riez pas!
Ne faites *(gero is, ĕre)* pas la guerre!
Ne fuyez pas!
Ne venez pas au forum!
Craignez les dieux!

Rendez à César

Les mots français qui concernent le **cheval** proviennent :

- de ***caballus,*** mot du latin populaire,
- de ***equus,*** mot du latin classique,
- de ***hippos,*** mot grec.

Mettez chacun des mots suivants dans la colonne qui convient à son origine :

équestre – cavale – hippique – chevalin – hippocampe – équitation – cavalier – hippodrome – chevauchée – hippopotame – cavalcade – cheval – hippophagique.

equus	caballus	hippos

Expliquez, d'après leur origine latine, les mots en gras :

un ton **doctoral** – un discours **verbeux** – un ton d'exquise **urbanité** – une agglomération **urbaine** – un **stylet** – les spectateurs saluèrent le lever du rideau par une **salve** d'applaudissements – la **rectitude** de pensée.

Les humoristes peuvent aussi, à leur manière, reconstituer l'origine des mots...

« L'intelligence de l'homme peut se situer à plusieurs degrés. Au degré le plus haut se trouve l'intellectuel qui est un être d'exception : "intellectuel" vient du latin "intel", qui veut dire "tout le monde" et "ectuelus", qui veut dire "je ne suis pas". Donc : "intellectuel" signifie littéralement "je ne suis pas comme tout le monde". »

Pierre Desproges

Maxime

À Rome, il pouvait parfois arriver qu'un élève, au moment de réciter une leçon qu'il n'avait pas apprise, jetât sur son livre un regard furtif. Si le maître s'en apercevait, il se moquait du coupable en lui disant :

DOCTVS CVM LIBRO !

Le Colisée.

NOTA BENE

La défense peut être exprimée en latin par ***noli*** (2e pers. du sing.) et ***nolite*** (2e pers. du plur.) suivis de l'infinitif présent :

Noli laborare : ne travaille pas !
Nolite laborare : ne travaillez pas !

Impératif					
1re conj.	2e conj.	3e conj.	3e mixte	4e conj.	*sum*
ama ama te	dele dele te	leg e leg ĭ te	cape capĭ te	audi audi te	es es te

Arènes sanglantes

Enceintes colossales

L'amphithéâtre de pierre, où se déroulent les combats de gladiateurs et les *venationes* (cf. page 65), est un monument tardif du paysage urbain. Pendant longtemps, ces spectacles ne se déroulèrent pas dans des lieux spécifiques. Le ***Colisée*** fut inauguré sous le règne de Titus, en 80 après J.-C. ; il doit son nom à une statue colossale de Néron, qui se trouvait à proximité. C'est un édifice énorme : 76 arcades voûtées, 4 étages, 48 m de haut, en forme d'ellipse de 188 m sur 156, 50 000 places ! Il devint un peu le symbole de Rome, si l'on en croit un écrivain latin tardif : « Aussi longtemps que durera le Colisée, durera aussi Rome. Quand tombera le Colisée, Rome aussi tombera. Et lorsque Rome tombera, le monde aussi tombera. » Les premiers combats de gladiateurs eurent peut-être une tonalité religieuse et se déroulaient lors de funérailles, en l'honneur du personnage disparu. Les classes dirigeantes restèrent partagées entre les réticences et l'acceptation. Cicéron s'en fait l'écho : « Quel plaisir peut éprouver un homme cultivé à voir un pauvre diable déchiré par un fauve puissant ou un magnifique animal transpercé par un épieu ? » Mais il ajoute : « Un gladiateur, même moyen, ne pleure pas, ne change pas de visage ; il reste ferme, il tend la gorge sans faiblesse... Les spectacles de gladiateurs paraissent souvent cruels et inhumains à certains... Cependant aucune leçon n'est plus efficace pour dicter la conduite à tenir devant la douleur et la mort. »

Ceux qui risquent la mort te saluent !

Les gladiateurs sont des criminels condamnés à mort, des prisonniers de guerre, des esclaves vendus pour le combat, des volontaires... Si la loi couvre d'infamie leur activité, ils jouissent d'une immense popularité. Ils appartiennent à des troupes privées entretenues par de riches citoyens ou des entrepreneurs professionnels. Une fois enrôlés, ils prêtent serment à leur chef, le *lanista*, et commencent un entraînement très dur : discipline draconienne, mais nourriture choisie et surveillance médicale. La veille du spectacle, on leur offre un repas fastueux ; le jour du combat, ils défilent et saluent l'empereur selon la formule fameuse : « *Ave Caesar, morituri te salutant.* » Les combattants qui s'opposent se différencient par leur armement : Thraces (casque, bouclier rond, poignard recourbé), rétiaires (filet et trident), mirmillons (casque, bouclier, brassard et jambières), Samnites (épée courte et grand bouclier)... Le sort des blessés dépend du public. Si tous, le pouce levé, agitent des mouchoirs en criant « *Mitte!* » (renvoie-le), le vaincu est épargné. Si l'on crie « *Jugula!* » (égorge-le) en tendant le pouce vers le bas, il est achevé.

Même le tigre avait un nom. (Tunisie, Musée de Sousse)

Les dépenses des jeux étaient supportées par le trésor public ou par des magistrats en veine de popularité, qui rivalisaient de générosité jusqu'à la ruine. Il fallait étonner, par la présentation de bêtes exotiques rares, ou en offrant le spectacle de batailles navales simulées, sur des lacs artificiels ou dans le Colisée rempli d'eau.

Fil à suivre

– Vous pouvez visionner certaines séquences de combats en utilisant des copies vidéo des films *Quo vadis* (M. Le Roy), *Fabiola* (A. Blasetti), *Spartacus* (R. Freda et S. Kubrick).
– Il y avait en Gaule romaine 13 amphithéâtres. Essayez d'en localiser quelques-uns.

29

futur antérieur
attribut du complément d'objet direct
adverbes dérivés d'adjectifs

Quot homĭnes, tot sententĭae

Après avoir purgé les mers des pirates, Pompée est envoyé en Asie où le roi Mithridate s'oppose avec acharnement à l'impérialisme romain. Par sa victoire sur ce dernier, il soumet à Rome de riches pays et acquiert un immense prestige qui lui permet de jouer un rôle politique prépondérant. Pendant ce temps, César conquiert peu à peu la notoriété. Appuyant sa carrière sur le parti du peuple, il s'oppose ainsi aux grandes familles aristocratiques, la nobilĭtas, *dont le défenseur le plus en vue sera Cicéron.*

Sextus Caturixque in foro tres cives, qui verba faciebant multa, audiebant. Primus : « Cum Pompeĭus in Asĭa vicĕrit, Romae domĭnus erit quia ei pecunĭa gloriaque non deĕrunt. Mox dux ille Romae adĕrit quem popŭlus Romanus laete accipĭet. » Secundus : « Non solum Pompeĭum sed etĭam Caesărem popŭlus Romanus amat! » Tertĭus : « Cicĕro rem publĭcam fortĭter defendet. Ităque postquam eum boni cives consŭlem fecĕrint, res omnes meliores erunt. » Sextus : « Postquam sententĭam dixĕro meam, tot sententĭae erunt quot homĭnes. »

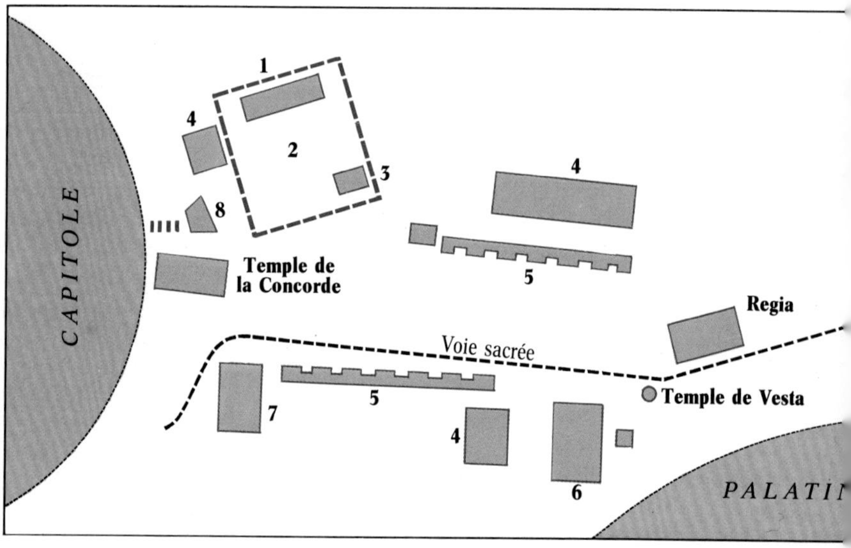

Le forum de la République
1. Curie
2. Comitium
3. Rostres
4. Basiliques
5. Boutiques
6. Temple de Castor
7. Temple de Saturne
8. Tullianum et escalier des Gémonies

VOCABULAIRE

adsum, ades, adesse, adfŭi : *j'assiste à, je suis présent, je suis près de*
Asĭa, ae *f : Asie (Asie Mineure)*
Caesar, ăris *m : César*
Cicĕro, onis *m : Cicéron*
desum, dees, deesse, defŭi *(+ datif) : je manque, je fais défaut à, j'abandonne*
fortĭter : *courageusement*
ille dux : *ce grand général*
laete : *joyeusement*
melĭor, oris : *meilleur*
non solum... sed etĭam : *non seulement... mais encore*
postquam : *après que, depuis que, maintenant que, quand*
res (rei) publĭca (ae) *f : affaires publiques, politique, État, république*
secundus, a, um : *second*
tertĭus, a, um : *troisième*
tot... quot *(indéclinable) : aussi nombreux... que, autant... que*
verba facĭo : *je parle*
vinco, is, ĕre, vici : *je vaincs, je triomphe de*

Observons

1. Études les formes verbales :
vicĕrit
fecĕrint.

Dégagez le radical (du parfait) de ces verbes.
Enlevez les désinences personnelles.
Quel est le suffixe caractéristique du futur antérieur ?
À quoi se réduit ce suffixe à la 1re personne ***(dixĕro)?***
Complétez la conjugaison du futur antérieur de ***dico.***

2. Justifiez le nom de **futur antérieur** en situant les actions exprimées dans le texte par :
vicĕrit – fecĕrint – dixĕro

a) par rapport aux verbes : *erit – erunt – erunt;*
b) par rapport au moment où parlent les personnages.

3. Vous connaissez l'existence en français de verbes dits « composés », formés d'un verbe simple et d'un préfixe (appelé préverbe) qui en modifie le sens :
venir / parvenir; prendre / entreprendre; céder / accéder; voir / prévoir.

Le même système fonctionne en latin : le verbe ***oppugno*** comporte le verbe simple ***pugno.***
Examinez maintenant les formes : ***adĕrit***
deĕrunt.

Quel verbe simple y reconnaissez-vous ?

À quel cas est le complément d'objet de ***deĕrunt?***

Le verbe ***adĕrit*** pourrait avoir un complément au même cas. S'agit-il de ***Romae?***

4. Il existe en français une série d'adverbes de manière dérivés d'adjectifs. Quels sont les adverbes correspondant à : joli, vrai, carré, clair, long, grand, vif?

À quel adjectif latin vous fait penser l'adverbe ***laete?*** S'agit-il d'un adjectif de la 1re ou de la 2e classe ?

À quel adjectif vous fait penser l'adverbe ***fortĭter?*** S'agit-il d'un adjectif de la 1re ou de la 2e classe ?

Sur le modèle de :

laetus, G. *laet i* ou de ***fortis,*** G. *fort is*
adverbe : ***laet e*** adverbe : ***fort ĭter***

formez les adverbes correspondant à :

longus – doctus – altus – amicus – clarus – rectus – Latinus – jucundus – miser – pulcher – gravis – levis – servilis – puerilis – acer.

Comparez :
Miles ***fortĭter*** *pugnat.*
Miles ***magno anĭmo*** *pugnat.*

Quelle est la fonction des adverbes *laete* et *fortĭter?*

• Il sera parfois utile de traduire les adverbes circonstanciels par des noms compléments circonstanciels en français :
fortĭter : courageusement, **avec courage.**

Traduisez de la même façon les adverbes :

levĭter – acrĭter – amice – laete.

5. Quelle est la fonction des mots imprimés en gras, dans les phrases suivantes ?

On appelle **gérontocratie** le pouvoir exercé par des vieillards. – Les sots me considèrent comme un **imbécile.** – Le conseil municipal nomma l'adjudant **garde-champêtre.**

Trouvez dans le texte latin un nom qui a cette fonction.
À quel cas est-il ?

A vous de jouer

1. Répondez aux questions suivantes, qui portent sur le texte de la leçon.

Ubi Sextus Caturixque erant ? Quid faciebant ?
Paucane verba cives faciebant ?
Quos Sextus Caturixque audiebant ?
Quando Pompeĭus Romae domĭnus erit ?
Cur Romae domĭnus erit ?
Num pecunĭa gloriaque Pompeĭo deĕrunt ?
Quando dux ille Romae adĕrit ?
Nonne popŭlus Romanus eum ducem laete accipĭet ?
Quem popŭlus Romanus quoque amat ?
Qui cives Ciceronem consŭlem facĭent ?
Quid dixit Sextus ?

Catŭrix, ĭgis *m : Caturix* – Pompeĭus, ĭi *m : Pompée.*

2. Jouez, à trois élèves, le rôle des trois partisans.

3. Situez l'une par rapport à l'autre dans l'avenir les actions exprimées par les verbes ci-dessous, en utilisant les conjonctions *cum* ou *postquam*.

Ex. : *Pompeĭus in Asĭa vincit / Romae domĭnus est.*
→*Pompeĭus cum in Asĭa vicĕrit, Romae domĭnus erit.*

Magister interrŏgat / Sextus respondet. – Dux jubet / miles paret. – Discipŭlus librum legit / ceras capit. – Discipŭlus ceras capit / stilo scribit. – Domĭnus ancillam vocat / ancilla venit. – Classis in portum pervĕnit / ducem exspectat. – Catŭrix linguam Latinam intellĕgit / Ciceronis libros legit. – Bellum ad finem venit / Rufus littĕras uxori mittit. – Tres cives verba multa facĭunt / a foro fessi discedunt. – Cicĕro rem publĭcam fortĭter defendit / res meliores sunt.

Asĭa, ae *f : Asie* – cera, ae *f : tablette pour écrire* – fessus, a, um : *fatigué* – lingua, ae *f* Latina, ae *f : langue latine* – stilus, i *m : poinçon.*

4. Traduisez.

vicerunt, vicĕrant, vicĕrint; credidĕrant, crediderunt, credidĕrint; vocaverunt, vocavĕrant, vocavĕrint; adfuĕrant, adfuĕrint, adfuerunt; intellexĕrant, intellexĕrint, intellexerunt; fuerunt, fuĕrint, fuĕrant; jussĕrant, jusserunt, jussĕrint; vixerunt, vixĕrant, vixĕrint; timuĕrint, timuĕrant, timuerunt; defuerunt, defuĕrant, defuĕrint.

5. Traduisez.

Ils sont petits – elles étaient petites – ils seront courageux – elles furent courageuses – ils avaient été malheureux – quand ils auront été malheureux – je dis que les esclaves sont malheureux – soyez courageux.

Athenis adsum – Brundisĭi adĕras – Romae adĕrit – prima hora adfuĭmus – semper adfueratis – cum adfuĕrint – puto discipŭlos omnes adesse.
Noli deesse – desunt – dees – deeramus – deĕrunt – deĕrant – defuisti – defuerunt – defuĕrant – defuĕrint – deĕram – deĕrit – defuĕro – defŭit – deest.

Athenae, arum *f pl : Athènes* – Brundisĭum, ĭi *n : Brindes* – prima, ae hora, ae *f : première heure.*

6. Traduisez.

1. Après que César eut quitté la vie, l'État fut en grand danger.
2. Le consul a autant de fils que de filles.
3. De nombreuses et grandes victoires rendirent (firent) César célèbre.
4. Les amis ne manquent pas à ceux qui ont beaucoup d'argent (une grande somme d'argent).
5. Le malheureux esclave vit misérablement; les élèves savants répondent savamment; le soldat courageux se bat courageusement; le joyeux philosophe travaille joyeusement.
6. Un ami n'abandonne pas (son) ami.
7. Lorsque les pirates furent là, tous s'enfuirent de la maison : le chien devant le fils, le fils devant la fille, la fille devant le père, le père devant la mère; il ne restait qu'un vieillard (un seul vieillard restait).
8. Nous savons tous que Pompée a fait de grandes choses, en Italie, sur mer, en Asie.
9. Celui qui n'a pas d'argent envie toujours celui qui a beaucoup d'argent (une grande abondance d'argent).
10. Le général donna l'ordre que tous les citoyens de la ville fussent présents sur la place à la première heure.
11. César fit la guerre en Gaule pendant dix ans.

César : *Caesar, ăris* m – j'envie, je jalouse : *invidĕo, es, ere, vidi* (+ dat.) – pirate : *pirata, ae* m – première heure : *prima, ae, hora, ae.*

7. Mettez au présent les verbes qui, ici, se trouvent au parfait (ce sont ceux que vous avez appris depuis la leçon 16). Puis classez ces parfaits en :

a) parfaits **à allongement;**
b) parfait **en -v-;**
c) parfaits **en -s-.**

(Remarque : Nous laisserons de côté les formes : *defendi, mansi, quaesivi, vici, vixi,* qui présentent quelques difficultés.)

accepi – accessi – cupivi – discessi – dormivi – egi – gessi – interfeci – intellexi – jussi – narravi – ornavi – perveni – rogavi – speravi – veni – vocavi.

8. Faites la récapitulation des adverbes de temps que vous devez connaître.

Rendez à César

L'anglais, comme le français ou le latin, possède des adverbes dérivés d'adjectifs. Quel suffixe est utilisé? Donnez les adverbes correspondant à : *glad, famous, brave, light.*

Quels mots latins rapprochez-vous (pour le sens ou pour la forme) de l'adjectif *right?* de l'adverbe *rightly?*

Quels verbes simples retrouvez-vous en composition dans les verbes : *exspecto* – *accedo / discedo* – *incipĭo* – *accipĭo* – *invidĕo* (envier) – *interficĭo?*

Quelle loi phonétique s'est appliquée aux formes *incipĭo, accipĭo, interficĭo?*

NOTA BENE

■ Le **futur antérieur** exprime une **action future achevée** par rapport à une autre action future.

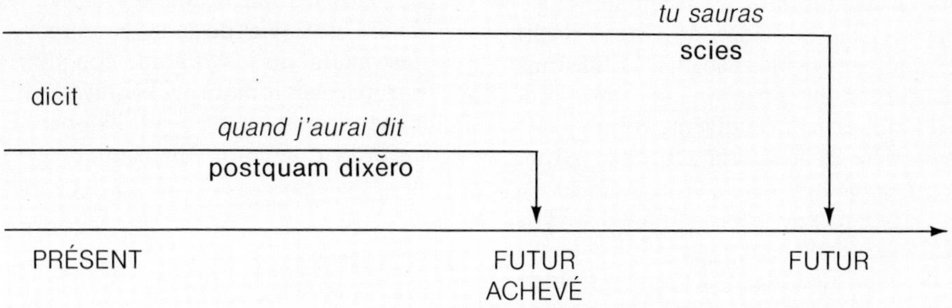

Formation du futur antérieur		
radical du parfait	+ suffixe +	désinences personnelles
amav - debu - scrips - leg - cep - ded - fu -	ĕr ĕrĭ	- o - s - t - mus - tis - nt

■ Des adverbes circonstanciels de manière en *-e* se forment sur des adjectifs de la 1re classe :

laetus / laete	*miser / misĕre*
joyeux / joyeusement	malheureux / malheureusement

Des adverbes circonstanciels de manière en ***-ter*** se forment sur des adjectifs de la 2e classe :

fortis / fortĭter	*gravis / gravĭter*	*acer / acrĭter*
courageux / courageusement	lourd / lourdement	vif / vivement

■ L'attribut du complément d'objet est à l'**accusatif.**

Romani Ciceronem ***consŭlem*** *fecerunt.*
Les Romains ont fait Cicéron consul.

Les enquêtes de Barbatus

Aidez notre ami Barbatus à remettre les lettres en bon ordre dans les mots suivants. Il s'agit de verbes très connus :

AAMNT EEIDTLS TEUGNL
AUISD UERNTUF

Mots historiques

Lorsqu'il eut battu, après une guerre éclair, le roi Pharnace, César déclara :

VENI, VIDI, VICI

Appliquez cette parole historique à des événements plus familiers.

Version

Le meunier, son fils et l'âne

Pater et filĭus parvo cum asĭno ad urbem iter faciebant. Mox duae puellae eos viderunt. Una : « Stulti sunt homĭnes quos ante ocŭlos habemus ! Eis asĭnus est sed pedĭbus procedunt. Tres asĭni, non unus, procedunt ! » Pater, qui ea verba audivĕrat, filĭum jussit in asĭnum ascendĕre et procedunt, filĭus in asĭno, pedĭbus pater. Deinde in itinĕre ad tres senes accesserunt. Unus : « Nonne puĕrum in asĭno vidĕo ? His temporĭbus filĭi patres non jam colunt ! » Filĭus patri : « In asĭnum ascende ! Pedĭbus procedam. » Deinde tribus mulierĭbus salutem dederunt quae ante janŭam sedebant et multa verba faciebant. Una : « Miser puer ! Fessus erit cum in urbem pervenĕrit ! » « Mi fili, dixit pater, mecum in asĭno sedere debes ». Mox agricŏla qui in agro laborabat eos magna voce vocavit : « Non recte fecistis, homĭnes, quia non leves estis. Credo asĭnum vestrum fessum esse. In urbem non pervenĭet. » Pater : « Eum gerĕre debemus. » Pater et filĭus asĭnum gerĕre inceperunt. Riserunt omnes qui rem viderunt. Ităque asĭnum deposuerunt et pater, filĭus, asinusque magno gaudĭo pedĭbus ad urbem iter fecerunt.

César et les Césars

Les empereurs qui se succédèrent à la tête de l'État romain après la mort de César prirent son nom comme titre. On disait *Caesar* (le César) comme en d'autres pays on disait *rex* (le roi) et un écrivain latin du nom de Suétone écrivit les *Vies des douze Césars* (vies de douze empereurs). Ce titre s'est maintenu jusqu'à une époque récente en Europe, mais le mot a évidemment évolué. Comment appelait-on, en 1914, l'empereur de Russie, et l'empereur d'Allemagne ?

ascendo, is, ĕre, endi : *je monte*
colo, is, ĕre, colŭi : *je soigne, j'honore*
depono, is, ĕre, posŭi : *je mets à terre, je dépose*
fessus, a, um : *fatigué*
gaudĭum, ĭi *n : joie*
janŭa, ae *f : porte d'entrée*
mecum : *avec moi*
procedo, is, ĕre, cessi : *je vais en avant, j'avance*
recte : *correctement, bien*
sedĕo, es, ere, sedi : *je suis assis*
stultus, a, um : *sot, stupide*

Le forum actuel, vers le Capitole : en bas, à droite, le temple rond de Vesta, la Curie ; au centre, le temple de Castor et Pollux, la colonne de Phocas, l'arc de Septime Sévère ; à gauche, la basilique Julia, les temples de Saturne et de Vespasien.

Page ci-contre
Le forum actuel, vers le Colisée : à gauche, la Curie, le temple de Saturne, la colonne de Phocas, le temple d'Antonin ; à droite le temple de Castor et Pollux ; au fond, l'arc de Titus et le Colisée.

Le cœur de Rome

Sous la République

Le forum est le cœur de la Rome républicaine. Chaque matin les citoyens de quelque importance s'y rendent. Ils assistent aux réunions du Sénat, dans la **Curie** ou dans un temple, ou à celles des Comices (assemblées du peuple) sur la place dallée du ***Comitĭum,*** à l'angle duquel se dressent les **Rostres,** la tribune aux harangues. S'ils sont magistrats, juges par exemple, ils accomplissent les devoirs de leur charge en plein air ou à l'intérieur des basiliques, vastes portiques couverts qui abritent aussi des commerçants, des promeneurs et même maîtres et écoliers... Ils peuvent aussi faire des achats dans les *tabernae* (boutiques) de libraires, d'orfèvres, de changeurs... qui encombrent la place, ou tout simplement se promener et bavarder. Derrière la Curie s'étend un marché *(macellum)* pour la viande et les poissons.

Entre la Curie et le Capitole se trouve la prison *(carcer)* pourvue d'un cachot souterrain (le *tullianum*). Les corps des condamnés à mort sont exposés sur l'escalier voisin des **Gémonies,** avant d'être jetés dans le Tibre. Le forum est traversé dans toute sa longueur par la **Voie Sacrée** *(Via Sacra)* qu'empruntent les processions et le cortège du triomphe, et qui monte au Capitole. De nombreux temples s'élèvent sur le pourtour de la place, ceux de Saturne, de Vesta (voir page 159), de la Concorde, de Castor et Pollux... Ainsi le forum est un centre politique, commercial, judiciaire, religieux et mondain.

Dans la pièce intitulée *Curculĭo (le Charançon),* Plaute fait la satire de certains habitués du forum :

« Je vais vous dire où vous trouverez sans trop de peine qui vous voudrez, gens vicieux ou sans vices, honnêtes ou malhonnêtes. Voulez-vous rencontrer un menteur, un fanfaron ? Allez aux alentours du temple de Vénus Cloacina. Des maris riches et prompts à se ruiner ? Cherchez vers la basilique : on y trouve aussi des courtisanes parfumées et des affairistes. Des organisateurs d'agapes ? Au marché au poisson. Dans le bas forum se promènent les honnêtes gens et les citoyens fortunés ; dans le moyen forum, on ne vient que pour faire parade. Au « lac Curtius », ce sont les nouvellistes, les bavards, les mauvaises langues... Sous les Vieilles Échoppes s'abritent ceux qui prêtent et empruntent à usure. »

Le Champ des Vaches

Au long des siècles le forum républicain fut agrandi et modifié. Mais l'accroissement de la population et la politique de grandeur entraînèrent la construction de nouveaux forums, ceux de César, d'Auguste, de Trajan, dont il reste des vestiges, notamment la colonne trajane dont les reliefs en spirale racontent les épisodes de la guerre contre les Daces. Le dernier monument élevé sur le forum républicain fut la colonne de Phocas, dressée en 608 en l'honneur d'un empereur d'Orient, construite avec des blocs de marbre empruntés à un édifice voisin. Ce procédé sera imité; le forum sera pillé et servira de carrière. Peu à peu détruit et recouvert, il était appelé au XVIe siècle « le champ des vaches ».

30

passif infectum

on

complément d'agent

subordonnées de condition (indicatif)

In Campo Martĭo

Quodam die Sextus, qui corpus in arte equestri magno studĭo exercebat, de equo ante omnĭum ocŭlos cecĭdit. Nec magnum corpŏris dolorem sensit, sed putavit : « Satis est! Fortuna vincor. » Adsedit ac joca quae a veteranis dicebantur audivit. Alĭus ei dicebat : « Ego si de vita timebam, a cetĕris contemnebar; tu si de vita tua timebis, ab omnĭbus contemneris!

SEXTUS. – Num vos me contemnĭtis quia de equo cecĭdi?

ALĬUS. – Contemnĕris quia adsedisti. Nos, si pericŭlum doloremque fugiebamus, timĭdi vocabamur. Tu timĭdus vocabĕris! In equum ascende! Noli timere!

SEXTUS. – Vos quidem salutem fuga mox petetis et timĭdi vocabimĭni!

ALĬUS. – Nisi in equum ascendes, in magno honore non habebĕris.

SEXTUS. – Vos si de equo cadĭtis, quid agĭtis? »

Riserunt responderuntque : « Vinum bibĭmus! Si bonum vinum bibes, bonus eques eris. Vinum bonum a bonis equitĭbus bibĭtur. »

VOCABULAIRE

a / ab : *en venant de, à partir de; par*
ac (atque *devant voyelle) : et*
adsido, is, ĕre, sedi : *je m'asseois / je m'assieds*
alĭus... alĭus... alĭus : *l'un... l'autre... un autre*
ars, artis f (*G. pl.* artĭum) : *habileté, art*
ascendo, is, ĕre, cendi (in equum) : *je monte (à cheval)*
bibo, is, ĕre : *je bois*
cado, is, ĕre, cecĭdi : *je tombe*
contemno, is, ĕre, tempsi : *je méprise*
corpus, ŏris *n : corps*
dolor, oris *m : douleur*
equester, tris, tre : *équestre*
ars equestris : *équitation*
exercĕo, es, ere, cŭi : *j'exerce, j'entraîne, je forme*
Fortuna, ae *f : Fortune, sort, destinée*
fuga, ae *f : fuite*
honor, oris, *m : honneur*
joca, orum *n pl : plaisanteries*
me *(acc.) : me*
nisi : *si... ne... pas, à moins que*
omnes, ĭum *m pl : tous, tout le monde*
peto, is, ĕre, ivi : *je cherche à obtenir*
sentĭo, is, ire, sensi : *je sens, je m'aperçois, je pense*
si : *si, chaque fois que*
studĭum, ĭi *n : application, zèle, attention; étude*
timĭdus, a, um : *craintif, lâche*
veteranus, i *m : ancien soldat, vétéran*
vinum, i *n : vin*

Observons

1. Comparez les **formes passives** suivantes, utilisées dans le texte, et les formes actives correspondantes; dégagez les désinences caractéristiques des trois personnes, au singulier et au pluriel du passif :

• vincor – contemnebar – contemnĕris – bibĭtur – vocabamur – vocabimĭni – dicebantur.
• vinco – contemnebam – contemnis – bibit – vocabamus – vocabĭtis – dicebant.

Quelle différence essentielle y a-t-il entre le mode de formation du passif en latin et en français?

2. Quelle est la forme passive correspondant à ***contemnis?*** Devant la désinence ***-ris,*** des modifications phonétiques se sont produites, en vertu d'une loi que nous avons souvent vérifiée. Formez le passif correspondant aux formes verbales suivantes, en appliquant, si nécessaire, cette loi :

amā-s – delē-s – legĭ-s – capĭ-s – audī-s
amabĭ-s – delebĭ-s – legē-s – capĭē-s – audĭē-s.

Rien ne différencie, dans l'écriture, la 2ᵉ personne du singulier du présent passif de *lego* ***(legeris),*** de la 2ᵉ personne du singulier du futur passif de *lego* ***(legeris).*** Mais ces formes se distinguent parfaitement en ce qui concerne la prononciation. Quelles différences présentent-elles? Trouvez un exemple semblable dans le texte.

3. Comparez : ***Fortunā*** *vincor*
et *Vinum* ***ab equitĭbus*** *bibĭtur.*

À quel cas est le complément des verbes passifs? Avec quelle catégorie de mots ce complément est-il précédé de la préposition ***a / ab?***

4. *Timĭdi vocabimĭni* signifie : « Vous serez traités de lâches. » Trouvez une autre traduction en employant le pronom français *on.* Donnez deux traductions pour les expressions suivantes :
contemnĕris – in magno honore non habebĕris.

Peut-on procéder de même pour *a cetĕris contemnebar?* Dites dans quel cas vous pouvez utiliser *on* dans la traduction, en comparant :
a cetĕris contemnebar.
∅ *contemnebar.*

5. Examinez les temps dans les subordonnées introduites par la conjonction ***si*** (ou ***nisi***) et dans les propositions principales correspondantes. Quelle différence voyez-vous avec le français?

6. Le mot ***alĭus*** a une déclinaison spéciale au singulier. Nous éviterons de le réutiliser cette année, mais, le cas échéant, vous pouvez consulter les tableaux récapitulatifs en fin de volume. Au pluriel, il se décline comme *bonus, a, um (alĭi, alĭae, alĭa...).*

A vous de jouer

1. a) Latine respondete.

Quid Sextus illo die in Campo Martĭo agebat? In qua arte corpus exercebat? Quo anĭmo corpus exercebat? Unde cecĭdit? Quid putavit? Quid fecit? Quando ab omnĭbus contemnĭmur? A quibus bonum vinum bibĭtur?

b) Traduisez.

Sextus tomba de cheval sous les yeux de tous. – Si tu crains pour ta vie, on te traite de (tu es appelé) lâche. – Il écouta les propos qui étaient tenus (dits) par les vétérans. – Il est vaincu par le sort.

2. Mettez au passif les formes verbales suivantes.

• voco – times – gerit – accipĭmus – auditis – ornant – contemnis – interfĭcis.
• vocabant – timebam – gerebat – accipiebat – audiebamus.
• vocabĭtis – timebunt – geram – accipĭes – audĭet – appellabis – timebis.

3. Mettez les phrases suivantes au passif.

Puella puĕrum vocat. – Tempus templa delet. – Spes homĭnes agit. – Milĭtes villas delent. – Ingens timor cives capiebat. – Cives eum audiebant. – Statŭa templum ornabit. – Dux agmen ad oppĭdum mittet. – Domĭnus duos servos emet. – Equi asĭnos semper contemnent.

4. Traduisez.

• Ab omnĭbus contemnor. – A puellis spectamĭni. – A servis timemur. – Ab hostĭbus capĭtur. – In magno honore habentur.

• In armis exercebimĭni. – A civĭbus contemnemur. – Si vox tua audietur, capieris. – Littĕrae tuae legentur.

• Timore tenebamur. – Templa statŭis ornabantur. – A multis puellis amabatur. – A consŭle amice accipiebamĭni. – A patre laudabar.

• Glorĭae spe agor. – Moenĭis defendĭmur. – Asinorum rex vocabĕris. – Urbs a multis militĭbus defendetur. – Auxilĭum exspectabatur.

5. Remplacez le sujet des phrases suivantes par les mots ou expressions donnés au-dessous.

1. *Consul* ab omnĭbus amatur.
Consŭlis filĭa – vicini nostri – longa itinĕra – pax – boni puĕri – glorĭa – pulchrae puellae – bonum vinum.

2. *Consul* ab omnĭbus semper timebĭtur.
longi labores – bella – dux noster – dux quem videmus – reges.

3. *Consul* ab omnĭbus laudabatur.
hic liber – illa verba – consŭlis virtutes – juvĕnes – illi discipŭli.

6. Traduisez.

• On t'interroge – on t'interrogeait – on t'interrogera.

• On m'appelle – on m'appelait – on m'appellera.

• On nous méprise – on nous méprisait – on nous méprisera.

• On vous craint – on vous craignait – on vous craindra.

• On écoute l'orateur – on méprisait les esclaves – on prendra la ville.

Maxime

NVMQVAM PERICVLVM SINE PERICVLO VINCITVR

numquam : *jamais* – sine + *abl.* : *sans*

NOTA BENE

■ Désinences du passif : *or / r -ris -tur -mur -mĭni -ntur*

Indicatif passif										
présent					imparfait		futur			
I	II	III	III mixte	IV	I-II-III-IV		I-II		III-IV	
amor	delĕ-or	leg- or	capĭ-or	audĭ-or		r		bo- r		a- r
ama-ris	dele-ris	leg-ĕ-ris	capĕ-ris	audi-ris	ama-ba-	ris		bĕ- ris	leg-	e- ris
ama-tur	dele-tur	leg-ĭ-tur	capĭ-tur	audi-tur	dele-ba-	tur	ama-	bĭ- tur		e- tur
ama-mur	dele-mur	leg-ĭ-mur	capĭ-mur	audi-mur	leg-eba	mur		bĭ- mur	audĭ-	e- mur
ama-mĭni	dele-mĭni	leg-i-mĭni	capi-mĭni	audi-mĭni	capi-eba-	mĭni	dele-	bi- mĭni		e- mĭni
ama-ntur	dele-ntur	leg-u-ntur	capi-untur	audi-untur	audi-eba-	ntur		bu- ntur	capĭ-	e- ntur

– Le **complément du verbe passif (complément d'agent)** est à l'**ablatif** :

Duces glorĭae ***spe*** *ducuntur.*
Les chefs sont poussés par l'espoir de la gloire.

Quand ce complément est un nom d'**être animé,** il est précédé de la préposition *ab / a :*

Miles ***a duce*** *laudatur.*
Le soldat est loué par son chef.

– Quand ce complément est absent, on peut utiliser dans la traduction le pronom français *on :*

Timĭdi vocabamur.
Nous étions traités de lâches. → **On** nous traitait de lâches.

■ Après ***si*** et ***nisi,*** contrairement au français, on emploie le futur ou le futur antérieur de l'indicatif :

Si ***venĭes (venĕris),*** *laetus ero.*
Si tu viens, je serai heureux.

Courses de chars

Course de chars. Les boules rabattues marquent le nombre de tours. (Lyon, Musée de la civilisation gallo-romaine)

La victoire en sept tours

Les courses de char appartiennent à une tradition très ancienne et typiquement romaine. Elles se déroulent dans des cirques, dont le plus grand est le **Circus Maxĭmus,** au sud du mont Palatin. C'est un rectangle allongé, aux extrémités arrondies, pourvu de gradins de bois, sauf les sièges d'honneur du premier rang, faits de pierre. L'un des petits côtés est occupé par les stalles de départ *(carcĕres).* Au centre de la piste se trouve un terre-plein, orné de statues, et armé à chaque extrémité d'une grosse borne, sur lequel sont installés sept gros œufs : à chaque tour, on abaisse un œuf. Le magistrat qui préside donne le départ en lâchant une étoffe blanche. Les chars s'élancent et essaient de prendre l'avantage en frôlant les bornes au plus près. Les heurts et les accrochages entraînent des accidents et des bris de chars; la maladresse d'un seul déclenche des chutes en cascade. Les conducteurs portent un couteau à la ceinture pour couper, s'ils en ont le temps, les liens de cuir qui peuvent les emprisonner en cas de chute. Les chars sont de simples caisses, très légères, tirées par deux ou quatre chevaux de front, celui de gauche obéissant à la commande du cocher, qui se tient debout.

Allez les verts!

Les courses soulèvent l'enthousiasme des Romains. Sous l'Empire apparaissent des équipes : les blancs, les bleus, les verts, les rouges. Chacune a ses supporters *(fautores),* quels que soient les cochers. Il se peut que chaque couleur recouvre une orientation politique; la classe populaire soutient les blancs et les verts, la classe sénatoriale et aristocratique les bleus et les rouges. Le plaisir de la course est décuplé par l'appât du gain, puisque chacun mise sur une écurie.

Ce texte de Juvénal donne une idée de l'engouement des Romains pour les jeux du cirque :

« Rome aujourd'hui est tout entière au Cirque. Des acclamations frappent mes oreilles. J'en conclus à la victoire des casaques vertes ou blanches. Si elles succombaient, on verrait cette ville dans une morne tristesse, comme au jour où les consuls se firent battre à Cannes. »

Les mauvaises langues prétendent que l'empereur Vitellius, supporter des bleus, fit exécuter des individus qui les avaient critiqués, et que l'empereur Caracalla condamna à mort des cochers verts après leur défaite.

ÉTAPE 6

RÉCAPITULATION DU VOCABULAIRE OBLIGATOIRE

■ fortuna, ae *f : Fortune, sort, destinée*

deus, i *m : dieu*
discipŭlus, i *m : élève*
humus, i *f : terre, sol*
ludus, i *m : jeu; école*
magister, tri *m : professeur, maître*
silentĭum, ĭi *n : silence*
studĭum, ĭi : *application, attention, zèle; étude*
verbum, i *n : mot, parole*

ars, artis *f* (*G. pl* artĭum) : *habileté, art, technique*
corpus, pŏris *n : corps*
dolor, oris *m : douleur*
honor, oris *m : honneur, estime*
rex, regis *m : roi*
rus, ruris *n : campagne*

adventus, us *m : arrivée*
domus, us *f : maison*
manus, us *f : main; petite troupe*

res, rei (publĭca, ae) *f*, *ou* respublĭca, reipublĭcae *f : affaires publiques, État, république*

■ doctus, a, um : *savant, cultivé*
propinquus, a, um : *proche*

■ exspecto, as, are, avi : *j'attends*
puto, as, are, avi : *je pense*

exercĕo, es, ere, cŭi : *j'exerce, j'entraîne, je forme*
jubĕo, es, ere, jussi : *j'ordonne, je donne un ordre*

accedo, is, ĕre, cessi (ad + *acc.*) : *je m'approche, je vais (vers), je m'ajoute (à)*
contemno, is, ĕre, mpsi : *je méprise*
credo, is, ĕre, credĭdi : *je crois*
discedo, is, ĕre, cessi (ab + *abl.*) : *je m'éloigne (de), je marche (à partir de)*
intellĕgo, is, ĕre, exi : *je comprends*
vinco, is, ĕre, vici : *je vaincs*
vivo, is, ĕre, vixi : *je vis*

cupĭo, is, ĕre, cupivi (*ou* cupĭi) : *je désire*

scio, is, ire, scivi (*ou* scii) : *je sais*
sentĭo, is, ire, sensi : *je sens, je m'aperçois de, je pense*

adsum, es, esse, adfŭi *(+ dat.) : je suis présent, j'assiste (à)*
desum, es, esse, defŭi *(+ dat) : je manque, je fais défaut (à), j'abandonne*

■ a/ab *(+ abl.) : en s'éloignant de, en venant de – par (c. d'agent)*
ac (*ou* atque) : *et*
ad *(+ acc.) : en direction de, vers – près de*
jam : *déjà, désormais*
mox : *bientôt*
nisi : *si... ne... pas, à moins que*
postquam : *après que, depuis que, quand, maintenant que*
-que *(enclitique) : et*
si : *si, chaque fois que*
tot... quot : *autant que, aussi nombreux que*

Pour mémoire : noli/nolite *(+ infinitif)*

Rébus

L'été les rapproche des fenêtres et l'hiver des radiateurs.

Devinette

Complétez les phrases suivantes par le mot latin qui s'impose.
Mon tout est fait de la première lettre des cinq mots que vous découvrirez; il n'est personne qui n'en ait un.

1. Les psychiatres aiment ... des histoires de fous.
2. Le bon ... fait de courts discours.
3. Si tu continues, je te mets ma ... sur la figure.
4. Nous ne sommes pas sortis ... ce guêpier.
5. ... répondez ... tous en même temps.

Essayez votre force

Version

1. Clarus philosŏphus paucos annos Romae vixit. – 2. Mi amice, cum Romam venĕris, laete domum te accipĭam. – 3. Bonam spem habete, cives! Laborum nostrorum finis propinquus est. – 4. Unum diem ruri mansĕram cum littĕras in quibus pater me Romam vocabat accepi. – 5. Credo nos satis multa verba fecisse. Nunc bellum gerĕre magno anĭmo debemus. – 6. In propinquo monte imperator cum equĭtum manu milĭtes nostros qui fortĭter pugnabant spectabat. – 7. Longis temporĭbus ante belli finem hostes jam victorĭam non sperabant. – 8. Puer semper parere debet et magistro in ludo et patri domi. – 9. Multos amicos habere jucundum (est), utĭle quoque. – 10. Ingentes hostĭum exercĭtus e Gallĭa in Italĭam per montes iter faciebant.

---

me, te *(acc.) : me, te* – labor, oris, *m : peine* – nos *(acc.) : nous.*

Thème

1. L'esclave attendait la venue du consul près d'une statue. – 2. Lorsque *(postquam)* le peuple romain aura fait Cicéron consul, les bons citoyens défendront courageusement la république à ses côtés (avec lui). – 3. Ne travaillez pas et dormez toujours : ainsi votre vie sera toujours agréable. – 4. Sextus répondit d'une voix claire que tous les élèves étaient présents. – 5. Le chef donna l'ordre que les cavaliers fissent une attaque hors de la place contre les ennemis. – 6. De nombreuses et grandes victoires ont rendu (fait) célèbre le nom du général. – 7. Moi, je pense que la victoire est en nos mains. – 8. Ne savez-vous pas que Cicéron a écrit aussi de nombreux livres? – 9. J'ai quitté la ville le jour où tu y (dans celle-ci) es venu. – 10. Si du secours n'est pas (ne sera pas) envoyé, nous serons vaincus.

---

clair : *clarus, a, um* – Cicéron : *Cicĕro, onis* m.

La chasse aux souvenirs

Répondez en latin aux questions suivantes, d'après les souvenirs que vous avez des textes de cette étape (leçons 26 à 29) :

26. Quid Sextus ante portam Collinam exspectabat?
Quid Sextus servo dixit?
Cur Catŭrix fessus et laetus erat?

27. Ubi erat Sexti domus?
Ubi Sexti pater vivĕre non cupit?
Ubi Sexti canis dormiebat?

28. Quid in ludo discipŭlus facĕre debet?
Cur Catŭrix magistrum timebat?
Quomŏdo magister Sextum et Caturĭgem accĭpit?

29. Cur Pompeĭus, cum in Asĭa vicĕrit, Romae domĭnus erit?
Quem boni cives consŭlem facĭent?
Quando res omnes Romae meliores erunt?

Rendez à César

(Voir le vocabulaire de la leçon 26.)

Expliquez les mots suivants en fonction de leur origine latine et employez-les dans une phrase.

crédule – être dans l'**expectative** – la **porte** des Lilas – un **régicide** – la **science** – le **vocatif** – **déifier.**

■ Quel est le mot français pour désigner :

– le contenu d'une main fermée?
– un petit nombre d'hommes?

N'y a-t-il pas eu un glissement de sens semblable pour un mot latin employé dans le texte? Lequel?

(Voir le vocabulaire de la leçon 27.)

■ Expliquez, d'après leur origine latine, les mots en gras :

On **accède** à l'hôtel par une allée bordée de palmiers. – La **cupidité** des voleurs entraîne souvent leur perte . – Le vieillard demandait par testament à être **inhumé** dans son village natal. – Le **rustre** habitait une localité **rurale** des environs de Rambouillet. – Les élèves qui obtenaient un **accessit** approchaient du premier prix.

■ De quel autre mot latin déjà connu de vous rapprochez-vous le mot ***domus?***

Estne domi?

Comment peut-on être Romain?

Le sel italique

Toute une tradition a élevé à la hauteur d'un mythe les vertus du « vieux Romain », paysan entêté, soldat endurant et discipliné, citoyen dévoué à la collectivité, scrupuleusement respectueux de la loi et des dieux, conquérant obstiné d'un immense empire. La force de ce mythe laisse échapper que les Romains les plus sérieux ne sont pas pour autant des personnages compassés et sans humour. Ils goûtent l'anecdote et la raillerie fait partie de leur liberté : ils préfèrent « perdre un ami plutôt qu'un bon mot ». Certains ne manquent pas d'exercer l'ironie sur eux-mêmes; sur son lit de mort, l'empereur Vespasien, pensant à la divinisation posthume des empereurs, soupira : « Je me sens devenir dieu. »

La satire (Horace, Juvénal) et l'épigramme (Martial) sont des genres littéraires nationaux, destinés à la critique spirituelle des hommes et des mœurs. Mais les historiens eux-mêmes ne répugnent pas à rapporter des anecdotes amusantes, non pas par légèreté , mais parce que cela correspond au tempérament national, mélange de sérieux et d'ironie.

Caricature.

Comment réduire une grève...

L'année 309 av. J.-C., les censeurs refusèrent à la corporation des flûtistes l'autorisation de tenir leur banquet traditionnel dans le temple de Jupiter. Ceux-ci prirent très mal la chose et se retirèrent en cortège à Tibur, si bien qu'il n'y eut plus de musique à Rome pendant le culte. Aussi le Sénat demanda-t-il à la cité voisine de les renvoyer d'où ils venaient. Les gens de Tibur ne demandaient pas mieux que de le faire mais, les négociations ayant échoué, ils durent employer la ruse. Connaissant le goût de cette corporation pour la boisson, ils les invitent à un banquet et les font tellement boire qu'ils tombent ivres morts. Alors ils les entassent sur des chariots et les ramènent à Rome. Les flûtistes se réveillèrent à l'aube sur le forum, l'esprit encore tout engourdi par l'ivresse. Le peuple assemblé accepta de satisfaire leurs revendications. *(D'après Tite-Live.)*

Charivaris

La Rome impériale, ville de marbre, entraîne l'admiration générale, mais les écrivains ne manquent pas de relever les difficultés de la vie quotidienne : bruits et embouteillages. Martial écrit : « Rome à laquelle rien n'est comparable... »; il dit ailleurs : « En ville, il est impossible de réfléchir tranquillement et de prendre du repos. Le matin, les maîtres d'école, la nuit, les boulangers, tout le jour les marteaux des chaudronniers. Ici le changeur sans client fait résonner sur sa table crasseuse sa provision de pièces; là, le batteur d'or frappe sa pierre de son marteau. Et sans trêve, c'est la rumeur de la foule... Qui peut faire le compte des ennemis du sommeil? Les gens qui passent nous réveillent et Rome est à notre chevet. »

Les enquêtes de Barbatus

Barbatus est un peu sourd et fait répéter volontiers les phrases qui viennent d'être dites devant lui. Répondez à sa question : ***« Quid dicis ? »***, en transformant les expressions ci-dessous selon le modèle que voici :

Equĭtes Gallĭci venĭunt → Dico equĭtes Gallĭcos venire.

Silentĭum muliĕrem ornat.
Romani milĭtes hiĕme non pugnant.
Agricŏla regi invĭdet, rex agricŏlae.
Sextus cum amicis in foro ludit.
Bellum piratĭcum ad finem venit.
Pompeĭi milĭtum glorĭa magna est.

Incendĭum Junonis templum delevit.
Servi domĭno non paruerunt.
Quaestor militĭbus pecunĭam dedit.
Pompeĭi nomen magnum fuit.
Rufus filĭo bellum piratĭcum narrabat.
In foro pulchrae statŭae stabant.

Sextus Caturĭgis adventum exspectat.
Juvĕnes pericŭla non timent.
Pompeĭus cum piratis bellum gerit.
Pedĭtes pedĭbus iter facĭunt et fessi sunt.
Equi in Gallĭa multi sunt.
Consŭlis filĭa pulchra est.

Hostes prima hora impĕtum fecerunt.
Omnes cives illum clarum oratorem audiverunt.
Muliĕres et puĕri in propinquos montes fugerunt.
Philosŏphi libri clari fuerunt.
Sextus Caturĭgis adventum exspectabat.
Multae muliĕres in foro erant.

---

fessus, a, um : *fatigué* – hora, ae *f : heure* – invidĕo, es, ere, vidi *(+ dat.) : je jalouse* – Juno, onis *f : Junon* – ludo, is, ĕre, lusi : *je joue* – silentĭum, ĭi *n : silence.*

Chanson

Autumnale folium
(Colchiques dans les prés)

Refrain

Autumnale folium
Ab arbor(e) ereptum
Turbinibus tardis
Leve cadit humum.

1

In vallium pratis
Jam herba flavescit,
In vallium pratis
Jam aestas abiit.

2

In collium silvis
Jam dies pallescit
In collium silvis
Jam aestas abiit.

3

In arborum ramis
Jam avis quiescit.
In arborum ramis
Jam aestas abiit.

4

In domuum focis
Jam stipes ardescit,
In domuum focis
Jam aestas abiit.

H. Dumollard

Cum domĭnus adest, servus acrĭter laborat.
acrĭter : *énergiquement*

Version 1

L'âne et le vieillard

Pauper domĭnum, non fortunam, mutat.
Quodam die parvum asĭnum in agro senex pascebat, qui hostĭum clamorem magno timore audivit atque asĭno dixit : « Curre mecum, mi asĭne, in propinquum montem! Nisi enim magna celeritate fugiemus, capiemur. » Sed ille lentus : « Senex, num binas in corpŏre meo clitellas hostis victor ponet ? » Senex : « Non binas, sed tuas. » Asĭnus : « Ego, non curram, quonĭam clitellas graves meas semper magno labore gerĕre debĕo. »

bini, ae, a : *deux*
clamor, oris *m : cris, clameur*
clitellae, arum, *f pl : bât*
lentus, a, um : *flegmatique*
mecum : *avec moi*
muto, as, are : *je change de*
pasco, is, ĕre : *je fais paître*
pauper, ĕris : *le pauvre*
pono, is, ĕre : *poser*
quonĭam : *puisque*
victor, oris : *vainqueur*

Festina lente...!
festino, as = *je me hâte* - lentus, a, um = *lent*

Rébus

Les éléments à trouver sont français, les mots à reconstituer sont latins.

Version 2

J'ai perdu mon Eurydice...

Dans la mythologie gréco-latine, Orphée est un poète et un musicien qui chante divinement en s'accompagnant sur la lyre dont il est l'inventeur. Ses chants charment jusqu'aux bêtes sauvages, et sont même capables de mettre en mouvement les arbres et les rochers. Sa légende a inspiré de très nombreux peintres et musiciens. Les auteurs d'opéras, en particulier, ont souvent pris comme thème la triste aventure d'Orphée rapportée dans le texte ci-dessous.

Orpheus, cum Eurydĭce, ejus uxor, e vita discessit, eam ex Infĕris reducĕre statŭit. In Infĕros venit et Cerbĕrum, ingentem Inferorum canem, cui tria erant capĭta, cantĭbus vicit. Deinde ad Plutonem accessit : « Redde, rex, inquit, caram uxorem meam ! » – « Reddam, respondit Pluto, quia vox tua et jucundi cantus me quoque delectant. Ante uxorem tuam nunc ex Infĕris abi! Noli respicĕre! Postquam ad diem pervenerĭtis, ocŭlos demum ad Eurydĭcen vertes. » Sed Orpheus non satis exspectavit et in itinĕre respexit. Statim misĕra Eurydĭce evanŭit.

abi *(impératif) : va-t'en, pars!*
cantus, us *m : chant*
caput, capĭtis *n : tête*
carus, a, um : *cher, aimé*
Cerbĕrus, i *m : Cerbère*
delecto, as, are : *je charme*
demum : *seulement*
Eurydĭce *f : Eurydice (nom grec; acc. :* Eurydicen)
evanesco, is, ĕre, evanŭi : *je disparais, je m'évanouis*
Infĕri, orum *m pl : les Enfers*
Orpheus, i *m : Orphée*
Pluto, onis *m : Pluton (roi des Enfers)*
reddo, is, ĕre : *je rends*
reduco, is, ĕre : *je ramène*
respicĭo, is, ĕre, respexi : *je regarde en arrière*
statim : *aussitôt*
statŭo, is, ĕre, statŭi : *je décide*
verto, is, ĕre : *je tourne*

Acrostiche

En complétant les expressions suivantes, vous devez voir apparaître verticalement un verbe qui désigne une prière chrétienne.

... in foro oratorem audĭunt.
... publĭcam omnes cives defendunt.
... in equo iter facit.
... servis impĕrat.
... videmus.

Essayez votre force : corrigé

Thème : 1. Servus ad statŭam consŭlis adventum exspectabat. – 2. Postquam popŭlus Romanus Ciceronem consŭlem fecĕrit, boni cives rem publĭcam cum eo fortĭter defendent. – 3. Nolite laborare et semper dormite : sic vita vestra semper jucunda erit. – 4. Clara voce Sextus respondit omnes discipŭlos adesse. – 5. Dux jussit equĭtes ex oppĭdo in hostes impĕtum facĕre. – 6. Multae magnaeque victorĭae imperatoris nomen clarum fecerunt. – 7. Ego puto victorĭam in manĭbus nostris esse. – 8. Nonne scitis Ciceronem multos quoque libros scripsisse ? – 9. Ab urbe eo die discessi quo in eam venisti. – 10. Nisi auxilĭum mittetur, vincemur.

Version : 1. Le célèbre philosophe vécut quelques années à Rome. – 2. Mon ami, quand tu seras arrivé à Rome, je te recevrai joyeusement chez moi. – 3. Citoyens, ayez bon espoir ! La fin de nos peines est proche. – 4. J'étais resté un seul jour à la campagne quand je reçus une lettre dans laquelle mon père m'appelait à Rome. – 5. Je crois que nous avons assez prononcé de paroles. Maintenant nous devons faire la guerre avec courage. – 6. Sur une hauteur proche, le général, accompagné d'une petite troupe de cavaliers, regardait nos soldats qui combattaient courageusement. – 7. Longtemps avant la fin de la guerre les ennemis n'espéraient déjà plus la victoire. – 8. Un enfant doit toujours obéir : à son maître à l'école, à son père chez lui. – 9. Il est agréable d'avoir de nombreux amis, et utile aussi. – 10. D'immenses armées ennemies faisaient route, de Gaule en Italie, à travers les montagnes.

Exercices complémentaires

Leçon 26

1. Formez : **a)** l'infinitif présent, **b)** l'infinitif parfait des verbes : exspecto – puto – habĕo – timĕo – gero – defendo – interficĭo – accipĭo – venĭo – dormĭo – sum.

2. Traduisez.

Barbatus déclara que le silence était l'ornement des (ornait les) jeunes filles. – Le père de Sextus racontait que les pirates avaient pris et détruit de nombreuses villes en Italie. – Nous savons tous que les Romains n'aimaient pas les rois. – L'homme affirme qu'une colonne de cavaliers marche *(iter facĭo)* en direction de notre ville. – Sextus pensait que Barbatus était peut-être sourd *(surdus, a, um).*

3. Traduisez.

Sexti pater bellum facĕre non semper jucundum esse putat. – Eques, quem post victorĭam imperator Romam misĕrat, dixit milĭtes nostros duo milĭa hostĭum interfecisse. – Sextus sciebat Caturĭgem cum parva equĭtum manu Romam venire. – Nonne scitis popŭlum Romanum Pompeĭum in piratas misisse ? – Juvĕnes pericŭla non timere credo.

Leçon 27

1. Mettez les expressions suivantes à la place qui convient sur le croquis :

In urbem equus it. – In urbe puer currit. – Ex urbe puella venit. – Ad urbem stat templum. – Ad urbem asĭnus currit. – Ab urbe venit miles. – Per urbem senex iter facit.

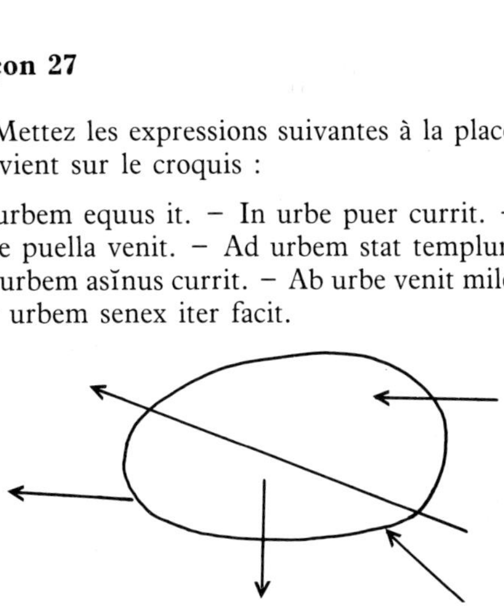

2. Ad **patrem** accedit. A **patre** discedit.

Remplacez les mots en gras par les mots suivants (les noms sont au singulier ou au pluriel) : canis – canis tuus – puer – puĕri pater – puellae – equus – domĭni equus – equĭtes – juvĕnes – rex.

3. In **urbem** it. In **urbe** est. Ex **urbe** venit. Remplacez, dans ces phrases, les noms qui indiquent le lieu par les mots ou groupes de mots suivants :

Villa – oratoris villa – magna villa – Gallĭa – Roma – Lutetĭa – Massilĭa – Athenae (*gén.* Athenarum *f pl*) – hortus – pulcher hortus – ludus – ludus noster – oppĭdum – hostĭum oppĭdum – templum – deae templum – Brundisĭum – arx – alta arx – Narbo (*gén.* Narbonis) – Carthago (*gén.* Carthagĭnis) – rus – portus – domus.

Leçon 28

Version : **Qui a bu paiera!**

Pedĭbus incertis in popinam venit in qua vinum bibĭmus miles ebrĭus. Omnes eum videmus et ridemus. Magna voce servum vocat : « Pecunĭam habĕo magnam. Puer, vinum da! Non solus ego bibĕre cupĭo. Cetĕri enim bibĕre debent, cum ego bibo. Bibĭte omnes! » Servus omnĭbus vinum dat. Bibĭmus omnes et homĭni gratĭas agĭmus. « Nolite, inquit, gratĭas agĕre, amici! Gratĭas non cupĭo, sed vinum. Non satis est, serve! Nonne mecum bibetis, amici? Cetĕri enim bibĕre debent, cum ego bibo. » Itĕrum jubet servum vinum dare. Paret itĕrum servus. Itĕrum bibĭmus omnes militemque laudamus. Tandem surgit et servo pecunĭam dat parvam et impĕrat : « Nunc pecunĭam date omnes, amici! Cetĕri enim pecunĭam dare debent, cum ego pecunĭam do. » Deinde laetus a popina miles discedit.

bibo, is, ĕre : *je bois*
ebrĭus, a, um : *saoul, ivre*
gratĭae, arum *f pl : remerciements*
gratĭas ago : *j'adresse des remerciements, je remercie*
incertus, a, um : *peu sûr, mal assuré*
itĕrum *(adverbe) : de nouveau*
popina, ae *f : taverne*
solus, a, um : *seul*
surgo, is, ĕre : *je me lève*
tandem : *enfin*
vinum, i *n : vin*

Leçon 29

1. Rangez selon l'ordre chronologique (en partant du passé) les actions exprimées dans chacun des groupes de verbes suivants :

- adsunt – vicĕrant – jubebunt – interfecerunt – intellexĕrint.
- sciebat – putavit – vivit – cupiĕrit – discedet.
- accessĕrant – defuerunt – manebunt – sperant – pervenĕrint.
- gessit – narravĕrit – navigabit – dormiebat – accepĕrat.
- exspectavĕrit – credit – ornabat – defendet – venĕrat.

2. Traduisez.

a) J'aurai compris, tu auras ordonné, il aura été présent, nous aurons désiré, vous aurez vécu, ils se seront éloignés. – J'aurai cru, tu auras attendu, il aura pensé, nous aurons raconté, vous aurez tué, ils seront restés. – J'appelle, j'appellerai, j'appelais, j'ai appelé, j'avais appelé, j'aurai appelé – Il a, il aura, il avait, il eut, il avait eu, il aura eu. – Ils envoient, ils enverront, ils envoyaient, ils envoyèrent, ils avaient envoyé, ils auront envoyé. – Il fuit, il fuira, il fuyait, il a fui, il avait fui, il aura fui.

b) Une fois que nous aurons pris la place forte, la guerre finira (viendra à sa fin). – Une fois que je serai arrivé à Rome, j'enverrai une lettre à mon père. – Quand les navires ennemis (des ennemis) seront parvenus dans le port, les vieillards, les femmes et les enfants devront fuir. – Quand Pompée le Grand aura vaincu en Asie, les citoyens romains l'accueilleront joyeusement. – Le professeur ne tuera pas les élèves qui n'auront pas obéi!

c) longuement, loin – savamment – en latin – agréablement, d'une façon charmante – misérablement, pitoyablement – de belle façon, à merveille – pesamment, gravement – avec légèreté, faiblement – puérilement, à la manière des enfants – énergiquement, ardemment – avec courage – profondément.

---

savant : *doctus, a, um* – enfantin, de l'enfance : *puerilis, is, e* – latin : *Latinus, a, um* – énergique : *acris, is, e.*

Leçon 30

Mettez au passif les formes suivantes et traduisez les formes obtenues :

- exercĕo – spectas – exspectat – amamus – laudatis – intellĕgunt – oppugnant.
- vincebam – defendebas – contemnebat – mittebamus – vocabatis – tenebant – monstrabant.
- audĭam – accipĭes – dabit – interficiemus – capietis – ornabunt – scribent.

Crises et conflits

De l'extérieur à l'intérieur

LES conquêtes de Rome autour de la Méditerranée ont entraîné une crise sociale qui aboutira, dans les faits, à la fin du système politique de la République. L'aristocratie sénatoriale ***(nobilitas)*** est la principale bénéficiaire des revenus de l'Empire. Sont « nobles » tous ceux dont les ancêtres ont exercé une magistrature. Le système électoral n'autorisant pas une véritable démocratie, ils accaparent les fonctions publiques et peuplent le Sénat (fait d'anciens magistrats), incarnation du pouvoir. Il s'agit donc d'une caste fermée qui s'ouvre rarement à un homme nouveau *(homo novus)*. Elle a mis la main sur les terres confisquées aux peuples vaincus, notamment en Italie, et se réserve le gouvernement lucratif des provinces (voir page 194). À côté d'elle se développe le groupe social des **chevaliers,** dont les revenus proviennent du grand commerce, de l'industrie, de la banque, des contrats publics. Une nouvelle plèbe se recrée, formée de paysans déclassés, ruinés par leur service à l'armée, la concurrence servile et celle des provinces qui deviennent des fournisseurs de blé. Ils affluent à Rome où, mêlés aux affranchis et aux étrangers, ils constituent une masse considérable sans revenus. Des nobles, par souci de justice et par clairvoyance politique, s'attachent à les défendre. Ainsi se forme le parti informel des *populares,* auquel les chevaliers s'allieront parfois, opposé au parti sénatorial.

Rome déchirée

Pendant près d'un siècle, de 140 av. J.-C. à la prise du pouvoir par César, la vie publique sera faite d'une longue lutte, souvent sanglante, où les ambitieux tenteront de tirer leur épingle du jeu. Les Gracques *(Tiberius* et *Caius Gracchus),* entre 133 et 124, font voter une loi agraire pour distribuer des terres et une loi frumentaire, qui permet de recevoir du blé à bas prix. Ils sont assassinés. Marius, un *homo novus,* grand homme de guerre, reprend leur œuvre ; mais Sylla instaure un pouvoir personnel favorable au Sénat, de 83 à 79, et fait massacrer ses adversaires. En 64, date à laquelle notre héros Sextus a une quinzaine d'années, en l'absence de Pompée qui se trouve en Orient, le parti aristocratique a pour têtes de file Cicéron (43 ans), candidat aux élections pour le consulat de l'année 63, et Caton (32 ans). Les chefs du parti populaire sont Crassus (52 ans) et César (38 ans). Des aventuriers cherchent à tirer profit du malaise politique et social, en particulier Catilina, candidat au consulat contre Cicéron. Le 1er juin 64, il réunit ses partisans dans sa maison pour lancer sa campagne électorale. Nous entendrons ses paroles dans la leçon suivante.

M. Tullius Cicero. (Rome, Musée du Capitole)

31

pronoms personnels

ipse, ipsa, ipsum

Sextus et les partisans de Catilina

Juvenĭbus qui de Catilina in foro verba faciebant Sextus dixit : « Ego Catilinam audivi.
– Catilinam ipsum?
– Ipsum! Ego, Sextus, dico me Catilinam audivisse.
– Ipse tibi consilĭum dixit?
– Non mihi ipsi.
– Nobis narra! Quid Catilina dixit? Quomŏdo eum audivisti?
– Rem ipsam narrabo. Ad Catilinae domum ludebam, cum Catilinae ipsĭus vocem audivi. Audite verba ipsa : "Spes magna in manĭbus vestris est... Vos laudo, vobis gratĭas ago quia vestram jam cognovi virtutem fidemque... Nunc misĕram vitam agĭmus; mox pecunĭa et glorĭa nobis erunt. Postquam enim vobiscum vicĕro, consul non vobis deĕro..."
– Ea verba, Sexte, nos delectant! »

Sextus et l'Histoire		
av. J.-C.	Âge de Sextus	Événements
vers 73	5 ans	Révolte de Spartacus
vers 70	8 ans	Guerre des pirates – Pompée à Athènes (en 67)
vers 67	11 ans	*Arrivée à Rome de Caturix*
vers 64	14 ans	Début de l'affaire Catilina
vers 62	16 ans	Défaite de Catilina (janvier)
fin 62	– –	*Départ de Caturix*
vers 61	17 ans	César préteur en Espagne

VOCABULAIRE

Catilina, ae *m : Catilina*
cognosco, is, ĕre : *j'apprends à connaître*
cognovi : *je sais*
consilĭum, ĭi *n : projet, conseil, avis*
delecto, as, are, avi : *je charme, je suis agréable à*
fides, ĕi *f : confiance, loyauté*
gratĭas ago *(+ dat.) : je remercie, je rends grâces à*
ipse, a, um *(voir Nota Bene)*
ludo, is, ĕre, lusi : *je joue*
mihi *(datif) : à moi, me*
nobis *(datif) : à nous, nous*
vobis *(datif) : à vous, vous*
vobiscum *(abl.) : avec vous*

Observons

1. Reportez-vous au texte de la leçon 21. Il vous rappellera :

a) quelles sont les formes du nominatif des pronoms personnels à la 1re et à la 2e personnes;

b) dans quel cas on emploie ces pronoms au nominatif.

Vous souvenez-vous des expressions suivantes?
*Num magister **me** accipĭet?* – ***Te** accipĭet* (texte de la leçon 28).
*Omnes res **tibi** narrabo* (texte de la leçon 24).

À partir du texte, et des expressions précédentes, faites le tableau de la déclinaison des pronoms personnels de la 1re et de la 2e personnes, singulier et pluriel, sachant :
– qu'ils ne varient pas en genre,
– qu'au singulier, l'ablatif est identique à l'accusatif,
– qu'au pluriel l'ablatif est identique au datif.

Les génitifs sont ***mei, tui, nostrum, vestrum.***

2. Au début du texte de la leçon 28 se trouve l'expression :
*Catŭrix, me**cum** in ludum veni!*

Quelle remarque faites-vous sur l'emploi de la préposition ***cum?***

Traduisez de la même façon : avec toi, avec nous, avec vous.

3. Relevez les formes du pronom / adjectif ***ipse.***

À quel genre de déclinaison vous font penser l'accusatif masculin et l'accusatif féminin singuliers?
À quel genre de déclinaison vous font penser les formes de génitif et de datif singuliers?

4. D'après le texte, à quoi sert le pronom / adjectif ***ipse?*** Comme il n'a pas de correspondant exact en français, nous le traduirons de diverses façons.

Exemples :

***Ipse** veni :* je suis venu | **moi-même** / **en personne** / **de moi-même**

*Eo **ipso** die :* ce jour-là | **justement** / **précisément**

***Ipse** me laudas :* **personnellement,** tu m'approuves.

*In **ipso** foro :* en **plein** forum.

***Ipsĭus** consŭlis filĭus :* le **propre** fils du consul.

5. Comparez le fonctionnement du latin et du français dans les phrases suivantes :

Dico me Catilinam audivisse.
J'affirme avoir entendu Catilina.

Credis te pulchram esse.
Tu crois être belle.

Credo me clarum esse.
Je crois être illustre.

Quelle autre traduction pourriez-vous donner des phrases latines?

A vous de jouer

1. Répondez en latin aux questions suivantes.

Qua de re juvĕnes verba faciebant? Ubi juvĕnes verba faciebant? Quis Catilinam ipsum audivit? Quibus Sextus rem ipsam narravit? Ubi Sextus ludebat? Cujus vocem audivit? Quid est in Catilinae amicorum manĭbus? Cur Catilina amicos laudavit? Quid Catilinae ejusque amicis mox erit? Num Catilina amicis deĕrit? Quid juvĕnes Sexto dixerunt?

Jouez la scène rapportée par le texte, l'un(e) tenant le rôle de Sextus, un(e) second(e) celui de son interlocuteur, un(e) troisième celui de Catilina.

2. Faites précéder les mots ou groupes de mots suivants de la préposition ***ad,*** puis de la préposition ***de :***

consŭlis filĭus – ego – Catilina – tela – Caesar – Caesăris exercĭtus – nos – amicus meus – hostĭum duces – tu – clarus rex – vos – Romana classis.

3. Complétez les expressions suivantes par un pronom personnel de la 1re ou de la 2e personne. Dans certains cas, plusieurs solutions sont possibles.

... discipŭlus sum, ... magister es. – Caesar, omnes dicunt... magnum homĭnem fuisse. – ... in ceris scribebamus, ... legebatis. – Discipŭli, inquit magister, ... Mithridatis bellum narrabo. – Milĭtes, muliĕres omnes ... amant. – Pompeĭus paucis ante diebus ad ... longas littĕras de Mithridatis bello scripsit. – Vitam non ago misĕram, inquit philosŏphus; ... enim parva villa est, pauci servi, nulla uxor. – Postquam a ... discessi, ad portam Collinam filĭum tuum vidi. – Rex, ... parebĭmus. – Puella, ... cum vitam agĕre jucundum erit. – Postquam Mithridatem vicerĭmus, popŭlus Romanus ... multas gratĭas aget. – Catilina, popŭlus Romanus ... consŭlem non facĭet. – Credo ... satis multa verba fecisse.

Caesar, ăris *m : César* – cera, ae *f : tablette (à écrire)* – Mithridates, is *m : Mithridate* – Pompeĭus, ĭi *m* : Pompée – vitam ago : *je passe ma vie, je vis.*

4. Répondez aux questions en renforçant ou en remplaçant les mots en gras par le pronom d'insistance ***ipse.***

Catilinamne audis? **Meam**ne **uxorem** vides? **Meum**ne **filĭum** vides? Scisne **Catilinae consilĭum?** Audisne **puellae vocem?** Audisne **puellae** vocem? Scisne **rem?** Venisne cum **Catilina?** Venisne cum **uxore?** Estisne in **horto? Hostes**ne vides? **Puellas**ne vides? **Templa**ne vides? **Caesari**ne salutem dixisti? Nonne **Caesar** venĭet? Nonne **filĭae** venĭent? **Ancillarum**ne voces audimus? **Servorum**ne voces audimus?

5. Traduisez.

Je crois être célèbre – tu crois être célèbre – vous croyez être célèbres – nous croyons être célèbres. Je crois être belle – tu crois être belle – vous croyez être belles – nous croyons être belles.

Ipse feci.

NOTA BENE

ipse

	singulier			pluriel		
	M	F	N	M	F	N
N	ipse	ipsa	ipsum	ipsi	ipsae	ipsa
A	ipsum	ipsam	ipsum	ipsos	ipsas	ipsa
G	ipsĭus	ipsĭus	ipsĭus	ipsorum	ipsarum	ipsorum
D	ipsi	ipsi	ipsi	ipsis	ipsis	ipsis
Ab	ipso	ipsa	ipso	ipsis	ipsis	ipsis

Le pronom / adjectif *ipse,* comme les tournures françaises **moi-même, toi-même, lui-même, nous-même...,** insiste sur la personne ou la chose qu'il présente :

Ipse veni : Je suis venu **moi-même.**
Ipsum Ciceronem audivi : J'ai entendu Cicéron **en personne.**
Eo ipso die : Ce jour-là **précisément.**

Pronoms personnels

	1re personne		2e personne	
	sing.	plur.	sing.	plur.
N	ego	nos	tu	vos
A	me	nos	te	vos
G	mei	nostrum	tui	vestrum
D	mihi	nobis	tibi	vobis
Ab	me	nobis	te	vobis

Imperium populi Romani

De l'asservissement à l'égalité

Après les guerres puniques et la défaite d'Hannibal à Zama (202 av. J.-C.), Rome mène une politique d'expansion. A la fin de la République, on dénombre quatorze provinces, tout autour du bassin méditerranéen. Chaque victoire apporte d'immenses butins, des foules d'esclaves, des terres confisquées... et, pour le général, la gloire militaire, qui fait partie des honneurs recherchés par les hommes publics. Les pays vaincus deviennent des provinces où s'installent des garnisons. Le Sénat nomme un gouverneur, **proconsul** (ancien consul) ou propréteur (ancien préteur), qui possède tous les pouvoirs civils (notamment judiciaires) et militaires. La province doit payer un impôt, d'autant plus grand qu'il est affermé, c'est-à-dire perçu par des financiers, les **publicains,** qui ne versent au trésor public qu'une partie et gardent le reste. Elle s'ouvre aux commerçants romains; ses mines sont exploitées au bénéfice du vainqueur. Elle est donc victime d'une exploitation fiscale et économique vigoureuse. Cette situation ne présente pas que des aspects négatifs : la *pax Romana* entraîne la disparition des conflits locaux et la constitution progressive d'un monde cohérent. Il faudra néanmoins plus d'un siècle pour que, sous l'Empire, on passe progressivement de l'exploitation à l'assimilation et que se crée une entité politique et sociale unifiée, dont Rome ne constitue que la capitale.

Les écrivains latins, à juste titre, glorifient l'extraordinaire aventure de Rome, petite bourgade démesurément agrandie et fondant les peuples dans une même civilisation. Certains ont l'objectivité de donner la parole aux adversaires.

En route vers l'esclavage.

Lettre du roi Mithridate au roi Arsace

« Les Romains n'ont qu'une seule raison de faire la guerre à toutes les nations, à tous les peuples, à tous les rois : une volonté sans bornes de dominer et de s'enrichir... Aucune loi, ni humaine, ni divine, ne peut les empêcher de piller et de détruire leurs alliés, leurs amis, qu'ils soient voisins ou éloignés, faibles ou puissants, et de considérer tout ce qu'ils n'ont pas asservi comme ennemi... Les Romains sont en armes contre l'humanité entière, surtout contre ceux dont la défaite réserve le plus grand butin; ils se sont agrandis par l'audace, par la fourberie, en menant guerre sur guerre. »

Salluste (86-35 av. J.-C.).

Discours de Cérialis, général romain, aux délégués de la Gaule

« Il y eut toujours en Gaule des despotes et des guerres, jusqu'au moment où vous êtes passés sous nos lois... Nous ne vous avons imposé que les charges nécessaires au maintien de la paix, car la tranquillité des nations ne peut être maintenue sans armées, les armées sans solde, la solde sans impôts. Nous faisons partie de la même communauté : vous commandez souvent vous-mêmes les légions, vous-mêmes vous gouvernez ces provinces et d'autres; aucune distinction entre nous, aucune interdiction... Les Romains chassés, qu'arriverait-t-il d'autre qu'une guerre universelle? Huit siècles de succès et d'ordre ont rendu solide notre édifice, qui ne peut être détruit sans écraser ses destructeurs... Aimez donc la paix, respectez la cité qui est à nous tous, vainqueurs et vaincus, à égalité de droits. »

Tacite (55-119 apr. J-C.).

32

le pronom réfléchi *se*

Opinion de Rufus sur Catilina

Sextus domum redivit et patrem interrogavit : « Pater, num Catilinae socĭus eris? Socĭos enim quaerit. Eis divitĭas dabit. Credo eum talĭa verba dixisse.

– Ejus socĭus non sum neque ero. Dixit se eis divitĭas daturum esse. Sed ei quae divitĭae sunt? Sibi ipse divitĭas quaerit. Rem enim familiarem omnem perdĭdit.

– Socĭos ejus quoque audivi. Dicebant se Catilinae parituros esse.

– Omnes Romani putant eos bellum civile parare sed credo bonos cives rem publĭcam fortĭter defensuros esse. »

VOCABULAIRE

Catilina, ae *m : Catilina*
civilis, is, e : *de citoyen, civil*
daturum esse : *(qu'il) donnera, (qu'il) donnerait*
defensuros esse : *(qu'ils) défendront, (qu'ils) défendraient*
divitĭae, arum *f pl : richesses*
familiaris, is, e : *de la famille*
res familiaris : *patrimoine*
fortĭter : *courageusement*
neque (nec) : *et... ne... pas, ni*
parituros esse : *(qu'ils) obéiront, (qu'ils) obéiraient*
paro, as, are, avi : *je prépare*
perdo, is, ĕre, perdĭdi : *je perds*
redivit : *il revint, il retourna*
socĭus, ĭi *m* (socĭus, a, um) : *associé, partisan, compagnon; allié*
talis, is, e : *tel, de ce genre*

Observons

1. Comparez :

*Catilina **sibi** divitĭas quaerit.*
→ Catilina recherche des richesses pour lui-même.
et *Catilina **eis** divitĭas dabit.*
→ Catilina leur donnera des richesses.

Quelle est la fonction du nom ***Catilina?*** Quel personnage représente le pronom ***sibi?*** Quels personnages représente le pronom de rappel ***eis?***

Le pronom *sibi* est un **pronom réfléchi.** À quel terme de la phrase renvoie le pronom réfléchi?

2. Vous connaissez, depuis la leçon 26, la proposition infinitive :

	sujet (à l'accusatif) de l'infinitif ***equĭtes Gallĭcos***
verbe principal ***Dico***	
	venire verbe à l'infinitif

Comparez :

Les partisans (de Catilina) disaient qu'**ils** obéiraient à Catilina.
→ *(Catilinae) socĭi dicebant* ***se*** *Catilinae parituros esse.*
et
Tous les Romains pensent qu'**ils** préparent une guerre civile.
→ *Romani omnes putant* ***eos*** *bellum civile parare.*

Quels personnages le pronom ***se*** représente-t-il? Quels personnages le pronom ***eos*** représente-t-il? Pourquoi ces pronoms sont-ils différents, alors qu'il s'agit des mêmes personnages?

À quel terme de la phrase renvoie le pronom réfléchi ***se?***

Justifiez l'emploi des pronoms dans la phrase :
Dixit ***se eis*** *divitĭas daturum esse.*
→ (Catilina) déclara qu'il leur donnerait des richesses.

3. Quelle remarque faites-vous sur le pronom réfléchi ***se*** en comparant :

Dixit ***se*** divitĭas daturum esse.
Credo ***eum*** talĭa verba dixisse.
et
Dicebant ***se*** Catilinae parituros esse.
Putant ***eos*** bellum civile parare.

4. Vous savez déjà (leçon 26) que l'infinitif présent exprime la **simultanéité,** et l'infinitif parfait l'**antériorité** par rapport à la principale. La troisième possibilité **(postériorité)** est exprimée par l'infinitif futur. Contentez-vous de relever ceux qui se trouvent dans le texte. Nous étudierons leur formation en classe de Troisième.

5. Examinez la phrase :
Ejus socĭus non sum ***neque*** *ero.*

Le mot *neque* a un double rôle. Lequel?

Remarque : l'évolution phonétique a changé *neque* en ***nec*** devant une consonne :
Laboro ***nec*** *dormĭo.*

A vous de jouer

1. Répondez aux questions suivantes :

Quo Sextus redivit? Quem Sextus interrogavit? Rectene Sextus Catilinae verba audivit? Num Rufus Catilinae socĭus est? Num Catilinae divitĭae sunt? Cui Catilina divitĭas quaerit? Quid putant Romani omnes? Quid boni cives facĭent?

---

recte : *bien, convenablement.*

2. Remplacez les points-virgules par la conjonction de coordination négative ***nec / neque,*** en faisant la transformation nécessaire dans la deuxième partie de chaque phrase.

adsum; me non videt – voco; non me audit – fugĭunt cives; urbem non defendunt – milĭtes fugĭunt; non pugnant – fessus est; in urbem non pervenĭet – impĕrat; non paret – videt; non laudat – ridet; non respondet – abit; gratĭas non agit – urbem vidĕo; non propinqua est – flumen vidĕo; non latum est.

---

abit : *il s'en va* – fessus, a, um : *fatigué* – gratĭas ago : *je remercie, je rends grâce.*

3. Traduisez.

Domĭno servus laborat, ei laborat, non sibi laborat.
Discipŭlum magister laudat, eum laudat, non se laudat.
Equum puer videt, eum videt, non se videt.
Vocem puella audit, eam audit, non se audit.

Milĭti dux impĕrat, ei impĕrat, non sibi impĕrat.
Hostem dux vincit, eum vincit, non se vincit.
De bello philosŏphus librum scribit, de eo scribit, non de se scribit.

4. Traduisez (certains pronoms peuvent être ambigus en français : les pronoms en gras renvoient au sujet du verbe principal).

Je crois qu'il est malheureux.
Je crois qu'elle est malheureuse.
Il croit qu'il est malheureux.
Il croit qu'elle est malheureuse.
Il croit qu'**il** est malheureux.
Elle croit qu'il est malheureux.
Elle croit qu'**elle** est malheureuse.
Elle croit qu'ils sont malheureux.
Je crois qu'ils sont malheureux.
Je crois qu'elles sont malheureuses.
Ils croient qu'ils sont malheureux.
Ils croient qu'elles sont malheureuses.
Ils croient qu'**ils** sont malheureux.
Elles croient qu'ils sont malheureux.
Elles croient qu'**elles** sont malheureuses.
Elles croient qu'il est malheureux.

Se spectat. Ancĭllae eam spectant.

5. Traduisez.

a)	Boni cives dicunt dicebant	se rem publĭcam	defendisse defendĕre defensuros esse
b)	Credo Credĭdi	nos	vicisse vincĕre victuros esse
c)	Puella dicit dicebat	se littĕras	misisse mittĕre missuram esse
d)	Scio Sciebam	eos bellum	paravisse parare paraturos esse
e)	Puto Putabam	eum	intellexisse intellegĕre intellecturum esse

6. Traduisez les formes verbales suivantes. Dans chaque série, il manque un temps de l'indicatif. Lequel ?

– parat, parabat, paravĕrat, paravit, parare, paravĕrit.
– jubent, jubebunt, jussĕrant, jubebant, jussĕrint, jube.
– vincit, vicit, vicĕrit, vincebat, vincet, vincĕre.
– cupit, cupivit, cupiebat, cupivĕrat, cupivĕrit, cupĕre.
– dormiebatis, dormietis, dormite, dormiveratis, dormiverĭtis, dormivistis.

7. Pourquoi le pronom réfléchi n'a-t-il pas de nominatif ?

Rendez à César

De quels mots latins rapprochez-vous les mots : *égoïsme – associé – famille ?*

De quels mots latins connus de vous rapprochez-vous les mots : *perdo – civilis ?*

Les titres d'ouvrages littéraires sont souvent, en latin, exprimés au moyen de la préposition *de :* Cicéron a écrit un ouvrage intitulé *De oratore.*

À l'imitation du latin, jusqu'à une époque récente, les titres d'ouvrages ou de chapitres étaient introduits, en français, par *de :* Chateaubriand a écrit un pamphlet intitulé *De Buonaparte et des Bourbons;* Rousseau est l'auteur de *Émile, ou De l'éducation.*

NOTA BENE

■ Le pronom réfléchi représente le **sujet** de la proposition dans laquelle il se trouve :

*Catilina **sibi** divitĭas quaerit.*
Catilina cherche de l'argent pour lui-même.

Lorsque le pronom réfléchi se trouve dans une proposition infinitive, il peut représenter le sujet de la principale :

*Catilina dixit **se** socĭis divitĭas quaerĕre.*
Catilina a dit qu'il cherchait de l'argent pour ses partisans.

	sing. et pl.
A	se
G	sui
D	sibi
Ab	se

se videt, **se** vident → *il **se** voit, ils **se** voient*
dicit **se** laborare → *il dit qu'**il** travaille*
sibi laborat → *elle travaille pour **elle-même***

■ **Le pronom de rappel *is*** est un pronom **non réfléchi** (voir leçon 11).

– Putat se esse pulchram.
– *Qui pense à qui ?*
– Putat eam esse pulchram.
– *Et maintenant, qui pense à qui ?*

Celui qui eut le tort d'aller trop loin

Les gouverneurs de provinces reçoivent officiellement de considérables frais de mission. Mais leur toute-puissance leur permet de s'enrichir personnellement par des moyens divers : faire payer les services rendus, se faire voter des gratifications par les cités, accepter des cadeaux, rendre une justice vénale, retenir une part de l'impôt... Nous sommes amenés à porter une condamnation morale contre des individus, alors qu'il s'agit d'un système politique. Même à notre époque, le sens de l'État, servi par des fonctionnaires intègres, est peu répandu et la corruption règne en de nombreux pays. Au temps de la Rome républicaine, l'État se confondait dans les mentalités avec la classe dirigeante des sénateurs et l'enrichissement des gouverneurs n'était pas considéré par eux comme scandaleux, sauf quand ils allaient trop loin et bravaient gravement l'honnêteté. Mener une vie politique coûtait d'ailleurs fort cher (entretien d'une clientèle, campagnes électorales, jeux offerts au public...) A leur sortie de charge, les gouverneurs pouvaient être attaqués devant des tribunaux, mais ceux-ci se trouvaient composés de sénateurs, très indulgents.

Amphore corinthienne.

Verrès

Caïus Cornelïus Verres est gouverneur de la Sicile de 73 à 70 av. J.-C. Il pille la province, qui demande justice. Cicéron obtient le rôle d'accusateur. Il va s'imposer de façon magistrale. Après son premier discours, le tribunal condamne Verrès à l'exil et à la réparation des dommages causés. Si vous allez en Sicile, vous verrez, dans une rue d'Enna, une plaque moderne de remerciements à l'orateur.

Discours contre Verrès, à propos des œuvres d'art

Je déclare que dans la Sicile tout entière, cette province si riche et depuis si longtemps conquise, comprenant tant de cités et tant de familles opulentes, il n'y a eu aucun vase d'argent, aucun vase de Corinthe ou de Délos, aucune perle ou pierre précieuse, aucun objet d'or ou d'ivoire, aucune statue de bronze, de marbre ou d'ivoire, aucun tableau, aucune tapisserie qu'il n'ait recherchés, examinés et volés, s'il lui a plu... Quand j'affirme qu'il n'a laissé dans la province tout entière aucune œuvre d'art, sachez que je parle à la lettre et que je n'utilise pas des exagérations d'accusateur. Je maintiens donc nettement : il n'a rien laissé sur toute l'étendue de la province, rien dans la demeure de personne, même celle d'un hôte, rien dans les lieux publics, pas même les sanctuaires, rien chez un Sicilien, rien chez un citoyen Romain, rien qu'il ait vu ou dont il ait eu connaissance, biens privés ou biens publics, objets profanes ou objets sacrés.

Cicéron

Montrez comment les accusations de Cicéron s'aggravent progressivement.

Temple de Jupiter, à Dougga (Tunisie).

33 La conjuration de Catilina

suus

quamquam

Après deux échecs électoraux successifs, en 64 (Cicéron est l'un des deux consuls élus pour exercer le consulat en 63) et en 63 (année où Cicéron est consul), Catilina décide de s'emparer du pouvoir par la force. Il arme ses partisans et médite d'assassiner Cicéron. Mais celui-ci déjoue le complot et le dévoile aux sénateurs dans un violent discours : la 1re Catilinaire.
Catilina doit quitter Rome; il organise alors une armée qui affronte l'armée légale de la République. Il est battu, et meurt en brave sur le champ de bataille, le 1er janvier 62.
Caturix écrit à son père l'histoire de cette crise.

Catŭrix patri S.D.

Sextus rem omnem mihi narravit. In senatu Cicĕro orationem habuĕrat in qua dixĕrat : « Furor tuus, Catilina, patientĭam nostram non jam eludet! » Post ejus orationem Catilina Roma ad exercĭtum suum fugĕre debŭit. Popŭli Romani exercĭtus eum et ejus scelĕris socĭos interfecit. Eorum mors fortĭum virorum fuit. Quamquam vicĕrant, tamen Romani milĭtes post victorĭam suam laeti non erant. Cicĕro dixit : « Rem publĭcam, Quirites, et vitam vestram laborĭbus meis conservatam videtis. » Consŭlis est rem publĭcam defendĕre.

On racontait, à Rome, que les conjurés avaient prêté serment sur des coupes de vin et de sang (d'après Salvator Rosa, XVIIe s.).

VOCABULAIRE

Catilina, ae *m : Catilina*
Cicĕro, onis *m : Cicéron*
conservatus, a, um : *conservé, maintenu*
eludo, is, ĕre : *se jouer de, se moquer de*
furor, oris *m : délire, folie*
imago, gĭnis *f : image*
mors, mortis *f* (*G. pl.* mortĭum) : *mort*
oratĭo, onis *f : discours*
patientĭa, ae *f : patience, endurance*
quamquam *(+ indicatif) : quoique, bien que*
Quirites, um *m pl : citoyens*
senatus, us *m : sénat*
suus, a, um : *son, sa, ses; leur, leurs*
vir, viri *m : homme*

Observons

1. Nous savons déjà :

– qu'il existe en latin, à la 1re et à la 2e personne, des pronoms / adjectifs possessifs. Relevez ceux qui se trouvent dans le texte;
– que le génitif du pronom de rappel ***is*** sert à exprimer la possession à la 3e personne. Relevez dans le texte au moins un exemple de cet emploi;
– que, souvent, le possessif n'est pas exprimé quand il n'y a pas d'équivoque possible. Relevez un exemple dans le texte : à qui Caturix écrit-il?

2. Examinez la phrase :

Post ejus orationem, Catilina ad exercĭtum suum fugĕre debŭit.

Elle comporte :
– le pronom de rappel *is* au génitif : ***ejus;***
– l'adjectif possessif de la 3e personne : ***suum.***

Quel personnage le pronom ***ejus*** représente-t-il? Qui est l'auteur du discours?
À quel personnage l'adjectif ***suus*** renvoie-t-il? Qui est le chef de l'armée?
Quelle est la fonction du nom ***Catilina?***
Dans quel cas emploie-t-on l'adjectif possessif réfléchi ***suus?***

3. L'adjectif possessif, en français, a une forme quand il n'y a qu'un possesseur (son, sa, ses) et une forme différente quand il y en a plusieurs (leur, leurs). En est-il de même en latin?

Comparez :

Catilina *ad exercĭtum* ***suum*** *fugĕre debŭit.*
Post victorĭam ***suam*** *Romani* ***milĭtes*** *laeti non erant.*

4. Nous savons qu'un nom peut être précisé :
– par un **adjectif :** *domus* ***pulchra,***
– par un **nom au génitif :** *domus* ***consŭlis.***

Ajoutons ***est*** à ces membres de phrases pour en faire des expressions complètes :

Domus pulchra est : la maison est belle.
Domus consŭlis est : la maison est « du consul ».

Trouvez une traduction plus élégante pour la deuxième expression.

• Nous savons que l'infinitif peut être sujet, comme un nom :
Bellum gerĕre non semper jucundum est.

Dans l'expression : *domus consŭlis est,* nous pouvons donc remplacer *domus* par un **infinitif,** accompagné ou non, d'un complément, par exemple :
rem publĭcam ***defendĕre.***

Quelle phrase obtenons-nous? Quel est son sens?

Trouvez dans le texte une phrase de même construction (le sujet est un nom).

5. Quel est le mode normalement employé en français après les conjonctions de subordination « bien que » et « quoique »?

Quel est le mode employé en latin après la conjonction ***quamquam?***

6. Le mot ***vir, viri*** m, se décline comme *puer, puĕri.* L'originalité de ce mot est que le *r* final du radical est précédé non d'un *e* mais d'un ***i.***

Déclinez-le au singulier et au pluriel.

A vous de jouer

1. Répondez en latin aux questions suivantes.

Ubi Cicĕro orationem habŭit? Quando Catilina fugĕre debŭit? Quid Cicĕro dixĕrat? Post Ciceronis orationem, quo Catilina fugit? Fortesne viri erant Catilinae socĭi? Cur Romani milĭtes post victorĭam suam laeti non erant? Quid consul Romanus semper facĕre debet?

2. Traduisez.

Je vois un soldat – je vois son épée – il prend son épée.

Je vois des soldats – je vois leurs épées – ils prennent leurs épées.

Je vois un cavalier – je vois son cheval – il est sur son cheval.

Je vois des cavaliers – je vois leurs chevaux – ils sont sur leurs chevaux.

Je vois le consul – je vois ses partisans – il loue le mérite de ses partisans – il loue ses partisans.

Je vois le maître – je vois ses esclaves – il loue la fidélité de ses esclaves.

Je vois le maître – je vois ses servantes – il loue la fidélité de ses servantes.

Je vois la mère – je vois ses filles – elle loue ses filles.

Je vois les maîtres – je vois leurs esclaves – ils donnent de l'argent à leurs esclaves.

(Pompéi, Villa des Mystères)

3. Sur le modèle :

Consŭlis est rem publĭcam defendĕre,
introduisez dans les expressions ci-dessous (plusieurs solutions sont parfois possibles) les mots suivants :
servus – miles – discipŭlus – magister – dux – eques – pedes – imperator – domĭnus – bonus dux – bonus miles – bonus hostis.

... est parere. – ... est imperare. – ... est vincĕre. – ... est pugnare. – ... est bellum gerĕre. – ... est interrogare. – ... est respondere. – ... est pedĭbus iter facĕre. – ... est in equo iter facĕre. – ... est fugĕre.

4. Transformez les expressions suivantes selon le modèle :

Servo meo impĕro → tuo impĕras → suo impĕrat.

Patri meo parĕo. – Duci nostro paremus. – Uxorem meam amo. – Canes meos voco. – Socĭis meis pecunĭam do. – In villa mea vitam ago. – Sententĭam meam dico. – Urbem nostram defendĭmus. – Servos meos interrŏgo. – Amicis meis non desum. – Uxores nostras exspectamus.

Proverbe

Trouvez le proverbe français correspondant à celui-ci :

VNVS VIR, NVLLVS VIR

NOTA BENE

■ Le pronom / adjectif possessif réfléchi ***suus, sua, suum*** s'emploie lorsque le possesseur est sujet de la proposition :

*Catilina ad exercĭtum **suum** fugĕre debŭit.*
Catilina dut fuir vers son armée.

■ Lorsque le possesseur n'est pas le sujet, il est désigné par le pronom de rappel *is, ea, id,* employé au **génitif** :

*Cicĕro orationem habuĕrat. Post **ejus** orationem, Catilina ad exercĭtum suum fugĕre debŭit.*
Cicéron avait prononcé un discours. Après son discours, Catilina dut fuir vers son armée.

■ Verbe *esse* + **génitif** :

Consŭlis est rem publĭcam defendĕre.
C'est le propre du consul de défendre l'État.
Il appartient au consul de défendre l'État.

■ ***Quamquam*** **(+ indicatif)** : bien que, quoique.

Répétition manquée

Deux textes latins sont consacrés à l'affaire Catilina : d'une part la série de discours (les *Catilinaires*) que Cicéron prononça contre les conjurés; d'autre part un ouvrage historique publié vingt ans plus tard par l'écrivain Salluste. Si on accorde une telle importance à cet événement, c'est qu'il constitue une répétition manquée de la guerre civile (César tenta de défendre Catilina), menée par un chef discutable. Catilina est un politicien en vue, ambitieux et sans scrupules. À la solde de Sylla, il a tourné casaque et est devenu un extrémiste du parti des *populares*. Séduisant, fascinant, grand seigneur, il jouit d'un certain prestige, notamment auprès de la jeunesse. Voici le portrait qu'en fait Salluste.

« Lucius Catilina, issu d'une famille noble, était d'une grande robustesse et d'une grande énergie, mais son âme était mauvaise et dépravée. Dès sa jeunesse, les guerres intestines, les meurtres, les vols, la discorde civile eurent pour lui des charmes et il s'y consacra dans son âge mûr. Son endurance physique lui permettait de supporter la faim, les veilles, le froid, avec une incroyable facilité. Son caractère était audacieux, rusé, mobile, habile à feindre et à dissimuler. Avide du bien d'autrui, prodigue du sien, ardent dans ses passions, il avait du talent oratoire mais peu de raison. Son âme insatiable visait l'excessif, l'impossible, l'inaccessible. »

Dans la deuxième *Catilinaire*, Cicéron dresse la liste des partisans de Catilina : des nobles couverts de dettes, des ambitieux qui entendent profiter de la prise du pouvoir, des vétérans incapables de faire fructifier leurs terres, des faillis, des débauchés, des malfaiteurs... Dans un autre discours, prononcé après les événements, il parle de leur leader en ces termes :

« Catilina avait, sinon la réalité, du moins l'apparence des plus hautes vertus. Il s'entourait de vauriens, mais il affectait d'être dévoué aux gens les plus estimables. Il y avait en lui un puissant attrait pour la débauche, mais aussi une grande ardeur pour le travail et la politique. Il était dévoré de passions, mais il avait du goût pour l'activité militaire. Je ne crois pas qu'il y ait jamais eu sur terre un assemblage aussi monstrueux de passions et de goûts si divers, si contraires, si faits pour se combattre. »

Fil à suivre

Dégagez de ces portraits et de ces éléments les aspects positifs et les aspects négatifs du caractère de Catilina. Pourquoi Salluste et Cicéron portent-ils une telle attention à la psychologie et au milieu du personnage?

34 Départ de Caturix

idem, eădem, idem

verbe *eo* et composés

Sextus lacrĭmas non tenet quia hodĭe Catŭrix in Gallĭam ad patrem redit. Secum putat : « Numquam mihi idem amicus erit ac Catŭrix. In ea loca postquam venit, easdem res semper fecit quas faciebam ; eodem anĭmo cum eisdem inimicis in viis pugnavĭmus ; ejusdem magistri discipŭli fuĭmus ; in eadem domo quinque annos vixĭmus. Nunc unus manĕo. Quis mihi amici locum tenebit ? Quem appellabo amicum ? »

« Noli lacrĭmas effundĕre, Sexte, inquit Catŭrix. Tui memorĭam tenebo et aliquando in Galliam apud me ibis. Pater Romam me misit quia urbanam linguam discĕre debebam. Domum hodĭe redire debĕo. Nunc enim scio caballum Latine equum esse. »

Dieu gaulois : Sucellus.
(Musée de Saint-Rémy-de-Provence)

VOCABULAIRE

aliquando : *un jour, une fois, parfois*
appello, as, are, avi : *j'appelle, je nomme*
apud *(+ Acc.) : chez, auprès de*
caballus, i *m : cheval (cf. leçon 28)*
disco, is, ĕre, didĭci : *j'apprends, j'étudie*
effundo, is, ĕre, fudi : *je répands, je verse*
eo, is, ire, ivi(ii) : *aller*
hodĭe : *aujourd'hui*
ibis *(futur de* eo*) : tu iras*
idem, eădem, idem : *le même, la même, la même chose*
  idem ac/atque : *le même que*
lacrĭma, ae *f : larme*
Latine : *en latin*
lingua, ae *f : langue*
locus, i *m : lieu , endroit, place*
  loca, orum *n pl : pays, contrée*
mecum puto : *je pense en moi-même*
memorĭa, ae *f : souvenir, mémoire*
numquam : *jamais... ne, ne... jamais*
redĕo, is, ire, ivi (ĭi) : *je retourne, je reviens*
secum : *voir* mecum puto
urbanus, a, um : *urbain, poli, élégant*

Observons

1. Relevez dans le texte les formes du pronom/adjectif ***idem.***

Dégagez l'élément invariable.

L'élément variable est un pronom/adjectif déjà connu de vous (l'élément ***-dem*** en transforme le sens). Lequel?

Une forme a été modifiée par l'évolution phonétique. Laquelle?

2. Quel mot introduit le complément de *idem* dans la phrase suivante?

Numquam mihi idem amicus erit ac Catŭrix. Jamais je ne retrouverai (je n'aurai) un même ami que Catŭrix.

Par quel autre moyen peut être exprimé le complément du pronom/adjectif *idem?* Vous trouverez un exemple dans le début du texte.

Le mot ***ac*** se transforme en ***atque*** devant une voyelle. Quel autre mot se transforme d'une manière comparable?

3. Nous avons déjà employé plusieurs fois des formes du verbe ***eo*** et de ses composés *(abĕo, redĕo).* À quel modèle de conjugaison vous fait penser la forme *ibis* (tu iras), qui se trouve dans le texte?

La conjugaison du verbe *eo* est d'un type particulier. En dehors du présent, il se comporte comme un verbe de la 1re conjugaison dont le radical serait ***i-***. Conjuguez-le à l'imparfait, au futur, au parfait, au plus-que-parfait, à l'impératif. Au présent, le radical est tantôt *i-*, tantôt *e-*.

4. Les composés de *eo* se conjuguent comme lui; apprenez-les :

– **abĕo, abis, abire, abivi (abĭi) :** *je pars, je quitte, je m'éloigne, je m'en vais.*
– **adĕo, adis, adire, adivi (adĭi) :** *je vais trouver, je m'adresse à, j'aborde; je m'expose à.*
– **exĕo, exis, exire, exivi (exĭi) :** *je sors.*
– **redĕo, is, redire, redivi (redĭi) :** *je reviens.*
– **transĕo, is, transire, transivi (transĭi) :** *je passe, je traverse.*

Quelle préposition employée comme préfixe reconnaissez-vous dans les verbes *abĕo, adĕo, exĕo?*

A vous de jouer

1. a) Latine respondete!

Quis lacrĭmas non tenet? Cur Sextus lacrĭmas non tenet? Quo Catŭrix redit? Quando Catŭrix in Gallĭam redit? Num Sexto idem amicus erit ac Catŭrix? Quid Sextus Caturixque in viis faciebant? Ubi quinque annos Sextus Caturixque vixerunt? Cur pater Caturĭgem Romam misĕrat? Quid de Latina lingua Catŭrix nunc scit?

b) Traduisez.

Nous avons fait les mêmes choses. – Nous nous sommes battus dans les rues contre les mêmes adversaires avec la même ardeur (courage). – Nous avons été les élèves du même maître dans la même école. – Nous avons vécu cinq années dans la même maison.

2. Complétez les expressions suivantes avec la forme voulue du pronom ***idem.*** Traduisez.

1. ... virtus saepe in servo est atque in domĭno. – 2. ...res amas atque ego amo. – 3. Omnes discipŭli ... libros legerunt. – 4. Sexto Caturigique erat ... magister. – 5. Cives ... reipublĭcae hostes ... habent. – 6. Rem ... ocŭlis vidi ac te vidĕo. – 7. « Pulchram puellam in foro vidi. » – « ... ipse vidi. » – 8. ... anno Romam venisti quo Pompeĭus piratas vicit. – 9. Servus et equus ... domĭno parent. – 10. « Quod consilĭum consul cepit? » – « ... atque ejus uxor. » – 11. Nobis ... socĭi sunt ac vobis. – 12. Cicĕro ... orationem scripsit quam in senatu de Catilina habuĕrat. – 13. Sextus ... puerorum amicus erat ac Catŭrix. – 14. « Pulchra templa in Graecĭa vidi. » – « ... ego. » – 15. ... anĭmo philosŏphus dormit et laborat. – 16. ... victorĭae ducĭbus et milităbus sunt. – 17. In ... navĭbus equi et equĭtes navigabant. – 18. ... muliĕrem in foro vidi cui ante salutem dedĕras.

Catilina, ae *m : Catilina* – Catŭrix, ĭgis *m : Caturix* – pirata, ae *m : pirate* – Sextus, i *m : Sextus.*

3. Dans les phrases 1, 2, 6, 10 de l'exercice 2, substituez une **proposition relative** au complément de ***idem*** introduit par ***ac/atque.***

4. Traduisez.

eunt – ibant – ierunt – iĕrant – ivi – ii – abis – abibis – redibamus – transivisti – adis – rediĕro – rediverunt – redivĕrant – cum redivĕrint – abierunt – ibamus – imus – ite – itis – i – is – it – dicit se Romam ire – credo eum Romam iisse.

5. Traduisez.

J'allais vers le forum. – Je reviens de Rome par la voie Appienne. – Ils se dirigèrent vers les ennemis. – Nous étions passés à pied d'Italie en Gaule. – Les jours passent (s'en vont). – Nous avons traversé la mer sur une légère embarcation. – L'année s'est passée (s'est éloignée). – Quand tu auras quitté les champs, tu reviendras à la ferme. – Elle entra dans le temple. – Il revient chez lui du forum. – Ils allaient loin (s'éloignaient) des regards du maître. – J'ai quitté César. – Je reviendrai de la campagne. – Ils revenaient toujours à leur projet.

César : *Caesar, ăris* m – la Gaule : *Gallĭa, ae* f – la voie Appienne : *via, ae Appĭa, ae, f.*

6. Introduisez dans les phrases suivantes un des mots que voici : ***tenebat, hodĭe, memorĭis, memorĭam, numquam, tenet.***

Homo, cum Barbatus in ejus domum pervenit, gladĭum manĭbus ... quo misĕram uxorem interfecĕrat. – Imperatoris glorĭa semper in ...nostris vivet. – ...cetĕris parĕo, aliquando cetĕris imperabo. – Discipŭlus hodĭe domi se..., quia ludi magistri memorĭam non habet jucundam. – Puĕri, rerum..., non verborum tenete! – Claro imperatori ...glorĭa deĕrit.

7. Mettez les mots ou groupes de mots suivants à la place de ***tui.*** Traduisez.

Tui memorĭam tenebo.

forum – magister meus – Catilina ipse – ejus virtus – ei – eae – jucunda Ciceronis oratĭo – senex ejusque uxor – multa bella – eorum scelĕra – id pulchrum consilĭum – ejus pulchra consilĭa – jucundus asĭnus cujus amicus eram – Cicĕro, vir fortis – Pompeĭi victorĭa – eaedem res ac tu – littĕrae tuae – omnes amici mei – clarus imperator – senatus populusque Romanus – labores nostri – urbes quas vidi.

Cicĕro, onis *m :* Cicéron .

L'heure du choix

Au moment des votes importants, pour faciliter l'opération du comptage des voix, les sénateurs romains quittaient leurs bancs et se réunissaient autour de la personnalité qui invitait à voter « oui » et de celle qui appelait à voter « non »... C'est pourquoi voter pour la motion de César (par exemple) se disait:

PEDIBVS IRE IN CAESARIS SENTENTIAM.

Rendez à César

De quels mots latins rapprochez-vous les mots suivants : **tenailles, tenace, tenon** – glandes **lacrymales – identique – mémorial,** *to **remember*** (verbe anglais) – **fonderie.**

Le mot ***idem*** est passé tel quel en français (abréviation : *id.*); on le rencontre même dans la langue populaire : « Il s'est cassé la figure et moi *idem.* »

Le verbe ***vivĕre*** peut signifier « se nourrir de », de même que le verbe *vivre* en français (vivre de biscottes, d'amour et d'eau fraîche). Quel est donc le sens étymologique du mot ***conviva, ae*** m (convive)? Quelle préposition retrouvez-vous dans ce mot en tant que préfixe?

Noli longĭus ire. Credo te Romanam virtutem adhuc non cognovisse.
(longĭus = *plus loin*)

(Musée de Timgad, Algérie)

NOTA BENE

idem

Le pronom/adjectif *idem* exprime l'identité.

Eosdem amicos habĕo **ac** *tu.*
J'ai les mêmes amis que toi.

Easdem res feci **quas** *faciebat.*
J'ai fait les mêmes choses qu'il faisait.

singulier			
	M	F	N
N	idem	eădem	idem
A	eumdem	eamdem	idem
G	**ejus**dem	**ejus**dem	**ejus**dem
D	**ei**dem	**ei**dem	**ei**dem
Ab	eodem	eadem	eodem

pluriel			
N	eidem	eaedem	eădem
A	eosdem	easdem	eădem
G	eorumdem	earumdem	eorumdem
D	eisdem	eisdem	eisdem
Ab	eisdem	eisdem	eisdem

eo : je vais

présent	imparfait	futur
eo	ibam	ibo
is	ibas	ibis
it	ibat	ibit
imus	ibamus	ibĭmus
itis	ibatis	ibĭtis
eunt	ibant	ibunt

parfait	impératif	infinitif
ivi (ii)		
ivisti (iisti)	i !	*présent :* ire
ivit (iit)		
ivĭmus (iĭmus)		
ivistis (iistis)	ite !	*parfait :* ivisse (iisse)
iverunt (ierunt)		

- Les formes bâties sur le radical du parfait ne présentent aucune particularité : ivĕram (iĕram), ivĕro (iĕro), ivisse (iisse)...
- Verbes composés de *eo* : cf. « Observons » n° 4.

Version

Le consul et les poulets

La religion tient une place considérable dans la vie romaine, surtout aux siècles antiques où se déroule l'histoire suivante. La piété consistait à réciter les prières consacrées pour demander une grâce aux dieux ou les remercier, à leur offrir des sacrifices pour obtenir leur aide en échange, à les interroger avant toute décision grave en prenant les auspices. Les augures sont particulièrement chargés de cette dernière tâche : ils interprètent la volonté divine en observant, par exemple, certains oiseaux. Un jour, le consul Publius Claudius Pulcher négligea des auspices défavorables. Que se passa-t-il?
Le texte ci-dessous nous l'apprend.

Primo bello Punĭco P. Claudĭus consul, qui Romanorum exercĭtus dux erat, navale cum hostĭbus proelĭum facĕre volebat et pullis sacris deorum consilĭum rogare statuĕrat. Cum enim pulli libenter cibum edebant, credebant Romani deos propitĭos esse et magno anĭmo pugnabant. Postquam pullos non cibum eo die capĕre vidit, jussit Claudĭus milĭtes in mare ante omnĭum ocŭlos eos dejicĕre dixitque : « Bibent quia edĕre nolunt. » Ea impĭa vox ipsi multarum lacrimarum, popŭlo Romano ingentis cladis causa fuit. Eodem enim bello Junĭi consŭlis classem mare delevit. Deinde ipsum Claudĭum Carthaginienses ad Drepănum[1] vicerunt. Misĕrum ducem popŭlus Romanus damnavit. Boni ducis est deis parere.

1. La bataille navale de Drépane (pointe ouest de la Sicile) eut lieu en 249 avant J.-C.

bellum, i Punĭcum, i *n : guerre punique (guerre contre Carthage)*
bibo, is, ĕre : *je bois*
Carthaginiensis, is *m : Carthaginois*
causa, ae *f : cause, raison*
cibus, i *m : nourriture*
clades, is *f : désastre*
P. Claudĭus, ĭi *m : Publius Claudius*
damno, as, are, avi : *je condamne*
dejicĭo, is, ĕre, jeci : *je jette, je précipite*
Drepănum, i *n : Drépane (nom de ville)*
edo, is, ĕre, edi : *je mange*
impĭus, ĭa, ĭum : *impie, sacrilège*
Junĭus, ĭi *m : Junius*
lacrĭma, ae *f : larme*
libenter : *volontiers, de bon cœur*
nolunt : *ils ne veulent pas*
proelĭum, ĭi navale, is *n : combat naval*
propitĭus, a, um : *propice, favorable*
pullus, i *m : poulet*
sacer, cra, crum : *sacré*
statŭo, is, ĕre, tŭi : *je décide*
volebat : *il voulait*

Quae imagĭnes eaedem sunt?
Quae imagĭnes eaedem non sunt?
Ex. : Prima imago eădem est atque octava.
Voir vocabulaire de la leçon 19.

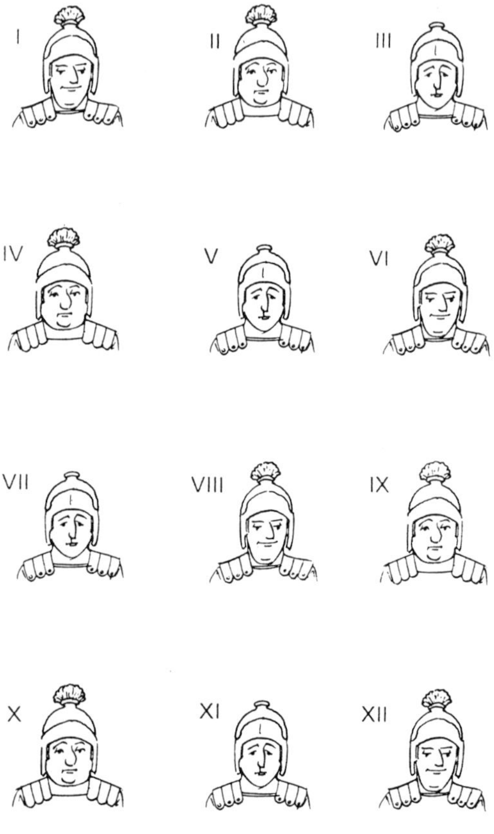

Le temps mesuré

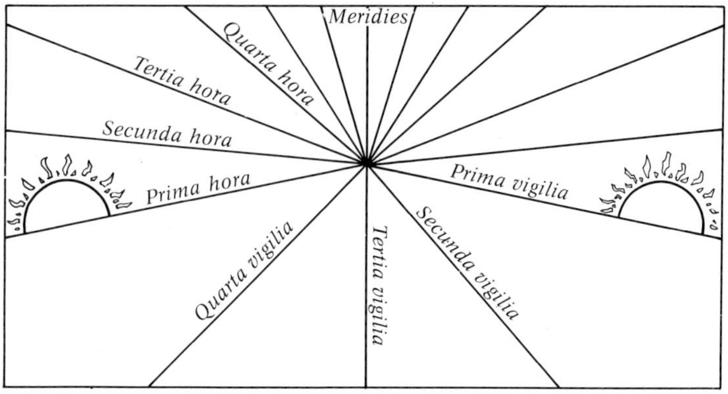

Quelle heure est-il?

La journée se divise en 12 heures, du lever du soleil à son coucher. La nuit se divise en 4 veilles, du coucher du soleil à son lever. La durée des heures et des veilles varie donc selon la saison. La plupart des Romains se contentent d'une division grossière de la journée en évaluant la hauteur du soleil : *mane :* le matin; *ante meridīem :* avant midi; *post meridīem :* après midi; *suprema :* le soir. Pour plus de précision ils ont à leur disposition des cadrans solaires. Cet appareil fut inventé par les Grecs et assez perfectionné pour devenir un instrument véritablement scientifique. En 164 avant J.-C., un des censeurs fit établir le premier cadran solaire adapté à l'heure de Rome. Par la suite, cet appareil se répandit et on construisit même des horloges solaires portatives. Pour mesurer une durée, notamment dans les tribunaux, où le temps de parole est limité, on utilise la **clepsydre,** vase percé d'un trou par lequel l'eau s'écoule dans un laps de temps déterminé. L'horloge hydraulique, plus perfectionnée, se vide en 24 heures et indique l'heure avec une relative précision. Les pendules à balancier n'apparurent qu'à la fin du Moyen Âge.

En quel jour du mois sommes-nous?

Ce n'est pas simple! César eut le bon goût de se faire assassiner aux Ides de mars, date facile à retenir. Le mois est partagé en trois parties inégales par les **Calendes,** les **Nones** (9 jours avant les Ides), les **Ides;** celles-ci coïncident avec la pleine lune (le 13 ou le 15 du mois). Les Calendes sont le premier jour du mois. On compte les jours à reculons, en partant de ces repères, en les intégrant dans le calcul. Prenons l'exemple du mois de janvier :

1er janvier :	les Calendes de janvier
2 janvier :	4 jours avant les Nones
4 janvier :	veille des Nones
5 janvier :	les Nones
6 janvier :	8 jours avant les Ides
12 janvier :	veille des Ides
13 janvier :	les Ides
14 janvier :	19 jours avant les Calendes (18 jours pour les mois de 30 jours)
31 janvier :	veille des Calendes de févier

Vous pouvez compléter le tableau ci-dessus!

En quelle année sommes-nous?

Les années sont désignées à partir de la date de la fondation de Rome (753 av. J.-C.) : par exemple, « 707 ans *ab Urbe condĭta* » (= 47 av. J.-C.). Mais on utilise plutôt le nom des consuls : par exemple « sous le consulat de César et de Bibulus ». À partir de César l'année devient solaire, compte 365 jours et commence en janvier, alors qu'elle débutait en mars, ce qui explique que décembre (*decem :* dix) n'est plus le dixième mois.

Fil à suivre

À quelle date de l'année les heures diurnes sont-elles les plus longues? À quelle date sont-elles les plus courtes? À quels moments la division romaine du jour coïncide-t-elle avec la nôtre? À quelles dates de l'année coïncide-t-elle totalement avec la nôtre?

35

participe présent

ablatif absolu

nihil

Quid de Caesăre?

« Quid agit Caesar? Nihil de illo hodĭe cognovi », inquit Sextus cum patre e foro venĭens. Filĭo acrĭter interroganti Rufus ridens his verbis respondet : « Caesar, postquam praetor magistratum in Urbe gessit, glorĭam quaerens in provincĭam suam, Hispanĭam ulteriorem, abĭit. Nec glorĭa quidem ei deest. Primus enim inter omnes, hostĭbus in navĭbus suis fugientĭbus, classem in Oceăno immenso duxit. Caesăre cum illis gentĭbus bellum suscipiente, senatus de re publĭca sine metu est et ejus victorĭae popŭlo Romano ingentis glorĭae causa erunt. At, credo, ille imperĭi avĭdus mox Romam redibit. » Hoc audĭens Sextus laetus est qui Caesărem virum magnum putat et patri gratĭas agit.

Calendrier.
Colonne de droite : mois de mars – 31 jours – nones le 7 (cf. p. 205) – 12 heures de jour – 12 heures de nuit – équinoxe le 8e jour avant les kalendes d'avril – le soleil sous le signe des poissons.

VOCABULAIRE

at : *mais*
avidus, a, um *(+ Gén.) : avide (de)*
Caesar, ăris *m : César*
causa, ae *f : cause, raison; affaire judiciaire*
duco, is, ĕre, duxi : *je conduis*
gens, gentis *f (Gén. pl* **gentĭum***) : race, peuple*
gratĭa, ae *f : reconnaissance, remerciements*
gratĭas ago *(+ dat.) : j'adresse des remerciements (à), je remercie*
Hispanĭa, ae Ulterĭor, oris *f : Espagne ultérieure*
immensus, a, um : *immense*
imperĭum, ĭi *n : pouvoir, commandement – empire*
inter *(+ Acc.) : parmi, entre*
magistratus, us *m : charge publique, magistrature*
magistratum gero : *j'exerce une charge publique*
metus, us *m : crainte*
nihil *n : rien...ne, ne ...rien*
Oceănus, i *m : Océan*
praetor, oris *m : préteur*
provincĭa, ae *f : province*
sine *(+ Abl.) : sans*
suscipĭo, is, ĕre, -cepi : *j'entreprends*
Urbs, bis *f : la Ville, Rome*

Observons

1. Comparez les participes présents employés dans le texte :

venĭ	ens	< *venients
interroga	nti	
ride	ns	< *ridents
quaer	ens	< *quaerents
fugi	entĭbus	
suscipi	ente	
audĭ	ens	< *audients

Sont-ils invariables comme en français?
À quel modèle de déclinaison des adjectifs se rattachent-ils? Il y a cependant une différence à un cas : **l'ablatif singulier,** *suscipiente.*

Dégagez les terminaisons. Quel est le suffixe du participe présent à la 1re conjugaison, à la 2e et à la 3e?
Quel est le suffixe du participe présent à la 4e conjugaison et à la 3e mixte?

Quelle loi phonétique explique la forme du nominatif? Formez les nominatifs correspondant à *interroganti, fugientĭbus, suscipiente.*

2. Le participe présent fonctionne comme un adjectif. Qu'est-ce qui le différencie cependant de celui-ci. Comparez :

... Caesar	**glorĭam**	quaerens... et
... virum		magnum
... Caesăre	**bellum**	suscipiente... et
... Oceăno		immenso

3. Par rapport au verbe ***respondet*** (au présent de l'indicatif), comment se situe l'action exprimée par ***ridens?*** Par rapport au verbe ***abĭit*** (au parfait de l'indicatif), comment se situe l'action exprimée par ***quaerens?***

Que signifie donc exactement l'expression **participe présent?**

4. Que pourriez-vous substituer au participe ***venĭens,*** sans changer le sens de la phrase?

Cette substitution, en français, permet d'obtenir des traductions plus élégantes. Quelle traduction proposez-vous pour :
Filĭo acrĭter ***interroganti*** *Rufus respondet?*

5. À quel cas sont les mots : *Caesăre ... suscipiente et hostĭbus ... fugientĭbus?*

Il s'agit donc de compléments circonstanciels. Ils présentent la particularité d'être **composés d'un nom et d'un participe.** On appelle cette construction, très fréquente en latin, un **ablatif absolu.** Nous dirons que le mot *hostĭbus* et le mot *Caesăre* sont « sujets » des ablatifs absolus dans lesquels ils se trouvent.

L'expression *Caesar ... classem ... duxit* est précisée par deux compléments circonstanciels :

a) *in Oceăno immenso*
complément circonstanciel de lieu

b) *hostĭbus in navĭbus suis fugientĭbus*
complément circonstanciel de...?

(Proposez plusieurs traductions en français.)

6. Le pronom indéfini neutre ***nihil*** (rien... ne) n'est employé qu'au nominatif / accusatif. Aux autres cas, on utilise :

G nullĭus rei
D nulli rei
Ab nulla re.

A vous de jouer

1. a) Latine respondete!

De quo Sextus nihil cognovit?
Unde venĭunt Sextus paterque?
Quomŏdo Sextus patrem interrŏgat?
Ubi Caesar praetor magistratum gessit?
Quando Caesar in provincĭam suam abĭit?
Quid Caesar ab Urbe abĭens quaerebat?
Cur Caesar classem in Oceăno ducĕre debŭit?
Cum quibus gentĭbus Caesar bellum suscĭpit?
Cur Sextus laetus est?

b) Traduisez.

Comme les ennemis fuyaient sur leurs navires, César, le premier de tous, mena une flotte sur l'Océan. Le Sénat était sans crainte pour la république, puisque César entreprenait une guerre contre les peuples d'Espagne.

2. Dans les phrases suivantes, substituez aux mots en gras les noms (ou pronoms) du vocabulaire que vous connaissez.

Equum venientem (**equos** venientes) vidĕo.
Civi interroganti (**civĭbus** interrogantĭbus) consul respondet.
Puer ridens (**puĕri** ridentes) venit (venĭunt).

3. Transformez les expressions ci-dessous selon l'exemple suivant :

> Caesar cum illis gentĭbus bellum suscĭpit; senatus de republĭca sine metu est → **Caesăre** cum illis gentĭbus bellum **suscipiente,** senatus de republĭca sine metu est.

Domĭnus venit; servi acrĭter laborant. – Mater adventum meum exspectat; domum celerĭter *(rapidement, vite)* curro. – Barbatus appellat; homo tamen fugit. – Magister legit; discipŭli audĭunt. – Magna spes me tenet, cetĕri in metu sunt. – Milĭtes omnes timebant; dux fortem orationem habŭit. – Praetor jussit; milĭtes impĕtum fecerunt. – Caesar imperabat; bellum cum illis gentĭbus fuit. – Caesar bellum cupiebat; bellum cum illis gentĭbus fuit. – Hostes in urbem pervenerunt; multi cives se ipsi interfecerunt. – Tu discedebas; ego ad Caesărem accessi. – Ego iter faciebam; tu Romae mansisti. – Cetĕri audiebant; ipse nihil dixi. – Cetĕri audĭent; nihil ipse dices. – Omnes consilĭum meum laudaverunt; arma paravĭmus.

Proverbe

Quel est le proverbe français qui correspond à celui-ci ?

CANIS CANINAM NON EDIT

canina, ae *f : viande de chien* – edo, is, ĕre : *je mange.*

Maxime

Ce qui nous distingue, nous humains, des autres animaux, c'est que :

NON SITIENTES BIBIMVS

sitĭo, is, ire : *j'ai soif* – bibo, is, ĕre : *je bois.*

NOTA BENE

L'ablatif absolu

L'ablatif absolu est un complément circonstanciel composé d'un nom (ou d'un pronom) et d'un participe :

hostĭbus fugientĭbus : les ennemis s'enfuyant → comme les ennemis s'enfuyaient → pendant la fuite des ennemis

Le participe présent

Formation du participe présent		
	nominatif	génitif
1re conj.	ama ns	ama ntis
2e conj.	dele ns	dele ntis
3e conj.	leg e ns	leg e ntis
3e mixte	capĭ ens	capi entis
4e conj.	audĭ ens	audi entis
verbe *eo*	i ens	e u ntis

	singulier		pluriel	
	M F	N	M F	N
N	amans	amans	amantes	amantĭa
A	amantem	amans	amantes	amantĭa
G	amantis		amantĭum	
D	amanti		amantĭbus	
Ab	amante		amantĭbus	

Remarque : le verbe ***sum*** n'a pas de participe présent.

L'aigle et le sanglier

La Gaule chevelue

De 58 à 51 av. J.-C., César, proconsul, conquerra la Gaule. Toute une tradition a donné une idée fausse des Gaulois, moustachus, paillards, forts en gueule, habitant de petites huttes au cœur de la forêt. En fait, les Gaulois (glabres ou barbus) sont les moins barbares des barbares. Le pays jouit d'une grande prospérité. La culture du blé a largement fait reculer la forêt, d'ailleurs domestiquée. Les paysans utilisent la charrue, connaissent les engrais naturels et le marnage. Les artisans atteignent une haute technicité dans le traitement du fer et du bois. Ce sont d'excellents charpentiers, notamment de bateaux, et d'excellents charrons (les Romains imitèrent leurs véhicules). Ils ont inventé le tonneau (pour conserver la bière), le matelas, la chaussure à tige... Les échanges commerciaux utilisent un réseau de pistes, qui facilitera les déplacements militaires des Romains.

L'architecture des Gaulois a disparu parce qu'ils utilisent le bois de préférence à la pierre. Bien qu'ils sachent noter leur langue, avec l'alphabet grec de Marseille, leur culture (droit, enseignement...) est de type oral, ce qui explique qu'on les prend pour des bavards. La société se divise en trois classes : esclaves (prisonniers de guerre), agriculteurs et artisans, nobles, propriétaires fonciers, qui détiennent le pouvoir : entourés d'une clientèle, ils constituent un conseil qui élit des magistrats, dont la fonction, civile et militaire, est provisoire. En cas de guerre, ces nobles combattent à cheval et forment une cavalerie redoutable. L'armée, qui n'est pas permanente, se regroupe autour d'enseignes surmontées d'un sanglier. La Gaule souffre d'un manque d'unité, qui a aidé César; elle est formée d'une juxtaposition de peuples *(civitates)* qui se querellent entre eux. Chaque cité connaît des luttes intestines; certaines sont déjà travaillées par une faction favorable aux Romains, considérés comme capables d'arrêter les incursions germaniques. L'habitat est dispersé en villages. Chaque cité dispose pour sa défense d'un certain nombre d'*oppĭda,* villes fortes de faible population, qui servent de refuge en cas de conflit, très étendues et entourées de murs d'une technique originale : la solidité est assurée par une ossature de poutres noyées dans les pierres. Malgré la multiplicité des dieux, la

religion crée une certaine unité. Les prêtres sont les druides, classe sociale dont l'influence est grande, ce qui surprit les Romains. Chaque année ils tiennent une assemblée au pays des Carnutes (Chartres).

La Gaule romanisée

Après la conquête, la Gaule se romanise sans difficultés, grâce à la politique habile des vainqueurs. Les Gaulois ont à subir l'impôt, le recensement, le service militaire dans les troupes auxiliaires. Mais Rome comble d'honneurs les notables, qui conservent le pouvoir local. Elle met en vedette les capitales régionales qui deviennent des centres administratifs et des villes à la romaine : plan géométrique, monuments civils et religieux... Elle crée quelques colonies de peuplement latin, notamment Lyon, où l'Assemblée des Gaules célèbre chaque année le culte de Rome et de l'empereur. L'économie se développe, le réseau routier se renforce. Les artisans gaulois apprennent les métiers de la pierre, les paysans la culture de la vigne. Les divinités gauloises se confondent avec les dieux romains : Mercure Dunias, Apollon Vindonnus... Le latin, langue officielle, fera peu à peu disparaître le gaulois. Ainsi l'influence constante de Rome fait que nous sommes les descendants non des Gaulois, mais des Gallo-romains.

RÉCAPITULATION DU VOCABULAIRE OBLIGATOIRE

■ gratĭa, ae *f : reconnaissance, remerciements*
gratĭas ago *(+ D) : j'adresse des remerciements à, je remercie*
memorĭa, ae *f : souvenir, mémoire*
provincĭa, ae *f : province*

consilĭum, ĭi *n : décision, projet; avis*
imperĭum, ĭi *n : pouvoir, commandement; empire*
locus, i *m : lieu, endroit, place*
loca, orum *n pl : pays, contrée, région*
vir, viri *m : homme*

oratĭo, onis *f : discours*
gens, gentis *f* (*G pl* gentĭum) : *race, peuple*
mors, mortis *f* (*G pl* mortĭum) : *mort*

senatus, us *m : sénat*
metus, us, *m : peur, crainte*

fides, fidĕi *f : confiance, loyauté*

■ socĭus, a, um : *partisan, allié, complice, compagnon*

■ idem, eădem, idem : *le même*
idem ac/atque : *le même que*
ipse, a, um : *en personne (voir leçon 31)*
nihil : *rien... ne, ne... rien*
suus, a, um : *son, le sien...*
talis, is, e : *tel*
ego, tu, nos, vos, se *(pour mémoire)*

■ appello, as, are, avi : *j'appelle*
delecto, as, are, avi : *j'attire, je charme, je plais à*
paro, as, are, avi : *je prépare*

cognosco, is, ĕre : *j'apprends à connaître*
cognovi : *je sais*
duco, is, ĕre, duxi : *je conduis*

suscipĭo, is, ĕre, -cepi : *j'entreprends*
eo, is, ire, ivi : *je vais*
adĕo : *je vais vers, je vais trouver; je m'expose à*
abĕo : *je quitte, je m'éloigne*
exĕo : *je sors*
redĕo : *je reviens*
transĕo : *je traverse, je passe*

■ aliquando : *un jour, parfois*
apud *(+ acc.) : chez, auprès de*
at : *mais*
hodĭe : *aujourd'hui*
inter *(+ acc.) : entre, parmi*
nec (*ou* neque) : *et... ne... pas, ni*
(nec/neque... nec/neque) : *ni... ni...*
numquam : *ne... jamais, jamais... ne*
quamquam *(+ indic.) : bien que, quoique*
sine *(+ abl.) : sans*

Brévissime

Le discours le plus court de la langue latine. À un ami qui lui annonçait son départ pour sa maison de campagne en disant laconiquement : « *Rus eo!* », un Romain répondit : « *I!* ».

Ex Aegypto venit.

Essayez votre force

Version

1. Boni ducis est semper vincĕre, boni hostis est semper fugĕre. – 2. Longum de morte librum, quem ad me misit, amicus noster scripsit. – 3. Cur Pompeĭum milĭtes Romani Magnum appellaverunt? Quia in omnĭbus quae gessĕrat bellis vicĕrat. – 4. Dico me filĭum tuum ipsum in ipso foro hodĭe vidisse. – 5. Is qui sibi imperare scit magnas divitĭas habet. – 6. Puto te filĭi tui littĕris omnem rem jam cognovisse. – 7. Postquam puella mea in Graecĭam mare transĭit, mihi vita non jam jucunda est, nullae res me delectant. – 8 Memorĭa Pompeĭi victorĭas semper tenebĭmus. – 9. Cicĕro de Catilina dixit se omnĭa ejus consilĭa cognovisse. – 10. Militĭbus timentĭbus, dux fortem orationem habŭit.

Catilina, ae *m : Catilina* – Cicĕro, onis *m : Cicéron* – divitĭae, arum *f pl : richesses* – Graecĭa, ae *f : Grèce* – Pompeĭus, ĭi *m : Pompée.*

Thème

1. Nous voyons déjà le paysan et son fils, et pourtant ils ne sont pas près (proches). – 2. Le jour même où Cicéron tint son discours au sénat, Catilina quitta Rome. – 3. Peu de jours avant sa mort le vieillard avait dit à ses fils : « J'ai assez vécu. » – 4. Notre général prépare déjà la guerre; j'approuve sa décision. – 5. Nous devons louer l'homme *(vir)* qui parle peu de lui-même (prononce peu de paroles au sujet de lui-même). – 6. J'ai toujours dit les mêmes choses que tu dis aujourd'hui. – 7. Pompée a vaincu. Nous devons une grande reconnaissance à lui-même et à ses soldats. – 8. Les citoyens disent qu'ils n'ont plus d'espoir de victoire. – 9. Je reviens sur le même navire sur lequel je suis parti. – 10. Sextus entendit les paroles des partisans de Catilina et apprit leurs projets.

Histoires drôles, drôles d'histoires

Il était une fois un fou qui s'était longtemps pris pour un poulet. Un médecin grec (à Rome, la plupart des médecins sont d'origine grecque) croyait l'avoir guéri avec de l'ellébore et insanus non jam putabat se pullum esse. Quodam die in via ingentem canem vidit. Cucurrit homo ad medĭcum : « Ego, inquit, nunc scio me pullum non esse. Sed canis, num scit me non jam pullum esse? »

Un homme entre dans le temple d'Esculape (nom du dieu guérisseur, patron de la médecine) construit à la pointe de l'île du Tibre. Il tient un poulet sous le bras. « Quomŏdo vales? » rogat medĭcus. « Ipse bene valĕo. *Mais je viens vous consulter pour ma femme.* Putat enim se pullum esse. »

---

pullus, i *m : poulet* – medĭcus, i *m : médecin* – insanus, a, um : *fou.*

Le train

Accrochez des mots les uns aux autres.
Ex. : *pauci **cives** – pater **tertĭus***

Accrochez ainsi 16 mots que nous vous aidons à trouver. 1. souvenir (Abl. sing.). – 2. champ (N. sing.). – 3. je porte. – 4. romaine (Abl. sing.). – 5. bateau (D. sing.). – 6. ferme (N. sing.). – 7. travail (N. sing.). – 8. elle orna. – 9. vie (Abl. sing.). – 10. tel (N. neutre sing.). – 11. lire. – 12. avoir répondu (inf. parfait.). – 13. sénat (Abl. sing.). – 14. ton (Abl. n. sing.). – 15. discours (G. pl.). – 16. ne... jamais.

Rendez à César

▬ De quel autre mot latin, connu de vous, rapprochez-vous le mot *senatus?*

▬ À quels mots latins vous font penser les mots : viril, virago, oraison, pérorer?

La devise de deux amis

E G O
C U M E O
E O E O

Essayez votre force : corrigé

Thème : 1. Agricŏlam ejusque filĭum jam videmus nec tamen propinqui sunt. – 2. Eo ipso die quo Cicĕro in senatu orationem suam habŭit, Catilina Roma abĭit. – 3. Paucis diebus ante mortem senex filĭis suis dixĕrat : « Satis vixi. » – 4. Imperator noster bellum jam parat; ejus consilĭum laudo. – 5. Virum qui de se pauca verba facit laudare debemus. – 6. Easdem res semper ego dixi ac (*ou* quas) hodĭe dicis. – 7. Pompeĭus vicit. Ipsi et ejus militĭbus magnam gratĭam debemus. – 8. Cives dicunt se victorĭae spem non jam habere. – 9. In eadem nave redĕo in qua abĭi. – 10. Sextus Catilinae sociorum verba audivit eorumque consilĭa cognovit.

Version : 1. Le propre du bon chef est de toujours vaincre; le propre du bon ennemi est de toujours fuir. – 2. Notre ami a écrit sur la mort un long livre qu'il m'a envoyé. – 3. Pourquoi les soldats romains appelèrent-ils Pompée « le Grand »? Parce qu'il avait vaincu dans toutes les guerres qu'il avait menées. – 4. J'affirme que j'ai vu ton propre fils en plein forum aujourd'hui. – 5. Celui qui sait se commander à lui-même possède de grandes richesses. – 6. Je pense que tu as déjà appris toute l'affaire par la lettre de ton fils. – 7. Depuis que ma bien-aimée a traversé la mer pour la Grèce, la vie ne m'est plus agréable, rien ne me plaît. – 8. Nous conserverons toujours dans (par) notre mémoire les victoires de Pompée. – 9. Cicéron dit au sujet de Catilina qu'il connaissait tous ses projets. – 10. Les soldats étant pris de panique, le chef prononça un discours courageux.

À la recherche de nos ancêtres : l'indo-européen

Bien que l'anglais et l'allemand ne soient pas des langues romanes (cf. p. 18), il nous est cependant arrivé de faire des rapprochements entre certains mots de ces langues et le latin (Exemple : *statŭa* / statue / *to stand / stehen*). C'est que l'anglais et l'allemand descendent d'une même langue, le germanique, qui tire elle-même son origine d'une langue bien plus ancienne encore, parlée il y a plus de quatre mille ans, que l'on a appelée l'indo-européen. Il n'existe pas de traces écrites de ce lointain ancêtre, dont la plupart des langues de l'Europe et de l'Inde sont issues, mais les savants ont pu en faire une reconstitution théorique par comparaison entre les langues auxquelles il a donné naissance.

Voici un arbre généalogique très simplifié de l'indo-européen :

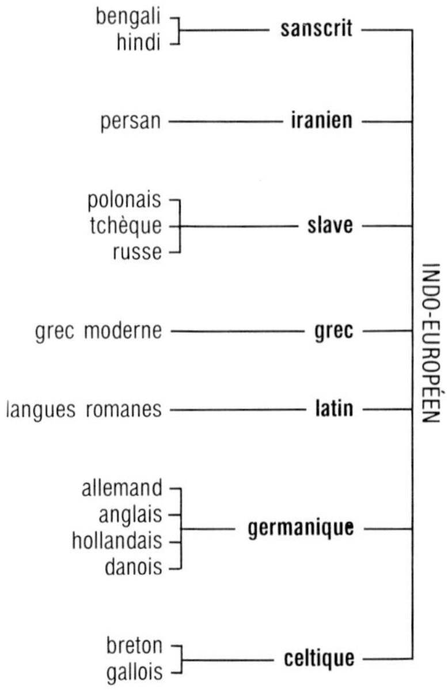

Les poésies d'Hafez.
(Bibliothèque royale de l'Escorial)

Remarque : le gaulois faisait partie des langues celtiques.

• Comparez les mots des schémas ci-dessous.

Vous compléterez les séries à partir de vos propres connaissances ou en interrogeant autour de vous des personnes connaissant telle ou telle langue. Vous vous rendrez compte ainsi que l'évolution phonétique a entraîné de grandes divergences entre les langues indo-européennes, mais qu'il leur reste cependant un petit air de famille.

• À quels mots, anglais ou allemands, de sens proche, vous font penser :

– *(co)gnoscĕre* (latin)
connaître (français)?

– *scribĕre* (latin)
escribir (espagnol)
skrivan (breton)?

• Comparez :

– *Catŭrix* (gaulois, voir leçon 26)
– *rex* (latin)
– *rajah* (sanscrit).

• Comparez les nombres de 1 à 7 en breton et en provençal :

– breton : *unam, daou, tri, pevar, pemp, c'hwec'h, seizh.*
– provençal : *un, dous, tres, quatre, cinc, sièis, sèt.*

Quel est le degré de parenté entre le breton et le provençal?

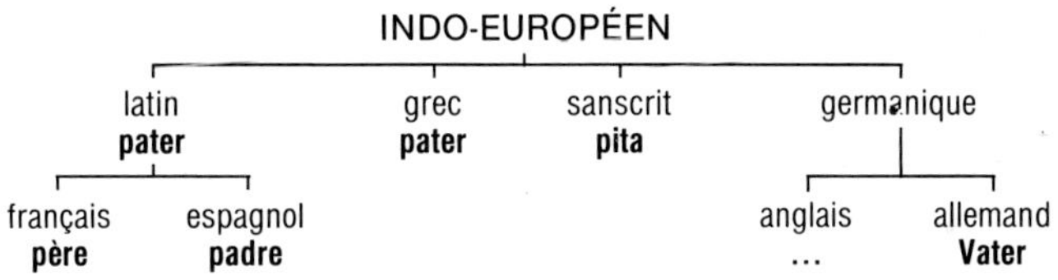

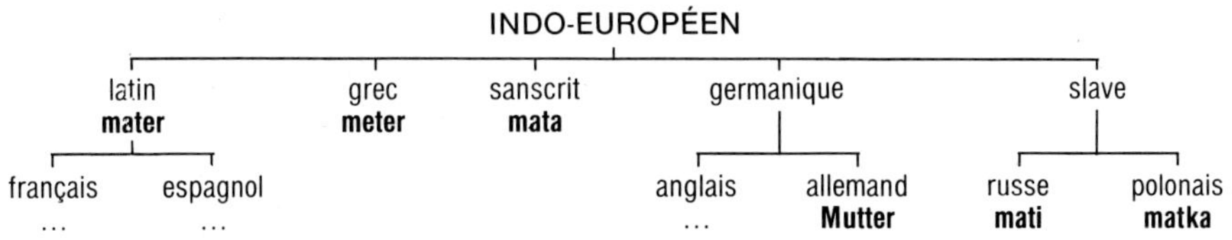

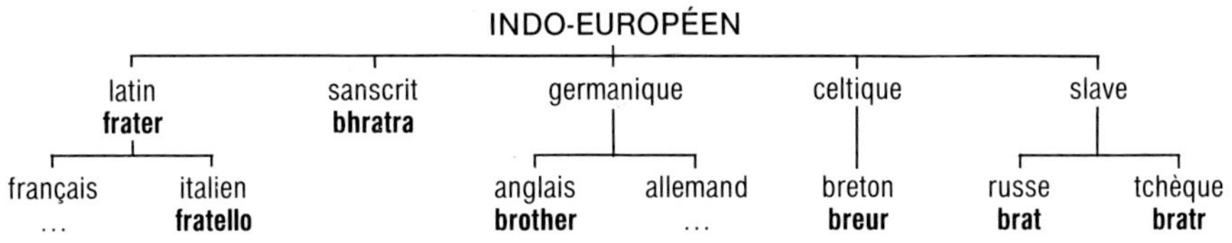

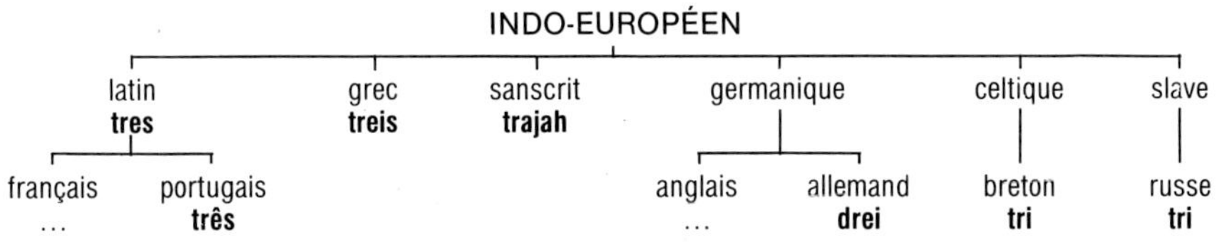

Exercices complémentaires

Leçon 31

1. Déclinez.

ipse imperator – ipsa manus – ipsum verbum – ipse servus – ipsa puella – ipsum nomen – ego ipse – tu ipsa – nos ipsi – vos ipsae.

2. Accordez *ipse* aux mots suivants en disant à quel cas vous le mettez (plusieurs solutions sont parfois possibles).
in ludo – vocem – de magistro – verba – ancilla – regum – ocŭlum – rerum – bellum – manus – virtus – littĕrae – imperatoris – puellis – manŭi – regi – servi – templi – in agmĭne – naves – senĭbus.

3. Traduisez.

Dites-nous les paroles mêmes du professeur! – Tout le monde dit (tous disent) que nous n'avons pas été assez courageuses. – Ne savez-vous pas, vous, tous les projets de Catilina à votre sujet (au sujet de vous) et au sujet de la république? – La lettre que tu m'avais envoyée à Rome au sujet de votre grande victoire m'a charmé. – Je sais, quant à moi, que les amis ne manquent pas à ceux qui ont beaucoup d'argent (une grande abondance d'argent).

Leçon 32

1. Donnez le sens et le genre des mots suivants.

tempus – ludus – adventus – finis – nomen – annus – spes – salus – exercĭtus – navis – mons – bellum.

2. Traduisez.

Je les vois. – Il se commande à lui-même. – Il se loue. – Je l'apprécie *(laudo)*. – Je crois qu'il est courageux. – Ils se croient (ils croient qu'ils sont) courageux. – Il m'a vaincu. – Ils vous obéiront. – Ils lui obéissent. – Il leur a écrit. – Je viens avec toi. – Ils le feront. – Il a (*esse* + datif) de nombreux amis. – Je reste avec eux. – Je reste avec elles. – Il s'est tué. – Elle s'est tuée. – Il se dresse. – Ils se regardent dans une glace *(specŭlum, i)*. – Il rit de lui-même. – Moi, je suis courageux. – Ils se croient (ils croient qu'ils sont) beaux. – Il dit qu'il travaille pour lui-même. – Ils disent qu'ils ont tué beaucoup d'ennemis. – Je viens avec vous. – Je pense qu'ils préparent la guerre. – Ils travaillent pour eux-mêmes.

3. Séparez les mots et ponctuez.

JUVENESQUOQUEINQUITSEXTUSINFOROAUDIVIPA
TERRESPONDITOMNESROMANIPUTANTEOSBEL
LUMCIVILEPARARESEDBONOSCIVESREMPUBLICA
MFORTITERDEFENSUROSESSECREDO

Leçon 33

Version : **Ane paré ne cesse pas de braire** (proverbe français).

Asĭnus qui misĕre se vivĕre putabat, e domĭni sui villa in silvam propinquam fugit in qua forte leonis pellem invenit. Postquam ea se texit, bestĭas cetĕras hominesque ipsos terrebat. Jam omnĭum bestiarum regem pulchrum fortemque se esse credebat. Domĭnus autem in omnĭbus locis asĭnum suum quaerebat et die quodam in ipsum incĭdit. Asĭnus domĭnum vidit, magna voce clamavit, ad eum impĕtum facĕre coepit. Sperabat enim se domĭnum suum ipsum terrere. Sed bestĭam homo non timŭit, ad eam placĭde accessit, risit dixitque : « Cetĕros fortasse, non me, falles. Dolum enim tuum ego intellexi. Vox tua leonis non est et aures tuae longae a pelle promĭnent. Veni mecum, mi asĭne! » Et asĭnum domum reduxit.

auris, is *f : oreille*
autem : *or, mais*
bestĭa, ae *f : bête, animal*
clamo, as, are, avi : *je crie*
coepit : *il commença, il se mit à*
dolus, i *m : ruse*
fallo, is, ĕre : *je trompe*
forte *(adverbe) : par hasard*
incĭdo, is, ĕre, incĭdi (in + *acc.*) : *je tombe (sur), je rencontre*
invenĭo, is, ire, inveni : *je trouve*
leo, onis *m : lion*
pellis, is *f : peau*
placĭde : *tranquillement*
prominĕo, es, ere : *je dépasse, je suis proéminent*
reduco, is, ĕre, reduxi : *je ramène*
silva, ae *f : forêt*
tego, is, ĕre, texi : *je couvre*
terrĕo, es, ere : *j'effraye*

Quomŏdo exibīmus? Dux clavem perdĭdit!
clavis, is *f : clef*

Leçon 34

1. Déclinez.

idem vir – eădem oratĭo – idem consilĭum – idem mons – eădem res – idem scelus.

2. Analysez les groupes de mots suivants.

eodem tempŏre – cum eisdem ancillis – de eadem oratione – ejusdem viri – eosdem socĭos – eidem puellae – eorumdem regum – eamdem mortem – eădem consilĭa – eaedem littĕrae – ejusdem ancillae – eidem magistro – in eisdem rebus – eodem anno – easdem naves – idem exercĭtus.

3. Traduisez.

Souvent des frères, fils d'un même père, n'ont (*esse* + datif) pas le même caractère (*indŏles, lis* f). – Je serai sur le même navire que toi. – Les Romains honoraient souvent dans le même temple deux ou trois dieux. – Sextus avait (*esse* + datif) les mêmes ennemis que Caturix. – Les mêmes choses ne plaisent pas (ne charment pas) toujours aux (les) mêmes personnes (hommes).

honorer : colo, is, ĕre

Leçon 35

Traduisez, apprenez par cœur et chantez en canon la chanson suivante, sur l'air de **« Maudit sois-tu, carillonneur ».**

Victor exercĭtus transit.
Venĭunt primi tribuni[1],
vexillarĭi vexilla ferentes
et tubicĭnes classĭcum canentes.
O quam pulchrum est agmen milĭtum! *(bis)*
Victor exercĭtus transit.
Ecce imperator clarus,
et cum gladĭis pedĭtes strenŭi,
et in equis[2] equĭtes splendĭdi.
Romanus exercĭtus transĭit. *(bis)*

H. Dumollard

1. Les tribuns militaires sont les officiers supérieurs de l'armée romaine. Il y en a six par légion. Chacun commande mille hommes et, par roulement, la légion entière (6 000 hommes).
2. Pour chanter, coupez e / qu / is.

canentes : *jouant (avec un instrument)*
ecce *(adverbe)* : *voici*
classĭcum, i *n* : *sonnerie de trompette*
ferentes : *portant*
quam! : *combien! comme!*
splendĭdus, a, um : *resplendissant*
strenŭus, a, um : *vaillant*
tribunus, i *m* : *tribun*
tubĭcen, cĭnis *m* : *(le) trompette*
vexillarĭus, ĭi *m* : *porte-drapeau*
vexillum, i *n* : *drapeau*
victor, oris : *victorieux*

Version : **À chacun son métier**

Apelles pictor, cum tabŭlam pinxĕrat, saepe eam in via ponebat et ipse post eam se condebat. Sic de opĕre suo sententĭas eorum qui transibant audire volebat. Deinde ex eorum judicĭis tabŭlam suam domi emendabat. Sutor aliquando crepĭdae pictae figuram non laudavit. Apelles crepĭdam emendavit. Sed postĕro die, eodem sutore crus ipsum reprehendente, « Satis est, sutor! » inquit pictor iratus. « Noli supra crepĭdam judicare. » Judicare enim numquam debemus de eis rebus quae judicĭi nostri non sunt.

Apelles, is *m* : *Apelle (nom grec)*
condo, is, ĕre : *je cache*
crepĭda, ae *f* : *sandale*
crus, cruris *n* : *jambe*
emendo, as, are : *je corrige, je retouche*
figura, ae *f* : *forme*
iratus, a, um : *irrité, en colère*
judicĭum, ĭi *n* : *jugement; faculté de juger, compétence*
judĭco, as, are : *je juge*
opus, opĕris *n* : *œuvre*
pictor, oris *m* : *peintre*
pictus, a, um : peint
pingo, is, ĕre, pinxi : *je peins*
pono, is, ĕre : *je pose, je dépose*
postĕrus, a, um : *suivant*
reprehendo, is, ĕre : *je blâme, je critique*
supra *(+ acc.)* : *au-dessus de*
sutor, oris *m* : *cordonnier*
tabŭla, ae *f* : *tableau*
volebat : *(il) voulait*

Chemin faisant

Temple de Mercure, sur le Puy-de-Dôme.

Nous avons vu, en classe de cinquième et dans cet ouvrage (leçon 1), que les mots vivaient, se transformaient et qu'on pouvait rechercher leur étymologie. Les noms de lieux (villes, villages, montagnes...) n'échappent pas à cette règle. La **toponymie** est la science qui étudie l'origine et l'évolution des **noms de lieux.** Ceux-ci livrent difficilement leurs secrets car, selon les régions, un même ancêtre peut donner des descendants phonétiquement très divers : *Lugdunum* a donné *Lyon, Laon, Loudun, Loudon, Laudun...* Pour retrouver cet ancêtre, le toponymiste essaie de remonter le plus haut possible dans le temps en consultant les cadastres et les cartes anciens, les écrits des notaires mentionnant des lieux de naissance, les récits de voyageurs, les ouvrages des historiens et géographes latins, etc.

Fossiles pré-celtiques

1. Les peuples qui habitaient le sol français avant l'arrivée des Celtes (les Gaulois et les Belges, ces derniers au nord de la Seine), au Ve siècle avant J.-C., ont laissé des traces dans la toponymie. Un radical k [a] l ou k [a] r (= pierre, maison de pierre, muraille) se retrouve dans *chalet* (voir *canis* > ***ch**ien*), *Challes-les-Eaux, les Causses* (voir ***al**ba* > **au***be*), *Clapier, Charenton, Cravant,* la *Crau...* et peut-être dans *Alpes,* avec disparition du *C* initial.

• Comment s'appellent les parois escarpées qui bordent la mer près de Marseille ?

• Quel est le nom de la préfecture de l'Aude, aux célèbres remparts, bâtie sur un rocher ?

2. Les Grecs ont fondé des colonies sur le littoral méditerranéen. Trouvez le sens originel des noms *Nice, Agde, Leucate,* sachant que les mots grecs entre parenthèses signifient « blanche » (leukê), « victorieuse » (nikaïa), « bonne chance » (agathê tykhê). La *ville* située *en face* de Nice s'appelait *Antipolis.* Quel est son nom moderne?

L'alluvion gauloise

Un nombre important de vocables gaulois se retrouve dans les noms de lieux. La résistance du gaulois à la romanisation se traduit par l'existence de noms mi-gaulois mi-romains : dans *Augustodunum* (Autun), *Augusto* est le nom de l'empereur Auguste, *dunum* un mot gaulois qui signifie « forteresse ».

1. Noms simples

Essayez de retrouver dans la liste ci-dessous les descendants des noms gaulois suivants : *briva* (pont), *condate* (confluent), *dubis* (noir), *Belenos* (dieu du soleil), *dubron* (ruisseau), *Borvo* (divinité des eaux thermales), *Matrona* (déesse mère), *equoranda* (frontière), *juris* (hauteur boisée).

Condé, Douvres, le Jura, Beaune, Eygurande/Ingrandes, Marnes, le Doubs, Bourbon/Bourbonne-les-Bains/Bormes-les-Mimosas, Brive.

2. Noms composés

La seconde partie de ces noms est faite des mots : *-briva* > *-bris* (= pont); *-dunum* > *-dun/-un* (= colline, forteresse); *-ialo* > *-euil/-eil* (= lieu); *-ritum* > *-r* (= gué)...

Trouvez le sens primitif des noms suivants : Salbris (*Salera* = la rivière Sauldre) – Issoudun (*uxello* = élevé) – Verdun (*viro* = vrai) – Embrun (*Eburos :* nom d'homme) – Casseneuil/Chasseneuil (*cassano* = chêne) – Verneuil (*verno* = aulne) – Argenteuil (*arganto* = argent) – Arcueil (*arcus* = arche d'aqueduc) – Auteuil (*altus* = haut) – Bonneuil (*bonus* = bon) – Chambord/Chambourg (*cambo* = courbe) – Niort (*novio* = nouveau).

3. Noms de peuples

Les peuples gaulois ont donné leurs noms aux capitales de leurs territoires, suivis d'un *-s*, qui indiquait le lieu (*Paris* = chez les Parisii). Nous ne passerons pas en revue la quarantaine de noms de villes qui remontent à des noms de peuples. Essayez simplement de trouver dans la liste ci-dessous le nom moderne de la capitale des :
Lemovices, Suessiones, Veneti, Ambiani, Namnetes, Redones, Remi, Santones, Senones, Ausci.
Nantes, Limoges, Saintes, Vannes, Auch, Soissons, Rennes, Amiens, Reims, Sens.

L'inondation latine

Jusqu'au XVe siècle, le territoire français se couvrira de noms de lieux d'origine latine. Les envahisseurs germaniques (Francs, Wisigoths, Burgondes), et scandinaves (Normands) du Ve siècle ont laissé cependant des traces dans la toponymie. Par exemple *Barfleur, Harfleur, Honfleur, Yvetot* ont une origine normande (*-fleur* = crique; *-tot* = terrain habité).

1. Les domaines gallo-romains

Les exploitations prennent pour nom celui du maître des lieux, suivi en général d'un suffixe. Dites quel était le (ou la) propriétaire des domaines ci-dessous, devenus des agglomérations, en puisant dans cette liste : *Eburos, Nantos, Ambarrius, Antonius, Aurelius, Florius, Frontinius, Marinius, Divius, Albucius, Albania, Ambazia, Constantia, Valentius.*

Aubagne – Aurillac / Orly – Antony – Amboise – Valenciennes – Aubusson – Coutances – Fleury / Floirac – Ambérieu – Frontignan – Dijon – Évry – Marignane – Nancy.

2. Avant les grandes invasions : suivez le guide!

Les mots français en gras, dont la traduction latine vous est donnée entre parenthèses, vous feront passer par les villes et villages indiqués page suivante, dont les appellations sont antérieures aux grandes invasions (Ve siècle apr. J.-C.).

« En sortant de la **ferme** *(cohortem),* j'ai passé le **pont** *(pontem),* près du **confluent** *(confluentes).* J'ai regardé les **eaux** *(aquas).* Non loin du **bois** *(lucum),* j'ai contemplé un **troupeau** (armentum). J'ai longé l'emplacement d'un **camp** *(castra)* et je suis arrivé au **village** *(vicum).* Des ouvriers travaillaient dans l'**atelier du potier** *(figulinas)* et des ivrognes buvaient dans la **taverne** *(taberna).* J'ai admiré le temple de la **déesse** *(dea)* **Tutela** et celui de **Vénus** et je suis revenu en suivant le **canal** *(fossa).* »

(Haute)court/Azincourt – Pontoise – Conflans/Confolens – Aix/Ax – Le Luc – Armentières – Castres/La Châtre – Vic – Flins – Saverne – Dié – Tulle – (Port)-Vendres – Fos.

3. À l'ère féodale

• Beaucoup de villes et de villages tirent leur nom du latin *montem* > mont, accompagné d'un déterminant placé avant ou après : *clair – aigu – beau – fort – rouge – entre* – (celui de) *Didier* – (celui de) *l'Héry* – (celui de) *Béliard*... Faites un petit mélange et vous fabriquerez peut-être des noms d'endroits connus de vous.

• Près de quoi se sont installés les villages suivants : *Fontvieille, Fontainebleau, Fontenay, Fontenoy; Amplepuis?*

• À quels végétaux ou animaux vous font penser *Fougères, Aulnay, Châtenay, Asnières, Louviers?*

• Trouvez des noms (notamment celui d'un quartier de Paris) comportant le mot *mesnil* < *mansionile* (ferme isolée).

• Quelles industries étaient représentées à *Carrières-sur-Seine, Moulins/Molines?*

• *Rocca* et *castellum* désignaient des châteaux forts. On les retrouve dans *Rochefort, Roquefort, Castel,* le *Cateau, Casteljaloux, Châteauroux (roux = de Raoul), le Châtelet, Casteillon, Châtillon*...

• Des mots concernant la vie religieuse (*cella* = ermitage – *monasterium* = monastère – *dominus* > *dom/dam* = seigneur, saint) se retrouvent dans les noms suivants : *La Celle – Moutiers/Montreuil/Montreux/Monistrol – Dampierre/Domrémy.*

• Certains noms de lieux témoignent d'une vive imagination :
– lieux agréables : *Beaurepaire, Bonrepos, Abondance, Tartifume, Chantereine* (*rana* > reine = grenouille).
– lieux infertiles ou dangereux : *Maurepas* (*mau* < *malum* = mauvais), *Bramefaim, Malemort, Crèvecœur, Coupegueule, Curebourse* (= vide-gousset : les bandits y curent les portefeuilles).
– bons postes d'observation : *Mirebeau/Mirabeau* (pensez à « se mirer, mirettes »), *Miramas* (*mas* = maison), *Miribel.*

4. Prudence !

Il faut se garder de ressemblances apparentes. Sous les noms de lieux *Boucher, Faux, l'Homme, Orange, le Puy, St-Jean-Pied-de-Port, Rosières,* se cachent des mots anciens qui signifient *bois, hêtre* (*fagus* en latin), *orne, rocher, lieu élevé (podium), pied du col, roseau.*

Villepreux n'est pas la ville des *preux,* mais la ville des *poiriers.*

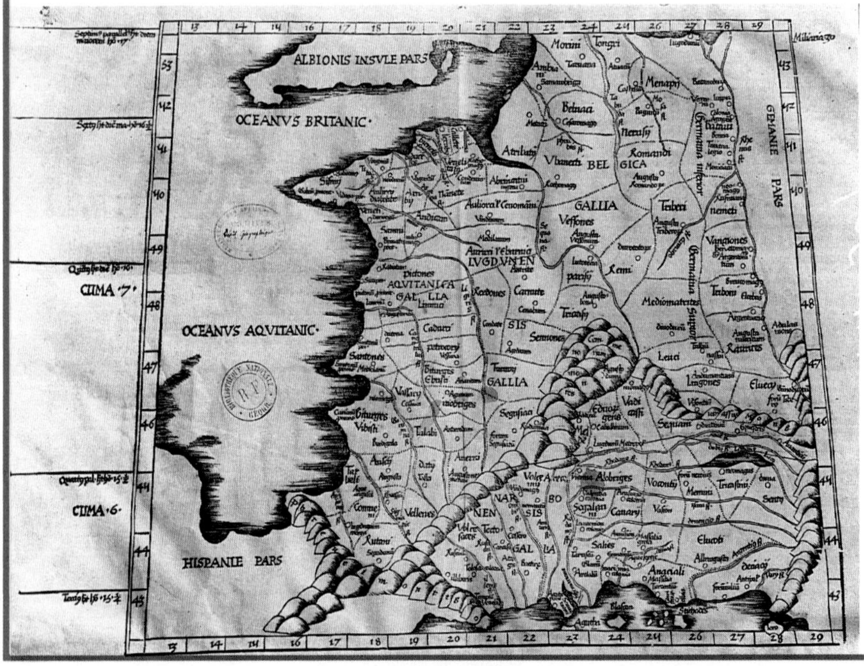

Carte ancienne de la Gaule. Repérer des noms de villes et de peuples, le long de la Seine (Sequana) : Rotomagus (Rouen), Lutetia, Parisii, Remi (pays de Reims), Tricasses (pays de Troyes), Senones.

De viris illustrĭbus urbis Romae

La grandeur de Rome a toujours fasciné les esprits. Certains, suivant en cela les historiens latins, l'ont expliquée par les qualités morales et civiques des Romains des premiers temps de la République.

Dans un ouvrage intitulé De viris illustrĭbus urbis Romae, *un auteur du* XVIII*e siècle, Lhomond, a adapté des textes d'auteurs latins (Tite-Live, Suétone...) qui rapportent la vie et les actes des grands hommes de la République romaine.*

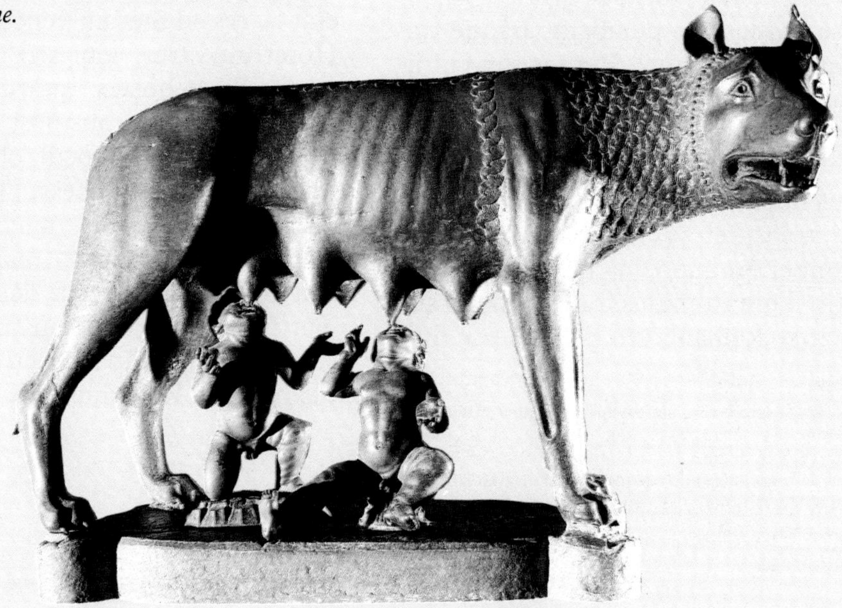

Les fils de la louve

Antiquis temporĭbus rex Numĭtor Albanis hominĭbus imperabat. Amulĭus, frater ejus, qui regnum sibi cupiebat, eum pepŭlit et ejus filĭam, Rheam Silvĭam nomĭne, vestalem fecit quia ei libĕros esse nolebat. Vestales enim nec conjŭgem nec libĕros habere debebant. Tamen Rhea Silvĭa duos filĭos, Romŭlum et Remum, quorum pater Mars deus ipse fuit, habŭit. Amulĭus rex jussit servum parvos puĕros in alvĕum imponĕre et in flumen Tibĕrim mittĕre. Sed flumen alvĕum cum eis in ripa reliquit. Lupa, quae in propinquis montĭbus vivebat, puĕros audivit et ad alvĕum accessit et mammas Romŭlo Remoque dedit. Ităque Romani lupae filĭos eos appellabant.

Albanus, a, um : *d'Albe*
antiquus, a, um : *ancien*
alvĕus, i *m : baquet*
Amulĭus, ĭi *m : Amulius*
conjux, ŭgis *m : époux*
impono, is, ĕre : *je pose, je place*
libĕri, orum *m pl : enfants*
lupa, ae *f : louve*
mamma, ae *f : mammelle*
Mars, Martis *m : Mars*
nolebat : *il ne voulait pas*
Numĭtor, oris *m : Numitor*
pello, is, ĕre, pepŭli : *je chasse*
regnum, i *n : royaume, trône*
relinquo, is, ĕre, reliqui : *je laisse, j'abandonne*
Rhea, ae Silvĭa, ae *f : Rhéa Silvia*
ripa, ae *f : rive*
Romŭlus, i *m : Romulus*
Remus, i *m : Rémus*
Tibĕris, is *m (acc.* Tibĕrim) : *le Tibre*
vestalis, is *f : vestale, prêtresse*

La fondation de Rome

Sauvés par la louve, les deux jumeaux, Romulus et Rémus, sont recueillis par un berger, Faustulus. Devenus grands, ils parviennent à se venger d'Amulius, et à rétablir sur le trône d'Albe leur aïeul Numitor.

Deinde Romŭlus et Remus urbem in illis locis ubi adulescentes multos annos vixĕrant condĕre voluerunt. Sed de imperĭo inter eos magnum fuit jurgĭum. Uterque enim urbi nomen suum dare eamque regĕre cupiebat. Illis autem temporĭbus vetĕres ex avĭbus volantĭbus deorum voluntatem se cognoscĕre putabant. Ităque fratres auspicĭa ceperunt[1]. Remus sex vultŭres, Romŭlus duodĕcim vidit. Sic dei victorĭam dederunt Romŭlo qui Romam appellavit urbem et aratrum circumduxit[2]. « Nullus homo, inquit, sine pericŭlo hunc sulcum transilĭet. » Remus tamen ejus verba imperiumque contempsit et ridens transilĭit. Tum Romŭlus fratrem manu sua interfecit et Romanorum primus rex fuit.

1. Prendre les auspices consiste essentiellement à observer la nature, le nombre et le vol des oiseaux, qui donnent des indications sur la volonté divine.
2. Romulus accomplit ainsi un rite magique d'origine étrusque. Il trace un sillon qui préfigure l'enceinte sacrée de la ville.

adulescens, ntis *m : jeune homme*
aratrum, i *n : charrue*
auspicĭum, ĭi *n : auspice*
autem : *or, mais*
avis, is *f : oiseau*
circumduco, is, ĕre : *je conduis autour*
condo, is, ĕre : *je fonde*
duodĕcim *(invariable) : douze*
ex *(+ Abl.) : à partir de, d'après*
jurgĭum, ĭi *n : querelle*
nullus, a, um : *aucun*
rego, is, ĕre : *je gouverne*
sulcus, i *m : sillon*
transilĭo, is, ire, transilĭi : *je franchis*
ubi : *où*
uterque : *l'un et l'autre (le verbe dont ce pronom est sujet se met au singulier)*
vetĕres, um *m pl : les Anciens*
volo, as, are : *je vole*
voluerunt : *(ils) voulurent*
voluntas, atis *f : volonté*
vultur, ŭris *m : vautour*

L'art de la retraite stratégique

Tullo Hostilĭo regnante Romani cum Albanis bellum inceperunt. Erant apud hos tres fratres Curiatĭi, tres quoque fratres apud illos Horatĭi. Duorum populorum reges eorum manĭbus belli fortunam committĕre statuerunt. Ităque arma ceperunt juvĕnes ac, magnorum exercitŭum anĭmos gerentes, ante ocŭlos omnĭum milĭtum concurrerunt. Primo impĕtu tres Curiatĭi vulnerabantur, sed duo Horatĭi ceciderunt. Romanis legionĭbus jam victorĭae spes non erat ac res ad metum venĕrat : unum enim Horatĭum tres Curiatĭi circumstabant. Fugit ille et hostes, quorum corpŏra saucĭa erant, pro virĭbus post eum currebant. Postquam satis procul ab eo loco, ubi pugnaverunt, se abesse sensit, respexit viditque Curiatĭos magnis intervallis venientes. In primum magno impĕtu redĭit eumque interfecit, deinde secundum. Tertĭum vulnĕre exhaustum et arma vix sustinentem gladĭo confecit et dixit : « Morte tua popŭlus Romanus Albanis imperabit. »

absum, es, esse : *je suis éloigné*
Albanus, a, um : *Albain, d'Albe*
cado, is, ĕre, cecĭdi : *je tombe (mort)*
circumsto, as, are : *j'entoure*
committo, is, ĕre : *je confie*
concurro, is, ĕre, concurri : *je me heurte, j'engage le combat*
conficĭo, is, ĕre, -feci : *j'achève*
Curiatĭus, ĭi *m : Curiace*
exhaustus, a, um : *épuisé*
Horatĭus, ĭi *m : Horace*
intervallum, i *n : intervalle*
pro virĭbus : *selon leurs forces*
procul *(adverbe) : loin*
regno, as, are : *je règne*
respicĭo, is, ĕre, -spexi : *je regarde en arrière*
statŭo, is, ĕre, statŭi : *je décide*
saucĭus, a, um : *blessé*
sustinĕo, es, ere : *soutenir*
Tullus, i Hostilĭus, ĭi *m : Tullus Hostilius (3e roi de Rome)*
vix (adverbe) : *à peine, avec peine*
vulnĕro, as, are : *je blesse*

Seul contre tous

Postquam Roma regem Tarquinĭum expulerunt, Romani mox arma sumĕre et rempublĭcam defendĕre debuerunt. Porsenna enim, rex Etruscorum, Tarquinĭum Romam reducĕre statuĕrat ac cum ingenti exercĭtu venĕrat qui primo impĕtu Janicŭlum montem cepĕrat. Ad urbem ipsam hostes accedebant sed Horatĭus Cocles, vir fortis acerque, adĕrat. Romani illud cognomen ei dedĕrant quia in acĭe ocŭlum amisĕrat. De monte Etrusci tela mittentes magnis clamorĭbus cucurrerunt et pontem Sublicĭum, quo Tibĕrim flumen transire potĕrant, oppugnaverunt. At, cetĕris timentĭbus, Horatĭus pericŭlum mortemque contempsit, commilitones pontem delere jussit, interĕa magna audacĭa pro ponte stetit, hostĭum impĕtum exspectavit, unus pugnavit. Deinde in altum flumen cum armis desilŭit atque in moenĭa redĭit. Romani magnum agrum ei dederunt et statŭam in foro posuerunt.

acĭes, iei *f* : *ligne de bataille, bataille*
amitto, is, ĕre, -misi : *je perds*
audacĭa, ae *f* : *audace*
clamor, oris *m* : *clameur, cris*
cognomen, mĭnis *n* : *surnom*
commilĭto, onis *m* : *compagnon d'armes*
desilĭo, is, ire lŭi : *je saute*
Etrusci, orum *m pl* : *Les Étrusques*
expello, is, ĕre, pŭli : *chasser*
Horatĭus, ĭi Cocles, ĭtis *m* : *Horatius Coclès (le Borgne)*
interĕa : *pendant ce temps*
Janicŭlum, i *n* : *le Janicule*
pono, is, ĕre, posŭi : *je pose, j'installe*
pons, ntis Sublicĭus, ĭi *m* : *le pont Sublicius*
Porsenna, ae *m* : *Porsenna*
potĕrant : *ils pouvaient*
pro *(+ Abl.)* : *en avant (de)*
reduco, is, ĕre : *je ramène*
statŭo, is, ĕre, statŭi : *je décide*
Tarquinĭus, ĭi *m* : *Tarquin (le Superbe)*
Tibĕris, is *m* (*Acc* : Tibĕrim) : *le Tibre*

L'oie et les Gaulois

Postquam equĭtes nostri Gallos ad Urbem adesse nuntiaverunt, Roma in agros urbani cives demigraverunt. At juvĕnes, spes una popŭli Romani, quorum dux erat Manlĭus, in arcem[1] se receperunt. Seniores hostĭum adventum obstinato ad mortem anĭmo exspectaverunt et in domĭbus suis manserunt et honorum insignĭbus ornati sine metu magna majestate insidebant. Mox Galli, qui porta Collina in Urbem pervenĕrant, domos intrantes prima specĭe veros deos spectare se crediderunt et steterunt attonĭti. Sed eorum unus senis barbam manu permulsit qui scipione acrĭter verberavit. Tum Galli irati eum ceterosque misĕros senes interfecerunt et domos incendĭo deleverunt.

Deinde impĕtum in arcem facĕre statŭunt. Primo paucos milĭtes mittunt qui viam magno labore explorant. Tum nocte montem silentĭo ascendunt : custodes enim et ipsos canes fefellerunt. At ansĕres non fefellerunt a quibus etĭam in inopĭa Romani abstinuĕrant quia erant aves Junonis sacrae. Clangore ansĕrum Manlĭus excitatur et cetĕros ad arma vocans Gallos ad muros pervenientes dejĭcit. Sic Romam deae Junonis auxilĭo servavit.

1. Le Capitole.

abstinĕo, es, ere, -tinŭi (ab + *Abl.*) : *je m'abstiens (de), j'épargne*
anser, ĕris *m : oie*
arx, arcis *f : citadelle*
ascendo, is, ĕre : *j'escalade*
attonĭtus, a, um : *étonné*
avis, is *f : oiseau*
barba, ae *f : barbe*
clangor, oris *m : cri (d'animal)*
custos, odis *m : sentinelle*
dejicĭo, is, ĕre : *je jette à bas*
demigro, as, are, avi : *je m'éloigne*
etĭam : *même*
excĭto, as, are : *je réveille*
exploro, as, are : *j'explore, je reconnais*
fallo, is, ĕre, fefelli : *je trompe*
honor, oris *m : honneur – charge, magistrature*
inopĭa, ae *f : disette*
insidĕo, es, ere : *être assis*
insigne, is *n : insigne*
intro, as, are : *entrer (dans)*
iratus, a, um : *en colère*
Juno, onis *f : Junon*
majestas, atis *f : majesté*
nox, noctis *f : nuit*
nuntĭo, as, are, avi : *annoncer*
obstinatus, a, um (ad + *Acc.*) : *résolu (à)*
ornatus, a, um : *orné*
permulcĕo, es, ere, -mulsi : *je touche*
porta, ae Collina, ae *f : la porte Colline*
primo : *d'abord*
recipĭo, is, ĕre, -cepi : *je retire*
sacer, cra, crum : *sacré*
scipĭo, onis *m : bâton*
seniores, um *m pl : les plus âgés*
servo, as, are, avi : *je sauve*
specĭes, iei *f : aspect*
statŭo, is, ĕre : *je décide*
urbanus, a, um : *citadin*
verbĕro, as, are, avi : *je frappe*

Frise d'armes gauloises avec casques en colimaçon.
(Musée archéologique de Narbonne)

À son de trompe

Pyrrho bellum cum popŭlo Romano gerente, Fabricĭus a senatu inter legatos Tarentum mittĭtur qui captivos redimunt. Postquam rex cognovit Fabricĭum virum bonum sed paupĕrem esse, eum prae cetĕris amice accepit eique munĕra ocŭlis proposŭit quae omnĭa ille repudiavit. Tum illum numquam elephantum vidisse putavit et belŭam post aulaea servos ducĕre jussit. Postĕro die Fabricĭi adventu elephantus stridorem horrendum emisit et ingentem proboscĭdem suam in ejus caput posŭit. Sed ille risit Pyrrhoque sine metu dixit : « Non me hodĭe magis tua movet belŭa quam munĕra tua delectaverunt. »

aulaeum, i *n : rideau*
belŭa, ae *f : gros animal*
captivus, i *m : prisonnier*
caput, capĭtis *n : tête*
elephantus, i *m : éléphant*
emitto, is, ĕre, -misi : *j'émets*
Fabricĭus, ĭi *m : Fabricius*
horrendus, a, um : *effrayant*
legatus, i *m : ambassadeur, envoyé*
magis... quam : *plus... que*
movĕo, es, ere : *émouvoir*
munus, nĕris *n : cadeau*
pauper, ĕris : *pauvre*
pono, is, ĕre, posŭi : *je pose*
postĕrus, a, um : *suivant*
prae *(+ Abl.) : en comparaison de*
proboscis, ĭdis *f : trompe*
propono, is, ĕre, -posŭi : *je présente*
Pyrrhus, i *m : Pyrrhus*
redĭmo, is, ĕre : *je rachète, je délivre contre rançon*
repudĭo, as, are : *je repousse*
stridor, oris *m : barrissement*
Tarentum, i *n : Tarente*

Tous les moyens ne sont pas bons

Postĕro anno, postquam omnis pacis spes discessit, Romanis bellum suscipientĭbus, Fabricĭus consul contra Pyrrhum a senatu cum exercĭtu mittĭtur.

Propinquis in locis ipsius et regis castra ponebantur. Quodam die Pyrrhi medĭcus ad Fabricĭum venit : « Si praemĭa mihi dabis, inquit, vinces et bellum mox ad finem venĭet. Clam enim ad te veni, clam in ejus castra redibo eumque veneno necabo. » Hunc Fabricĭus vinctum ad domĭnum milĭtes reducĕre jussit atque ea regi dicĕre quae medĭcus spopondĕrat. Tum Pyrrhus hanc sententĭam dixit : « Laudare debemus illum magnum Fabricĭum. Dei facilĭus solem a cursu avertĕre possunt quam illum ab honestate. »

averto, is, ĕre (ab + *Abl.*) : *je détourne (de)*
castra, orum *n pl : camp*
clam : *en cachette*
contra (+ *Acc.*) : *contre*
cursus, us *m : course*
facilĭus... quam : *plus facilement... que*
honestas, atis *f : honneur, honnêteté*
medĭcus, i *m : médecin*
neco, as, are : *je fais périr*
pono, is, ĕre : *je pose, j'installe*
possunt : *peuvent*
postĕrus, a, um : *suivant*
praemĭum, ĭi *n : récompense*
reduco, is, ĕre : *je ramène*
sol, solis *m : soleil*
spondĕo, es, ere, spopondi : *je promets*
venenum, i *n : poison*
vinctus, a, um : *enchaîné*

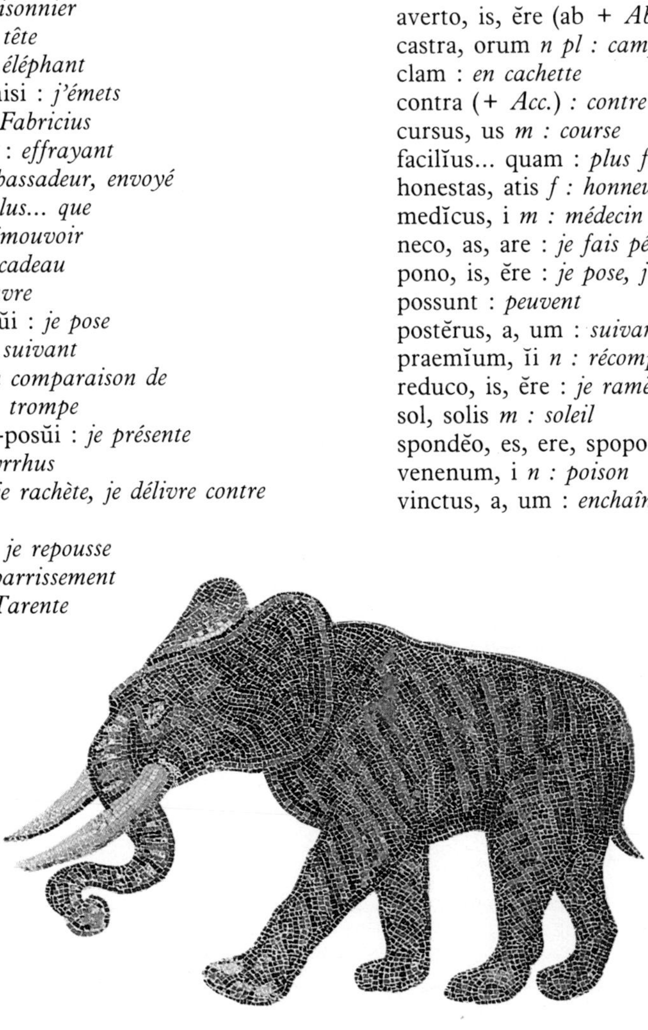

(Tunis, Musée du Bardo)

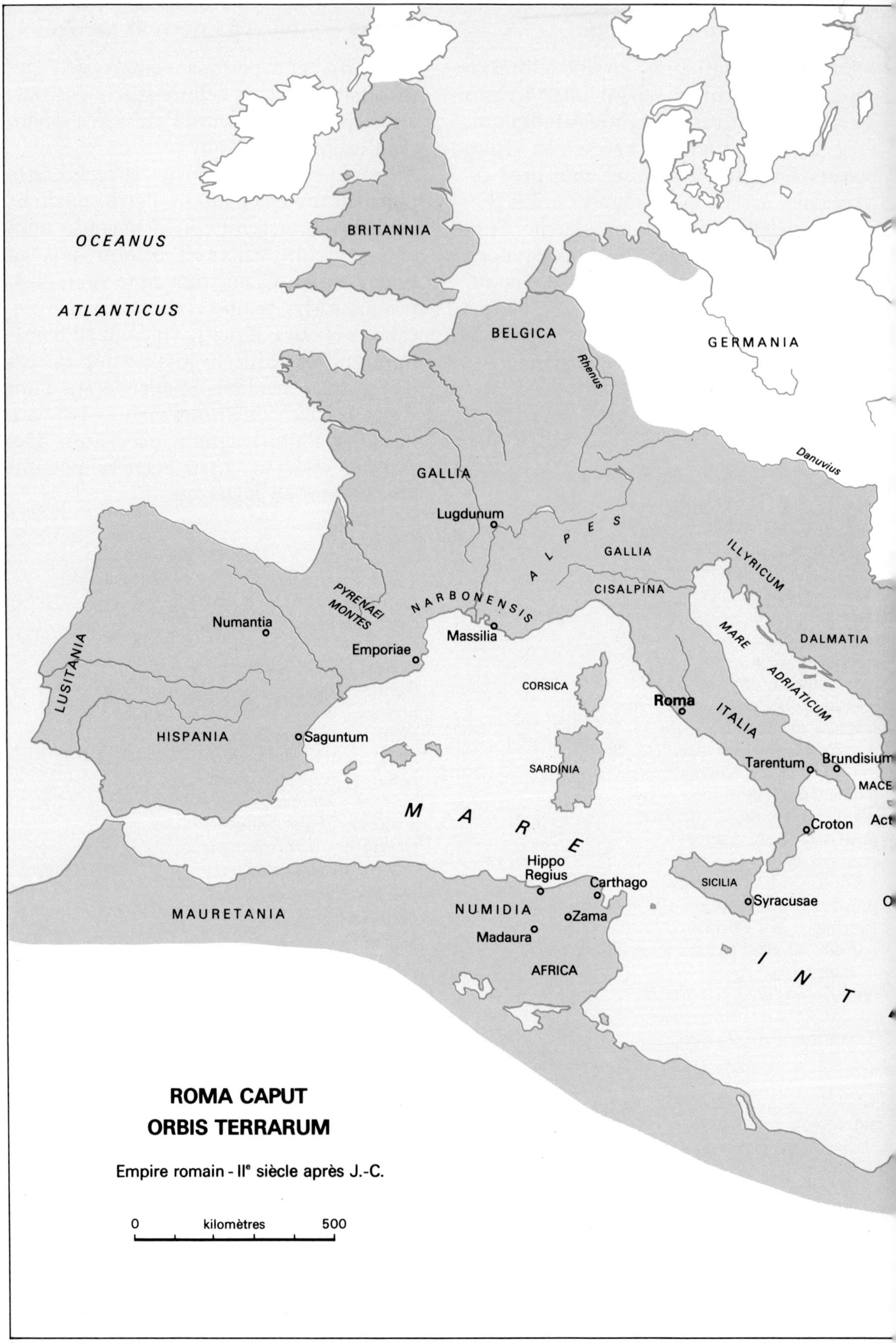

ROMA CAPUT
ORBIS TERRARUM

Empire romain - IIe siècle après J.-C.

SARMATIA
SCYTHIA
REGNUM BOSPORI
Sarmizegetusa
DACIA
Tomi
PONTUS EUXINUS
MOESIA
Sinope
ARMENIA
PONTUS
THRACIA
BITHYNIA
PARTHI
GALATIA
CAPPADOCIA
ESSALIA
MARE
AEGAEUM
Phocaea
ASIA
MESOPOTAMIA
Euphrates
Tigris
Delphi
Ephesus
Athenae
CILICIA
SYRIA
RHODOS
Palmyra
Cnossos
CRETA
CYPRUS
R N U M
JUDAEA
Alexandria
CYRENAICA
AEGYPTUS
LIBYA
Nilus
0 150 km
GALLI
Padus
LIGURIA
ETRURIA
Tiberis
CORSICA
SABINI
AEQUI
LATIUM
Roma
Ostia
Arpinum
SAMNITES
VOLSCI
Capua
Cumae
Neapolis
CAMPANIA
Tarentum
Brundisium
SARDINIA
Croton

Petit guide pratique pour séjourner chez les Latins

basilique *(basilica)*
Grande salle de réunion servant de tribunal, de lieu de commerce, ou de promenade pour les jours de mauvais temps.

censeur *(censor)*
Au nombre de deux, ils établissent le relevé des citoyens selon leur fortune, dressent la liste des électeurs et des contribuables, recrutent les sénateurs, nomment les personnes chargées de recouvrer les impôts ou les tributs. Ils surveillent la moralité : le blâme des censeurs entraîne le déshonneur. Leur fonction dure cinq ans.

comices *(comitĭa)*
Assemblées des citoyens. Elles élisent les magistrats, votent les lois, jugent en appel pour les condamnations graves (mort, exil, grosses amendes). Le peuple romain dispose donc en principe d'une souveraineté directe; en fait, pour différentes raisons, le régime n'a que les apparences d'une démocratie, le pouvoir appartenant aux classes riches.

consul *(consul)*
Il y a deux consuls. Ils donnent leur nom à l'année (sous le consulat de M. Tullius Cicéron et de C. Antonius = année 63 avant J.-C., ou année 689 depuis la fondation de Rome). Ils font exécuter les décisions du Sénat et des comices, et ils les président. Ils lèvent et commandent les armées.

dictateur *(dictator)*
Nommé pour six mois, en cas de crise intérieure ou de guerre difficile. Il est tout puissant : les pouvoirs des autres magistrats sont suspendus. César se fit décerner le titre pour une durée de dix années. Dictateurs célèbres : Cincinnatus, Camille.

dieux *(dei)*
Les Romains ont assimilé progressivement leurs dieux aux dieux grecs. Ainsi se constitue un groupe de **douze grands dieux :** *Jupiter / Zeus* (le ciel) – *Junon / Héra* – *Minerve / Athéna (l'intelligence, la pensée)* – *Diane / Artémis* (la lune, la chasse, la pureté) – *Mercure / Hermès* (le commerce, l'éloquence) – *Vulcain / Héphaïstos* (le feu) – *Vesta* (le foyer) – *Mars / Arès* (la guerre) – *Vénus / Aphrodite* (l'amour, la beauté) – *Cérès / Déméter* (la terre féconde) – *Neptune / Poséidon* (la mer) – *Apollon* (le soleil et les arts). On vénère aussi *Saturne* (les semences), *Janus* (les portes et les commencements), *Fortuna* (le succès), *Bacchus* (la vigne), *Pluton / Hadès* (les enfers), *Faunus* (le bétail)...
À côté des dieux importants figure une masse de **divinités très spécialisées :** *Bubona* prend soin des bœufs, *Cardea* des gonds de porte; *Potina* aide l'enfant à boire, *Fabulinus* à parler...
Chaque famille romaine rend un culte à ses **Pénates** (dieux des provisions), à ses **Lares,** protecteurs du foyer, et aux **Mânes,** âmes des ancêtres.

édile *(aedilis)*
Ils sont chargés de l'administration de la ville de Rome : surveillance des marchés, approvisionnement, entretien, police, organisation des jeux publics.

institutions de la République
Le régime est fondé sur un équilibre entre trois rouages : les **comices,** le **Sénat,** les **magistrats.**

magistrats
Ce mot ne doit pas être compris au sens moderne (personnes chargées de rendre la justice). Les magistrats sont des citoyens élus pour exercer des charges publiques : politiques, administratives, religieuses, judiciaires, etc. Pour éviter en principe tout pouvoir personnel, les magistratures obéissent à trois règles :
– on ne les exerce qu'une seule année;
– elles sont nombreuses et spécialisées (consulat, prétorat, questure, édilité...);
– elles sont gérées par plusieurs collègues (deux consuls, seize préteurs sous César).
On les brigue selon un certain ordre, le *cursus honorum* (cf. p. 71).

maison *(domus)*
La maison particulière était à l'origine organisée autour d'une grande cour carrée, l'*atrium.* Au centre de cet atrium se trouvait un bassin dans lequel s'écoulaient

les eaux de pluie grâce à un toit à pente intérieure muni d'une ouverture par laquelle pénétrait aussi la lumière (il y avait peu de fenêtres extérieures).
Au contact des Grecs, les Romains ajoutèrent un second élément à péristyle (galerie à colonnes ouverte sur un jardin).

philosophes
Hommes qui recherchent la sagesse, s'interrogent sur le sens de la vie, le bonheur, le bien, le mal. La Grèce antique est la terre de naissance de la philosophie **(Platon, Aristote, Épicure...).** Les anciens Romains n'aimaient pas beaucoup les philosophes, considérés comme des intellectuels dangereux pour la tradition. Puis l'élite romaine devint plus accueillante, et certains modelèrent leur vie et leur pensée selon les principes de deux grandes écoles grecques, le stoïcisme et l'épicurisme.

place publique *(forum)*
cf. p. 173.

plan de Rome
Les sept collines, cf. p. 160.

préteur *(praetor)*
Deux au départ (un pour les litiges entre Romains, un pour les litiges concernant des étrangers), puis huit et plus. Ils rendent la justice.

prêtres
La religion est mêlée aux actes de la vie publique. Il n'y a pas de distinction nette entre l'état et la religion mais les prêtres ne constituent pas une classe sociale. Les prêtres sont souvent magistrats ou sénateurs, et ces derniers jouent un rôle religieux. Les prêtres sont des hommes compétents chargés, pour la vie ou pour un temps donné, de faire respecter les rites. Le **grand pontife** est le chef de la religion nationale. Les **flamines** sont spécialement affectés au service d'une divinité. Les **vestales,** prêtresses, entretiennent le foyer de la cité. Les **féciaux** exécutent les rites de déclaration de guerre et de conclusion des traités. Les **augures** interprètent les signes célestes, le vol des oiseaux, l'appétit des oiseaux sacrés. Les **haruspices** tirent des présages de l'examen des entrailles des victimes sacrifiées.

province *(provincĭa)*
Pays soumis par Rome, propriété du peuple romain. Exemples : *Sicile, Gaule Cisalpine, Sardaigne-Corse, Macédoine-Grèce, Afrique* (territoire de Carthage). Elles sont gouvernées pendant un an par des magistrats sortis de charge : **propréteurs** et **proconsuls,** nommés par le Sénat, aidés d'un *questeur.* Véritable empire colonial, les provinces enrichissent les gouverneurs, l'état romain, les classes sociales au pouvoir.

questeur *(quaestor)*
Deux, puis vingt et plus. Chargés des finances, ils encaissent les recettes, vérifient les dépenses des autres magistrats, gardent le trésor public installé dans le temple de Saturne.

sénat *(senatus)*
Sous la République, le Sénat représente l'autorité la plus influente, face aux magistrats renouvelés annuellement, mais son rôle s'amoindrit au Ier siècle avant J.-C. en raison de l'ascension des généraux (Marius, Sylla, Pompée, César...).
Les sénateurs (900 sous César) sont choisis par les censeurs parmi les anciens magistrats; leurs décisions s'appellent des **sénatus-consultes.** Le Sénat a des pouvoirs religieux : il ordonne les prières publiques, accepte ou rejette de nouveaux cultes. Il joue un rôle législatif. Il gère les finances de l'État et décide des mesures de salut public (levées en masse, nomination d'un dictateur). Il désigne les gouverneurs des provinces, reçoit les ambassadeurs, décide de la paix ou de la guerre, décerne le triomphe.

soldat *(miles)*
Au début de la République, les soldats sont des citoyens possédant une propriété. Les non-possédants *(prolétaires)* ne sont mobilisés qu'en cas de péril extrême. Tous les ans, les consuls recrutent, par tirage au sort ou engagement volontaire, les hommes nécessaires. Mais la durée des campagnes diminua les effectifs et prolétarisa les soldats obligés de vendre leurs terres en friche à leur retour ou victimes de leur endettement. Aussi Marius créa une armée de métier, ouverte aux prolétaires, qui ne fut pas, toutefois, une armée permanente. Les soldats reçoivent une solde, une part de butin et, à leur retraite, un lot de terrain. Le soldat méritant reçoit des décorations diverses : colliers, plaques de poitrine, bracelets; la couronne d'or est décernée à celui qui a escaladé le premier un retranchement.
L'armée est organisée en **légions** de 6 000 hommes (à partir de Marius), divisées en 10 **cohortes.**

temple *(templum)*
Le temple n'est pas le lieu du culte. Celui-ci se déroule devant lui, autour d'un autel. Le temple est la demeure du dieu. Il est composé de la *cella* où se trouve la statue, précédée et parfois entourée d'une colonnade (portique et péristyle).

tribuns *(tribunus plebis)*
Au nombre de dix, ils représentaient la plèbe auprès du sénat. Ils surveillent les magistrats et ont les moyens de rendre cette surveillance efficace.

villa
Le mot a un double sens : *maison de campagne* et *domaine rural.* Les *villae* gallo-romaines, demeures de grands propriétaires terriens, ont souvent donné naissance aux villages actuels. D'où l'abondance des noms terminés en *-ville (Charleville, Thionville...).*
Villa a donné finalement les noms *ville* (agglomération) et *villa* (maison de campagne élégante).

Récapitulation du vocabulaire obligatoire

A B

a/ab *(+ abl.) : en s'éloignant de, en venant de, de ; depuis*
a/ab *(+ abl.) : par (c. d'agent)*
abeo, is, ire, ivi (ii) : *s'éloigner, de, partir, quitter, s'en aller*
ac/atque : *et*
accedo, is, ere, cessi : *s'approcher de, aller vers, aborder ; s'ajouter à*
accipio, is, ere, accepi : *recevoir*
acer, acris, acre : *perçant ; vif, violent, impétueux, énergique*
adĕo, is, ire, ivi(ii) : *je vais vers, j'aborde ; je m'expose à*
ad *(+ acc.) : vers, en direction de, pour ; près de, à*
adsum, es, esse, adfui *(+ D.) : être présent, assister (à), être près de*
adventus, us *m : arrivée*
ager, agri *m : champ*
agmen, minis *n : armée (en marche), colonne*
ago, is, ere, egi : *mener ; s'occuper de ; agir, faire*
agricola, ae *m : paysan*
aliquando : *un jour, une fois, parfois*
alius... alius... alius : *l'un, l'autre, un autre*
altus, a, um : *élevé, haut ; profond*
amicus, a, um : *ami*
amo, as, are, avi : *aimer*
ancilla, ae *f : servante*
animus, i *m : esprit, cœur, courage*
annus, i *m : année, an*
ante *(+ acc.) : devant, avant*
ante *(adverbe) : auparavant*
appello, as, are, avi : *appeler, nommer*
apud *(+ acc.) : chez, auprès de*
arma, orum *n pl : armes*
ars, artis *f* (*G. pl* artium) : *habileté, art, technique*
asinus, i *m : âne*
at : *mais*
atque/ac : *et*
audio, is, ire, ivi : *écouter, entendre*
aut : *ou bien, ou*
aut... aut : *ou bien..., ou bien ; ou..., ou*
auxilium, ii *n : secours, aide*

bellum, i *n : guerre*
bonus, a, um : *bon*

C

canis, is *m* (*G pl* canum) : *chien*
capio, is, ere, cepi : *prendre*
causa, ae *f : cause, raison ; affaire judiciaire*
celeritas, atis *f : rapidité, hâte, vitesse*
ceteri, ae, a : *les autres, tous les autres*
civis, is *m : citoyen, concitoyen*
clarus, a, um : *clair ; célèbre, illustre*
classis, is *f : flotte*
cognosco, is, ere : *apprendre à connaître*
cognovi : *je sais*
consilium, ii n : décision, projet ; conseil, avis
consul, ulis *m : consul*
contemno, is, ere, tempsi : *mépriser*
copia, ae *f : abondance*
cornu, us *n : corne ; aile d'une armée*
corpus, poris *n : corps*
credo, is, ere, credidi : *croire*
cum *(+ abl.) : avec, en compagnie de*
cum *(+ indic.) : quand, lorsque*
cupio, is, ere, ivi (ii) : *désirer*
cur ? : *pourquoi ?*
curro, is, ere, cucurri : *courir*

D

de *(+ abl.) : du haut de ; au sujet de*
dea, ae *f : déesse*
debeo, es, ere, debui : *devoir*
decem : *dix*
defendo, is, ere, fendi : *protéger, défendre*
deinde : *ensuite*
delecto, as, are, avi : *charmer, attirer, être agréable à*
deleo, es, ere, evi : *détruire*
desum, es, esse, defui *(+ D.) : manquer, faire défaut (à), abandonner*
deus, i *m : dieu*
dico, is, ere, dixi : *dire*
dies, diei *m : jour*
digitus, i *m : doigt*
discedo, is, ere, cessi : *s'éloigner de, marcher à partir de*
discipulus, i *m : élève*
do, as, are, dedi : *donner*
doctus, a, um : *savant*
dolor, oris *m : douleur*
dominus, i *m : maître, propriétaire*
domus, us *f : maison*
dormio, is, ire, ivi : *dormir*
duco, is, ere, duxi : *conduire*
duo, duae, duo : *deux*
dux, ducis *m : chef*

E

e/ex *(+ abl.) : en sortant de, de*
ego : *moi, je...*
emo, is, ere, emi (a/ab + *abl.*) : *acheter (à)*
enim : *en effet*
eo, is, ire, ivi (ii) : *aller*
eques, equitis *m : cavalier*
equus, i *m : cheval*
et : *et*
ex/e *(+ abl.) : en sortant de, de*
exeo, is, ire, ivi (ii) : *sortir*
exerceo, es, ere, cui : *exercer, entraîner, former*
exercitus, us *m : armée*
exspecto, as, are, avi : *attendre*

F

facio, is, ere, feci : *faire*
fides, fidei *f : confiance, loyauté*
filia, ae *f : fille*
filius, ii *m : fils*
finis, is *m : limite, fin*
flumen, minis *n : fleuve*
fortasse : *peut-être*
fortis, is, e : *courageux*
fortuna, ae *f : fortune, sort, destinée, chance*
forum, i *n : place publique, forum*
frater, fratris *m* (*G pl* fratrum) : *frère*
fugio, is, ere, fugi : *fuir*

G

gens, gentis *f* (*G. pl* gentium) : *race, peuple*
gero, is, ere, gessi : *porter ; accomplir, faire*
gladius, ii *m : glaive, épée*
gloria, ae *f : gloire*
gratia, ae *f : reconnaissance, remerciements*
gratias ago *(+ dat.) : je remercie*
gravis, is, e : *lourd ; puissant ; pénible, grave*

H

habeo, es, ere, habui : *avoir*
hic, haec, hoc : *celui-ci, celle-ci, ceci ; ce, cet, cette...*
hiems, hiemis *f : hiver*
hodie : *aujourd'hui*
homo, hominis *m : homme*
honor, oris *m : honneur, estime*
hortus, i *m : jardin*
hostis, is *m : ennemi (public)*
humus, i *f : terre, sol*

I J

idem, eadem, idem : *le même, la même...*
idem... ac/atque : *le même... que*
ille, illa, illud : *celui-là, celle-là, cela ; ce... -là, cet...-là, cette...-là...*
imperator, oris *m : général (victorieux), général en chef*
imperium, ii *n : pouvoir, commandement, empire*
impero, as, are, avi : *ordonner, commander à*
impetus, us *m : élan, assaut, attaque*
in *(+ abl.) : dans, sur, en*
in *(+ acc.) : dans, sur, contre (avec changement de lieu)*

incendium, ii *n : incendie*
incipio, is, ere, -cepi : *commencer, entreprendre*
ingens, entis (*G pl* ingentium) : *énorme, immense*
inimicus, a, um : *ennemi (personnel)*
inquit : *dit-il, il dit*
insula, ae *f : île*
intellego, is, ere, lexi : *comprendre*
inter *(+ acc.) : entre, parmi*
interficio, is, ere, -feci : *tuer*
interrogo, as, are, avi : *interroger*
ipse, ipsa, ipsum : *en personne ; moi-même, toi-même, lui-même...*
is, ea, id : *pronom/adjectif de rappel*
iste, ista, istud : *celui-là, celle-là, cela ; ce, cet, cette...*
itaque : *c'est pourquoi, aussi*
iter, itineris *n : voyage, chemin, route, étape*

jam : *déjà, désormais*
non... jam : *ne... plus*
jubeo, es, ere, jussi *(+ prop. inf.) : ordonner que, donner l'ordre de*
jucundus, a, um : *agréable*
juvenis, is *m* (*G pl* juvenum) : *jeune homme*

L

labor, oris *m : travail, peine*
laboro, as, are, avi : *travailler, peiner*
laetus, a, um : *joyeux*
latus, a, um : *large*
laudo, as, are, avi : *approuver, louer, féliciter*
legio, onis *f : légion*
lego, is, ere, legi : *lire*
levis, is, e : *léger*
liber, libri m : *livre*
litterae, arum *f pl : lettre, missive, message*
locus, i *m sg : lieu, endroit, place*
loca, orum *n pl : pays, contrée, région*
longus, a, um : *long*
ludus, i *m : jeu ; école*

M

magister, tri *m : professeur, maître*
magnus, a, um : *grand*
malus, a, um : *mauvais, méchant*
maneo, es, ere, mansi : *rester, demeurer*
manus, us *f : main ; petit groupe*
mare, is *n : mer*
mater, matris f (*G pl* matrum) : *mère*
mecum : *avec moi*
memoria, ae *f : mémoire, souvenir*
metus, us *m : crainte, peur*
meus, a, um : *mon, le mien...*
miles, militis *m : soldat*
milia (*ou* millia) *n pl (+ G) : des milliers (de)*
mille *(invariable) : mille*
miser, era, erum : *malheureux*
mitto, is, ere, misi : *envoyer, jeter*
moenia, ium *n pl : fortifications, murailles*
mons, montis *m* (*G pl* montium) : *mont, montagne*
monstro, as, are, avi : *montrer*
mors, mortis *f* (*G pl* mortium) : *mort*
mox : *bientôt*
mulier, eris *f : femme*
multi, ae, a : *nombreux, beaucoup de, un grand nombre de*
murus, i *m : mur*

N

narro, as, are, avi : *raconter*
navigo, as, are, avi : *naviguer, faire voile, voyager en mer*
navis, is *f : bateau, navire*
-ne ? : *est-ce que ?*
nec (neque) : *et... ne... pas, ni*
nec... nec (neque... neque) : *ni... ni*
nihil *n : rien... ne, ne... rien*
nimis : *trop*
nisi : *si... ne... pas, à moins que*
noli (nolite) *(+ infinitif) : garde-toi (gardez-vous) de ; ne... pas !*
nomen, nominis *n : nom, renom*
non : *ne... pas*
non... jam : *ne... plus*
nonne ? : *est-ce que... ne... pas ?*
nos : *nous, nous...*
noster, nostra, nostrum : *notre, le nôtre...*
novem : *neuf*
nullus, a, um (*G.* nullius — *D.* nulli) : *aucun... ne, ne... aucun*
num ? *est-ce que... par hasard ?*
numquam : *jamais... ne, ne... jamais*
nunc : *maintenant*

O

octo : *huit*
oculus, i *m : œil*
officium, ii *n : fonction, charge, devoir*
omnis, is, e : *tout, chaque*
omnes, ium : *tous, tout le monde*
oppidum, i *n : ville (forte), place forte*
oppugno, as, are, avi : *attaquer*
oratio, onis *f : discours*
orator, oris *m : orateur*
orno, as, are, avi : *orner, embellir*

P

pareo, es, ere, parui *(+ dat.) : obéir (à)*
paro, as, are, avi : *préparer*
parvus, a, um : *petit*
pater, patris *m* (*G pl* patrum) : *père*
pauci, ae, a : *peu nombreux, peu de, quelques*
pax, pacis *f : paix*
pecunia, ae *f : argent, somme d'argent*
pedes, peditis *m : fantassin*
per *(+ acc.) : à travers, par ; pendant*
periculum, i *n : danger, péril*
pervenio, is, ire, -veni : *parvenir, arriver*
pes, pedis *m : pied*
philosophus, i *m : philosophe*
populus, i *m : peuple*
portus, us *m : port*
post *(+ acc.) : après, derrière*
postquam : *après que, depuis que, maintenant que, quand*
primus, a, um : *le premier*
propinquus, a, um : *proche*
provincia, ae *f : province*
puella, ae *f : jeune fille*
puer, pueri *m : enfant, garçon*
pugno, as, are, avi : *combattre, se battre*
pulcher, chra, chrum : *beau*
puto, as, are, avi : *penser, estimer*

Q

qua ? : *par où ?*
quaero, is, ere, quaesivi : *chercher*
quaero... a/ab *(+ abl.) : demander (à)*
quaestor, oris *m : questeur*
quamdiu ? : *combien de temps ?*
quamquam *(+ indic.) : bien que, quoique*
quando ? : *quand ?*
quattuor : *quatre*
-que : *et*
qui, quae, quod : *qui (relatif)*
quia : *parce que*
quidam, quaedam, quiddam/quoddam : *un certain*
quidem : *du moins, certes, en vérité, en tout cas*
quinque : *cinq*
quis, quae, quid/quod ? : *qui ? que ? quoi ? quelle chose ? quel ?*
quo ? : *où ? vers où ?*
quodam die : *un certain jour*
quomodo ? : *comment ?*
quoque : *aussi*
quot (*voir* tot)

R

redeo, is, ire, ivi (ii) : *revenir*
res, rei *f : chose, objet*
respondeo, es, ere, pondi : *répondre*
respublica (res publica), reipublicae (rei publicae) *f : affaires publiques, état, république*
rex, regis *m : roi*
rideo, es, ere, risi : *rire, sourire*
rogo, as, are, avi : *demander, interroger*
Romanus, a, um : *romain*
rosa, ae *f : rose*
rus, ruris *n : campagne*

S

saepe : *souvent*
salus, utis *f : salut*
salutem dico (*ou* do) : j'adresse un salut, je salue
satis : *assez*
scelus, leris *n : crime*
scio, is, ire, scivi (scii) : *savoir*
scribo, is, ere, scripsi : *écrire*
se-sui-sibi-se : *pronom personnel réfléchi 3ᵉ personne*
secum : *avec soi, en soi-même*
sed : *mais*
semper : *toujours*
senatus, us *m : sénat*

senex, senis (*G pl* senum) *m : vieillard*
sententia, ae *f : opinion, avis, pensée, phrase*
sentio, is, ire, sensi : *sentir, s'apercevoir de, penser*
septem : *sept*
sermo, onis *m : conversation, propos*
servus, i *m : esclave*
sex : *six*
si *(+ indic) : si, chaque fois que*
sic : *ainsi*
silentium, ii *n : silence*
sine *(+ abl.) : sans*
socius, ii *m* (socius, a, um) : *partisan, associé, allié, compagnon*
specto, as, are, avi : *regarder, contempler*
spero, as, are, avi : *espérer, attendre*
spes, spei *f : espoir*
statua, ae *f : statue*
sto, as, are, steti : *être debout, se dresser*
studium, ii *n : application, attention, zèle, passion ; étude*
sum, es, esse, fui : *être, exister*
sumo, is, ere, sumpsi : *prendre, se saisir de*
suscipio, is, ere, -cepi : *entreprendre*
suus, a, um : *son, le sien... (réfléchi)*

T

talis, is, e : *tel, de ce genre*
tamen : *pourtant*
telum, i *n : arme de jet, javelot*
templum, i *n : temple*
tempus, poris *n : temps, époque*
teneo, es, ere, tenui : *tenir, garder*
timeo, es, ere, timui : *craindre*
timor, oris *m : peur, crainte*
tot... quot *(indéclinable) : aussi nombreux que, autant que*
transeo, is, ire, ivi (ii) : *traverser, passer*
tres, tres, tria : *trois*
tu : *toi, tu...*
tum : *alors*
tuus, a, um : *ton, le tien...*

U

ubi ? : *où ? en quel endroit ?*
ubi : *où*
unde ? : *d'où ?*
unus, a, um (*G* unius — *D* uni) : *un, un seul*
urbs, urbis *f* (*G pl* urbium) : *ville*
utilis, is, e : *utile*
uxor, uxoris *f : épouse, femme*

V

valeo, es, ere, valui : *se bien porter, être fort*
venio, is, ire, veni : *venir*
verbum, i *n : mot, parole*
verus, a, um : *vrai*
vester, vestra, vestrum : *votre, le vôtre*
via, ae *f : route, rue, chemin*
vicinus, i *m : voisin*
victoria, ae *f : victoire*
video, es, ere, vidi : *voir*
villa, ae *f : maison de campagne, ferme*
vinco, is, ere, vici : *vaincre, triompher de*
vir, viri *m : homme*
virtus, tutis *f : courage, valeur, vertu, qualité*
vita, ae *f : vie*
vivo, is, ere, vixi : *vivre*
voco, as, are, avi : *appeler*
vos : *vous, vous...*
vox, vocis *f : voix, parole*
vulnus, neris *n : blessure*

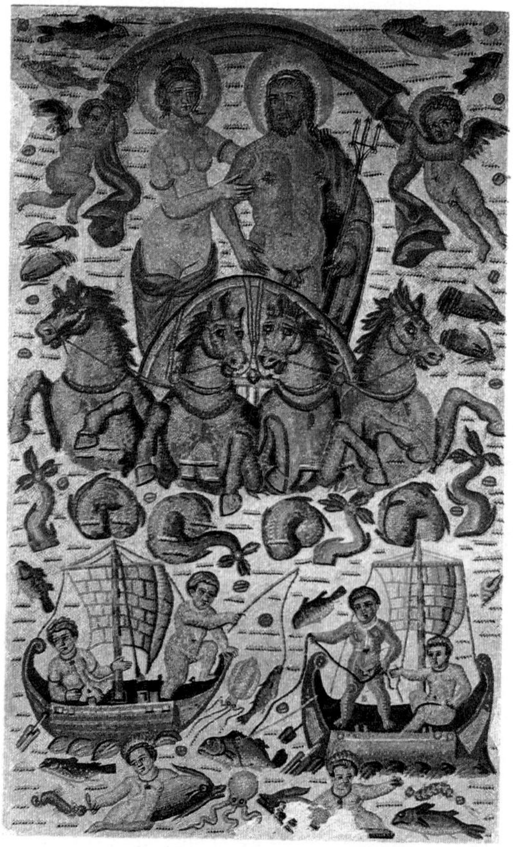

Neptune et Amphitrite :
quels animaux tirent le char ?

Les déclinaisons

LES NOMS

Première déclinaison GÉN. SING. **-ae**

	SING.	PL.
N V	ros-ă	ros-ae
A	ros-am	ros-as
G	ros-ae	ros-arum
D	ros-ae	ros-is
Ab	ros-ā	ros-is

Deuxième déclinaison GÉN. SING. **-i**

	MASCULIN / FÉMININ		NEUTRE	
	SING.	PL.	SING.	PL.
N	domĭn-us	domĭn-i	templ-um	templ-a
V	domĭn-e	domĭn-i	templ-um	templ-a
A	domĭn-um	domĭn-os	templ-um	templ-a
G	domĭn-i	domin-orum	templ-i	templ-orum
D	domĭn-o	domĭn-is	templ-o	templ-is
Ab	domĭn-o	domĭn-is	templ-o	templ-is

	NOMS EN -ER			
	SING.	PL.	SING.	PL.
N V	puer	puĕr-i	ager	ag r-i
A	puĕr-um	puĕr-os	ag r-um	ag r-os
G	puĕr-i	puer-orum	ag r-i	ag r-orum
D	puĕr-o	puĕr-is	ag r-o	ag r-is
Ab	puĕr-o	puĕr-is	ag r-o	ag r-is

Quatrième déclinaison GÉN. SING. **-us**

	MASCULIN / FÉMININ		NEUTRE	
	SING.	PL.	SING.	PL.
N V	man-ŭs	man-us	corn-u	corn-ŭa
A	man-um	man-us	corn-u	corn-ŭa
G	man-ūs	man-ŭum	corn-us	corn-ŭum
D	man-ŭi	man-ĭbus	corn-ŭi	corn-ĭbus
Ab	man-u	man-ĭbus	corn-u	corn-ĭbus

domus

	SING.	PL.
N	dom-us	dom-us
A	dom-um	dom-us dom-os
G	dom-us	dom-ŭum dom-orum
D	dom-ŭi	dom-ĭbus
Ab	dom-o	dom-ĭbus
Loc.	dom-i	

Troisième déclinaison GÉN. SING. **-is**

– imparisyllabiques GÉN. PL. **-um**

	MASCULIN / FÉMININ		NEUTRE	
	SING.	PL.	SING.	PL.
N V	consul	consŭl-es	flumen	flumĭn-a
A	consŭl-em	consŭl-es	flumen	flumĭn-a
G	consŭl-is	consŭl-um	flumĭn-is	flumĭn-um
D	consŭl-i	consul-ĭbus	flumĭn-i	flumin-ĭbus
Ab	consŭl-e	consul-ĭbus	flumĭn-e	flumin-ĭbus

– parisyllabiques GÉN. PL. **-ium**

	MASCULIN / FÉMININ		NEUTRE	
	SING.	PL.	SING.	PL.
N V	civ-is	civ-es	mar-e	mar-ĭa
A	civ-em	civ-es	mar-e	mar-ĭa
G	civ-is	civ-ĭum	mar-is	mar-ĭum
D	civ-i	civ-ĭbus	mar-i	mar-ĭbus
Ab	civ-e	civ-ĭbus	mar-i	mar-ĭbus

– faux imparisyllabiques GÉN. PL. **-ium**

	SING.	PL.
N V	urb-s	urb-es
A	urb-em	urb-es
G	urb-is	urb-ĭum
D	urb-i	urb-ĭbus
Ab	urb-e	urb-ĭbus

Cinquième déclinaison GÉN. SING. **-ei**

	SING.	PL.
N V	r-es	r-es
A	r-em	r-es
G	r-ei	r-erum
D	r-ei	r-ebus
Ab	r-e	r-ebus

	SING.	PL.
N V	di-es	di-es
A	di-em	di-es
G	di-ei	di-erum
D	di-ei	di-ebus
Ab	di-e	di-ebus

LES ADJECTIFS

Première classe

	SINGULIER			PLURIEL		
	M	F	N	M	F	N
N	bon-us	bon-a	bon-um	bon-i	bon-ae	bon-a
V	bon-e	bon-a	bon-um	bon-i	bon-ae	bon-a
A	bon-um	bon-am	bon-um	bon-os	bon-as	bon-a
G	bon-i	bon-ae	bon-i	bon-orum	bon-arum	bon-orum
D	bon-o	bon-ae	bon-o	bon-is	bon-is	bon-is
Ab	bon-o	bon-a	bon-o	bon-is	bon-is	bon-is

	SINGULIER			PLURIEL		
	M	F	N	M	F	N
N V	miser	misĕr-a	misĕr-um	misĕr-i	misĕr-ae	misĕr-a
A	misĕr-um	misĕr-am	misĕr-um	misĕr-os	misĕr-as	misĕr-a
G	misĕr-i	misĕr-ae	misĕr-i	miser-orum	miser-arum	miser-orum
D	misĕr-o	misĕr-ae	misĕr-o	misĕr-is	misĕr-is	misĕr-is
Ab	misĕr-o	misĕr-a	misĕr-o	misĕr-is	misĕr-is	misĕr-is

	SINGULIER			PLURIEL		
	M	F	N	M	F	N
N V	pulcher	pulchr-a	pulchr-um	pulchr-i	pulchr-ae	pulchr-a
A	pulchr-um	pulchr-am	pulchr-um	pulchr-os	pulchr-as	pulchr-a
G	pulchr-i	pulchr-ae	pulchr-i	pulchr-orum	pulchr-arum	pulchr-orum
D	pulchr-o	pulchr-ae	pulchr-o	pulchr-is	pulchr-is	pulchr-is
Ab	pulchr-o	pulchr-a	pulchr-o	pulchr-is	pulchr-is	pulchr-is

Deuxième classe

– type omnis

	SINGULIER			PLURIEL		
	M/F		N	M/F		N
N V	omn-is		omn-e	omn-es		omn-ĭa
A	omn-em		omn-e	omn-es		omn-ĭa
G		omn-is			omn-ĭum	
D		omn-i			omn-ĭbus	
Ab		omn-i			omn-ĭbus	

– type ingēns

	SINGULIER			PLURIEL		
	M/F		N	M/F		N
N V	ingens		ingens	ingent- es		ingent-ĭa
A	ingent-em		ingens	ingent- es		ingent-ĭa
G		ingent-is			ingent-ĭum	
D		ingent-i			ingent-ĭbus	
Ab	ingent-i /e		ingent-i		ingent-ĭbus	

LES NUMÉRAUX

	M	F	N	M	F	N	M/F	N
N	unus	una	unum	duo	duae	duo	tres	tria
A	unum	unam	unum	duos (duo)	duas	duo	tres	tria
G	unius	unius	unius	duorum	duarum	duorum	trium	
D	uni	uni	uni	duobus	duabus	duobus	tribus	
Ab	uno	una	uno	duobus	duabus	duobus	tribus	

LES PRONOMS

Pronoms personnels

	1re PERS. SING.	2e PERS. SING.	1re PERS. PL.	2e PERS. PL.
N	ego	tu	nos	vos
A	me	te	nos	vos
G	mei	tui	nostrum	vestrum
D	mihi	tibi	nobis	vobis
Ab	me	te	nobis	vobis

	RÉFLÉCHI
A	se
G	sui
D	sibi
Ab	se

Pronom relatif

	SINGULIER			PLURIEL		
	M	F	N	M	F	N
N	qui	quae	quod	qui	quae	quae
A	quem	quam	quod	quos	quas	quae
G	cujus	cujus	cujus	quorum	quarum	quorum
D	cui	cui	cui	quibus	quibus	quibus
Ab	quo	qua	quo	quibus	quibus	quibus

LES PRONOMS-ADJECTIFS

Pronom-adjectif interrogatif

	SINGULIER			PLURIEL		
	M	F	N	M	F	N
N	quis qui *(adj.)*	quae	quid quod *(adj.)*	qui	quae	quae
A	quem	quam	quid/quod	quos	quas	quae
G	cujus	cujus	cujus	quorum	quarum	quorum
D	cui	cui	cui	quibus	quibus	quibus
Ab	quo	qua	quo	quibus	quibus	quibus

Pronom-adjectif de rappel : is, ea, id

	SINGULIER			PLURIEL		
	M	F	N	M	F	N
N	is	ea	id	ei (ii)	eae	ea
A	eum	eam	id	eos	eas	ea
G	ejus	ejus	ejus	eorum	earum	eorum
D	ei	ei	ei	eis (iis)	eis (iis)	eis (iis)
Ab	eo	ea	eo	eis (iis)	eis (iis)	eis (iis)

■ Pronoms-adjectifs démonstratifs : hic, iste, ille

	SINGULIER			PLURIEL		
	M	F	N	M	F	N
N	hic	haec	hoc	hi	hae	haec
A	hunc	hanc	hoc	hos	has	haec
G	hujus	hujus	hujus	horum	harum	horum
D	huic	huic	huic	his	his	his
Ab	hoc	hac	hoc	his	his	his

	SINGULIER			PLURIEL		
	M	F	N	M	F	N
N	iste	ista	istud	isti	istae	ista
A	istum	istam	istud	istos	istas	ista
G	istius	istius	istius	istorum	istarum	istorum
D	isti	isti	isti	istis	istis	istis
Ab	isto	ista	isto	istis	istis	istis

	SINGULIER			PLURIEL		
	M	F	N	M	F	N
N	ille	illa	illud	illi	illae	illa
A	illum	illam	illud	illos	illas	illa
G	illius	illius	illius	illorum	illarum	illorum
D	illi	illi	illi	illis	illis	illis
Ab	illo	illa	illo	illis	illis	illis

■ Pronom-adjectif d'insistance : ipse

	SINGULIER			PLURIEL		
	M	F	N	M	F	N
N	ipse	ipsa	ipsum	ipsi	ipsae	ipsa
A	ipsum	ipsam	ipsum	ipsos	ipsas	ipsa
G	ipsius	ipsius	ipsius	ipsorum	ipsarum	ipsorum
D	ipsi	ipsi	ipsi	ipsis	ipsis	ipsis
Ab	ipso	ipsa	ipso	ipsis	ipsis	ipsis

■ Pronom-adjectif d'identité : idem

	SINGULIER			PLURIEL		
	M	F	N	M	F	N
N	idem	eădem	idem	eidem	eaedem	eădem
A	eumdem	eamdem	idem	eosdem	easdem	eădem
G	ejusdem	ejusdem	ejusdem	eorumdem	earumdem	eorumdem
D	eidem	eidem	eidem	eisdem	eisdem	eisdem
Ab	eodem	eadem	eodem	eisdem	eisdem	eisdem

Pronoms-adjectifs indéfinis

alĭus, a, ud
= un autre/autre

	SINGULIER		
	M	F	N
N	alĭus	alĭa	alĭud
A	alĭum	alĭam	alĭud
G	(alterius)	(alterius)	(alterius)
D	(altĕri)	(altĕri)	(altĕri)
Ab	alĭo	alĭa	alĭo

nullus, a, um
= aucun... ne

	M	F	N
N	nullus	nulla	nullum
A	nullum	nullam	nullum
G	nullius	nullius	nullius
D	nulli	nulli	nulli
Ab	nullo	nulla	nullo

quidam
= quelqu'un/
un certain, un

	SINGULIER			PLURIEL		
	M	F	N	M	F	N
N	quidam	quaedam	quiddam quoddam *(adj.)*	quidam	quaedam	quaedam
A	quemdam	quamdam	quiddam	quosdam	quasdam	quaedam
G	cujusdam	cujusdam	cujusdam	quorumdam	quarumdam	quorumdam
D	cuidam	cuidam	cuidam	quibusdam	quibusdam	quibusdam
Ab	quodam	quadam	quodam	quibusdam	quibusdam	quibusdam

Les conjugaisons

■ Infectum actif

INDICATIF	I	II	III	III MIXTE	IV
PRÉSENT	**amo** ama-**s** ama-**t** ama-**mus** ama-**tis** ama-**nt**	**delĕ-o** dele-**s** dele-**t** dele-**mus** dele-**tis** dele-**nt**	**leg-o** leg-**i-s** leg-**i-t** leg-**ĭ-mus** leg-**ĭ-tis** leg-**u-nt**	**capĭ-o** capi-**s** capi-**t** capĭ-**mus** capĭ-**tis** capĭ-**u nt**	**audĭ-o** audi-**s** audi-**t** audi-**mus** audi-**tis** audĭ-**u nt**
IMPARFAIT	ama-**ba-m** ama-**ba-s** ama-**ba-t** ama-**ba-mus** ama-**ba-tis** ama-**ba-nt**	dele-**ba-m** dele-**ba-s** dele-**ba-t** dele-**ba-mus** dele-**ba-tis** dele-**ba-nt**	leg-**e ba-m** leg-**e ba-s** leg-**e ba-t** leg-**e ba-mus** leg-**e ba-tis** leg-**e ba-nt**	capi-**e ba-m** capi-**e ba-s** capi-**e ba-t** capi-**e ba-mus** capi-**e ba-tis** capi-**e ba-nt**	audi-**e ba-m** audi-**e ba-s** audi-**e ba-t** audi-**e ba-mus** audi-**e ba-tis** audi-**e ba-nt**
FUTUR	ama-**bo** ama-**bi-s** ama-**bi-t** ama-**bĭ-mus** ama-**bĭ-tis** ama-**bu-nt**	dele-**bo** dele-**bi-s** dele-**bi-t** dele-**bĭ-mus** dele-**bĭ-tis** dele-**bu-nt**	leg-**a-m** leg-**e-s** leg-**e-t** leg-**e-mus** leg-**e-tis** leg-**e-nt**	capĭ-**a-m** capĭ-**e-s** capĭ-**e-t** capi-**e-mus** capi-**e-tis** capĭ-**e-nt**	audĭ-**a-m** audĭ-**e-s** audĭ-**e-t** audi-**e-mus** audi-**e-tis** audĭ-**e-nt**

PARTICIPE PRÉSENT	ama-**ns,** ama-**ntis**	dele-**ns,** dele-**ntis**	leg-**e-ns,** leg-**e-ntis**	capĭ-**e ns,** capi-**entis**	audĭ-**e ns,** audi-**entis**
IMPÉRATIF PRÉSENT	ama ama-**te**	dele dele-**te**	lege leg-**ĭ-te**	cape capĭ-**te**	audi audi-**te**
INFINITIF	ama-**re**	dele-**re**	leg-**ĕ-re**	capĕ-**re**	audi-**re**

■ Perfectum actif

INDICATIF			INFINITIF
PARFAIT	PLUS-QUE-PARFAIT	FUTUR ANTÉRIEUR	
amav-**i** amav-**isti** amav-**it** amav-**ĭmus** amav-**istis** amav-**erunt**	amav-**ĕram** amav-**ĕras** amav-**ĕrat** amav-**eramus** amav-**eratis** amav-**ĕrant**	amav-**ĕro** amav-**ĕris** amav-**ĕrit** amav-**erĭmus** amav-**erĭtis** amav-**ĕrint**	amav-**isse**

Aux temps du **perfectum** (bâtis sur le **radical du parfait**), la conjugaison des autres verbes ne se distingue de celle de *amo* que par le radical du parfait :

	PARFAIT	PLUS-QUE-PARFAIT	FUTUR ANTÉRIEUR	INFINITIF
delĕo	delev-i	delev-ĕram	delev-ĕro	delev-isse
lego	leg-i	leg-ĕram	leg-ĕro	leg-isse
audĭo	audiv-i	audiv-ĕram	audiv-ĕro	audiv-isse
capĭo	cep-i	cep-ĕram	cep-ĕro	cep-isse

Infectum passif

		I	II	III	III MIXTE	IV
INDICATIF	PRÉSENT	**amor**	**delĕ-or**	**leg-or**	**capĭ-or**	**audĭ-or**
		ama-**ris**	dele-**ris**	leg-**ĕ-ris**	**capĕ-ris**	audi-**ris**
		ama-**tur**	dele-**tur**	leg-**ĭ-tur**	capĭ-**tur**	audi-**tur**
		ama-**mur**	dele-**mur**	leg-**ĭ-mur**	capĭ-**mur**	audi-**mur**
		ama-**mĭni**	dele-**mĭni**	leg-**i-mĭni**	capi-**mĭni**	audi-**mĭni**
		ama-**ntur**	dele-**ntur**	leg-**u-ntur**	capi-**u ntur**	audi-**u ntur**
	IMPARFAIT	ama-**ba-r**	dele-**ba-r**	leg-**e ba-r**	capi-**e ba-r**	audi-**e ba-r**
		ama-**ba-ris**	dele-**ba-ris**	leg-**e ba-ris**	capi-**e ba-ris**	audi-**e ba-ris**
		ama-**ba-tur**	dele-**ba-tur**	leg-**e ba-tur**	capi-**e ba-tur**	audi-**e ba-tur**
		ama-**ba-mur**	dele-**ba-mur**	leg-**e ba-mur**	capi-**e ba-mur**	audi-**e ba-mur**
		ama-**ba-mĭni**	dele-**ba-mĭni**	leg-**e ba-mĭni**	capi-**e ba-mĭni**	audi-**e ba-mĭni**
		ama-**ba-ntur**	dele-**ba-ntur**	leg-**e ba-ntur**	capi-**e ba-ntur**	audi-**e ba-ntur**
	FUTUR	ama-**bo-r**	dele-**bo-r**	leg-**a-r**	capĭ-**a-r**	audĭ-**a-r**
		ama-**bĕ-ris**	dele-**bĕ-ris**	leg-**e-ris**	capi-**e-ris**	audi-**e-ris**
		ama-**bĭ-tur**	dele-**bĭ-tur**	leg-**e-tur**	capi-**e-tur**	audi-**e-tur**
		ama-**bĭ-mur**	dele-**bĭ-mur**	leg-**e-mur**	capi-**e-mur**	audi-**e-mur**
		ama-**bi-mĭni**	dele-**bi-mĭni**	leg-**e-mĭni**	capi-**e-mĭni**	audi-**e-mĭni**
		ama-**bu-ntur**	dele-**bu-ntur**	leg-**e-ntur**	capi-**e-ntur**	audi-**e-ntur**

Sum et ses composés *(adsum, desum)*

INFECTUM			
	INDICATIF	IMPÉRATIF	INFINITIF
PRÉSENT	su-m		
	e-s	es	es-se
	es-t		
	su-mus		
	es-tis	es-te	
	su-nt		
IMPARFAIT	er-a-m		
	er-a-s		
	er-a-t		
	er-ā-mus		
	er-a-tis		
	er-a-nt		
FUTUR	er-o		
	er-i-s		
	er-i-t		
	er-ĭ-mus		
	er-ĭ-tis		
	er-u-nt		

PERFECTUM		
	INDICATIF	INFINITIF
PARFAIT	fu-i	
	fu-isti	fu-isse
	fu-it	
	fu-ĭmus	
	fu-istis	
	fu-erunt	
PLUS-QUE-PARFAIT	fu-ĕra-m	
	fu-ĕra-s	
	fu-ĕra-t	
	fu-era-mus	
	fu-era-tis	
	fu-ĕra-nt	
FUTUR ANTÉRIEUR	fu-ĕr-o	
	fu-ĕri-s	
	fu-ĕri-t	
	fu-erĭ-mus	
	fu-erĭ-tis	
	fu-ĕri-nt	

Index grammatical

Les numéros en gras renvoient aux leçons, les autres renvoient aux pages.
Obs. : abréviation pour la rubrique « Observons ».

Crédit photographique

Agache : 15
Bernand : 11 h et b
Bulloz : 172, 209
Christophe L. : 87
Dagli Orti : 20, 26, 30, 31, 45 h et b, 48, 49, 52, 53, 61, 65, 76, 91 g, 97, 100, 104, 105, 109, 113, 118, 121, 124, 129, 133, 137, 141, 145, 163, 167, 174, 177, 185, 194, 200, 202, 212, couverture
D.R. : 21
Explorer/Hérault : 9 md
  Roy : 166
  Tetrel : 25
Giraudon : 19, 39, 57, 68, 69, 79, 91 d, 98, 99, 106, 128, 180, 186, 199, 221, 222, 230
Gounot : 9
Magnum/Lessing : 21, 35, 71, 83, 103, 125, 189, 215, 219
Nathan : 18, 88, 164, 190, 192, 204, 206
Nathan/Giraudon : 71 b, 74, 75, 96, 110, 114, 134, 140
Nathan/Roger-Viollet : 9 h
Pix : 10 b
Rapho/Brake : 152, 195
  de Sazo : 9 b
  Donnezan : 180
  Everts : 149, 173
  Frédéric : 142
  Gloaguen : 216
  Lawson : 117, 198, 223
  Oharian : 10 m
  Prunin : 130
  Saunier : 67
  Silberstein : 159
Roger-Viollet : 6, 10 h, 155, 193, 196, 218
Zefa/Rita Strothjohann : 4

Coordination éditoriale : Christine Jocz
Secrétariat d'édition : Annie Chouard
Iconographie : Laure Penchenat
Illustration : Laurent Lalo et Jean Pouzet
Cartographie : Édica
Maquette : Christine Chenot
Couverture : Georges Amalric
Composition : Touraine Compo
Photogravure : Topéca

Achevé d'imprimer en septembre 1989
sur les presses de Maury-Imprimeur S.A. - 45330 Malesherbes
N° d'édition : H 49765-IV (P.F. VII) - N° d'impression : C89/26454 L
Imprimé en France